共青团工作研究丛书

中国共青团发展报告〔2015〕

吴庆 等／著

中国青年出版社

（京）新登字 083 号

图书在版编目（CIP）数据

中国共青团发展报告 .2015 / 吴庆著 . --
北京 ：中国青年出版社 ,2016.4
ISBN 978-7-5153-4144-6

Ⅰ．①中… Ⅱ．①吴… Ⅲ．①中国共产主义青年团－共青团
工作－研究报告－ 2015

Ⅳ．① D297

中国版本图书馆 CIP 数据核字 (2016) 第 079098 号

责任编辑：孙梦云
书籍设计：孙初＋叶子秋

中国青年出版社 出版 发行
社址：北京东四 12 条 21 号
邮政编码：100708
网址：www.cyp.com.cn
编辑部电话：(010) 57350505
门市部电话： (010) 57350370
三河市君旺印务有限公司印刷　　　新华书店经销

710mm×1000mm　　1/16　　22.5 印张　332 千字
2016 年 4 月北京第 1 版　2016 年 4 月河北第 1 次印刷
定价：38.00 元

本书如有印装质量问题，请凭购书发票与质检部联系调换
联系电话： (010) 57350337

序

　　共青团研究在学术界是一个冷门，由于这个组织的特殊性，使得对它的研究在学术界并没有更多参照的体系，因而难以形成更为普适性的概念及规律，同时研究方法和研究范式更需要探索，因此这个领域的研究总体来说仍然处于起步阶段。但是，在实践过程和研究过程中，我们发现青少年发展规律的确存在，青年组织发展规律的确存在，政治和青少年的关系客观存在，政党需要下一代的跟进这在任何国家都是值得关注的现象。因此，在不断地思考中，我们感受到在这个庞大组织的背后所隐藏的规律复杂而多样，绝不是几个简单概念和几条简单规律所能概括。这也直接挑战着共青团研究的视角和方法，需要做出长期的探索和努力。

　　2008 年，中国青年政治学院成立了团研所，开始系统思考共青团研究的方方面面。自 2009 年到 2012 年，我们连续出版了《团情指南2009》《团情指南2010》《团情指南2011》《团情指南2012》共四本册子，主要收集了共青团自 2009 年到 2012 年以来的方方面面的发展和研究，重点是政党的要求、团组织的工作、团组织的发展情况、团创新的案例、主要的学术研究成果和团研所的工作等等，代表了我们研究初期的一些思考。说实在话，这些书主要是收集，研究份量远远不够，但其中每年更新的共青团研究大纲还是具有指导意义的，成为团研所研究的核心方向。2013 年后，特别是团十七大之后，中国共产党的群团工作有了新的发展，颁布了相关文件，举行了中央群团工作会议；团组织也在一定时期内处于探索、观望、等待、适应阶段。因此我们没有再编写《团情指南》，但是进而转向了推动加大研究方向上的积累工作。

　　我们主要做了以下几项工作：一是开展了相关重点课题研究，特别是青年群团工作规律、青年思想状况、共青团凝聚力、青年人才培养等方面的研究，积累了第一手的数据和素材。对共青团核心、重大、战略性的课题进行了思考。二是不断吸纳学校和校外各学科的学者进入到团研的队伍中来，并逐渐打造多学科研究平台，使我们在多学科的合作中对共青团研究有了更为深刻的认识，特别是在认知马克思主义传播、新媒体运用、社会工作理念、青年就业创业等领域。三是与人民网合作举办了"全国基层团建典型案例征集展示"活动，收集了大量共青团基层组织的创新案例。这个活动2014年启动，2015年进行了首次表彰，获得了圆满成功，更是丰富了我们研究的案例库，让我们的研究开始与基层丰富的实践进行碰撞。四是开展世界政党与青年组织的交流与研究。我们大量接触了国外政党和政党青年组织的官员，或授课，或研讨，或境外交流，越来越体会到世界各国青年组织的发展规律和他们所关心的共同话题，研究更具有国际视野。2015年，我们和共青团中央国际联络部一起建立了"世界政党与青年组织发展资料和研究中心"，搭建了一个很好的合作平台。总之，在研究中，我们发现要关注共青团的重大战略根本性课题，要用多学科的视角和合作推动共青团研究的深入，要注重共青团的实际案例，要用更强的国际视野审视共青团组织的发展。这样的一种认识推动我们开始了一种努力，就是用《中国共青团发展报告》《多学科视角与共青团工作》《共青团基层组织创新典型案例》《世界政党与青年组织》等著作建构我们在研究上的学术视角，积累我们的学术成果，这也是这套书的来源，它包含了我们对共青团研究的思考。

《中国共青团发展报告2015》就是这套丛书中的一本。《中国共青团发展报告2015》以当年党团重点工作、青年热点问题为主要关注对象，以团研所当年重点研究课题为主要基础，对共青团组织的组织职能、组织结构、组织文化、青年团干部的成长规律、发展路径等方面开展系统研究。值得一提的是，在本书对于共青团发展的研究中我们引入了组织发展的概念和理论体系。组织发展是指通过长期的、有计划的努力，改变组织解决问题和更新的流程，从而提高组织的能力。组织发展的目标是指把个体对自我发展的愿望与组织的目标相结合，并提高组织的适应性、实现精诚合作。

如何观察和分析中国共青团的发展？首先，共青团组织的发展是在共青团组织所构建的最核心的关系上的发展，特别是党团关系和团青关系。因此政党的方向和青年的变化是团组织发展的最核心的变量。其次共青团组织的发展是在共青团组织所铺开的工作成效中的发展，特别是其开展的工作方向和成效中体现组织的发展。再次，共青团组织的发展是在解决其战略性、全局性、根本性的问题中去发展的。核心是如何解决青年思想、青年力量、青年情感与政党的关系等问题。推动组织的发展，在组织发展干预中要实施结构战略、技术战略和行为战略。这些变革尝试增强组织有效性，其目标是激发组织成员创造力、执行力和创新能力，从而超越传统水平实现组织绩效的提升。

按照对组织发展的分析的三个部分，本书的结构很自然安排如下，也给读者一个阅读本书的基本思路。

第一部分为发展方向篇。共青团组织在政党环境、政府等国家环境中发展，大的政治环境决定了共青团组织的发展方向。本书选择了习近平关于青年群众工作的指导思想研究、近年来国家政府工作报告中所涉及的青年工作方针研究作为参考，以把握团组织发展的核心。同时透过历史的角度，研究"五四运动"95年对的青年的启示，对中国青年运动的方向有着进一步的研判。共青团组织的发展要适应青年的特点，如何准确把握当代青年成长的新特点和新规律？本书选择了团研所近期所进行的机关青年、企业青年和00后的调查加以说明。在此基础上，《中国共青团两个五年工作纲要的比较研究》《新常态下的组织转型——中国共青团2015年发展趋势研究》两文反映了共青团组织在发展上顺应以上两个方向的重大变化。对党团关系和团青关系是共青团研究中最核心的问题在本篇中加以明确。

第二部分为发展工作篇。本篇全面总结了共青团组织所做的各项工作，对共青团组织、宣传、城市青年工作、农村青年工作、学校工作、全团带队工作、维权工作、志愿工作等做了回顾和评析，分别说明了工作的内涵和大致框架、开展的重点工作和成效、现存的问题和发展的未来趋势，宏观地展现了共青团组织的工作努力方向和基本绩效。

第三部分为发展战略篇。本篇集中说明当前共青团组织努力突破的七大战略问题。七大问题的逻辑是选用了第十七届团中央书记处第一书记秦宜智提出的观点。可以简单描述为新青年、新业绩、新服务、新活力、新组织、新媒体、新团干等。在每一部分选择了团研所所做的相关深度研究加以说明，集中反映了我们的学术观点和对这七个方面的思考。

本书是团研所和相关学者的集体成果。吴庆执笔了大部分的内容，杨名、汤杏林、郑伦、马灿、颜媛媛、管雷、郑寰、江铮、吴荻等按照各自的研究方向也参与了其中的写作，每部分都注明了作者。感谢大家的辛勤付出！

最后需要说明的是 2015 年中共中央在群团工作上有了集中的工作布置和安排，但本书并没有给予更为集中的论述。一是时间的原因，在群团工作新的要求出台之前，该书已进入了写作阶段。二是从对中国共青团的观察来看，目前这种变化正在兴起，还未进入实质性的深水阶段，留待以后写作更为深度完整。好在学术研究本身关注的是稳定的领域和稳定的问题，从我们这本书中也可以找到我们对青年群众工作的一些最新思考，请各位批评指正为盼。

（吴庆　2015 年 9 月）

目　录

发展方向篇

发展工作篇

发展战略篇

发展方向篇

　　共青团组织在国家政党、政府等环境中发展，大的政治环境决定了共青团组织的发展方向。本书选择了对习近平青年群众工作思想的研究、近年来中国共产党党代会报告和国家政府工作报告中所涉及的青年工作方针作为参考，以把握团组织发展的核心方向。同时透过历史的角度，研究"五四运动"95年来对青年的启示，对中国青年运动的方向做进一步的研判。

　　同时共青团组织的发展要适应青年的特点，如何准确把握当代青年成长的新特点和新规律？本书选择了团研所近期所进行的关于机关青年、企业青年和00后的调查加以说明。

　　在此基础上，《中国共青团两个五年工作纲要的比较研究》和《新常态下的组织转型——中国共青团2015年发展趋势研究》清晰地反映了共青团组织在发展上顺应以上两个方面的重大变化。

　　党团关系和团青关系这两个共青团研究中最核心的问题在本部分也得以进一步明确。

第一节　党政号召

第一篇：向上攀登，向下深入
——习近平青年群众工作思想研究

吴 庆

当前，共青团组织正在学习贯彻习近平总书记系列重要讲话精神，把学习贯彻讲话精神作为重大政治任务，抓好讲话精神的学习宣传，更好地用讲话精神统一思想、凝聚力量。如何学习讲话？核心方法是"向上攀登，向下深入"。所谓"向上攀登"，就是指在理论层面，要深刻领会讲话精神的基本内涵、精神实质和重要要求，在全面把握的基础上突出重点，从整体上把握讲话的核心要义，着力把握系列讲话贯穿的马克思主义基本立场、观点和方法。所谓"向下深入"就是指在实践层面，要把学习贯彻讲话精神融入理解新时期青年群众工作的全过程，以讲话精神为指导把握青年群众工作的根本方向，推动青年群众工作改革创新，推动共青团组织的发展。

　　一、向上攀登：把握新时期青年群众工作的立场、观点和方法，明确方向。

　　赢得青年才能赢得未来，青年群众工作是党的群众工作的重要组成，有着重要的政治意义。把握青年群众工作的立场、观点和方法决定了工作的方向。

　　1. 立场，是人们观察、认识和处理问题的立足点。政党的宗旨就是政党的立场。青年群众工作要紧紧把握党的宗旨。党的宗旨反映党的性质和理想，是共产党人安身立命的根本，来不得半点含糊。关于党的宗旨，习近平同志指出："说到底还是为人民服务这句话。我们党是为人民服务的。中央的考虑，是要为人民做事。"只有一切为了人民，一切依靠人民，共产党才能立得住。我们党以人为本、执政为民的执政理念，从根本上说就是从为人民服务这个宗旨中延伸出来的。把握青年群众工作立场，共青团干部要对青年群众有真挚感情，急青年所急，想青年所想，盼青年所盼，忧青年所忧，不做青年官，要做青年友，始终保持与广大普通青年的密切联系。

党在不同历史时期实践自己的宗旨，总是和自己的奋斗目标紧密联系在一起。在今天，为实践宗旨所做的最大事情，就是实现党的十八大提出的"两个一百年"目标。这更是当代青年受惠、同时福泽后代的伟大愿景。习近平强调，当前，全党全国各族人民正在为实现党的十八大提出的奋斗目标而奋发努力，正在朝着实现中华民族伟大复兴的中国梦而奋勇迈进。这是党和国家工作大局，也是中国青年运动的时代主题。团的工作要把握住根本性问题，把培养中国特色社会主义事业建设者和接班人作为根本任务，把巩固和扩大党执政的青年群众基础作为政治责任，把围绕中心、服务大局作为工作主线。

2. 观点，是人们对事物的看法。党的群众工作的重要观点是相信人民群众是推动人类前进的根本动力，坚决地相信人民群众的创造力是无穷无尽的，充分尊重和爱护人民群众的首创精神，自觉地融自身于群众之中。习近平同志强调，要"实现党的十八大确定的奋斗目标，实现中华民族伟大复兴的中国梦，必须紧紧依靠人民，充分调动最广大人民的积极性、主动性、创造性"。

树立正确青年群众工作的观点就是要求我们坚定地相信青年是推动历史进步的重要力量，在改革开放伟大进程中成长起来的当代中国青年值得信赖，能担当重任，要把竭诚服务青年作为共青团工作全部的出发点和落脚点，全心全意为青年服务，坚持思想上尊重青年，感情上贴近青年、工作上依靠青年、从青年群众中汲取智慧和力量，始终与青年群众同呼吸、共命运、心连心。

3. 方法，是指导我们正确认识和改造世界的根本思想方法和工作方法。一切为了群众、一切依靠群众，从群众中来、到群众中去的群众路线，是马克思主义历史唯物主义基本原理在实际工作中的具体体现，也是我们党始终坚持的群众工作的根本工作路线和根本工作方法。

中国共产党经过几十年的革命和建设实践，总结出了"一切为了群众，一切依靠群众，从群众中来，到群众中去，集中起来，坚持下去"这30字党的根本工作路线和根本工作方针，它成为我党从群众中汲取营养、智慧和力量的金钥匙。

习近平同志强调：领导不是百事通，不是万能的。要做群众的先生，先做群众的学生。领导干部要放下架子，甘当小学生，多同群众交朋友，多向群众请教。"人民群众中有的是能者和智者，要虚心向他们求教问策，把政治智慧的增长、执政本领的增强、领导艺术的提高深深扎根于人民群众的实践沃土之中，不断从人民群众中吸收营养和力量。"要"从群众中寻找解决问题的方案和办法，使做出的决策和决策的执行充分体现民心民意"。

把握正确的青年群众工作方法从根本上要求各级共青团干部要从政治的高度深刻认识密切联系青年的重要性，放下架子，扑下身子，深入实际、深入基层，从青年群众中寻找解决问题的方案和办法，使作出的决策和决策的执行充分体现青年的民心民意。在具体方法上，要始终坚持党的领导，坚持党建带团建，坚持和创造性地运用党的群众路线；要反对命令主义和尾巴主义；要充分引导和支持青年群众当家作主，发动青年群众的主动精神，要尊重青年群体的主体性，注重青年参与、使青年真正成为自我教育的主体，把党的方针政策转化为广大青年的自觉行动；要充分照顾青年群众的特点，坚持教育青年和服务青年的有机结合。要依靠法律代表青年利益，维护青少年合法权益，反映青年诉求，引导青年群众以理性合法的形式表达利益诉求，解决利益纠纷等。

二、向下深入：突破青年群众工作实践的几个重要问题，推动工作。

学习习近平总书记系列重要讲话精神重在落实，在实践中推动青年群众工作的发展是学习的效果最重要的显现。当前重点要解决的问题是：

1. 准确把握青年群众需求

习近平指出："青年有什么需求，团组织就要开展有针对性的工作，努力使团组织成为联系和服务青年的坚强堡垒。团组织要努力做广大青年值得信赖的贴心人，深入青年之中，倾听青年呼声。"

团组织要对当代青年群众的需求有科学和准确的把握。当代青年的需求已日趋多样化，已远离大一统，走向小而散、散又多、多又特，呈现明显的分众和小众趋势，这急需团组织改变传统的工作方式。要对青年群众的需求加大研究力度，调查就像"十月怀胎"，解决问题就像"一朝分娩"，坚持做好调查研究这篇文章，是谋事之基，成事之道。要在密切联系群众上下功夫，深入基层、深入群众，了解群众疾苦，了解群众所思、所盼、所忧，做到人对人、面对面、手拉手、心连心做群众工作。

要研究青年思想的多样性，围绕做好新形势下青年群众工作的重大课题，深入开展调查研究，注重根据不同领域、不同群体青少年在知识背景、生活阅历、价值观念等方面的差异性，放矢地做好工作。要建立分层分类的青年群众工作格局，形成差而有序、和而不同的生动局面。

2. 再造青年群众工作阵地

习近平指出，扩大团的工作有效覆盖面，关键是要把工作延伸到广大青年最需要的地方去。青年在哪里，团组织就建在哪里。这对青年群众工作提出了很高的要求。

团组织要对当代青年聚集的场所有深刻的认识，在市场经济和网络蓬勃发展的大背景下寻找有效的基层覆盖方式。要大力创新基层团组织方式，团基层组织和基层工作处在共青团和青年的边界上，普遍性的青年群众工作只能靠基层去做。因此，没有覆盖广泛、充满活力的基层团组织，共青团就不能与广大普通青年保持密切联系，就会失去生命力的源泉，更不用谈去履行根本职责和四项基本职能。

要高度关注青年普遍聚集的"结点"。当前，单位的结点依然可以发挥功能，但今后更重要的结点会往社区转移，而兴趣和利益结点将是更有未来发展前景的基层组织核心聚集点。网络化生存已成为许多青年的重要选择，不走近网络社会就意味着脱离青年群众。在此过程中，不仅要积极建设共青团组织的网络主阵地，更重要的是要走进青年自发形成的网络聚集场所。要将全团的工作资源、工作力量、工作载体等向基层青年群众工作地转移。

3. 塑造青年群众工作语言

习近平强调，团的工作要把握住广大青年的脉搏。要提高团的吸引力和凝聚力，关键是要高举理想信念的旗帜。共青团要做好青年思想引导工作、增强吸引力和凝聚力，必须站在理想信念这个制高点上。只有思想上精神上的吸引力和凝聚力，才是内在的、强大的、持久的。共青团要努力帮助广大青年树立远大理想，坚定走中国特色社会主义道路的人生信念，用科学的理论武装青年，用历史的眼光启示青年，用伟大的目标感召青年，用光明的未来激励青年，使他们不断增强道路自信、理论自信、制度自信，不断增进对党的信赖、信念、信心。对于新时期青年群众工作来讲，如何高扬理想最核心的是塑造生动的青年群众工作新语言，更加有效地解读党的路线、方针、政策。

团组织要积极适应青年群众的话语体系。要学会用青年喜闻乐见的语言表达，去交流传递党的意见主张、回答青年关注的热点难点问题，克服抽象空洞式说教、不切实际指手画脚"指示"式和"传声筒"式宣讲。要深入生活，准确把握社会肌理，不仅要说正确的话，更要说青年喜欢听的正确的话。要善于运用情感、艺术、时尚等元素，通过互联网、手机、动漫、短视频、移动媒体等手段，增强工作的时代感和时效性。要体现工作手段的时代性，就要针对当前互联网、手机等新兴媒体已成为青少年获取信息、交际聚集、观念更新的主要渠道，在青少年思想意识形成过程中具有十分关键的作用的新形势，进一步加强工作手段和载体的创新，搭建互动式的网络平台，使思想舆论引导更接近青年、深入青年。党的十八大以来，习近平总书记和党中央书记处多次作出重要指示，要求共青团大力运用网络新媒体开展好青年工作，充分发挥团组织和8900万共青团员作用，传播网络正能量，参与构建清朗网络空间。共青团新的阵地和新的"阵地战"在2015年日益突出。

4. 获取青年群众工作资源

习近平指出，共青团要发挥组织优势，调动社会资源，千方百计为青年排忧解难，使团组织成为广大青年遇到困难时想得起、找得到、靠得住的力量。调动社会资源成为新时期共青团获得群众工作资源的重要方式。

资源从哪里来？团十七届二中全会明确提出：要发挥团组织在社会参与中的枢纽型作用，激发青年社会组织活力，明确提出实现主要靠单位资源向社会资源并重的转变，由自上而下的行政化动员转向自下而上的群众化动员。这是一种重大变化的信号。

5. 完善青年群众工作制度

习近平指出，各级党委要从巩固和扩大党执政的青年群众基础的战略高度，加强对团的工作的领导，为团组织提供良好工作环境和条件。各级党委要热情关心、严格要求团干部，帮助他们树立正确的世界观、权力观、事业观，做他们建功成才路途上的良师益友。我们党从来都是在重大政治任务中、在火热社会实践中锻炼干部、培养干部的。团干部要敢于到经济社会发展最需要的地方，到条件艰苦、情况复杂的地方，砥砺品质，提高本领。这进一步指出了完善青年工作制度的方向。要发挥党建带团建的制度作用，同时不断完善了解联系青年制度、服务青年制度，健全维护青年群众利益制度。特别要注重发挥基层的创造力，完善创新制度，鼓励基层大胆创新，挖掘、提炼、推广基层青年群众工作的好做法好经验。

三、重在主体：提高共青团干部青年群众工作本领，强化动力

无论是向上攀登，还是向下深入，最核心的问题是共青团干部投身青年群众工作的本领和根本动力。

习近平对加强团干部队伍建设提出了明确要求，强调推动共青团事业不断开创新局面，关键在团干部。团的干部必须坚定理想信念，应该最富有理想、富有理想主义，团干部要在广大青年中树立威信、形成号召力，首先要高扬理想旗帜。团的干部必须心系广大青年，坚持以青年为本，深深植根青年、充分依靠青年、一切为了青年，做青年友，不做青年"官"，努力增强党对青年的凝聚力和青年对党的向心力。团的干部必须提高工作能力，勤奋学习，向书本学习，向实践学习，向青年学习，

在同广大青年的密切交往中提高工作本领，在同他们打成一片中找到做好青年工作的有效办法。团的干部必须锤炼优良作风，既要有干事创业的激情，更要有脚踏实地的作为。要深刻领会中央八项规定的精神实质，养成慎始、慎独、慎微的意识，走好人生每一步。要坚决反对形式主义、官僚主义、享乐主义和奢靡之风这"四风"，着力解决广大青年反映强烈的突出问题，为做好团的工作提供坚强作风保证。

可以看到：在新形势下做好青年群众工作，既要发挥"传统青年领袖"的政治优势，更要打造"现代青年领袖"的个人魅力。要高度关注团干部人格魅力和对青年的感情等重要因素在群众工作中的重要作用。再先进的思想离开传授者的个人魅力都会变成枯燥的说教，而无论是对青年合理利益诉求的尊重和服务，还是对青年特有兴趣的满足以及青年社会化技能的培养，如果缺乏团干部的魅力和情感这一因素，总会事倍功半。团的各级干部要努力提升自己的魅力，特别要在政治有高度、工作有本事、作风过得硬、青年信得上狠下功夫。要着力加强作风建设，特别是在密切联系群众、求真务实、艰苦奋斗、批评和自我批评上大下功夫。对于基层团干部，尤其要提升非权力性影响力，努力通过形象吸引青年、通过语言感染青年，通过兴趣融合青年，通过知识征服青年，通过能力推动青年，通过沟通协调青年，通过远见引导青年，通过时尚引领青年，通过真诚取信青年，通过责任感召青年，通过尊重感动青年，通过热情融化青年。真正增进青年信任，增强工作的亲合力和感染力。

第二篇：十八大以来中国共产党的青年观
——党代会和政府工作报告的视角

吴 荻

中国共产党第十八次全国代表大会报告明确提到：中国特色社会主义事业是面向未来的事业，需要一代又一代有志青年接续奋斗。全党都要关注青年、关心青年、关爱青年，倾听青年心声，鼓励青年成长，支持青年创业。广大青年要积极响应党的号召，树立正确的世界观、人生观、价值观，永远热爱我们伟大的祖国，永远热爱我们伟大的人民，永远热爱我们伟大的中华民族，在投身中国特色社会主义伟大事业中，让青春焕发出绚丽的光彩。青年在我国近现代史上具有重要的影响，从1919年的5月4日以青年学生为主的五四运动开始，中国青年登上了中国近现代政治的历史舞台。自此之后，一代又一代的有志青年在中国共产党的领导下，在救亡图存、社会主义初期建设和改革开放的历史大潮流中发挥了巨大的作用。青年工作在中国共产党的工作中一直占有重要地位，研究十八大以来中国共产党的青年观，有助于我们把握时代潮流下党对青年的期望与要求，更好地进行青年工作。本文概括了十八大以来中国共产党党代会报告和政府工作报告中的主要和青年相关的工作和观点。

一、正确评价青年，重视青年作用

评价青年是政党青年观的核心。中国共产党十八大上胡锦涛的讲话是中国共产党对青年作用的评价及系统阐释。能够正确评价青年、重视青年作用是我们党一向的优良传统。社会主义建设事业并非一朝一夕能够完成，继党的十五大报告首揭"两个一百年"奋斗目标之后，党的十八大报告再次重申：在中国共产党成立一百年时全面建成小康社会，在新中国成立一百年时建成富强民主文明和谐的社会主义现代化国家。"两个一百年"的宏伟目标充分说明要想实现这两个长期目标，需要一代又一代青年人的不懈努力，青年是社会主义建设的未来。只有使一代又一代的青年健康成长，才能使中国特色社会主义伟大事业后继有人，才能够达成"两个一百年"的奋斗目标。

二、高度重视青年干部成长

纵观历史，对青年干部成长的重视构成了中国共产党青年观中最为核心的内容。自十八大以来，要继续为青年干部压担子，创造各种条件促进他们在实践中健康成长的原则没有变，而且与时俱进，在改革开放进入深水区和攻坚区的今天，给年轻干部进一步提出了更加严格的要求，体现着党对青年干部的深切期望与重视。青年干部作为我国一代又一代有志青年的代表，有责任、有义务身体力行，用自己的言谈举止为青年表率，用自己的勤劳、智慧和汗水为人民服务，为伟大的社会主义事业建设服务。针对近年来领导干部队伍中出现的一些问题，党的十八大指出：要深化干部人事制度改革，建设高素质执政骨干队伍。坚持和发展中国特色社会主义，关键在于建设一支政治坚定、能力过硬、作风优良、奋发有为的执政骨干队伍。要坚持党管干部原则，坚持五湖四海、任人唯贤，坚持德才兼备、以德为先，坚持注重实绩、群众公认，深化干部人事制度改革，使各方面优秀干部充分涌现、各尽其能、才尽其用。全面准确贯彻民主、公开、竞争、择优方针，扩大干部工作民主，提高民主质量，完善竞争性选拔干部方式，提高选人用人公信度，不让老实人吃亏，不让投机钻营者得利。完善干部考核评价机制，促进领导干部树立正确政绩观。健全干部管理体制，从严管理监督干部，加强党政正职、关键岗位干部培养选拔，完善公务员制度。优化领导班子配备和干部队伍结构，注重从基层一线培养选拔干部，拓宽社会优秀人才进入党政干部队伍渠道。推进国有企业和事业单位人事制度改革。加强和改进干部教育培训，提高干部素质和能力。加大培养选拔优秀年轻干部力度，重视培养选拔女干部和少数民族干部，鼓励年轻干部到基层和艰苦地区锻炼成长。

　　十八届三中全会进一步详细阐释了十八大的精神，在深入改革的浪潮中，干部人才是至关重要的，培养一支优秀的党的干部队伍在社会主义建设事业中具有举足轻重的作用，而实施严格、公平、高效的选拔、监督与问责机制尤其重要。十八届三中全会指出：全面深化改革，需要有力的组织保证和人才支撑。要坚持党管干部原则，深化干部人事制度改革，构建有效管用、简便易行的选人用人机制，使各方面优秀干部充分涌现。发挥党组织领导和把关作用，强化党委（党组）、分管领导和组织部门在干部选拔任用中的权重和干部考察识别的责任，改革和完善干部考核评价制度，改进竞争性选拔干部办法，改进优秀年轻干部培养选拔机制，区分实施选任制和委任制干部选拔方式，坚决纠正唯票取人、唯分取人等现象，用好各年龄段干部，真正把信念坚定、为民服务、勤政务实、敢于担当、清正廉洁的好干部选拔出来。打破干部部门化，拓宽选人视野和渠道，加强干部跨条块跨领域交流。破除"官本位"观念，推进干部能上能下、能进能出。完善和落实领导干部问责制，完善从严管理干部队伍制度体系。青年干部作为党的后备军、社会主义事业建设的接班人，更应该认真学习贯彻党的精神，在继承党的干部的优良传统基础上继续发扬光大，祛除一些在日常工作中遗留下的糟粕思想，时刻提醒自己与时俱进，开拓进取，力争上游，为人民服务，建设社会主义伟大事业。

改革开放以来，不少干部在摸着石头过河的改革历程中，大胆创新，锐意进取，为我国社会主义事业建设做出了贡献，但同时我国目前的法治社会工作受到了巨大影响，各级领导习惯性插手司法系统，干扰司法公正，行政指令高于法律的现象屡见不鲜，在人民法治意识迅速提升的今天，法治社会的建设刻不容缓。党的十八大四中全会指出：提高党员干部法治思维和依法办事能力。党员干部是全面推进依法治国的重要组织者、推动者、实践者，要自觉提高运用法治思维和法治方式深化改革、推动发展、化解矛盾、维护稳定能力，高级干部尤其要以身作则、以上率下。把法治建设成效作为衡量各级领导班子和领导干部工作实绩的重要内容，纳入政绩考核指标体系。把能不能遵守法律、依法办事作为考察干部重要内容，在相同条件下，优先提拔使用法治素养好、依法办事能力强的干部。对特权思想严重、法治观念淡薄的干部要批评教育，不改正的要调离领导岗位。青年干部作为新时代接受过高等教育的人才，更应该响应党的号召，学习法治知识、提高自身法律意识，在日常生活与工作中时时不忘依法办事。

三、重视青年人才培养

我国民主革命伟大先驱孙中山先生说：治国经邦，人才为急。改革开放的设计师邓小平也说过：珍视劳动，珍视人才，人才难得呀。充分说明无论在任何时期，人才都是治国安邦的重要一环，重视青年人才的培养工作是中国共产党的传统。

党的十八大报告指出：要深入实施科教兴国战略、人才强国战略、可持续发展战略。通过努力使全民受教育程度和创新人才培养水平明显提高，进入人才强国和人力资源强国行列，教育现代化基本实现。营造有利于高素质文化人才大量涌现、健康成长的良好环境，要坚持教育优先发展，全面贯彻党的教育方针，坚持教育为社会主义现代化建设服务、为人民服务，把立德树人作为教育的根本任务，培养德智体美全面发展的社会主义建设者和接班人。加强高新技术武器装备建设，加快全面建设现代后勤，培养大批高素质新型军事人才，深入开展信息化条件下军事训练，增强基于信息系统的体系作战能力。把各方面优秀人才集聚到党和国家事业中来。广开进贤之路，广纳天下英才，是保证党和人民事业发展的根本之举。要尊重劳动、尊重知识、尊重人才、尊重创造，加快确立人才优先发展战略布局，造就规模宏大、素质优良的人才队伍，推动我国由人才大国迈向人才强国。统筹推进各类人才队伍建设，实施重大人才工程，加大创新创业人才培养支持力度，重视实用人才培养，引导人才向科研生产一线流动。充分开发利用国内国际人才资源，积极引进和用好海外人才。加快人才发展体制机制改革和政策创新，建立国家荣誉制度，形成激发人才创造活力、具有国际竞争力的人才制度优势，开创人人皆可成才、人人尽展其才的生动局面。

十八届三中全会报告指出：要改革院士遴选和管理体制，优化学科布局，提高中青年人才比例，实行院士退休和退出制度。加快现代职业教育体系建设，深化产教融合、校企合作，培养高素质劳动者和技能型人才。创新高校人才培养机制，促进高校办出特色争创一流。建立科学的医疗绩效评价机制和适应行业特点的人才培养、人事薪酬制度。深化军队院校改革，健全军队院校教育、部队训练实践、军事职业教育三位一体的新型军事人才培养体系。建立集聚人才体制机制，择天下英才而用之。打破体制壁垒，扫除身份障碍，让人人都有成长成才、脱颖而出的通道，让各类人才都有施展才华的广阔天地。完善党政机关、企事业单位、社会各方面人才顺畅流动的制度体系。健全人才向基层流动、向艰苦地区和岗位流动、在一线创业的激励机制。加快形成具有国际竞争力的人才制度优势，完善人才评价机制，增强人才政策开放度，广泛吸引境外优秀人才回国或来华创业发展。

十八届四中全会报告指出：畅通立法、执法、司法部门干部和人才相互之间以及与其他部门具备条件的干部和人才交流渠道。健全从政法专业毕业生中招录人才的规范便捷机制。创新法治人才培养机制。坚持用马克思主义法学思想和中国特色社会主义法治理论全方位占领高校、科研机构法学教育和法学研究阵地，加强法学基础理论研究，形成完善的中国特色社会主义法学理论体系、学科体系、课程体系，组织编写和全面采用国家统一的法律类专业核心教材，纳入司法考试必考范围。坚持立德树人、德育为先导向，推动中国特色社会主义法治理论进教材进课堂进头脑，培养造就熟悉和坚持中国特色社会主义法治体系的法治人才及后备力量。建设通晓国际法律规则、善于处理涉外法律事务的涉外法治人才队伍。完善军事法律人才培养机制。

在政党的倡议下，政府的人才工作在这些年也得到了强化。2013年国务院政府工作报告指出：要深入实施人才强国战略。以高层次、高技能人才为重点，加强各类人才队伍建设。2014年国务院政府工作报告指出：要深入实施人才发展规划，统筹重大人才工程，鼓励企业建立研发人员报酬与市场业绩挂钩机制，使人才的贡献与回报相匹配，让各类人才脱颖而出、人尽其才、才尽其用。

人才强国战略是中国共产党和中国政府在新时期，站在全球战略眼光上，立足于提高综合国力，打造一流强国的重要战略规划。青年是社会主义伟大事业的建设者和接班人，优秀的青年人才更是实现国家伟大复兴的未来领导者。

四、重视青年组织

党的历次代表大会都提到了重视以共青团为代表的青年组织。中国共产党的十八大工作报告指出：全党要支持工会、共青团、妇联等人民团体充分发挥桥梁纽带作用，更好反映群众呼声，维护群众合法权益。党的十八届三中全会报告指出：人民是改革的主体，要坚持党的群众路线，建立社会参与机制，充分发挥人民群众积极性、主动性、创造性，充分发挥工会、共青团、妇联等人民团体作用，齐心协力推进改革。要改进政府提供公共服务方式，加强基层社会管理和服务体系建设，增强城乡社区服务功能，强化企事业单位、人民团体在社会管理和服务中的职责，引导社会组织健康有序发展，充分发挥群众参与社会管理的基础作用。中国共产党的十八届四中全会指出：各级党委要领导和支持工会、共青团、妇联等人民团体和社会组织在依法治国中积极发挥作用。要健全立法机关和社会公众沟通机制，开展立法协商，充分发挥政协委员、民主党派、工商联、无党派人士、人民团体、社会组织在立法协商中的作用，探索建立有关国家机关、社会团体、专家学者等对立法中涉及的重大利益调整论证咨询机制。拓宽公民有序参与立法途径，健全法律法规规章草案公开征求意见和公众意见采纳情况反馈机制，广泛凝聚社会共识。健全普法宣传教育机制，各级党委和政府要加强对普法工作的领导，宣传、文化、教育部门和人民团体要在普法教育中发挥职能作用。发挥人民团体和社会组织在法治社会建设中的积极作用。建立健全社会组织参与社会事务、维护公共利益、救助困难群众、帮教特殊人群、预防违法犯罪的机制和制度化渠道。

近些年，中国共产党对群团组织提出了在加强和创新社会治理中发挥作用的任务。指出要支持群团组织依法参与社会治理，发展专业社会工作、志愿服务和慈善事业。鼓励社会力量兴办养老设施，发展社区和居家养老。为农村留守儿童、妇女、老人提供关爱服务，建立未成年人社会保护制度，切实保障妇女儿童权益。

五、抓好各项青年工作

十八大后，中国共产党继续保持了加强青年思想引导工作的传统，在此同时，大力完善青年就业创业、青年教育、贫困青年救助等工作。

重视青年就业创业。进入新世纪以来，在社会主义市场化经济不断完善的情况下，大学生自主择业成为主流，党的历次会议对于青年就业、创业十分关心。党的十八大报告指出：就业是民生之本。要贯彻劳动者自主就业、市场调节就业、政府促进就业和鼓励创业的方针，实施就业优先战略和更加积极的就业政策。引导劳动者转变就业观念，鼓励多渠道多形式就业，促进创业带动就业。做好以高校毕业生为重点的青年就业工作和农村转移劳动力、城镇困难人员、退役军人就业工作。加强职业技能培训，提升劳动者就业创业能力，增强就业稳定性。健全人力资源市场，完善就业服务体系，增强失业保险对促进就业的作用。健全劳动标准体系和劳动关系协调机制，加强劳动保障监察和争议调解仲裁，构建和谐劳动关系。十八届三中全会报告指出：要促进以高校毕业生为重点的青年就业和农村转移劳动力、城镇困难人员、退役军人就业。结合产业升级开发更多适合高校毕业生的就业岗位。政府购买基层公共管理和社会服务岗位，以更多用于吸纳高校毕业生就业。健全鼓励高校毕业生到基层工作的服务保障机制，提高公务员定向招录和事业单位优先招聘比例。实行激励高校毕业生自主创业政策，整合发展国家和省级高校毕业生就业创业基金。实施离校未就业高校毕业生就业促进计划，把未就业的纳入就业见习、技能培训等就业准备活动之中，对有特殊困难的实行全程就业服务。党的十八届四中全会报告指出：支持行业协会商会类社会组织发挥行业自律和专业服务功能。健全从政法专业毕业生中招录人才的规范便捷机制，各级党政机关和人民团体普遍设立公职律师，企业可设立公司律师，参与决策论证，提供法律意见，促进依法办事，防范法律风险。明确公职律师、公司律师法律地位及权利义务，理顺公职律师、公司律师管理体制机制。

2014 年国务院政府工作报告指出：就业是民生之本。坚持实施就业优先战略和更加积极的就业政策，优化就业创业环境，以创新引领创业，以创业带动就业。2014 年高校毕业生将达 727 万人，要开发更多就业岗位，实施不间断的就业创业服务，提高大学生就业创业比例。2015 年政府工作报告中总结了过去该项工作的成绩：加强就业和社会保障，完善就业促进政策，推出创业引领计划，高校毕业生就业稳中有升的同时也提出了很多拖动措施。着力促进创业就业。坚持就业优先，以创业带动就业。2015 年高校毕业生 749 万人，为历史最高。要加强就业指导和创业教育，落实高校毕业生就业促进计划，鼓励到基层就业。实施好大学生创业引领计划，支持毕业生到新兴产业创业。

青年教育领域也是青年工作中的重要领域。2013 年政府工作报告强调了完善国家助学制度的优势，指出：国家助学制度不断完善，建立了家庭经济困难学生资助体系，实现从学前教育到研究生教育各个阶段全覆盖，每年资助金额近 1000 亿元，资助学生近 8000 万人次。实施中等职业教育免学费政策，覆盖范围包括所有农村学生、城市涉农专业学生和家庭经济困难学。2015 年政府工作报告在总结过去一年的成绩中指出：继续促进教育公平。加强贫困地区义务教育薄弱学校建设，提高家庭经济困难学生资助水平，国家助学贷款资助标准大幅上调。中等职业学校免学费补助政策扩大到三年。实行义务教育免试就近入学政策，28 个省份实现了农民工随迁子女在流入地参加高考。贫困地区农村学生上重点高校人数连续两年增长 10% 以上。经过努力，全国财政性教育经费支出占国内生产总值比例超过 4%。

综上所述，能够完成中国特色社会主义事业的建设者必然是一代又一代的有志青年，青年是中国特色社会主义事业的建设者和接班人，激昂的青春必将焕发出绚丽的色彩。中国共产党的青年观也必将在实践与总结中不断前行，使得党活力永续，社会主义事业不断前行。

第三篇：五四运动的青年启示

2014 年是五四运动 95 周年。在座各位年轻干部都参加了"重走五四路"的活动，重温了那段历史。对于一个优秀的共青团干部来说，哲学基础和历史基础非常重要。只有哲学的智慧和历史的沉淀，才有可能把工作干好。刚刚有干部提到了团中央的地址为前门东大街 10 号，这个门牌也承载了历史，每一个年轻的干部都可以想想在这个大楼里工作过的老团干和做过的团事，想到历史所赋予这里的每个人的的责任，感觉会很不一样。

年年都纪念五四，核心是什么？五四这个事件对于青年启示，应该包括三个视角、六个维度，理解了这 9 个方面，我们就会对五四有更深的认识。

三个视角。五四运动是什么？第一视角：它是一个"事件"。1919

年，爱国学生走上街头，云集天安门、火烧赵家楼，是学生运动和新文化运动非常重要的事件，是一段让人难以忘怀的历史。这样的历史、这样的事件是以拒绝签约、挽救山东危亡而始，最后达到预期的目标而结束的，这是 95 年前在中国发生的非常重大的事件，这个视角很重要，但如果我们仅仅将五四运动理解为一个事件就太简单了。

第二个视角，就是"国耻"，这个词非常关键。为什么那个时候会爆发这样的一场运动？为什么 3000 名学生在北京参加的游行能够波及到全国？在那个时候中国人的心中萦绕着一种浓浓的国耻感，而北大学生点燃了这种情绪。它是怎样的国耻？到了鸦片战争之后，我们国力衰败，过去的东方大国被列强欺凌，很多仁人志士寻找振兴中国的道路，整个民族被一种情绪压抑着，而在 1919 年，被"巴黎和会"这个事件所激化。在纪念五四运动的过程中想想"国耻"，这个很重要，在中国历史上有一些国耻、耻辱一定要记在民众心中，化作行动。1919 年，当时的北京学界宣言：中国的土地可以征服，但不可以被断送；中国的人民可以杀戮，但不可以低头。说"同胞们要起来，我们要亡国了。"表达了中华民族的伟大精神，也就是这样一种精神让中华民族屹立世界之林，因此不忘国耻才能发展未来。

第三个视角：启蒙。启什么蒙？启封建之蒙，中国这么多年处于封建社会中，需要开启一种新的反封建文化。在五四运动中加入了反帝的文化，"爱国、进步"针对的是反帝，"民主、科学"针对的是反封建。在 21 世纪，反帝可以说阶段性地结束了，但是反封建依然还有很漫长的道路。在研究五四运动和新文化运动之间的关系问题上，大部分学者认为新文化运动的先锋是五四运动，所以不要小看五四运动，它是新文化运动发展到很关键的时期所爆发的一个非常重要的事件。在这个启蒙上中国还需要很长时间，当今的中国仍然走在追求"民主、科学"的道路上。

但是，做青年工作的人不能光从这三个视角去理解。从研究青年的角度思考五四运动，应该有六个维度需要把握。

第一个词是青年，第二个词是青年思想，第三个词是青年导师，第四个词是青年组织，第五个词是青年领袖，第六个词是青年力量。跨越

95 年这六个词仍然是我们所寻找的规律，对指导青年工作有莫大的帮助。

第一个词是"青年"。这个词很重要，过去的中国没有青年这个词，中国出现青年这个词始于鸦片战争之后，但真正把青年当成一种现象，是从 1905 年中国废除了科举制度开始，那个时候很多青年人不知道该干什么，因为他们已经没有了通过科举制度走上升官发财的道路。也就在当时中国突然有了西式的学堂，有了很多留学生，包括中国共产党的第一代缔造者。这个时候的青年人，改变了在私塾里读书的面貌，有了更多的同学，成群结队和集体生活成为了这个时代的青年现象，一种特有的权力在发展。在这个时候"青年"就突出来了，因为成群结队和集体生活的群体有着特殊的意义。我们所研究的"青年"概念，特别是世界上"青年"的概念是从大生产的过程中产生的，而在中国"青年"的概念是由学生、工人游行而产生的，所以大家看五四运动和青年的成群结队有关系，这就是独特的青年现象。

第二个词"青年思想"。那个时候很多青年很困惑，参加五四运动的一些青年已经觉醒了，但是当时大部分中国青年都是很迷茫的，他们看到国家最惨的一面，但是根本不知道国家该往哪里走，新文化运动的爆发提倡民主科学，包括《新青年》等杂志，包括新文艺对社会的广泛印象，包括白话文对社会的广泛影响，使得青年从各种各样渠道了解了国家发展的道路。首先是西方资本主义的东西，他们认为要师夷长技以制夷，他们开始粉碎一些传统的教条，偶像的权威开始被怀疑。他们也同时看到俄国革命的胜利，共产主义的思想来到中国，一开始这些思想杂糅在一起，他们并不知道中国该走哪条路。在那个时代由于有新文化运动，青年人比那个时代的老年人更加的先进，接受了先进的思想，如果我们从文化的角度思考，青年开始影响落后的文化，这是一个非常典型的表现，那个时候年轻人比父母先进很多。这是五四运动爆发的重要背景。假如历史能够再现，我不知道那个时候的父母如何看待孩子冲上北京的街头。这是很重要的一个关键词——青年思想。

第三个是"青年导师"。青年的思想是怎么产生的？我们不能忘记铭刻在五四运动中几个非常有影响的名字：李大钊，是中国共产党的缔造者之一，他号召青年"人人奋青春之元气，发新中华青春中应发之曙光"，在新文化纪念馆可以看到很多李大钊的照片，里面很多是李大钊指导学生社团的照片。他被北京大学学生称为青年导师，他在那里传播进步理想，让青年感到非常的振奋。我们不能忘记陈独秀，他在《敬告青年》中讲："青年要自主的而非奴隶的；进步的而非保守的；进取的而非退隐的；世界的而非锁国的；实利的而非虚文的；科学的而非想象的。"他说要培养一代"意志顽狠，善斗不屈，体魄强健，力抗自然，信赖本能，不依他人为活，顺性率真，不饰伪自文"的新国民。我们不能忘记蔡元培，他的兼容并包、自由主义的思想影响北大的一代学生，更不能忘记在五四期间，蔡元培对学生的支持。我们也不能忘记伟大的文学家鲁迅，他的作品既让人看到社会的黑暗面，也给人以信心，把知识、信念、信仰结合起来，鼓舞一代年轻人，当然还有胡适等学者。这些人当时也都四十多岁，他们被人们尊称为"青年导师"。我觉得五四运动的爆发和这些人的出现有很大关系，他们将思想融合到学生运动当中，最大程度地发挥了老师带领学生改变社会的作用。

第四个关键词是"青年组织"。在五四运动中出现了很多青年组织，比如，"少年中国学会""工学会""新民学会""学生救国会""新潮社""平民教育讲演团"等等。当时的运动除了游行之外，这些组织里的青年人还做了一些很有意义的事情，发展、组织、成长了一批青年领袖，他们后来也成为了政党的领导人。比如说"平民教育讲演团"的邓中夏，他率领为数不多的人在北京宣传革命主张，采取各种方式让群众接受，他们在街头、在学校、在企业，宣传他们的主张，产生很大的影响，当年的青年组织非常活跃，这都是不同时代的共同青年气息。

第五个就是"青年领袖"。五四时期的"青年导师"就40多岁，当时五四运动最重要主体——领导街头游行的人是多少岁呢？罗家伦是23岁，邓中夏25岁，傅斯年25岁，张太雷21岁，周恩来25岁，这个年龄比在座的各位都年轻。毛泽东当时25岁，他在湖南组织革命运动，也经常往北京这里，后来写下了很多回忆录。他说，当时在北京，博览群书，终于接触了俄国革命，认为共产主义是解救中国唯一的道路，并一再强调，中国人要根据中国实际，不要盲目跟西方学。这些青年领袖后来成为中国共产党的缔造者，他们的丰功伟绩后来留在了历史的丰碑上。虽然当时他们大多才 20 多岁，但心中有理想，敢行动，在那个时代产生了影响，他们改变了中国。这在过去的封建制度里，无论如何是不可想象的。

最后一个词就是"青年力量"。由青年组织和青年领袖在青年导师的影响下，在新文化运动的背景中所鼓起的青年力量爆发在五四运动中。实际上在北京游行的只有 3000 多名青年学生，但由北大发起，影响到 13 所大学，进而由北京向全国大学蔓延，从大学之后又影响到全国，上海举行了"三罢运动"——"罢工、罢课、罢市"，进而影响了全部个国民。学生不是仅仅点燃了赵家楼，更点燃了全民族的情绪，为什么当时的青年能够产生这样的力量？因为青年创新的精神与大无畏的精神激发全民族考虑共同的话题，这才是青年人发挥力量的关键所在。还有一些这样的事件应该被记住，比如三个在巴黎和会的官员曹汝霖、章宗祥、陆宗舆。陆宗舆是浙江人，他老乡还给他立了一块碑，说他是卖国贼。他被解除职务后，家乡万人开会，要罢免他的乡籍，这个重要的民族情绪，就是青年激发的。还有在巴黎和会上，我们的外交官得知中国爆发了五四运动，还在犹豫到底签不签约的时候，有很多华侨聚集在门口，甚至带着枪冲进门里说，你们要是签，就不要走出这个房间。外交官每天战战兢兢，终于没有签，这是鸦片战争以来，中国第一次在这种协议上没有签字，五四运动由青年的力量引发进而动员起全国的力量。

时间跨越 95 年，这六个维度仍然非常重要。五四运动让我们看到了一个辩证关系：一方面是时代造就了青年，比如青年概念的出现是因为我们的社会出现了变化，比如青年的思想受到新文化的影响，是因为李大钊、陈独秀写的这些文章，比如青年导师影响了这些青年学生，时代造就了青年；另一方面，青年也创造了时代。在这样一个时代造就青年的基础上，由我们青年领袖领导青年组织产生的青年力量在五四时期爆发了，从而推动了我们社会的发展。今天的中国依然如此，比如今天要完成中华民族伟大复兴的目标，类似于当年五四期间爱国、强国的目标，也需要立足于青年的本职特点，激发我们青年组织、青年领袖，进而产生强大的青年力量，这种力量是发源于爱国，而且还要走在中国特色社会主义的道路上。这种青年力量还需要摸索其途径，需要青年从学理论到深入基层，接触群众。习总书记提出的"中国梦"足以激励每一个人。中国梦是我们的，也是我们的孩子的，因为"中国梦"是激励两代人幸福生活的关键所在，我们可以从五四运动中得到这些启发，指导我们青年工作。在往前追逐"中国梦"的过程中，我们也要更加积极的思考：毛泽东在总结五四运动的时候，也指出五四运动有不足，这种不足还是青年和群众接触不太够。我认为这就是青年的一个努力方向。国外学者研究五四运动，经常拿中国和美国相比，提到中国和美国不同，不同在于他们有很多足够的变革和回旋余地，在这样一个充满传统和迷信的文明古国中实现"民主"和"科学"绝不是一天两天能做到的。五四运动的青年想法也许比较简单，他们认为可以通过走上街头实现民主科学，现在看来可能还需要更长的过程。我们理解"中国梦"的目标，就是沿续五四精神的强国梦，还要看到我们国家的一个文化背景，当前的中国人和下一代，很多代青年都需要在"民主""科学"的道路上踏踏实实地前行。套用孙中山的一句老话：革命尚未成功，同志仍需努力。

第二节　青年诉求

　　如何准确把握当代青年成长的新特点和新规律？在团的工作开展过程中如何把准方向、摸准脉搏？以下收录了几篇团研所的最新研究，分别描述了机关、国企和00后青年的所思所想及提出的对策，供大家参考。总体来看，当代青年有其独特的时代性，是伴随着改革开放成长起来的一代，工业化、信息化、城镇化、市场化、国际化的影响在当代青年身上体现得尤为明显。工业化导致物质的繁荣，青年生活基础普遍比过去好，青年幸福观念悄悄变化（更加注重家庭）；信息化导致网络生存方式，城镇化导致流动加强的趋势和青年的分类的丰富性，市场化导致个性化和自我价值增强，导致物质追求的提升；国际化更加催生独立思维和全球视野。共青团与青年工作更要满足物质条件不断繁荣的环境下的青年新诉求，幸福新期待；更要拥抱网络而获得生存的资格；更要建设有机组织去适应青年的流动，开展点对点、分层次的工作；更要关注个性和自我价值，走出传统的大一统和集体唯一价值观；更加注重切实的服务，提高利益吸引力，远离空洞的政治；更加尊重青年的独立思维和批判精神，在多元价值观中引领核心价值，使其更加有效；更加走向世界，与世界的青年工作接轨。这些方面只有加强深入研究，才能了解不同年龄段青年的代际特征，尊重青年的行为特点及其规律，使团的工作方式和活动方式更好地为青年所接受、所认同、所喜欢。

第一篇：机关青年价值观的矛盾与理想高扬

吴 庆

价值观是人们判断事物、评价行为以确定目标的内心准则，是趋使人行为的内在动力，它支配着人的思想、驾驭着人的行为。机关青年价值观还处在不稳定的发展阶段，充分分析当前机关青年价值观的特点并有针对性地加以引导是机关青年工作的核心。

总体上说，和社会其它青年相比，机关青年的价值观更多地呈现出积极和进步因素更多。但是，我们依然要关注当前在一部分机关青年中存在的价值观矛盾心态，这些矛盾如果不能有效解决，将对青年公务员的状态产生消极影响，进而影响到机关事业的发展。

从近些年的大量调研发现：这种矛盾主要体现在以下方面：

第一，机关青年政治素质高，但一些青年在对党的理论的深度理解上还有待加强。近些年机关调查发现：虽然机关青年政治素质整体偏高，但其"软肋"出现在理论功底上。比如对深层的理论问题解释不清进而不能理直气壮；比如对爱国和坚持中国社会主义道路、坚持共产党的领导认可度出现不一致现象；比如认同党的路线方针政策但同时对未来发展信心不足，都是这种矛盾的反映。

第二，机关青年集体价值观占据主流，但近些年也对个人价值和自我价值更加重视。当前机关青年认同理想抱负，但也渴望实现自我和个人价值。近些年，考虑个人因素和自我价值有所上升，并进而对机关工作的传统管理体系和激励体系提出了更多的看法。

第三，机关青年有着积极的幸福观和健康的成功观，但相比于过去，幸福和成功中的家庭因素和对个人生活品质的强调有所上升。大部分青年能为公共利益而工作，并渴望得到社会的承认和他人的尊重，但也希望能同时处理好个人健康和家庭幸福，因此对加班加点、带病工作等现象有了更多的理解。

第四、机关青年高度重视精神因素，但近些年随着青年人现实生活压力的增大，收入、住房等物质因素及家庭育儿等现实问题也开始影响机关青年的职业选择。越来越多的人不得不承认，这些基础问题如果不能很好地解决，的确影响部分青年公务员的心态。

第五、机关青年希望展现自己的价值，但由于单位岗位稀缺，上升空间有限，加之机关的激励文化尚显单一，青年存在后续激励不足的问题，使得部分青年向上动力缺乏，不思进取，得过且过。

第六、机关青年迫切希望提高自身素质和能力，但由于平时培训时间少，往基层锻炼的机会相对缺乏，素质能力难免较长时间在一定高度水平徘徊，这使得他们对自己未来的发展充满忧虑。

第七、机关青年有比中老年更多的创新思想和创新观点，但基于机关的工作性质和文化特征，特别是青年参与的渠道还有待拓展，青年人不得不对自己的言行举止有所约束，使得青年人的激情不能很好地释放，机关创新资源没有得到很好的利用。

第八、机关青年对党团活动能够积极参与，但由于工作繁忙，同时由于党团工作的宣传方式和活动方式还不能满足青年的要求，有的青年存在实质消极心态，存在"人在现场，心思皆无"的现象，思想政治工作大打折扣。

应该说，以上这些价值观的矛盾都是在机关青年工作中要高度关注的课题。解决这些问题的方法是什么？核心是在青年中高扬机关的公共理想。而这个过程既来自于优秀机关公务员对自己内心的严格要求，同时也要依靠强大的机关支持体系，分析青年理想的产生发展特点进而更好地保护理想、支持理想、激发理想是机关青年工作的重要使命。

从总体上说：机关青年工作应该紧紧围绕实现中国梦、推动机关党政事业发展的中心目标，以高扬理想为旗帜，在"一个巩固"和"五做五真"中采取对策，全面推动青年工作的发展。

1. 青年工作机制建设成果要巩固，给青年的理想以强大的后盾支持，形成好态势。

机关要进一步巩固青年工作机制建设成果，重视和加强对青年工作的领导。积极创造条件，为青年成长成才搭建平台。加强基层团组织和青年工作组织建设，做好团干部培养工作。

当前，进一步创新青年工作机制需要在思想上有更大的解放。和过去一样：青年工作的目标是将青年紧紧凝聚在单位党政中心工作周围，激发青年的积极性，使他们快乐成长，早日成才，走向成功。和过去不一样的是：对于 80 后青年，对于生活在一个不同于前人的政治经济社会文化环境中的青年，他们从不成熟走向稳定，在激情和现实的碰撞中寻找理想的过程注定是特殊的。青年工作的重要目标是立足他们的特点和现实，创造新的青年工作文化，从而真正推动他们的健康成长。

当前核心是要直面青年理想高扬、需要服务、感情沟通这些方面的重大关系，重点回应正在成长的青年自我价值、多元个性与传统价值观的内在矛盾，着力解决机关青年日益增长的生存压力问题。

2. 思想引领往"深"做，给青年的理想以深度理性支撑，追求"真信仰"。

推动机关青年成为"觉悟高"的好青年，就不能满足于从数量上对党的路线、方针、政策支持的较高数据，更要追求支持的深度理性。

把握理论武装的重点方向，在有的问题上要深度解决。如：(1) 对马克思主义的科学理解。(2) 对中国特色社会主义的科学理解。(3) 对党的发展所面临问题的理解。(4) 对中国传统陋习发展的理解。(5) 对自我价值和服务社会关系的理解。(6) 对个性释放和团队价值关系的理解等等。

把握理论武装的核心路径。只有通过寻找规律、发现现实、认识历史等丰富的方式真正使机关青年在以上问题面前心中有数，选择明确而达到理性认同，生发自发力量。这种"深"一定是不回避任何问题，仔细探讨，答疑解惑，抱定不搞清楚不停步的探索精神，真正获得理性的支持力量。

3. 职业发展往"宽"做，以多元理念丰富青年的理想，追求"真价值"。

什么是机关青年的职业发展？答案只有一个，为党政事业做出自己的更大贡献，这是最真的价值，最高的理想，而这种价值并不必然与职位、工资等对等。

要让机关青年感到心情好，不一定需要去提拔所有的年轻人。这提醒我们在机关单位激励体系一定要更加丰富，回到真正的价值原点。当前如何走出略显单一的激励体系，特别是约束有余、激励不足的问题是限制青年投身职业发展的本质问题，要重塑激励新体制。塑造多元成功观，让青年积极向上的劲头都能及时得到认可，巩固职务价值（让职务升迁成为机关青年的强大正激励）、强化核心价值（丰富机关青年的工作感知，促进他们真心感受到自己推动了机关的事业，激发内心高度自豪感）、丰富沟通价值（开展与领导和同事沟通的相关活动，增强青年与领导的信任，促进单位良好的人际关系）、延伸发展价值（提供更多的培训和进修机会，推动青年不断进步，提升素质）、重视个人价值（为青年提供更多的个人多元展示平台，包括自组织、爱心活动等，促进青年潜能的及时发挥和认可）。而这一切需要我们更加细致地了解每一个青年员工的需要，真正做到以人为本，"个人定制化"打造激励体系方能得到实现。

4. 培训学习往"细"做，给青年的理想以坚实能力支撑，追求"真本事"。

面向机关青年的培训总量和针对性是急需解决的问题，要将培训学习放到更宽的视野，真正提高机关青年的能力，获得真本事。

采取更大力度的读书、培训、讲座报告等方式丰富机关青年的知识；采取更大力度的实践、考察、实训等方式提高机关青年的能力；启动机关青年实习挂职计划，增进机关青年对基层的了解。下大力气扩大青年和各方面的交流，设计相关培养项目，使得青年懂市场、懂社会、懂基层、懂国际。

5. 服务青年往"实"做，给青年的理想以扎实基础，追求"真利益"。

由于机关青年当前的生活压力增大，在提倡青年高扬理想的同时，要高度关注青年的切身利益。青年的理想需要物质基础强化，服务青年要有干货。在过去较好的青年工作服务基础上，还需提升服务的实效，重点关注青年各类需要的满足。当前服务的重点有：如：服务青年的收入、住房和职务发展。最核心是在这些方面开展深度调查，摸清青年情况，反映青年声音，给机关决策部门提供政策依据。注重心理支持，加大单位青年心理压力缓解工作的力度；加大对机关青年家庭支持。对于未婚青年，继续开展相关服务，推动"鹊桥"工作更有实效。对于已婚青年，重点加强孩子的成长教育支持工作，将家庭幸福和事业发展紧密联系，实质地推动机关青年提升幸福感。另外，加大青年在单位积极参与的渠道和途径。鼓励青年对单位的发展提出创新建议，举办机关青年创新论坛或类似品牌的活动，推动机关领导和青年的沟通交流。

6. 青年工作往"新"做，以生动活力激发青年的理想，追求"真凝聚"。

发扬机关青年工作的优良传统，全面改进青年工作方式，实现团工作的全面转轨。如推进青年工作的网络化；将更新宣传方式作为创新的突破口，思想引导工作去概念化，增加生活化，增强问题意识；巩固效果好的青年工作品牌活动，扩大参与面，增强活动实效；加强创新制度的建设。及时发现、总结、推广基层最鲜活的创新案例，坚持用典型引路的方法激发基层团组织活力，推动基层团工作创新。通过以上的工作，真正使机关团委成为机关青年想得起、找得到、靠得住的组织，全面提高团组织的凝聚力。

总之，"一个巩固"是充分地发挥党政组织对青年工作的支持作用，"五做五真"的全面突破则是全面挑战团干部和青年工作者的激情和智慧，这些目标的实现将真正推动机关青年工作的发展。

第二篇：国有企业青年发展问题与对策

吴庆

国有企业青年是中国企业青年中的重要群体，其思想状况和发展状况值得关注。

一. 国有企业青年的现状调查

在部分国有企业中的抽样调查发现一些值得关注的问题：青年价值观变迁，幸福主要源自家庭而非事业，信仰多元化，企业文化需要进一步落地。青年关注发展却比较迷茫，心理压力大，认为加班多而待遇少，普遍希望改善职业发展通道、住房、工资和找对象等问题。这些问题亟待解决。

1．团队价值观依然是主流价值观，但个人利益和自我价值的考量呈现增加趋势。多数青年员工优先考虑团队利益或两者兼顾。调查显示当个人利益与团队利益发生矛盾时，42.2%的青年员工选择舍弃个人利益，自觉维护团队利益；6.8%会优先考虑个人利益，然后考虑团队利益；0.9%选择只考虑个人利益，不去管团队利益；50.1%选择两者都考虑，看具体情况而定。

多数青年员工认为工作的意义在于实现自我价值，得到认可，工作是实现理想、成就事业的途径。调查显示，青年员工认为工作的意义是实现自我价值、得到认可的占42.9%；实现理想、成就事业的途径的占28.2%；提高生活水平的占26.0%；没什么目标，当一天和尚撞一天钟的占1.3%；对工作本身很厌倦，但是又不得不工作的占1.6%。

2．幸福感主要来源是家庭而非事业。81.7%的青年认为家庭和谐（48.4%）和身体健康（33.3%）是幸福的主要来源。事业发展仅占13.4%，其它4.9%。当事业与家庭发生冲突时，青年的幸福感会下降。

3．党团员信仰多元化，信仰有真空，党员先进性需加强。71.3%的中共党员（含预备）、32.8%的团员、28.7%的群众、14.3%的民主党派人士信仰共产主义；21.8%的中共党员（含预备）、55.0%的团员、58.7%的群众、42.9%的民主党派人士没有信仰；半数青年认为党员先进性体现不太明显（7.9%认为先进性很明显，处处能够吃苦在先享福在后；37.2%认为比较明显，在重大事件面前能够有所担当；45%认为不是太明显，完全隐藏在群众之中了；9.8%认为没有任何先进性可言，甚至极个别还起着负面作用）。

4．浮躁、功利等社会不良风气对青年有影响。调查显示，青年员工认为所在单位的员工中，一些不良风气主要表现在：浮躁，不踏实（28%），比较功利（18.3%），主动融入的意识较差、归属感不强（18%），好高骛远，自视甚高（13.7%），缺乏耐力（8%），强调个体、团结协作精神不够（12%）。

5．企业文化落地有待加强。认为企业文化在具体工作中的体现程度呈正态分布，近四成青年认为体现一般（体现充分 5.9%，较多 24.7%，一般 39.2%，较少 20.4%，没有 9.7%）。其中，党团员认可度相对较高。选择体现充分和较多的，按照共产党员（33.5%）、共青团员（29.1%）、群众（26.7%）和民主党派（14.3%）依次递减。

6．心理压力大，工作氛围紧张。绝大多数青年面临着心理压力（非常大 20.0%，比较大 44.4%，一般 34.3%，无太大 1.0%，无 0.3%）。压力主要来源是：44.7% 经济，39.9% 工作，7.7% 人际交往，3.7% 情感。男性的主要压力源于经济（49%）和工作（36.3%）；女性主要压力源于工作（49.1%），其次是经济（33.4%）。

过半青年认为目前单位的工作氛围紧张压抑（29.5%）或严谨有序（26.0%），另外，24.2% 紧张又活泼，9.7% 极具挑战性，8.3% 轻松活泼，2.3% 其他。

压力可能成为沉重的包袱，也可以转化为工作的动力，关键在于如何引导和疏解。现代思想政治工作的任务不仅仅包括端正受教育者的思想，鼓励企业干部职工们热情投入工作，也逐渐增加了疏解压力、保障心理健康的内容。压力源存在性别差异，对男性员工要更多考虑如何减轻他们的经济负担，而对女性员工则更多地考虑如何协调她们的工作与家庭生活的冲突。

7．困扰个人将来的发展问题。困扰青年的主要问题是"如何才能更好的发展"（45.9%），其次是"对个人的将来很迷茫"（21.4%）。此外，选"一个人应该追求什么"占 12.1%，对公司未来的发展很迷茫 10.0%，对社会上的很多现象很迷茫 8.4%，其他 2.0%。

8．对职业发展比较迷茫，职业生涯辅导工作需更具体化，青年脱颖而出机制存在不足。在未来的职业发展规划方面，38.3% 的员工比较迷茫，不是特别清晰；4.0% 的员工完全不知道将来干什么。在现在困惑的主要问题方面，45.9% 困惑如何才能更好地发展，21.4% 对个人的将来很迷茫。

45.0% 有规划，但是只是近期的；12.7% 很清楚自己想干什么。党员最有规划，团员最迷茫。选择"很清楚自己想干什么"和"有规划，但是只是近期的"的党员、团员和群众的比例分别为 59.6%、52.6% 和 57.4%。学历越高，职业发展规划越清晰。7.4% 大专（高中）及以下、3.7% 本科、3.2% 硕士、2.1% 博士"完全不知道将来干什么"。20% 博士"很清楚自己想干什么"，高于其他三个学历层次（约 12%）。近六成青年对职业生涯辅导基本满意（55.2%）或十分满意（3.3%）。

较多青年认为青年脱颖而出的机制存在不足（14.2% 有，并且顺畅；29.4% 对年限关注，不太关注能力；33.6% 职业通道不清晰；18.7% 政策制度不稳定；4.0% 其他）。

在教育培训的方式上，青年比较倾向于导师带徒弟（29.4%）、部门的培训（23.6%）、本单位的培训（19.9%）以及企业大学组织的培训如 E-learning 等（15.7%）。博士学历和硕士学历对专业技术技能培训的需求较高，比例分别达到 50.5%、35.4%。而大专（高中）及以下学历、本科学历的员工对职业技能培训的需求偏高，比例分别达到 31.5%、23.9%。

9. 对工资待遇、工作量大和加班多存在不满。

在对公司的评价中，青年最不满意的是工资待遇（占各选项的 48.5%）。四分之一青年认为当前的薪酬待遇不太合理，迫切需要改革（合理 2.7%，基本合理 44.3%，不合理、但能承受 28.7%，迫切需要改革 24.4%），大专（高中）以下的员工认为迫切需要改革的比例达到 40%。

16.9% 的青年认为公司在经济分配制度上稳步前进，可以看到希望；27.2% 认为薪酬与自己的工作付出相比较，可以接受；17.3% 认为薪酬与自己辛苦付出不成正比，不能接受；20.6% 认为和周围的同学相比，差距很大，心里不平衡；15.1% 认为存在同工不同酬情况；3.0% 选择其他。

近七成青年认为工作比较饱和，但没有超出负荷（26.6% 工作很忙、很多，根本无法应对；67.4% 工作比较饱和，但没有超出负荷；5.4% 工作很轻松，基本上都能完成；0.5% 感觉上班期间无所事事）。

青年对待加班态度：9.2% 支持，43.8% 不反对，33.2% 不支持，13.8% 十分反对。关于加班原因，25.40% 认为由于自己工作经验不足，可以接受加班；52.5% 认为工作量太大，超过 8 小时工作量了，加班就应该有加班费；12.8% 认为已经很累了，根本不想加班；9.3% 选择其他。

10. 住房问题有待解决。只有少数青年有自己的个人住房（25.8%），多数是租房（37.3%）、与父母同住（15.0%）和住集体宿舍（20.2%）。近一半本地人与父母同住（45.6%），大大高于外地人（4.8%）。本地人需要自己租房的比例仅有 16.6%，而外地人达到了 44.2%。青年 67% 的收入用于日常生活（37.5%）和买房或租房（29.9%）。

11. 找对象问题需要关注。近半数员工表示找对象有一定困难（15.0% 十分困难，32.9% 困难，39.1% 还可以，1.7% 容易，1.3% 十分容易）。青年主要在 30 岁以下，半数未婚，男女比例不平衡使得广大男性青年需要眼界朝外。但是，由于特殊的工作性质，很多工作地比较偏远，并且外地青年人居多，加重了青年人自己解决个人问题的难度，需要党团组织的关怀。服务青年是共青团四大职能之一，只有切实为青年人服务，为青年人解决实际问题，才能真正赢得青年对党对团的信任，促进党团组织在思想上引领的作用。

12. 青年对其岗位级别存在着一定的不认可现象（很不认可 7.0%，不认可 16.9%，一般 39.1%，基本认可 27.6%，认可 9.4%）。不认可的主要原因：29.3% 没有体现个人学历、能力，28.9% 内部等级差距太大，9.1% 没有体现工龄，8.7% 不希望有差别，3.2% 其他。

13. 青年人际交往问题需要关注。在分析哪些人际关系比较难相处时，68.0% 的青年员工中认为和上级的关系最难相处，15.9% 选择了同事之间，2.1% 的员工认为和下级关系比较难相处。

二、国有企业青年工作的发展方向

国有企业青年工作如何做？重点要做好以下几方面工作：

第一，加强价值观引导

青年认为幸福主要源于家庭和谐与身体健康，而非事业成功，当工作影响家庭时，会遭遇一些不满和困难。困扰青年的主要问题是"如何才能更好地发展"，迷茫普遍存在。部分党团员理想信念淡化，青年对党团员认识趋于平淡化。因此，应正确引导青年的人生价值观，对于青年关注的人生问题，给出明确的引导和解释。并且，发扬党团的集体主义价值观影响，通过党团活动仪式，强化党团员的共产主义理想信念。

现在空谈思想已经使越来越多的人对思想工作产生了逆反情绪。我们要关注思想是否符合是大家需要，思想的包装和载体是否足够吸引大家。这种包装着"思想"的载体应该在适当时机、适当地点、适当群体中出现。所以我提倡思想工作要引入需求调研和把握，引入营销观念。

思想教育的空洞化是当前非常大的问题。我们需要的是科学的宣传并要防止上下一般粗。到基层重在服务，重在凝聚，重在吸引，把大道理说实在、说出感情、说到心坎最为关键，建议在此领域要大大研究"下楼工程"（研究大道理落地的方法，针对不同层次不同群体）。

第二，分类引导，提高企业忠诚度

提升青年企业忠诚度需关注青年群体间的差异性。企业对于外地人不仅是工作的地方，还能提供家的归属感；而本地人不太会从企业寻求家的归属感。因此，对于外地员工可考虑从营造企业的家庭氛围着手。对党团员要加强忠诚企业理念的灌输，对于民主党派需了解其忠诚企业的条件，并适当满足。

第三，创新企业文化载体与传播方式

较多青年认为企业文化在具体工作中体现一般。党员、团员和群众认为企业文化体现的正向程度依次递减，但三者总体趋势呈现正态分布，但民主党派的看法相对偏负面，认可度明显低于前三者。因此，要加强企业文化在民主党派群体中的落地工作。根据访谈，员工对"三和文化"有一定的理解，但是，较年轻的员工认为企业杂志并不是特别有吸引力，考虑到经济和环保因素，建议做电子版。所以，可以考虑创新企业文化的文化载体和传播方式。

国有企业文化的建设还是要更为重视科学性。首先不要太复杂，其次要构建价值—制度—行为—外化的立体结构，在这方面价值观的坚守和恒定、文化各层次之间的相互关照、文化落地非常重要，现在看来，差距还很大。而中间关键因素是我们需要真正的企业家而非政府官员。

第四，加强职业辅导，疏畅职业通道

(1) 加强职业生涯辅导

青年的职业生涯规划要有可行性，让员工了解自己的工作和企业中长期发展规划，以便明确努力的方向。很多青年员工刚大学毕业，对职业前途很迷茫。其中，助理是一个特殊群体，工作杂，70%-80%的时间在开会，还得处理部门的文档工作和行政后勤服务，很多人超负荷工作。但是，项目隶属部门和工作部门不同，很少有团队活动，没有归属感。因此，要加强职业辅导，为新员工建立个人规划向导，让青年更多认识到自身能力以及适应的工作，从而提高工作效率。

企业青年的职业发展迷茫是具有普遍性的，对于职业生涯发展辅导工作的效用始终存在着争议。问题是如果企业的发展并不确定，企业的制度环境并不稳定，许多事情还要取决于人的意志，青年职业发展要有清晰的路线就无比困难。我们还不存在以个人为动力、道路明确的环境。

(2) 职业通道多元而畅通

公司为员工提供多序列发展方向及通道。根据不同员工的自身特点，提供多元化发展方向，并且使职业通道更为透明和人性化。特别需要为校招员工创造发展平台，考虑专业的不同来制定不同的发展通道，而不是忽略非理工类校招员工的发展。职业通道的设计应给青年足够的发展空间，适当放宽年限和工种的限制。

第五，提高培训针对性，切实结合青年需要

(1) 培训形式针对青年特点

在调查中发现，一些相对较大的部门（机械、电控等）很重视师带徒关系，而相对较小的部门基层（工程助理、文员等岗位）不太重视师带徒关系。可以聘请具有丰富现场经验的老员工，针对实际项目中可能遇到的问题，进行专题讲座，这对青年积累知识和以后的现场工程技术服务大有帮助。多提供出国交流、培训的机会，开阔青年眼界，更好地消化吸收国外的先进技术和理念。鼓励员工自主学习和考证，将E-learning 免费开放，取消学分制；公司的讲座可做成视频，放在企业大学网站，以免员工工作冲突，没有机会学习。

(2) 培训内容符合青年需要

多关注青年的发展，提供更多学习和发展的机会。多开展与工作相关的专业培训与案例分析；增加项目协调及人际关系等培训内容，便于开展团队工作；此外人文艺术类的内容应有所增加。

第六，把握青年需求，解决青年实际问题

(1) 福利待遇问题

可增加非物质福利，如增加年假、赠送春节期间的公休都非常鼓舞人心；另外，从工资上适当给予青年照顾。青年长期驻外，条件艰苦，接受教育、培训以及岗位晋升的机会都比较少，建议公司采取一定的措施引导帮助青年的个人发展。

(2) 住房问题

尽力帮助解决青年的住房问题，如考虑集资盖房、集体宿舍等。此外还应提高现场住宿条件，考虑已婚人员的生活习惯。

(3) 家庭问题

关注青年在工作外的个人及家庭问题，如配偶关系、配偶工、子女上学和户口等问题。只有解决了员工的后顾之忧，才能提高员工的忠诚度，加大员工投身事业的热情。多关注驻外工程建设一线的青年的家庭和生活，一线位置偏远，条件艰苦，家庭和谐问题相对严重。考虑从薪酬待遇、特殊环境补助、晋升渠道和轮班休假制度来解决员工的切实问题。

公司能否考虑摒弃"夫妻两人不能在同一个单位"的制度，给予确实能够满足公司需要的配偶一些机会，给两地分居的员工解决家庭问题，使青年能更好地为公司努力（配偶条件不能满足公司岗位要求除外）。另外，公司可适当与所在辖区教育主管部门协调，解决职工子女非学区入学问题。

(4) 班车问题

某些单位较为偏僻，员工上班极为不便，可以考虑为员工安排班车。考虑到员工上班普遍路途较远的问题，在冬季能适当延迟早上上班时间，或在人员密集的交通点（如城铁站）附近安排几辆班车，解决早上上班问题。对于在工地或者现场的青年，也可以适当安排周末去往相近城市的班车，方便员工周末出行等。

第七，提升管理水平，建立健全管理制度

部门或项目管理水平有待提高，很多工作处于摸索阶段，应尽快形成相应程序、标准，加强制度建设。办公用品配置不应该所有人都一样，应根据实际工作需要，提高资源配置效率。现存在只是引进技术和签收，没有较好消化吸收，甚至没有验证的情况，部分单位应提高消化吸收再创新的能力。高层思想要转变，中层素质需提高，上下交流要加强。

(1) 健全薪酬及激励制度

部分单位或部门存在同工不同酬的现象，影响了工作积极性和效率，应尽快合理化、制度化和透明化。基层员工的薪酬相对较低而影响到工作积极性，公司可以根据相关标准适当提高一线员工的工资待遇。

对于为公司提出很好意见或做出卓越贡献的员工，应该建立动态激励和鼓励机制，让这些员工时时刻刻都能感受到公司的激励和鼓励政策，不仅仅是通过一年一度的优秀员工选举和表彰，让人觉得只有这些少数人为公司做出了贡献。

(2) 完善考核及晋升制度

绩效分配体制及末位淘汰体制需要更加合理，建立和完善个性化的考核方式。在保证领导对员工考评有绝对权的前提下，保留一部分权值用于员工之间互相考评，这样既不损害领导对员工的管理权利，又能加强员工间的配合和支持，创立和谐的氛围和团队精神，还能丰富对员工的考评角度，提高考评的科学性和全面性，有利于激发员工的工作激情。年终考评时应预留给项目部一线部门对相关支持部门的考评权值，这样有利于一线部门在平时工作中发挥总体协调和领头的作用，有利于项目工作的推进。建议强化部门领导的考核职责，由员工的直接领导负责对员工的考核与晋升，这样有利于评价员工的实际工作，调动员工的积极性。

人才是企业竞争的生命线。要创造公平、科学的人才晋升机制来吸引、挽留优秀人才，为公司做出更大的贡献。岗位晋升制度方面，在保证以领导推荐为主的基础之上，还应征求与被推荐人相关的其他员工的评论意见，使广大员工的评分结果占一定的权值，并将各方的考评分数最终公示，提高员工晋升制度的科学性、民主性。

(3) 改善加班制度

减少官僚作风，提高工作效率，从而减少加班时间，让员工平衡工作和生活，提高员工的幸福感，使个人也能得到可持续发展。不提倡统一加班的方式，员工可根据自己工作的实际情况，自主加班。有时加班太严重，应考虑加班费或因工作晚上八点以后离开补贴打车费等。

(4) 推动创新机制

创新是推动公司不断进步的动力，建议公司更重视创新，营造宽松的创新环境，鼓励基层员工在保质保量完成工作任务的同时，在科研上进行创新。应防止基层员工创新成果被领导占有现象出现，并对做出创新的基层员工予以奖励，并允许在创新中存在一定程度的失败。

(5) 加强沟通机制

一要加强公司与其他公司建立一个快速、便利、有效的沟通交流通道或平台。二要加强企业内部兄弟单位交流协作，做到相互学习，共同提高。三要加强企业领导与各级员工建立和谐的交流和沟通机制，上情下达、下情上达。企业应鼓励员工敢说真话、敢说实话，鼓励员工敢表达自己的不同见解。四要信息公开透明，通畅传递渠道。很多信息上层知道，基层没几个知道，对公司形象造成了不好的影响。

第八，改善青年工作方式，促进青年成长成才

（1）加强各子公司间交流活动

打破青年活动以部门为单位的单一形式，扩大青年的人际交往和交流学习。

（2）丰富活动载体，更多开展文体活动

通过多种多样的文体活动开展精神文明建设，丰富青年业余生活，提高员工幸福指数，促使员工更好地融入工作。

（3）发扬"一小时座谈"活动

把领导与员工的"一小时座谈"活动打造成为品牌工作。领导一对一，面对面地倾听青年心声，使员工对公司有归属感，对自己有明确的发展方向。

（4）加强员工思想教育

营造企业健康向上的舆论氛围与和谐融洽的人际关系。不能只关注工作，对于一些重大的国家新闻和行业新闻，可以适时广播或组织员工观看，鼓励员工参加一些公益活动。

（5）关注员工身体健康

建议公司统一开展间休广播体操活动和休息日徒步活动，缓解员工因工作性质造成的肩颈疾病，实现健康和工作双赢。

(6) 公司可以举办婚恋交友活动

企业年轻人多，单身多，但是由于工作原因很多人没有机会解决单身问题，其中一些到了适婚年龄也没机会谈恋爱而选择了辞职。建议企业在子公司之间，或与社会上其他单位开展联谊，组织婚恋交友活动，解决青年的后顾之忧。

第三篇：00 后的青少年在想什么？

郑 伦

价值观是人们对价值的一般观点和根本看法。价值观的形成过程是从小就开始的，社会生活中的点滴都能促成青少年价值观的形成。价值观不仅是一些内在的素质和观念，还是外在的行为和态度。正确的价值观是青少年成长成才的必要条件，中学阶段的价值观形成在青年的一生中极其重要。通过对北京市 D 区 00 后青少年价值观的调查，试图归纳总结 00 后青少年价值观的特点，以期更好地"对症下药"，为促进青少年价值观教育提供基础。

鉴于 00 后青少年的年龄、心智等特殊情况，D 区 00 后青少年价值观的状况调查主要从以下三个指标进行量化操作：一是思想道德价值观；二是人生价值观；三是政治价值观。

一、思想道德价值观

道德价值观在价值观体系中处于核心地位，即道德价值观是价值观体系的基础和中心，并与其他的价值观有着密切的联系。对青年的价值观的演变来说，它必须首先依承的心理基础是道德观念。青年若要内化社会的各种价值观念，就必须首先熟悉道德规范，掌握一系列道德观念和概念，对正确和错误的行为作出道德判断和评价，并在这些道德观念、道德概念和道德评价的基础上形成道德观念体系，在行动上把这些道德观念体系付诸实践，由此产生各种道德情感和情操，形成对价值观念接受还是拒绝的道德态度。因此，道德价值观在青少年成长成才的过程中所起的基础性作用是值得高度重视的。

道德是人类社会生活中所特有的，依靠社会舆论、传统习惯和人们的内心信念来维系的，并以善恶进行评价的原则规范、心理意识和行为活动的总和。马克思主义认为，道德是社会关系的产物，道德是社会物质条件的反映，是由一定的社会经济基础所决定的一种社会意识形态。社会经济基础的性质决定各种社会道德的性质，有什么样的经济基础，就有什么样的社会道德。而在社会经济关系中居于统治地位的阶级，其道德也必然居于统治地位。社会经济基础的变化，又必然引起社会道德的变化。在社会经济结构和基础发生快速变化的时期，如何建设和培养青少年的社会主义道德意识形态是新的历史时期青少年工作面对的一个重要问题。本调研主要从（1）对集体观念的认识；（2）个体基本生活层面的道德行为规范水平；（3）规则意识；（4）对民主推选的态度等几个方面来看当前青少年的道德发展水平和特点。

1. **集体观念**

发生个人利益与他人利益和整体利益的矛盾，而且人们自觉意识到这种矛盾时，才会出现道德抉择。本次调研中，没有简单地询问"当个人利益与集体利益发生矛盾时，你怎样做？"这样的题目，而是设计了一个学生熟悉的场景："班级需要您参加一项重要任务，而您恰好又与同学约好了一块出去玩，这时您会怎么做？"针对这道题，有 88.4% 的学生选择"服从班级需要，认真参加并努力做好"，选择"以自己有事情为由推掉班级任务"和"不情愿地参加班级任务，应付了事"的学生只有 6.1% 和 5.5%。结果显示，集体观念仍占主导地位，大部分青少年都把集体利益放在个人利益之前。

2. **日常道德行为规范水平**

日常生活中的行为细节，往往能反映绝大多数人的基本道德意识和道德行为规范水平。关于"考试时，有一题难住了您，这时您会怎么做？"的问题上，有 91.3% 的学生选择干脆放弃，6% 的学生选择偷看同学试卷，

2.7% 的学生选择偷偷翻书看。调查结果显示，绝大多数学生在考试诚信的认识水平上是比较好的。

关于"看到校园地上有垃圾时，您会怎么做？"的问题上，81.7% 的学生选择"捡起来，扔进垃圾桶"，能做到主动维护公共利益。此外，在校园这种公共场合，明确表示"找到扔垃圾的人，批评他"的学生只有 2.8%。关于"在公共场所，看到有人大声喧哗"的问题上，49.6% 的学生认为这是不文明的行为，直接制止；42.9% 的学生认为这是不文明行为，但不制止；7.5% 的学生认为这是个人习惯，没什么关系。调查结果显示大多数青少年的日常道德行为是良好的，同时也说明初中一年级的青少年比较重视自己的行为规范，较少涉及他人的言行。

就"一般情况下，您在公交车上是否会主动给老人让座？"问题上，青少年的回答表现出绝大部分人都是有礼貌有爱心的，84.3% 的学生选择"会主动让座"。但也有 12.4% 的学生选择"让不让看心情"，3.3% 的学生选择"不会主动让座"。这可能与目前社会上帮扶老人但反遭诬陷的不良事件有关，让部分学生对此类事情有所顾虑。

在"您对于见义勇为的态度"这道题上，76.9 的学生选择"敬佩他们，也希望做这样的人"，15.2% 的选择"敬佩他们，但自己不想去做这样的事"，很少一部分学生 (2.4%) 选择"认为他们冒傻气，不值得"，还有 5.5% 的学生选择"无所谓"。结果提示，绝大部分学生对于见义勇为行为是敬佩的，自己也希望做这样的人，部分学生虽然敬佩，但限于胆量或能力不想去做这样的事情。提示我们在学校教育中，可以进一步加强对于见义勇为英雄的学习，同时也要注意提高未成年人的自我保护意识。

3. 规则意识

在"上学途中遇红灯，此时恰无来往车辆，这时您会怎么做？"这道题上，34.4% 的学生选择"等待绿灯亮时再通过，这是规则"，28.7% 的学生选择"安全第一，绝不通过"；但是，有 33.7% 的学生选择"看情况，要有急事就通过"，3.1% 的学生选择"看到没有警察便快速通过"。这说明 00 后学生具有较好的规则意识，但依然有较多学生以"自己有急事"为理由不遵守交通规则，规则意识较差。这也从一个侧面也反映了"中国式过马路"在孩子身上的体现。

4. 对民主推选班长的态度

调查结果显示，有75.2%的00后青少年愿意推选各方面表现比较优秀的同学为班长，但有高达11%的00后青少年选择投自己一票和有5.9%的00后青少年推选与自己关系好的同学为班长，即将将近17%的同学并不以"表现优秀"作为当选班长的必要条件。

这一结果可以反映出00后青少年两个方面的特点：一是00后青少年善于积极展示自己，拥有较高的自我价值感，这是青少年成长成才的有利素质。二是00后青少年的自我意识较强，思维方式常以自我为中心，如推选与自己关系要好的同学为班长而不是选举优秀的、有能力的同学为班长。当然这点是与整个社会上道德价值观的世俗化大环境分不开的，即社会上拜金主义、个人主义和重实利思想的影响。

5. 对学生付费代写作业的态度

调查结果显示，不赞成学生付费代写作业的有84.1%，赞成的占5.1%，表示无所谓的有10.8%。显示出绝大多数00后青少年拥有正确的道德价值观。但5.1%赞成付费代写作业的青少年的存在说明00后青少年缺乏一定的责任意识，同时也从侧面反映出学校应试教育的问题。我们应该反思，如何才能让00后青少年喜欢学习，把学习变成一件愉快的事情。

6. 对"勤劳致富"观点的态度

调查结果显示，赞成只有通过勤奋劳动和工作才能获得美好生活的00后青少年占82.5%，无所谓的占13.5%，不赞成的占4.0%。可见大多数00后青少年拥有积极向上、阳光健康的心态。但接近18%的00后青少年不确定或者不赞成通过自己的勤奋劳动才能有收获，表明少数00后青少年存在依赖意识强、独立意识欠缺的情况，体现出当今社会诸如"啃老族""官二代""富二代"等小群体的思想对00后青少年的影响。社会、学校和家庭等需多方协作，积极引导00后青少年，避免不利于青少年健康成长成才的思想的侵害。

通过对00后青少年是否同意"我对社会总体上是满意的"观点调查，结果显示70.4%的00后青少年同意该观点，有接近三分之一（29.6%）

的青少年不同意该观点，即认为社会上是有这样那样的问题的。调查结果说明 00 后的青少年不再是盲目的附和和盲从了，而是用一种反思的态度、审慎的眼光和怀疑的精神去分析、判断他们眼中所认为的"社会"。这应当说是青少年价值观的一个巨大的发展和进步，因为他们有了独立的价值思维，我们应当给予充分的肯定。

二、人生观

众所周知，"德才兼备"是成才的要求，同时也是青少年成长为人才的必要条件。纵观每一个有用之才的成长历程，除受客观条件决定外，青少年时期的人生观对整个成才的历程也起着巨大的影响作用。

人生观是人们对人生目的、意义、价值、理想等重大问题的根本认识。按照对待人生目的、意义、价值、理想、态度等思想观点的不同，人生观大概可划分为享乐主义、禁欲主义、实用主义、悲观主义、利己主义等几种类型。对 D 区 00 后青少年人生观状况的调查可以明晰地看出 D 区 00 后青少年人生观的现状。下文试图揭示 00 后青少年人生观的规律，为更有效地开展青少年人生观教育工作提供科学理论指导，并为进一步的政策建议提供现实性基础。

00 后青少年人生观的状况调查主要从以下四个指标进行量化操作：一是人生意义；二是人生命运；三是人生目标；四是人生信仰。

1. 人生意义

对人生意义的衡量通过调查"00 后青少年认为什么是人生中最重要的东西"来进行展示。调查结果显示，57.6% 的 00 后青少年认为"健康"是人一生中最重要的东西，24.7% 的 00 后青少年认为"快乐"是人一生中最重要的东西。"信仰""才智""亲情友情爱情"等位列其后。只有 0.8% 的 00 后青少年认为"金钱"是最重要的东西，有 3% 的 00 后青少年认为"权力"和"名望"最重要，还有 1.8% 的 00 后青少年认为"相貌"最重要。另外，有高达 92.2% 的 00 后青少年表示不追求名牌的衣物，并不会和有名牌衣物的同学攀比。综合来看，共有 90.4% 的 00 后青少年的人生意义是正向积极的。可见，00 后青少年对人生意义的认识总体上是积极的、科学的。他们更加关注自己的现实生活和珍爱自己的生命。但不可小觑的是仍有 5.6% 的 00 后青少年的人生意义观是消极、非科学的，他们或崇拜权力，或渴望金钱，或注重相貌。因此，应继续加强对青少年人生意义的教育和社会实践活动，尽量避免不利于 00 后青少年的智力开发和能力培养的负面影响。

2．人生命运

对人生命运的衡量通过调查"是否相信星座和手相决定人的命运"来考察。调查结果显示，有 60.2% 的 00 后青少年不相信星座和手相决定人的命运，有 21.9% 的青少年表示不清楚，有 18% 的青少年相信星座和手相决定人的命运，但其中只有 2.6% 的青少年完全相信星座和手相决定人的命运。

可见，大多数青少年对人生的命运都能有较好的认识，乐观向上、积极进取并相信科学，不迷信。但由于星座、手相等迷信思想在社会上的传播，影响青少年科学全面的人生观的形成。

3．人生目标

对 00 后青少年"崇拜的人物"的调查可以反映出青少年人生目标的追求。调查结果显示，有 46.1% 的青少年崇拜历史上的伟大人物，有 27.8% 的青少年崇拜明星，还有 26.1% 的青少年崇拜长辈和朋友。

可见大多数 00 后青少年拥有较高的社会贡献意识，愿意在社会的发展进程中贡献自己的力量、实现自己的人生价值。历史上的伟大人物和其事迹是青少年学习的榜样；德高望重的长辈和优秀的朋友也是青少年不断提升自我价值的现实标杆，还有一些通过自己努力奋斗实现梦想的明星们也是青少年追求自我价值实现的推动器。这些都为青少年的成长提供"正能量"。但同时我们也应意识到，过度的"追星"也是危害青少年健康成长的重要因素之一，需要社会、学校和家长等多方的正面引导方能避害为利。

4．人生信仰

调查结果显示，有 80.8% 的 00 后青少年认同"信仰是人的精神支柱，非常重要"，即大多数的 00 后青少年认为应当有人生信仰。人生信仰作为人生观、世界观的一部分，是人生努力奋斗的源泉，是青少年成长成才的动力。但仍有 19.2% 的青少年不认同人生信仰很重要，这说明我们应该加大信仰教育力度，正视信仰的力量，让信仰的动力源泉作用在青少年成长成才过程中发挥更有力的功能。

综上可见，00 后青少年的人生观总体上是正向、积极、科学、健康的。第一，00 后青少年的人生观有其独特的发展水平和特点，不仅有别于儿童和中老年人，而且处于同一年龄段的青少年，由于社会环境、教育条件和自身主观努力的差异，他们人生观的发展状况和特点也不完全相同。第二，00 后青少年的人生观正处于发展过程中，因而是很不稳定的。社会上的宣传、学校的教育以及社会风气、家庭氛围等，都可以使其人生观上升或者下滑，向正确或是错误的方向转化。第三，00 后青少年的人生观形成处在全球化、信息化高度发展的环境下，网络对青少年人生观的形成起着不可小觑的作用。常常看到身边的 00 后们刷着微博、聊着 QQ，这些能够迅速影响人们思维想法的网络力量应受到应有的重视，创造绿色、安全、健康的网络环境，也能促进 00 后青少年积极、科学的人生观形成。

调查结果显示，00 后青少年认为一个人的价值取决于人格是否高尚的占 38.3%，取决于对社会贡献的大小的占 21.2%，取决于生活是否舒适、潇洒的占 15.3%，取决于是否干出了一番轰轰烈烈的事业的占 10.3%，剩下的 9.9% 觉得金钱、权力和名望是衡量一个人的价值的标准。可见大多数的 00 后青少年拥有积极健康的人生价值观，懂得怎样的人生是有价值的、有意义的，从而自觉地克制自己的不正确的欲望，规范自己的行为，提升自己的人格。

综上可见，00 后青少年总体上有较为清晰的一致的价值评价标准，即道德人格高尚、才华横溢、有能力、对社会有贡献等。同时有一定的自觉性，能够区别出真善美与假恶丑，能够正确理解生命的价值和意义。

三、政治价值观

"意识形态"作为一个政治学和社会学的术语，主要用于描述一个阶级或社会集团的信仰、普遍原则或理论主张。某种意识形态是某一个阶级或社会集团独特的世界观或普遍观念，它既包括一些系统的和自觉的信仰，也包括不那么自觉的和系统阐发的态度、习惯和情感，甚至包括一些无意识的假定、意旨和承诺。意识形态由社会的状况必然产生，并有助于永久维持这些社会状况。人有一种归属的需要，一种身处某个社会"阶层"的需要，尽管这种需要很难察觉。个体自觉或不自觉所形成的意识形态，反应个体的社会存在状态，和群体意义上的共同文化。

心理学将"认同"视为是一种同化与内化的社会心理过程。它是将他人或群体的价值、标准、期望与社会角色内化于个人自我概念之中，并对人的行为起到了潜移默化的巨大影响。国家认同，可以说是一种广义的民族认同，即基于民族国家同一体基础上的国民认同。其心理基础是群体认同，是个体自我概念的一部分，它来源于个体对自己作为某个或某些社会群体的成员身份的认识，以及附加于这种成员身份的价值和情感方面的意义。

1. 国家认同

在"如果让您重新选择国籍，您会选择什么"这道题上，有 54.9% 的学生选择"中国"，16.3% 的学生选择"北美国家"，15.2% 的学生选择"欧洲国家"，选择无所谓的有 7.3%，还有 3.7% 的学生填写了其他选项。在"升国旗时您会主动唱国歌吗？"这道题上，选择会的学生达 67.9%，有时会的学生有 28.8%，只有极少数学生（3.3%）选择不会。

在"现在社会上有不少家庭移民到发达国家居住，对这个现象您的看法是"这道题上，明确表示"赞成，以后如果有机会自己也会移民"的学生有 36.2%，选择"不赞成，以后也不会移民"的学生有 26.6%，选择"无所谓"的学生占 37.2%。从上述分析可以看出，尽管多数学生在题干设立的情景下"重新选择国籍"的选项中，依然选择中国，但在对待移民的态度上，明确表示不会移民的学生只占有 26.6%，而选择移民的学生占 37.2%。这种反差表现出 00 后青少年经过学校、家庭、社会的教育，学生已经基本养成升国旗时唱国歌的行为习惯，对于国家具有基本和较为牢固的认同，但是在现阶段即较为坚定今后会在国内生活的学生并不多，这其中有可能受到学生家长、亲人、周边环境乃至全社会移民风气的影响，提示我们需要在日常的学习、生活中加强对学生的引导，提升他们对国家未来发展的信心和希望，将行为习惯更多地内化为内心信念。

身处社会剧烈变革时期的青少年的意识形态特征对今后我国社会政治、经济和文化的发展方向和形式有重要意义。下面，我们从青少年对社会主导意识形态的现实行为、心理意向和信念等几个层面看当今青少年的意识形态特点和动向。

2. 政党认同

（1）从现实行为层面看：

共青团员是共产主义接班人。中学生是当前申请成为共青团员的主力军，也是共青团组织积极发展和培养的重要对象。因此，青少年对入团的态度和是否申请入团的行为表现，从一定层面反映了他们在现实生活中对外表达的政治立场。

由于初一学生还是少先队员，在"您认为少先队组织是否有凝聚力"这道题上，有62.2%的学生认为少先队具有凝聚力。12.1%的学生认为没有什么凝聚力，25.7%的学生不知道。这表明尽管大部分学生在少先队活动中得到了锻炼，但我们依然需要在工作中加强少先队对广大队员的凝聚作用。

本次调查样本显示，对于其他同学争取入团的看法上，认为"该同学积极上进，我也想加入"的学生比例为85.4%，14.4%的同学对此现象无所谓，只有极少部分学生（0.2%）认为"该同学投机取巧"。与此同时，有44.4%的学生认为"许多青年积极要求加入共青团的最主要的动机是"是源于信仰，22.5%的学生认为其他青年入团的主要动机是找到好工作，14.7%的学生认为入团有面子，7.6%的学生认为入团的动机是当官或升官，还有部分学生填写了自己的看法和认识，如"很光荣""自己进步、帮别人进步""荣誉""为大家服务"等，但也有部分同学填写的是"家长要求""随大流""学校强制"等较为消极的动机。

该现象可以从两方面来分析：

一方面，尽管有高达85.4%的学生表示希望加入共青团，但在入团动机上广大学生的选择较为多元。从个体心理发展的客观规律看，青春期早期的个体人生观和价值观正在形成初期，其建立和形成相对稳定的意识形态理念的心理成熟度还有待提高。另一方面，从大的社会经济文化环境和生活方式的变化对个体的影响来看，客观而言，共产主义信念在当代社会的影响力显示出一定程度的下滑趋势。本次调查的初中在校学生主要出生在2000年，他们是目前进入社会文化视野的所谓"00后"。这批孩子开始接受正规教育的时间（小学入学）正好在我国网络、信息化建设突飞猛进的时候，我国对外开放程度和全球化水平全面提高；他们的文化水平和社会交流能力达到能够独立寻求信息的时候，也正是网络和多媒体信息开始对我国人民生活发挥重要影响的时期。全球化时代多元文化的冲击和传播，对青少年政治立场和意识形态的选择产生了一定程度的影响。

（2）从意向层面看：

由于初一年级的青少年还没有实际面临"入党"的现实问题。因此，他们对是否入党的想法，很大程度上体现的是一种心理意向。而对他人入党的看法，则体现了他们对党员群体的价值判断和情感倾向。

在"你认为积极申请入党的人"是怎样的人判断上，总体上有67.6%的人认为入党的人是有共产主义信念的人，23.8%的人认为他们是比较优秀的人，3.6%的人认为他们是想捞取好处的人，5%的人认为他们是随大流的人。总体来看，初一年级学生对当今入党群体的评价和情感倾向相对较高。

四、总结及建议对策

总体来看，00后到底存在什么问题？有什么建议对策呢？

青少年的发展问题一直是人们尤其是广大教育工作者特别关注的问题。青春期可分为早、中、晚三期。青春早期（10~14岁）是青少年身体和智力快速发展的时期。本研究以进入青春早期的初一年级学生为调查对象，从一般生活状况、思想道德价值观、人生观、政治价值观、家庭生活和亲子关系以及学校教育效果等方面进行了深入剖析，整体上来说具有如下特征和问题：

1. 00后初中生社会认知状况良好，并没有出现人们想象中的危机，在多元文化的冲击下，他们能够坚守传统美德，具有较好的集体观念。

2. 00后初中生的价值观正处于东方与西方、传统与现代、自我与他人、个人与社会的矛盾交织中，新的价值体系尚未完全形成，因此，加强对这一时期青少年价值观引导尤为重要。

3．00后初中生国家认同感强，对于共产党、共青团具有积极正面的评价和情感倾向。

4．家庭在00后初中生社会认知的形成中仍然扮演着无可替代的角色作用，学校和社区没有充分发挥其教育功能，进一步的反思显得十分必要；同伴和网络影响力逐渐增强。如何合理利用、因势利导、同伴网络的作用则是教育的新课题。

5．知识传递和榜样示范仍然是00后初中生社会认知、道德品质、价值观念形成的重要途径，环境熏陶和群体性活动的作用有待进一步加强。

此外还发现了一些问题，比如说在同伴关系方面，有少部分学生在与同学发生矛盾时期望通过非正常手段解决问题；亲子关系中，12%的学生反映与父母很少谈心；规则意识较差，33.7%的学生选择有急事的情况下可以不遵守交通规则；道德价值观方面，少部分同学赞成"代写作业"的现象，对"勤劳致富"的观点持保留或反对态度；人生观方面，少数学生相信星座、手相可以决定人生命运，同时认为信仰对于人生来说并不重要；政治价值观方面，尽管只有3.3%的学生选择在升旗时不唱国歌，但这3.3%更应引起学校、家庭和教育相关部门的注意。在上述问题之外，还有其他方面的问题，如自我意识膨胀、责任意识淡薄和独立意识欠缺，独立思考能力较差，对于部分学校校规较为排斥，学习压力大等。

结合调查结果，针对以上问题，研究组提出以下建议：

（一）充分发挥青少年群体积极因素，积极打造家庭－学校－社会对于青少年教育引导的合力，尤其提高网络教育的积极影响。

青春早期是个体身体和心理飞速发展的重要时期，在这个阶段青少年更关注自己，力图剖解自己，他们意识到自己的所思所感与行为表现的差异，他们还在深思别人眼中的世界及对这个世界的看法是否与他们的一致，他们了解到别人不能完全充分地懂得他们的想法和感觉。他们非常注意人们如何看待他们。他们有敏感的触角，留心同伴、父母、老师和其他成年人对他们的看法。他们尝试不同的角色，他们想要弄清他们到底属于什么人，别人的特点是否适合自己。他们抒发感情，表达自己的信仰和观点，珍视诚实，力图展现一个真实的自我。在这个阶段，需要在家庭、学校和社会之间建立充分的沟通渠道，为青少年营造一个健康清洁、积极向上的生活空间。

互联网和信息技术的迅猛发展为青少年学生的自我教育提供了沃土，00后的学生有着比以往任何时代青少年接受更多知识、观念冲击的机会。网络这把双刃剑给教育提供新机遇的同时，也提出了新的挑战。一方面，丰富多样的网络资源、自主的学习模式为学校教育、教学改革增添了新的活力；另一方面，虚拟的网络世界、良莠不齐的信息资源也给中学生的学习、生活带来了不容忽视的负面影响。学校、家庭和社会需要合力营造健康向上、文明高雅的校园网络文化氛围，用先进的思想、文化占领网络的制高点。充分挖掘00后学生喜闻乐见的形式，建设校园生活网、心理健康教育网、兴趣指导网等融思想性、知识性、趣味性与服务性于一体的主题教育网站，使网络主流文化深入到学生可触及的每一个角落，增强网络思想政治教育的吸引力和实效性。与此同时，还需要对初中生进行网络道德教育，要帮助他们正确认识和使用网络，引导他们进行独立思考与分析，增强对上网的自我调控意识与免疫能力。同时加强网络监管，采用劝诫与制度约束相结合，建立科学的督查与考评机制，强化对网络资源的科学整合与有效干预。

（二）建立健全社区青少年活动机构，进一步发挥社区在青少年学习、生活中的积极作用。

从本次调研中发现，00后学生的生活观念、态度和方式已经具有日益多样化和个性化的特征，同时也表现出娱乐时间较低、业余生活较为枯燥、渴望同伴友谊等问题。建议团委紧密结合学生学习、生活的现实境况，在学校和社区搭建更多平台，开展丰富多彩的活动，积极倡导和实施生活德育，在生活化情境中教育影响他们，充分开发、利用社区的空间优势，丰富00后中学生的业余文化生活，与此同时潜移默化德育教育的针对性和实效性。

（三）开发针对青春早期青少年的志愿者组织和社会实践活动。

在全球化背景下，中国社会正经历着一场"大转型"。从社会学的角度来看，"碎片化"已成为当前社会结构转型的一个显著特征，这主要表现为利益主体与价值观念的多元化。在这样一种社会背景下，"中国梦"的提出，承载着一种用心理力量来凝聚社会的设想。因此，对00后青少年进行"中国梦"的启迪和培养，在注重日常德育教育的同时，还需要从公民意识的培育和责任履行的角度进行加强。团委应充分发挥党团、学生会、社团、青年志愿者等组织的优势，结合00后中学生的身心特征，开发一系列的志愿者、社会实践活动、学校的日常管理活动，使学生在最直接的体验中得到锻炼和考验。在实践中体验，在体验中感悟，在感悟中创新，在创新中成长。学会处理个人与集体关系，处理个人与社会的关系，学会善待自己、善待他人，学会对生命的尊重和对生活的憧憬，逐步养成直面困难、乐于助人、善于沟通、吃苦耐劳等良好的道德品质。

第三节　组织变革

第一篇：中国共青团两个五年工作纲要的比较研究

吴　庆

2014 年 1 月，共青团十七届二中全会闭幕，会议通过了《全面深化改革进程中共青团工作五年发展纲要》（以下简称《2014 纲要》），将这个纲要和团十六届二中全会通过的《共青团工作五年纲要（2009–2013）》（以下简称《2009 纲要》）做一对比，可以从大面上了解对于团组织这五年发生了变化？新的五年纲要发出的不一样的信号是什么？这种历史比较的角度能使我们在复杂的文件中寻找线索而发现一个政党青年组织现在正在做的思考和即将采取的行动。

一、方向

和 2009 年一样，2013 年的共青团最核心的工作方向的信号是来自于中国共产党十八大所确立的新的奋斗目标和时代主题，即"实现中华民族伟大复兴的中国梦。"（《2009 纲要》则主要围绕党的十八大提出的全面建成小康社会的奋斗目标），同时在党十八大报告中在"加强和创新社会管理中"特别指出要"强化人民团体在社会管理和服务中的职责，引导社会组织健康有序的发展"，这也是团组织重点考虑的命题。

更为具体的方向来自于党的十八届三中全会，团的未来的基本工作格调需在中国共产党的十八届三中全会的所提出的全面深化改革中去寻找。共青团要大力改革创新，全面深化改革已经成为开展共青团和青年工作最鲜明的时代背景，影响和决定着共青团工作的基本格局和发展空间。在这一方面，政党亟需共青团思想解放，团自身调整体制和机制箭在弦上。

作为《2014 纲要》制定的基础会议，团十七届二中全会明确提出：要发挥团组织在社会参与中的枢纽型作用，激发青年社会组织活力，明确提出实现主要靠单位资源向社会资源并重的转变，由自上而下的行政化动员转向自下而上的群众化动员。这是一种重大变化的信号。对于此，《2009 纲要》中的描述仅是"要以强化组织动员青年的能力为关键，切实把组织化动员方式与社会化动员方式结合起来，紧紧围绕党政中心工作，广泛有效地团结凝聚青年为促进经济社会发展贡献智慧和力量"。研究发现，转变的最终目标已渐清晰，就是去行政化、弱单位化，强社会化，强群众化。

大胆预测，这种转变最终可以看到基于单位的团工作和基于社会的团工作出现明显的不同差异而最终解决当前共青团工作中的诸多现实问题。

正是因为有了这个方向的明确，《2014 纲要》更为明确地提出协调、承接、做好青少年事务，购买公共服务，探索加强青少年事务社会工作专业人才队伍建设等问题。而过去团组织在这个问题上始终存在左右摇摆，羞羞答答，不能理直气壮。

除了政党的使命使得共青团的发生变化，还有什么别的因素？仔细研究纲要，整体纲要行文的变化凸显出一些这个组织不得不面对的问题。

在两次纲要的行文结构中，《2009 纲要》规划分为组织青年、引导青年、服务青年、维护青少年合法权益和加强团干部队伍建设五大部分，《2014 纲要》提出七个"新"，其中"培育当代新青年"和"引导青年"、"服务青年新需求"和"服务青年"及"维护青少年合法权益"、"激发组织新活力"和"组织青年"、"锤炼团干新风貌"和"加强团干部队伍建设"核心内容大致相同。

而最大的变化是"凝聚社会新组织""进军网络新媒体"内容单列，突出其日显重要的地位。而《2009 纲要》这两部分内容分别在"组织青年"和"引导青年"中加以描述。这说明五年过后，青年社会组织和新媒体问题已经成为影响共青团的全局性问题，而不是哪个功能中的侧面问题，理应引起高度关注。可以看到共青团工作不得不面对青年社会新组织的活跃发展问题，已构成对团组织功能的全面影响。在团的所有工作中如何构建和青年社会组织的关系，构建自组织与他组织的和谐合力，团干部要特别处理和青年社会组织领袖的关系，这都是非常重要的课题。发挥团的枢纽作用绝不是一厢情愿，需要仔细研究。而凝聚青年社会新组织作为新的一章出现，给予了极大的篇幅，也可以看到共青团不得不面对网络新媒体对团组织带来的深层挑战，这是世界上所有的政治组织正在面临的挑战，网络问题已远远跳出思想引导的层面而走向共青团工作的深层机理。

另外两个变化也是需要关注的，一个是《2014 纲要》将组织青年的功能更多的回复到组织青年做贡献上，以"创造时代新业绩"为题，围绕五大建设（经济、政治、文化、社会、生态建设），根据团的情况，重点提出了投身改革开放、倡导社会风尚、引领文化时尚、协调承接做好青少年事务等方面。而《2009 纲要》一直更加强调组织建设，而不是组织青年做贡献，这是一个明显的变化。这是对"组织青年"传统涵义的回归，说明共青团还需要不断地激发调动青年的正能量。另一个是《2009 纲要》"维护青少年合法权益"在《2014 纲要》归入了服务青年一章，这种变化说明了经过一段时间的探索之后，团组织还是将维权作为"服务"的功能去体现，更加注重做党政的助手而不是产生一种有些强烈的"对抗"印象。但关于这一点变化是否合于团的本质属性还有待历史的检验。

二、路径

方向已经明晰，问题是采用何种路径解题，团的根本任务是什么？《2009 纲要》中指出："胡锦涛总书记在同团中央新一届领导班子成员和团十六大部分代表座谈时发表重要讲话，对新形势下推动共青团事业发展提出了新的更高要求，指出共青团要全面履行职能作用，进一步提高组织青年、引导青年、服务青年和维护青少年合法权益的能力和水平；要大力加强自身建设，力争使团的基层组织网络覆盖全体青年，使团的各项工作和活动影响全体青年。"这就是 2009 年的"两个全体青年"的提法，成为全团奋斗的目标。五年过后，《2014 纲要》提到习近平总书记提出的三个根本性问题（坚持把培养中国特色社会主义事业建设者和接班人作为根本任务，把巩固和扩大党执政的青年群众基础作为政治责任，把围绕中心、服务大局作为工作主线）和两大战略性任务（提高团的吸引力和凝聚力，扩大团的工作的有效覆盖），这成为纲要展开的核心思路。表面上看"两大战略性任务"和"两个全体"有相似之处，但更强调了"吸引力和凝聚力"和"有效性"的问题，其中的内涵还需要更加明晰的破解。

研究上看，三个根本性问题实质上指的就是团组织要紧紧抓住培养青年人才和青年干部的问题（培养中国特色社会主义事业建设者和接班人），注重青年对执政党的情感和价值认同思想问题（巩固和扩大党执政的青年群众基础），发挥青年有生力量问题（将围绕中心、服务大局作为工作主线），核心是青年人才、青年干部、青年情感、青年思想、青年力量问题。考察团的工作，如果不能在这些问题上产生效果，就会偏离了团组织的方向。

三、战略性任务一：提高团的吸引力和凝聚力

如何提高团的吸引力和凝聚力？答案是三个：靠思想信仰、靠利益服务、靠感情沟通。对于这几个深刻的逻辑，两次纲要强调的大方面是一样的，只是随着历史的发展，具体的方面有一些新的变化。

1. 靠思想信仰，志同则道合。在"引导青年"上，《2014 纲要》更强调在青年价值观越来越多元的过程中，如何寻找共同思想基础问题，如何结合青年实际开展"中国梦"教育活动，如何深化党的十八大明确的核心价值观的引导，继续深化青年马克思主义者培养工程，更加重视民族团结教育、更加重视对留学人员的引导、更加重视对网络从业人员和网络有影响力人物的引导等工作。强化了用先进典型激励青年的手段。《2014 纲要》中依然保持分类引导的思路但没有做大幅度的强化。

2. 靠利益服务，利实则人聚。在"服务青年"和"维护青少年权益"上，《2014 纲要》有了更大的变化。在"服务青年"上提出了构建"基层服务型团组织"的命题，这个命题将有益于团组织对基层长期不能吸引更广泛青年做一个深刻反思，对一个政治组织的基层功能做一个深刻反思，更加深刻地理解团的不同级别有不同的政治功能、而基层组织重在

吸引和凝聚的命题。一个重要的青年需求导向正在建立，强调了建立反映青年诉求的机制建设问题；强调了按需服务、注重微服务的问题，团的基层建设要走更加实在的服务路线。现在面临的问题是基层团组织是否具备服务之心强烈的基层工作队伍，同时如何处理好"服务"和"引导"的关系会成为"推进基层服务型团组织"建设推进的重要课题。另外一个重大的服务变化是《2014纲要》提出要大力强化对青年的创业服务。说明在《2009纲要》中强调服务青年就业的基础上，该项工作有所扩充，有所转移，这是和社会经济发展紧密相关的。在"维护青少年合法权益"中，《2014纲要》提出要坚持法制化、组织化、社会化维权，继续拓展维护权益的政治空间，提升团组织维权的整体形象。说明共青团还需要更大力度地为青年利益树立自己的"青年权益代言人"的形象，从而获得青年的好感。

3. 靠感情沟通，情通则心顺。加强团干部队伍建设最核心的目标既是为推动团工作的开展，更是为了树立团干部和青年良好的作风形象，进而吸引更多的青年。《2014纲要》中更加强调团干部要克服官僚气，要做青年友，不做青年官，在强调团干部的"党性原则"前提下要懂青年、懂基层、懂社会。如何直接联系群众，克服团干部"小官僚"现象成为中国共产党加强群众路线教育大背景下团组织要着力攻克的顽症。如何实现团组织层级化往扁平化方向发展，如何实现团的干部无论上下一起面对群众，一起开展工作，如何真正使团的各级委员会更加准确地反映青年的"温度"，需要团组织更大的体制创新。

四、战略性任务二：扩大团的工作的有效覆盖

随着青年的社会流动加快，如何能够更好地覆盖青年是多年来困扰团组织建设的重大课题。和《2009纲要》一样，《2014纲要》继续强化支持基层，更加明确提出增强基层组织活力，拓展新兴领域团建等命题。但《2014纲要》有了更大的突破，在全团丰富的实践基础上明确提出区域化团建、构建青少年综合服务平台的目标，这是共青团在市场经济条件下适应人口聚集趋势、实现青年工作社会化的必然选择。应该说这是一个难得的转移，团组织在2003年提出"青年中心"之后又将

关注的焦点投向了"社区"的阵地，这个阵地战要打赢，的确需要更大的想象和创造性。不过有一点，社区相比单位是可以更好地实现覆盖的，认准这点规律，共青团的工作成果就会不断积累，就不会陷入折腾的难堪局面。

五、其它深度问题

再宏大的规划都需要遵循事物发展的本身规律，从发展的角度来看，《2014 纲要》还是提出了一些规律性的基础工作加以关注，虽然并没有破题，但体现了实事求是的态度，这对于这个组织来讲无疑会注入更新的思考，注入更强的执行力量。如强调了团干部配备激励问题，特别是广大兼职团干部的激励问题；如强化团员意识问题，要关注团员的荣誉感究竟从哪里来，结合党的十八大提出的要"重视从青年工人、农民和知识分子中发展党员"，也许要将党员的先进性和团员的先进性同等考虑并建立某种连接；如强化了学校的团的工作的基础性战略性地位，如何构建小学、中学、大学团的工作的一体化，

作为十六届团中央的重要成果及正在进行的少先队工作学科化的建设，将使少先队工作产生更加实质的进步，可以预测，中学和大学的团的工作将进入更有深度的谋划。

其实还有一个深度的问题纲要中没有提出，但作为团组织本身提出这个问题也似乎是不合适的，即党建带团建的问题。这理应是政党制度设计中考虑的问题，但这个制度的构建和上下的一致性及系统合力直接决定了团组织的工作成效。这个问题即使在纲要中没有更多体现，也要在现实中大力推动。有了党政支持的外因，有了团干和团员积极性的内因，共青团组织才能有实质的发展。

跳出规划，更多的在于实际行动，无论《2009 纲要》完成得怎样，《2014 纲要》要做得更好，这有待这个组织的成员齐心协力、马上行动。

第二篇：新常态下的组织转型
——中国共青团 2015 年发展趋势研究

吴　庆

对于中国共青团发展趋势的研究是一种宏观的预测研究，这种研究的目的是要找到影响这个组织发展的最核心的因素并作出前瞻性的判断。团中央组织部公布的全国团内统计数据显示，截至 2013 年底（尚无 2014 年底数据），全国共有共青团员 8949.9 万名，共有基层团组织 384.2 万个，专职团干 20 万人。这些基层团组织包括基层团委 29.7 万个，基层团工委 2.3 万个，团总支 22.5 万个，团支部 329.7 万个。无论这个组织当前的凝聚力和战斗力状态如何，它客观上是中国的一个现实政治力量和社会力量，影响着中国政治和社会的发展。2015 年，中国共青团的发展环境将是"新常态"，其核心任务就是"转型"，目前这种转型稍显"缓慢"，但确实已经开始出现种种变化。

"新常态"的判断将在本文的第一部分加以说明。"转型"是笔者对共青团组织当前发展现状的一种判断。在当前的世情、国情、党情、青情的背景下，共青团要大力改革创新方能适应形势的发展，全面深化改革已经成为共青团和青年工作最鲜明的时代背景，影响和决定着共青团工作的基本格局和发展空间。在这一方面，政党亟需共青团思想解放，共青团自身调整体制和机制箭在弦上。对于此，2014 年召开的团十七届二中全会明确提出：要完善机制，不断提升团的事业长远发展的生机活力。提出"一是要构建区域化组织格局，根据青年群体流动、分布的变化，促进区域内青年工作资源、项目、阵地的共享，整体性推动工作开展。二是要建立社会化运行机制，依托政府项目和市场资源，实现从主要依靠单位资源向与调动社会资源并重转变、从自上而下的行政动员向自下而上的群众化动员转变。三是要推进事业化发展模式，逐步建立起运转能力强、团员参与度高、更加富有效能的运行机制。四是要提高专业化工作水平，努力提高团干部和青年工作者队伍在相关领域的专业能力。要发挥团组织社会参与中枢纽型作用，激发青年社会组织活力。"这是一种重大变化的信号。研究发现，转型的目标已渐清晰，就是区域化、社会化、事业化和专业化。

2015 年，作为一个执政党的青年组织，中国共青团需要以组织的力量，建立政党与青年的关系，更好地实现功能，开展青年群众工作、引导青年政党认同、反映青年的权益、在此基础上推动青年积极的政治参与，同时实现政党的政治录用。客观形势迫切要求团组织在坚持其政治性的要求时更加坚定地走向群众化，在其转型过程中受到执政党和青年的双重选择。

转型的总体方向：新常态

第一个发展的判断是：新常态的大背景决定着中国共青团 2015 年的发展方向。

观察中国共青团的发展趋势，最重要的是要在两个关系中去审视：一个是党团关系，一个是团青关系。作为青年组织的共青团像地球，既要围绕党政大局这个"太阳"公转，又要围绕青年这个"地球"自转，它的发展始终受到这两种力量的影响，而在这两种力量中，作为共青团组织自身的调整将最终决定其发展成效。

新常态是 2015 年中国共青团发展最核心的背景，决定了其发展走向。从宏观上讲，这种新常态是指当前全党和全国的工作大局，即推进全面建设小康社会、全面深化改革、全面推进依法治国、全面从严治党，推动改革开放和社会主义现代化建设迈上新台阶。毫无疑问这也是共青团工作的着眼点、聚焦点、发力点。

具体来讲，一是要适应经济发展新常态。最新的中央经济工作会议系统阐释了新常态的经济特征和深化改革的方向。当前的经济发展在出口和国际收支、消费需求、生产要素、经济风险积累和化解、生产能力和产业组织方式、投资需求、市场竞争、环境约束、资源配置模式和宏观调控方式上都有着新的特点。团组织只有把握经济新常态的核心实质，主动找准工作切入点，特别是要积极营造青年创新创业创优的浓厚氛围，坚持工作方向和格局不变，虚功实作、难事长做，推进各项工作不断深化，才能在服务改革发展大局和加强共青团自身建设上有新作为。

二是要适应依法治国新常态。2014 年末，中国共产党的十八届四中全会通过了《中共中央关于全面推进依法治国若干重大问题的决定》。可以看到，推进依法治国、加快建设社会主义法治国家是全面深化改革背景下中国共产党治国理政的重大战略部署，对于全面建成小康社会、加快实现社会主义现代化、实现中华民族伟大复兴的中国梦，具有重大而深远的意义。共青团作为党领导的先进青年的群众组织，要适应这种新常态，着力在树立法治思维、共建法治社会、加强法治教育、完善依法活动等方面，组织引导广大青年投身全面推进依法治国的伟大实践。

同时，2015 年 1 月中国共产党通过了《中共中央关于加强和改进党的群团工作的意见》（中发【2015】4 号），这对于共青团组织建设来讲，有了最新的组织发展依据，是新常态下指导共青团工作的纲领性文件。该文件是 1989 年中国共产党发布的《中共中央关于加强和改善党对工会、共青团、妇联工作领导的通知》（中发【1989】12 号）之后的又一部重要文件。从 12 号文件到 4 号文件，群团工作走过了 26 年的发展历程，共青团组织发展又有了新的起点。比较 1989 年 12 号文件，2015 年 4 号文件在群团工作的论述上更加完整，更加具体，措施更加务实。在加强和改进群团工作的意义上，添加了"中国梦"的奋斗目标，集中阐述了中国共产党面临的挑战和保持党同人民群众的血肉联系的极端重要性，提出了群团工作存在的不足；在群团工作理论上，新提出了中国特色社会主义群团发展道路及其具体内涵。在过去的"加强党组织对群团工作的统一领导""推动群团组织在思想政治教育中的作用""支持群团组织加强服务群众和维护群众合法权益工作""支持群团组织在社会主义民主中发挥作用""推动群团组织改革创新增强组织活力""加强群团组织干部队伍建设"等论述上，根据新形势有了新的更实在的更细的内容。增添了"推动群团组织团结动员群众围绕中心任务建功立业""支持群团参与创新社会治理和维护社会稳定"、"加大对群团工作的支持保障力度"等内容。突出了中国梦、核心价值观、民族团结教育、基层服务型组织建设、志愿者、协商民主、社会治理、政府购买、网络发展、提高法治化水平、吸收优秀社会人才、克服机关化与娱乐化等一些新的内容。结合这个文件，团组织能否把工作深化和创新中形成的好做法好经验上升为制度，着力抓好意见的落实，是实现共青团工作科学化、规范化发展的关键。

三是要适应从严治党新常态。"从严治党"是中国共产党适应执政、改革开放和发展社会主义市场经济的新情况新问题而提出的加强党的建设的基本方针和根本要求。中共中央政治局2014年6月30日下午就加强改进作风制度建设进行第十六次集体学习。中共中央总书记习近平在主持学习时强调，抓作风是推进党的建设新的伟大工程的重要切入点和着力点，必须坚持从严治党，落实管党治党责任，把作风建设要求融入党的思想建设、组织建设、反腐倡廉建设、制度建设之中，全面提高党的建设工作水平。抓作风既要着力解决当前突出问题，又要注重建立长效机制，下功夫、用狠劲，持续努力、久久为功。其后，习总书记又多次强调了"政治纪律"和"政治规矩"问题。共青团是党的助手和后备军，党有号召，团有行动，2015年团组织需要认真落实从严治党要求，强化从严治团，锤炼团干过硬作风，形成好的团风。

四是要适应青年发展新常态。当代青年都是1980年之后出生的，都是享受改革开放成果成长的一代青年，其发展轨迹和代际特征已与前人大大不同。他们价值观的多元多样和个性的丰富、个体化的趋势及对自我价值的追求、生活的压力和对物质的追求、政治意识淡化与新的政治参与特征、更为频繁的流动和自由的选择、活跃的青年社会组织、青年网络生存方式、更加走向国际化等等。青年的这些新特征对传统团的工作提出了巨大挑战，这种发展不可逆转，团组织只有适应时代发展和青年成长的新特点新规律，在方法、载体上大力创新，努力破解难题，才能更好地凝聚和吸引他们。

总之，这四个新常态是2015年中国共青团发展的最大背景，决定了该年中国共青团发展的基本路向。

转型的广度深度——新创造

第二个发展的判断是：共青团组织创造力的大小决定了其转型的力度大小，是否全面而深刻。

近些年，共青团组织已经感觉到在国家政治和社会的发展中由于自身创新还有待加强，一定程度上存在"边缘化"的问题（团干部的"边缘化"、在党政部门地位的"边缘化"、共青团社会形象的"边缘化"）。其根源在于团组织没有跟上形势的发展，没有跟上党政的要求、时代的发展和青年需要。只有创新才能改变这个局面，才能获得突破，这也是当前团组织正在努力的方向。共青团十七大和十七届二中全会对未来五年工作作出了全面部署，也提出了培育当代新青年、创造时代新业绩、服务青年新需求、激发组织新活力、凝聚社会新组织、进军网络新媒体、锤炼团干新风貌等"七个新"的工作格局，当前这种创新正在全面展开。虚功实做，难事常做，久久为功，共青团的创造力也将在此显现。

从对团的研究来看，团的上下各级组织都不缺乏创新，但什么是团最根本的创新？这要回到团的本质目标和核心职能任务上来。从政治角度来讲，政党青年组织为政党所做的事情归根结底是两件事：一是探索政党的意识形态在青年中的传播路径（政治理想传播及影响青年政治文化形成），二是探索政党的政治和组织行为在青年中的实现路径（青年政治行为塑造），这是政党青年组织的最本质的功能，揭示了政党青年组织存在的最重要的价值。政党意识形态是政党的行动导向的信念体系，是一套以某种方式指导和激励政治行为的相互联系的思想观念，寻找合适的传播路径促进青年认可政党的核心政治价值观是政党赢得青年的首要前提。政党政治和组织行为是政党主张的公民参与模式和组织建设的方略。围绕此任务，政党青年组织要努力培养青年形成适合政党的行为，特别是要进行政治参与的行为训练，同时积极参与组织各项建设。

党的十八大后，习近平总书记对共青团提出了三个根本性问题（坚持把培养中国特色社会主义事业建设者和接班人作为根本任务，把巩固和扩大党执政的青年群众基础作为政治责任，把围绕中心、服务大局作为工作主线）和两大战略性任务（提高团的吸引力和凝聚力，扩大团的工作的有效覆盖）。研究上看，三个根本性问题实质上指的就是团组织要紧紧抓住培养青年人才和青年干部的问题（培养中国特色社会主义事业建设者和接班人），注重青年对执政党的情感和价值认同思想问题（巩固和扩大党执政的青年群众基础）、发挥青年有生力量问题（将围绕中心、服务大局作为工作主线），核心是青年人才、青年干部、青年思想、青年情感、青年力量、青年组织等问题。考察团的创新工作，如果不能在这些问题上产生效果，就会偏离团组织发展的方向。本文将对这几个核心创新领域加以说明（其中青年人才与青年干部的问题将在下一标题内容"转型的根本动力——新团干"中加以论述）。

核心创新领域一：青年思想——如何更加有效地在青年中开展政治思想引领工作。

共青团是党领导的青年政治组织，加强对青年的思想政治引领是第一位的责任和首要任务，也是团区别于其它群团组织的比较优势。政治思想引领是共青团的内功、基本功、看家本领所在。当前存在的矛盾是：与共青团其它工作领域的活跃程度比，思想引导方面的创新还远远不够。中国梦、核心价值观、中国特色社会主义道路这些最核心的观念如何在青年中传播？如何与青年实际发展结合？如何遵循政治传播的规律使得传播更为有效？如何树立理想信念，占领理想至高点？这些问题都需要深入思考，大胆创新。当前存在的突出问题是思想政治工作的吸引力和感召力还要加强，思想引领的手段尚需丰富，思想引领领域还需聚焦深入，思想引领的品牌还需构建。

值得关注的是 2015 年将更大力度地打造"网军"，加强网络政治宣传的工作力度。随着网络政治传播的日趋活跃，团组织面临着思想政治工作主战场的"转移"，可以看到共青团不得不面对网络新媒体对团组织带来的深层挑战。2014 年，中国共青团已初步搭建了规模庞大的网络评论员和网络宣传员的队伍，但这些工作的实际效果还要大大深化。对于传统共青团组织来说，在网上说道理，在网络上影响青年，在网络上引导青年的政治参与成为困难但不得不解决的崭新课题。

核心创新领域二：青年力量——如何带领青年全面参与社会生活特别是经济社会生活和政治社会生活。

参与是青年发展的重要路径。共青团组织塑造政党所需要的青年行为主要是要着力动员广大青年更好地服务党和国家工作大局，在经济、政治、文化、社会、生态建设中发挥积极作用。

在经济参与上，2015 年突出的重点是共青团从 2014 年开始叫响的"三创"主题活动，即适应经济发展新常态，激励动员广大青年创业创新创优。民族希望在创新，创新的希望在青年，如何发挥青年人的创新特质，推动经济发展，是共青团组织可以大力开展的特色工作。创业在这个活动中又有着突出地位，在 2014 年开展的诸多创业活动的基础上，继续做大创业是团组织面临的重大课题。如何在电子商务领域更有作为，如何发挥传统"五小"活动的优势等，有待组织进一步解题。

在政治参与上，团的十七届三中全会通过了《关于深入学习贯彻党的十八届四中全会精神组织引导广大青年投身全面推进依法治国伟大实践的决议》，深入开展青少年社会主义法制宣传教育，动员青年积极践行和弘扬社会主义法治精神，积极参与多层次多领域依法治理成为在以法治国新常态下需要着力推进的工作。

在社会参与上，共青团时间长影响大的青年志愿者行动有了新的动力。2014 年底，共青团中央通过了《关于推动团员成为注册志愿者的意见》的通知，力争 2015 年、2016 年、2017 年逐步实现全国 40%、70%、90% 以上的团员通过各种途径成为注册志愿者，青年的社会参与有了新的常态。

核心创新领域三：青年感情——如何在切实的服务中，在与青年密切的沟通中与青年建立感情。

可以看到，改革开放以后，共青团将服务举得越来越高，共青团虽然有一部分服务青年事务的政府职能，但其服务的更重要的目的是为了与青年建立感情。2015 年，团组织提出了要做实做好服务青少年成长发展的工作，特别是突出重点需求和重点群体，突出服务大学生就业和创业青年，突出提高服务能力等成为团组织需考虑的重点课题。2015 年团组织将致力于把握青年的需要，集中解答如何多做雪中送炭事，少做锦上添花人，解答如何在服务中把有热情、有温度、有力度结合起来。

同时也要关注，在中国共产党加强社会主义民主协商的实践中，共青团要发挥积极作用，这是共青团服务青年的制度化渠道。围绕做好新形势下团的群众工作开展协商，更好地组织和代表所联系的青年群众参与公共事务，有效反映群众意愿和利益诉求，发挥团组织作为党和政府联系青年的桥梁和纽带；建立完善团组织参与各渠道协商的工作机制；组织引导青年开展协商；依法有序表达青少年利益诉求，依法维护青少年合法权益。这些方面都需要大力创新突破。

核心领域四：青年组织——如何发挥团组织的枢纽作用，携手青年社会组织一起同行。

近些年来，青年社会新组织活跃发展，这已构成对团组织功能的全面影响，共青团组织不得不面对。在团的所有工作中如何构建和青年社会组织的关系，构建自组织与团组织的和谐合力，团干部如何处理和青年社会组织领袖的关系，这都是非常重要的课题，需要仔细研究应对。

面对社会组织日趋活跃、对青年影响日趋广泛、可塑性很强的可变性态势，共青团枢纽型组织怎么建？庞大的社会组织力量怎么用？共青团是否能变"对于"为"帮手"，成为一个"宽厚"的青年组织的老大哥？如何培养一批以团干部为核心，团结在青年中有影响力的青年骨干，通过骨干扩大与青年的联系？都成为需要创新的重要领域。

总之，2015 年共青团组织能否在青年思想、青年力量、青年感情、青年组织上产生符合政党方向的影响是其获得工作成效的关键。在创新中特别需要注意的是：一是创新要聚焦，不能把面铺得太宽；二是要在关键领域创新而不能捡了芝麻，丢了西瓜，在全团各地丰富的创新面上，团的领导要保持头脑的清醒，加以引导，将全团的注意力集中到党最关心的领域上来。

转型的根本动力——新团干

第三个发展的判断是：共青团干部的状态直接决定了转型发展的动力强弱。

共青团组织发展包括组织个体过程（组织成员价值观、动机等）、团队过程和组织过程，而前提是组织个体过程。因为任何组织的发展都是人带动的，适应改革开放的新要求，推动团的组织和工作创新需要依靠广大的团干部，团干部的工作动机和做好青年群众工作的能力和水平决定了团组织的发展水平。当前全团专职干部有 25 万多人，兼职干部接近 500 万人，他们是共青团工作的骨干力量。对于这个组织的发展，当前起决定的是专职团干，起支持作用的是兼职团干，这两类团干部都需要有更新的状态才能满足组织的发展要求。

第一类团干：专职团干部——主要要解决作风和能力问题。

在青年社会组织越来越活跃，青年社会组织领袖影响力越来越大的背景下，一些团组织出现机关化和娱乐化倾向，一些团干部出现青年群众工作的本领恐慌，这种反差不能不引起团组织关注和深度思考。

在中国，共青团干部是政党的青年干部的重要组成。目前专职团干部大多是参照公务员管理。由于制度上的要求，团干部与其它同级干部比总体相对年轻，这种年轻既是优势，也会成为负担。优势是在年轻时候有了平台可以大干一场，以后还有长远的发展，值得期待；负担是由于年轻，则格外珍惜自己的岗位，认为不出问题就好，还要稳稳地上到更重要的岗位，因此开始因循守旧，不敢创新冒险。团干部只要想自己的职位多了一些，想青年的事少了一些，就难免滋生官僚气。而一旦团干部出现这种状态，则会使得这个组织的天生气质受到影响，也使得团组织的凝聚力大大减弱。进而使得这个组织不能完成其本职任务而最终遭到党组织的批评。毕竟这个组织的设置不是一群青年干部的"名利场"，而是一个重要和生动的"群众场"。因此团工作走向"行政化"本质上是团对自身政治性和群众性结合的一种错误的理解，急需纠正。

防止机关化及娱乐化是 2015 年共青团组织要解开的扣子。如何解开？认识提高和制度保障是关键。

　　首先要提升团干部对团的本质作风的认识。党有党风，政有政风，共青团要有过硬的团风。什么是共青团过硬的团风？共青团是一个在中国革命、建设和改革中创造了不平凡的业绩、为一代又一代中国青年赢得光荣的组织，一提起共青团，人们总会想起"实事求是，朝气蓬勃""生力军与突击队""开风气之先""党放心、青年满意"等令人自豪的形象，这就是共青团历经时代、实践和群众考验而形成的团风，也是全体团干部和团员青年最为宝贵的精神财富。而当前这种作风受到了影响，必然对团的组织发展带来损害，同时也对团干部未来的发展产生影响。2015年团组织将开展团干部如何健康成长大讨论。这个讨论已在2014年在团中央机关开展。讨论是为了提高认识，端正团干部的工作动机。问题集中在：到底什么是团干部应该看重的成长？是注重职务提升还是注重素质提升；什么是团干部看重的事业？是为自己的升迁担忧，好大喜功还是为党分忧，热爱团的事业，走进青年内心？进一步思考共青团如何工作才能更好地完成其本质职能？共青团干部如何做才能适应未来的岗位要求？一些团干部身上的问题，如抓而不实、虚功虚做，抓而不长、缺乏韧性，根子在主观上。主要是心态浮躁，来了就想提，提了就想走，机关病，官僚气，面子事，忽悠事，这样下去，团干部一是会被党政领导低看，二是即使走上党政领导岗位，问题也会暴露出来，给党政事业带来损失。

　　其次要完善各项制度保证过硬团风的实现。2015年政党对共青团的要求是要从严治团、锤炼过硬团风，指出要大兴直接联系群众之风，学习研究之风，求实创新之风，清正廉洁之风。团中央提出要落实从严治团的要求，持续改进干部作风。指出政治生活要严肃，执行纪律要严明，改进作风要严格，工作督导要严实，拒腐防变要严厉，这些都需要制度的跟进才能加以落实。这些制度能使团干部在团内接受更为严格的政治训练，遵守政治纪律和政治规矩，无论对推动团的工作和未来从事其它领导工作都会产生积极的作用。

　　要推动团队的作风建设，在完善各项制度中尤其要关注管理干部的制度。从严治团主要体现在管理干部上（包括选拔、培养、转业管理），当前中国政治生态中存在的一些问题对于团组织很容易渗透，只有在制度上更加完善才能摆脱这种影响。总之，通过这些制度建设，真正构建起青年干部围绕青年转，机关围绕基层转，全团围绕发展转的局面，共青团组织就会充满清新之风，蓬勃之气。

第二类团干部：兼职团干部——主要要解决工作动机问题。

团十七届二中全会在团干部队伍建设问题上提出了要重视团干部的激励问题特别是兼职团干部的激励问题，这是团组织下一步发展特别是团干部队伍建设中的关键课题。提出这个问题是团组织面对现实、本着实事求是态度、积极寻求改变、着力再造组织发展动力的清醒之举。

很明显，全团基层活力的主要现实推动力量应该来自兼职团干部。然而在实际工作中，兼职团干部的工作动力还需要大大提高。兼职团干本身有主要的工作，这些工作大部分有比较刚性的考核，而兼职团的工作很多并没有刚性的考核，工作很大程度上需要依赖团干部的主动自觉，同时更存在在工作时间难开展、业余时间开展难的现实困境，如果没有十足的工作动机和个人责任心及积极性，工作势必无法推动。

解决基层兼职团干部的工作动机问题，核心依然是信仰，但也要考虑感情和利益的因素，同时要对基层团工作有更新的认识。那就是要更加强化团组织"学校"的性质，强化团干部的"学生"性质，强化团干部之间的"同学"性质，强化团工作的"培训"性质。对于这所学校来讲，工作重要，学生的素质和发展也很重要；工作结果很重要，工作过程更不能忽视。团的工作要发展，团的干部要成长，这都需要在这所学校的培养链条中加以实现。在这所学校里，团干部能不断提升自己的素质能力。团干部在青年群众工作的大课堂中锻炼本事，养成良好作风，共青团就能实现团工作和团干部的双重发展。因此对于兼职团干部的激励问题，无论是从信仰的角度，还是利益的角度或感情的角度，当前最核心的问题是要在共青团这所大学校中关注团干部的成长和发展，在团工作中激发他们的素质提升，在学校中倾注学校对他们的培育，进一步激发他们的情感和信仰，真正使他们的正能量和组织相连，同时也使他们的提升和未来的发展、幸福的生活紧密相连。只有这样，团组织上下才能产生合力，组织的发展才会有更充分的保障。

2015 年，团组织如何解决以上关于这两类团干的重点问题成为组织发展能否具有强大动力的关键。从群团推动工作的角度，下一步共青团组织如何适应完成党的中心和基层工作、群众工作需要，改革和改进机构设置、管理模式、运行机制，充分体现全团组织的政治性、群众性特点，防止机关化、娱乐化倾向发生已成为了一个重要的任务。在群团组织中，团组织更要率先改革。应该看到，作为中国不多的组织化培养青年干部的重要阵地，团的组织对青年干部的塑形也会直接影响到政党干部的未来。当团组织在培养干部时面临着政党及社会大环境的影响时，更需要考量这个组织的核心特质的保持，如最有理想，最富有理想主义，更朝气蓬勃，这也是政党重视共青团工作的本质原因。从这个方面讲，政党需要团保留青年人的理想状态和有为精神。无论共青团如何发展，有了这个特质，组织就会走向兴盛，否则则会衰败。从这个意义上讲，从严治团要比从严治党更"严"，因为年轻人更需要严格要求，团风要比党风更加清新活泼才是。这应该成为共青团组织的自觉自省，而这种改革力量的大小取决于团中央及各级领导的坚强领导与开拓创新。

转型的加速——新组织

第四个发展的判断是：是否正视组织面临的问题并大胆改革是决定组织转型速度的关键。

任何组织的发展都有其运行的规律。除了以上所说的组织个体过程，组织的发展更是团队过程（包括领导力、权力、信息、沟通、协调、合作等），也是组织过程（结构、文化、变革、冲突、资源、品牌、绩效等）。2015 年，共青团组织要适应改革开放的时代要求，积极推进团的组织和工作创新，核心是要解决在团队过程中和组织过程中存在的八个核心问题。

第一个问题是组织基层工作力量问题——团组织基层队伍问题能否更好地解决？当前团组织基层组织建设还是比较薄弱，最核心的原因是缺乏基层基本工作力量。团的"倒金字塔结构"（越到下面人越少，事业化发展也越少）表现明显。如果没有人，团中央的工作还是无法接地。从近些年团的改革来看，无论是乡镇大团委建设还是城市的区域化团建工作都在大力地推动，但数字成果多于实际成效。基层团干部特别是兼职团干部的积极性调动存在问题，发展青年能人等积极分子进入团的工作力量等还没有形成大的气候，加之基层工作力量流动快，接受上级的信息不准确、不到位、不延续问题依然严重，这直接影响了团组织在基层青年中的影响力。

第二个问题是组织系统优化问题——团组织是否能将不同层级、不同类型的团组织的功能加以区分，分类指导，使组织更具系统合力？作为一个具有五级组织、30多个省级单位、影响青少年小学至工作阶段的庞大组织，要发挥整体功能就必须仔细研究不同层级的着重点。要考虑到分层分类的指导问题，因为当前经济发达地区的经验很难在西部不发达省份复制。要考虑到基层的实际情况，因为有些功能基层根本无法完成，如加强调查研究，实质上基层干部由于本身文化素质偏低，加之缺乏好的研究土壤，导致无法拿出科学的研究报告，这方面就需要上级组织统一运作，更好地服务基层组织。系统合力还需要充分考虑团组织影响青少年成长的阶段性和工作的前后逻辑统一及一体化，如：如何更加好地将学校团工作和社会团工作紧密结合，如何发挥学校基础性、源头性和战略型的作用，如何关注团队一体化的建设问题。只有这样，团组织的运转才能效率大增。

第三个问题是组织结构问题——团组织能否建成一个更加有效地覆盖团员青年的组织体系？基层团组织抱怨：组织建设为什么总赶不上青年流动速度？这说明团组织建设思路还是存在一定问题的。基层服务型组织怎么建？社区青少年服务综合平台如何建？当前共青团提出了基层服务型团组织建设。"基层服务型团组织"的命题将有益于团组织对基层长期不能更广泛吸引青年的问题做一个深刻反思，对一个政治组织的基层功能做一个深刻反思，有益于更加深刻地理解团的不同级别有不同的政治功能，而基层组织重在吸引和凝聚的命题。一个重要的青年需求导向正在建立，强调了建立反映青年诉求的机制建设问题，强调了按需服务、注重微服务的问题，团的基层建设要走更加实在的服务路线。现在面临的问题是：团组织服务基层青年的服务阵地在哪里？从组织发展的趋势来看，一种有机式和开放式的新型网络组织形态应该是未来团组织需要探索的新路，要积极推进团的组织设置和运行机制的改革创新，使共青团更好地贴近青年实际，贴近青年需要。

第四个问题是组织资源问题——团组织能不能获得更多的资源来支持它的发展计划？从发展来看，团组织的资源主要需要依赖更大力度的社会化，更多地承担政府青年事务，更多地激活自己的内在资源。首先是社会化整合资源能否进一步发展？团组织要走出机关，真正融入社会，加强社会化动员和市场化运作，打破体制内和体制外的隔阂。当前团组织行政化动员向群众化动员的改革稍显缓慢，团组织的发展与市场、社会、群众还有一段距离，需要加快改革速度。其次，团组织如何在社会治理中成为重要的力量，特别是如何创新社会治理，在承接政府事务转移中发挥积极作用，团组织如何购买公共服务是一个需要研究的深度问题。承接什么？怎么承接？怎么实施？怎么评估？这都需要在 2015 年开始解题。再次，是团组织自身资源激活的问题。当前如何利用团的国际资源激活国内资源？如何利用青年社会组织资源、统战力量激活团组织？大学团如何支持中学团，支持少年团，如何支持社会团？社会团如何帮助大学团，城市团如何帮助农村团？如此等等，这些文章都可以大作特作。

第五个问题是组织品牌问题——团组织能否更集中地打造一些组织品牌，扩大它的社会影响力？多年以来，团组织一直存在方向多样、资源相对分散的问题，虽然干了很多事但干得太不精致了，太不创新了。当前，什么都干的团干部自己都"恍惚"了：我的本质角色到底是什么？团干部确实不能什么都干。因此要发扬一些老的品牌如希望工程、青年文明号、青年志愿者的作用，围绕着社会、社区和社团开展促进人的发展的工作。同时，进一步发挥自己的做人的工作的优势，精准发力，再创新品牌。因此，团的工作要围绕核心职能有进有退。不能工作抓着抓着就没了，真正延续下来的不多。要工作一抓到底，保持韧劲，处理好继承与创新的关系，真正做到事业化发展。

　　第六个问题是组织文化问题——团组织能否将组织文化构建得更加系统鲜明？一个好的组织必然高度重视文化的建设。特别是从价值、制度、行为和外在形象上建设从而获得组织的长期发展。首先，团组织要研究共青团的特殊文化和独特作用。如团组织强调政治性，有公信力，开风气之先，有组织化优势和团队教育的优势，容易接近群众，强调群众性，工作更具青年化，散发着青年组织的青春气质。其次，要让制度更加完善，真正使共青团走向科学化和规范化，真正提高团的工作和建设的制度化水平。2015 年，团组织对于党的群团工作文件这个制度是否能够用好用足，抓住契机非常重要，要强化机遇意识、担当意识、改革创新意识，突出问题导向，突出共青团特色，通过这个制度平台获得政治、组织、工作支持，用好契机。同时要进一步推动党建带团建的制度，坚持完善学习与培训制度、密切联系青年制度、工作督导落实制度、支持基层的制度。特别需要指出的是，《共青团十七届三中全会关于加强和改进全团调查研究工作的决定》提出了："全团要按照中央要求，大兴调查研究之风，推动形成'全团抓研究'的生动局面。要进一步健全和落实各项调研和联系青年的制度，使调查研究真正成为经常性的工作，成为推动团的组织和工作的先导。各级团干部要树立'机关下基层，调研到支部'的意识，努力使调查研究成为一种思想作风、一项工作习惯、一样贴身本事，不断提高为党做好青年群众工作的能力和水平。"再次，团组织要注意在社会上广泛地宣传自己，进一步提升社会形象。在统一形象、统一标示、统一方式、统一行为上作文章，解决"最后一公里"的问题。最后，团组织还需要面对团干部的"走马换将"问题，建立传承体系，这是迫在眉睫的课题和任务。铁打的营盘流水的兵不是问题，但糊涂的工作流动的兵，那是真问题。

　　第七个问题是组织绩效考核问题——团组织能否建立更加科学的考核指标与体系？在共青团发展过程中，考核是一个逐渐加强的工作，这也是共青团走向科学化的必然。从 2008 年之后，团的统一考核持续加紧，逐渐走出了过去团的上下级"松散化"、"碎片化"的现象。但是如何考核这是一个问题。从 2014 年看，当前的考核指标确实存在一些问题亟需调整，集中体现在指标的科学性问题（如：应该兼顾横向比较和纵向比较），考核的方式（如不要封闭式的考核，要考虑青年和社会的评价），指标过多、考核层次多（中央、省、市等都有自己的考核重点），考核指标的变动性问题与考核指标过分僵死问题，考核的一刀切问题。考虑基层团组织的工作选择权问题。最值得关注的是，目前基层团干部要应付众多的表格，衍生了新的形式主义，无论对共青团工作的务实推进还是对团干部的成长都有极大的危害，需要加以警惕克服。

第八个问题是组织创新推动问题——团组织如何将基层的创新更好地汇聚、提炼和宣传？共青团如何建设创新型组织？改革创新如何推动？最核心的是对基层的首创精神的鼓励和宣传。要将共青团的创新变成常态。如果一个青年组织，缺乏朝气蓬勃的精神，缺乏实事求是的根本，每天说着一些太大的概念而不能务实，每天做着分散的事情而不能集中，没有鲜活的争论，没有严格的纪律，没有开放的视野，则总会存在危机。要问题导向，要问题集中，要措施明确，要实质推动，不能泛泛而谈。不能年年讲，年年新，不能涛声依旧，要解决问题。

总之，以上所列八个问题是2015年共青团发展中组织层面值得探索的问题，团组织要面貌一新，就要解决这些关键问题。2014年团干部似乎"蛮拼"的，但成效还需要政党评价，点赞还需要靠青年，2015年更加要在组织建设上抓住根本。不解决这些实际问题，我们就会拼而无功，就会原地踏步，共青团的转轨和发展更是无法实现。

转型的持续优化——新系统

第五个发展的判断是：共青团组织得到的外部系统支持依然是发展中持续优化的关键。

无论共青团组织自身如何努力，它的发展还是离开不了它身处的系统及系统支持。而其能得到系统支持一直处于变化发展中，在某种意义上说很难预测准确。这个系统有政党和共青团的关系，政府和共青团的关系，人大政协等组织和共青团的关系，有共青团与其它社会组织的关系，有其它政治社会化系统和政治文化系统的影响和社会其它系统的合力。

中国共产党和中国共青团的关系毫无疑问是最核心的外部系统关系。目前，党团关系在大的方面并不存在什么问题，但存在着党团关系的实质性落实的细节问题。党中央和团中央的关系不会存在什么问题，但在五级的"下行"中，党组织和团组织的关系则呈现出多面性和复杂性。双重领导的制度总是会存在一些矛盾。

一个重要的制度是党建带团建制度。党建带团建制度最核心的推动不是共青团，而是党组织，这种政治关系能否落实在于政党各级组织是否真正重视群团和共青团工作，特别是重视对团干部队伍建设的总体设计，这将直接影响团组织发展的动力。

一些现象也证明了当前党建带团建设还需进一步落实：如不重视团的岗位，抽调有能力的团干从事党和政府其他工作，致使团组织无法正常运转，即所谓"硬"抽人、抽"硬"人的问题；如团干部的队伍储备不够，特别是市县两级出现无人可选的情况，影响团干部队伍梯次建设，党组织如何结合中央的要求，从团的特殊性出发，大力加强团干部的选拔、培养，加强干部队伍建设问题；又如团干部职位长时间空缺，有的地方团干部身兼数职，影响正常工作问题；如团机关的中层干部工作经历单一，转岗困难的问题。这些问题虽然反映到在团干身上，但直接影响到团的工作中，也影响到团的整体系统建设中，需要引起关注。

《中国共产党章程》第十章中明确了"党和共产主义青年团的关系"，明确团是"党的助手和后备军"，这是中国共产党的一项政治制度设计。因为有了这种关系，共青团和别的群团组织在政治性上又有所不同。如何在过去的基础上进一步完善细化这种关系，真正构建出一种政治传承关系，责任在党，团组织更要努力成为优秀的"助手"。

新常态、新创造、新团干、新组织、新系统是我们观察2015年中国共青团发展最核心的几个要素，有了这几个视角，我们对中国共青团的发展就会有基本的认识和更为准确的判断。新常态已经明确，新系统并非团组织所能决定，而最能体现团组织的有为特点的是在新创造、新团干、新组织上。这是团的系统自己能够控制的。更大力度地推动这些方面的发展，才能真正体现"有为才有位、有位更有为"的生动现实。

新常态的转型并不是一蹴而就，但更快更好地转型将为这个组织赢得更好的工作空间，也为团干部未来的成长打下更好的基础，既被青年选择，同时也更好地被政党选择。

发展工作篇

方向有了，只有更加务实的工作才能实质推进共青团组织的发展。本章对共青团组织工作、宣传工作、城市青年工作、农村青年工作、学校工作、全团带队工作、维权工作、志愿工作等做了回顾和评析，分别说明了该领域工作的内涵和大致框架、开展的重点工作和成效、现存的问题和发展的未来趋势等，宏观地展现了共青团组织的工作努力方向和基本绩效。

第一节　组织工作

团的组织工作回顾与评析

吴 庆

团十七大后，共青团工作继往开来，党中央对共青团工作高度重视，习近平总书记对共青团和青少年工作多次发表重要讲话，深刻阐明中国青年运动的时代主题和前进方向，为做好新形势下共青团和青少年工作提供了根本方针。习近平总书记指出，共青团要把解决吸引力和凝聚力不够、有效覆盖面不足这两个问题作为全团工作的重点，抓住这个牛鼻子下功夫。共青团组织如何深刻认识面临的新情况新挑战，把工作做到青年最需要的地方去，努力使团组织成为联系和服务青年的坚强堡垒成为工作的核心，组织工作在这个全局工作毫无疑问具有举足轻重的地位。

一、组织工作概述

什么是团的组织工作？组织工作作为一项管理职能是指在组织目标已经确定的情况下，将实现组织目标所必须进行的各项业务活动加以分类组合，并根据管理宽度原理，划分出不同的管理层次和部门，将监督各活动所必需的职权授予各层次、各部门的主管人员，以及规定这些层次和部门间的相互配合关系。它的目的就是要通过建立一个适于组织成员相互合作、发挥各自才能的良好环境，从而消除工作或职责方面所引起的冲突，使组织成员都能在各自的岗位上为组织目标的实现作出应有的贡献。

组织工作这个职能是由人类在生产劳动中需要合作而产生的，人类由于受到生理的、心理的和社会的种种限制，为了达到某种目的就必须进行合作，而合作之所以能有更高的效率、能更有效地实现某种目标，在多数情况下就是由于有了组织工作的缘故。具体地说，组织工作职能的内容包括以下四个方面：1. 根据组织目标设计和建立一套组织机构和职位系统。2. 确定职权关系，从而把组织上下左右联系起来；3. 与管理的其他职能相结合，以保证所设计和建立的组织结构有效地运转；4. 根据组织内外部要素的变化，适时地调整组织结构。

团的组织工作包含了以上的一些管理学的基本原理赋予的功能，同时也体现了中国共产党党建组织工作的核心要求。党的组织工作是按照党的建设的总要求，以领导班子建设、干部队伍建设、人才队伍建设、党的基层组织建设和党员队伍建设为主要内容的全部实践活动，是党的建设的重要组成部分。党的组织工作不仅与党的组织建设直接相关，而且与党的思想建设、作风建设、制度建设有着密不可分的联系。党的组织工作有着重要的意义，是党的全部工作的基础；党的组织工作是实现党的领导的重要途径；党的组织工作是实现党的政治路线的重要保证；党的组织工作是党的执政能力建设和先进性建设的重要组成部分。组织工作主要包括干部工作、人才工作和党的组织建设工作。干部工作包括领导班子建设和干部的教育培养、选拔任用、监督管理、考察考核、调配任免以及老干部工作等。人才工作包括人才的培养、评价、使用、流动、激励、保障等。党的组织建设工作包括党的组织机构和组织、领导制度建设，基层组织建设和党员队伍建设等。

在共青团的发展历程中，对团的组织工作有着广义和狭义的理解。广义的理解是指团的主要职能方面的工作：组织青年、引导青年、服务青年和维护青少年合法权益中的组织概念，既包含组织建设，还包括把青年动员起来参与各项建设。团的四项职能是既有逻辑前提、又紧密联系的体系，组织青年是重要任务也是重要前提，与服务青年、维护青少年合法权益之间相互促进，引导青年是根本任务。要切实把青年广泛组织起来，提高服务青年、维护青少年合法权益的能力水平，并以此为基础对青年进行有效引导，使青年坚定跟党走中国特色社会主义道路的理想信念。而狭义的理解主要是指团的组织建设特别是团干部队伍、团员队伍、基层组织建设等内容。

团的组织工作有着极其重要的意义。一是加强团的组织建设是党中央对团中央的一贯要求。中央书记处每年听取共青团工作汇报后都会提出次年团的工作的指导思想。研究发现，虽然每年的内容有所变化，但不变的是加强理想信念，加强基层组织建设，加强团干部队伍建设等内容，这里有很大一部分是组织工作。二是从推进新时期青年群众工作的要求来看，加强基层组织建设是当务之急。团的基层组织和基层工作是共青团履行根本职责的主要载体，是实现团的各项功能的基本途径，是团的全部活力的根本标志，决定着共青团最本质的影响力、战斗力和生命力。要下最大决心支持和推动团的基层组织建设和基层工作，切实增强对青年的吸引和凝聚，努力从根本上实现团的组织功能、增强团的组织活力。这主要源于组织建设工作的推动。三是组织结构的变化新要求，是组织工作最核心的创新之点。如何更好地覆盖青年是组织工作的核心考量。当代青年的新变化：如流动趋势加强、就业方式多样；科技进步、信息发展的推动，新媒体的广泛运用；青年需求与利益的实在化；青年社会组织的蓬勃发展等。传统领域的青年在减少，新兴领域的青年在增加，如新文化组织青年以及北漂、蚁族、海归等。如何发挥传统组织的优势，与青年社会组织一起构建流动、网络、枢纽的组织结构和形态需要做大量组织方面的工作。

二、当前团的组织工作

当前，中国共青团在组织建设上不断回答四个核心问题并提出新的思路，整体呈现出"转型"的态势，即回答如何建组织的问题，面临"组织建在哪里"的转型；回答基层组织做什么的问题，面临"回答基层团组织核心功能"的转型；回答组织成员的新素质，面临"团员和团干部如何体现先进性和政治性"的转型；回答优化组织建设环境的问题，面临"党建带群建"的转型。

1. 建组织

为了影响和覆盖更多青年，一段时间以来共青团组织一直在不断地探索并作出努力，提出了巩固传统领域、加强新兴领域的核心组织建设方针。在传统领域上，提出要以走进青年为根本，根据青年喜欢的沟通、交流、联络和聚集的新方式，把握市场经济条件下各类经济组织的经济活动和商业模式的新变化，灵活设置团组织，积极探索联合建团、区域建团、依托建团、流动建团等各种有效的团建模式，努力扩大基层团组织的覆盖面。探索和创新乡镇、企业、街道等团的委员会建设方式，充分发挥青年能人、企业技术和管理骨干、基层优秀团干部、青年志愿者的作用。加强学校团的组织建设，力争全面覆盖各类学校。探索依托互联网等现代科技手段进行组织建设和运行联络的新方式，使有条件的团组织实现组织管理和运行方式网络化，影响和覆盖更多的青年。在新型领域上，则提出要加强新经济组织和社会组织，包括新文化组织、海外留学归国青年群体的团建工作，有针对性地做好蚁族、北漂、自由职业者、内地少数民族青年等特殊青年群体工作。如果前者归属于传统的"单位团"的性质的话，后者就呈现出"社会团"的特征。这些年的发展特别是青年的流动性加大，在组织建设上越来越发现巩固最稳定的单位阵地（如学校团）和更社会化地推进组织建设（如乡镇大团委建设）是团组织对"流动性"的一种回答。然而现实的问题特别是"建团"后的"活团"问题一直困扰着团组织自身，一种更大的组织建设思路开始应运而生。

　　"区域化团建"是这个思路中比较明显的一种转型，其核心是："打破传统理念、属地管理，形成整体合力。"2014年共青团中央下发了《关于在城市街道开展区域化团建工作的通知（中青发2014年6号）》和关于印发《农村区域化团建工作指导大纲》的通知。在城市提出要推动区域组织共建。坚持党建带团建，在街道党工委的领导下，组建以街道团工委为核心的共建委员会。凡属区域内的机关、事业单位、企业（包括非公企业）、学校、园区等，已建团的必须向街道团工委报到成为成员单位，承担工作并参加活动；未建团的单位，也可以吸纳为共建委员会成员单位。加强街道团工委直属团组织建设，积极推广行业建团、楼宇建团、市场建团、园区建团等联建共建模式。在青年聚集较多的商业街区、工业园区、集贸市场、居住区等区域，以及"两新"组织、文体兴趣组织、志愿者组织等功能性组织中，因地制宜建设团组织，力争实现社区建团全覆盖。建设街道社区"流动团员联络站"，探索流动团员及在未成立团组织单位工作团员的管理创新。要通过城市区域化团建凝聚青年社会组织，要不断加强工作力量配备，积极拓展青年阵地，加大资源整合力度，形成区域工作品牌，完善工作协同机制。

在农村，提出要以农村区域化团建为统揽，以乡镇团组织为核心，以深化农村合作组织团建和实体化"大团委"建设为重点，不断夯实农村共青团工作的组织基础。

可以看到区域化团建是共青团组织在青年流动性大背景下作出的一种应答。应该讲强化地域的概念是适合当前组织结构的发展趋势的，但是如何在地域上把青年聚集起来还需要做更加精细化的设计。同时应该注意的是在区域化团建推进的同时，传统的单位团建的方向需要更加明确，否则在组织资源有限的背景下，"两路拳头"出击则会造成精力分散，影响到组织建设的实际成果。

2. 建阵地

为了更好地吸引凝聚基层团员青年，共青团对其阵地建设进行了新的部署，青少年综合服务平台应运而生。

应该讲，青少年综合服务平台是共青团建设服务型组织的核心工作。2014 年，共青团组织开始叫响大力建设基层服务型团组织，这是团组织响应政党建设基层服务型党组织的重要举措。要把服务青年成长发展作为基层团组织工作的立足点，以服务吸引青年，以服务活跃组织，以服务增强基层团组织凝聚力。要紧扣青年需求策划开展基层团的工作，多为青年办实事、解难事，特别是在青年成长发展的起步期给予支持，在学习工作、身心健康、创业就业、婚恋交友、人际关系等方面给予青年实在的帮助。服务青年不在轰轰烈烈，而在日常持久，有针对性，做得实在。青年有困难时就想到团组织，团组织在青年中才有影响力、号召力。2014 年，各级团的领导机关都相应加大对基层建设服务型团组织的支持。服务资源向基层倾斜，服务力量向基层集中，服务项目向基层转移，形成了一定的长效机制，强化了基层团组织服务能力。团中央也争取有关部门和地方支持，出台了不少经费、干部、人才、项目等方面的支持保障政策，要进一步落实到基层，在基层见效。而所有这一切工作"最后一公里"所需要解决的是团组织与广大青年的界面，除了网络之外，这个界面毫无疑问应该是社区中的服务阵地。近年来，许多地方探索建设青年中心、青年汇、青年家园、新市民学校等新阵地，把活动、项目、人员打包整合、集中服务，很受青年欢迎。实践证明：适应城镇化发展的新趋势，努力打造服务青年的新阵地，推动团的组织网络、形象标识、工作力量、服务项目在青少年身边实现有形化、日常化是团组织在基层重振凝聚力和影响力的重要举措。

2014年初在团的十七届二中全会上，青少年综合服务平台建设纳入五年规划。规划指出要构建青少年综合服务平台，根据青年社会流动、分布的特点，以城市街道社区、县域镇区为重点，努力建设成为团组织联系青年的重要组织依托、整合社会资源的重要工作载体、开展活动的重要阵地空间；同时，继续鼓励各地团组织探索完善社区青年汇、青年家园民间组织服务中心、亲青家园、城乡社区市民学校、青春驿站、青年中心等平台建设。要积极稳妥推动青少年宫、青年汇、青年家园、青少年空间、新市民学校等平台和阵地向基层枢纽型、服务型机构转变。2014年下半年，经过试点，团中央下发了《共青团中央办公厅关于支持各地加强青少年综合服务平台建设的通知》，文件指出：根据各地工作进展情况和服务平台建设需求，为扎实推进基层服务型团组织建设，加快推动团的组织网络、工作力量、服务项目在青少年身边实现有形化、日常化，团中央决定在全团全面推进青少年综合服务平台建设。明确青少年综合服务平台是共青团组织使用管理的公益性、综合性服务场所，是一定区域内团组织联系青少年和开展活动的依托、整合各类资源的载体、开展服务青少年工作的阵地、服务社会和青少年参与社会实践的平台。文件中明确提出了青少年星河服务平台建设的目标任务、建设标准、工作机制。建设任务是：到2017年底，全国所有城市街道和东部地区80%、中部地区60%、西部地区50%的乡镇都要依托团组织建成1个以上青少年综合服务平台，建设目标由省级团委统筹掌握。为推动青少年综合服务平台建设的标准化、规范化、实用性和可持续发展，2015年起，在全团开展示范性青少年综合服务平台创建活动，通过示范创建选树典型，带动服务平台的整体建设和发展。

可以看到，共青团在基层的新的阵地在全国开始出现，青年们通过身边的阵地将看到团组织不同于以往的形象，改变共青团工作在基层的格局。同样可以想象，这样的一项工作还会遇到很多困难，如果成为"数据"比赛，就无法达到团组织建设的目标。

当前，团组织还在通过不同的方法不断激活基层，加强对基层的支持和指导。如：建立和完善团的领导机关干部下基层蹲点的制度，选派机关干部到基层支持工作；凝聚全团力量，充分吸纳和利用社会资源，支持基层团组织开展工作；在有条件的地方探索建立支持团的基层组织建设和基层工作的长效机制，在政策、经费、项目、阵地等方面为基层提供制度性保障。2014 年，团中央、教育部党组继续下发了《关于2014 年从全国高等学校选派团干部到县级团委挂职工作的通知》，推动基层工作、提高综合素质、切实锤炼作风。这些工作既是对过去的传承，同时也有了新的创新。应该说，团干部还是蛮拼的，但基层这个团组织建设难题依然没有得到很好的解决。

3. 提队伍

一个组织的发展需要依赖组织成员和组织骨干，对于共青团组织发展来讲，团员素质和团干部素质是决定发展的关键，团员是主体力量，团干部是带动力量。这都是提升队伍发展动力的重要方面。

2014 年团组织在加强团员队伍建设方面所做的工作总体上并不明显。虽然提出了一些根本的工作方针：如根据不同领域的实际情况做好团员发展工作，要注重坚持标准、提高发展团员的质量，切实增强团员的组织意识；在组织覆盖相对薄弱的领域，要力争多发展团员。加强对流动团员的服务，努力实现输出地与流入地团组织在联系、服务方面的有效衔接。做好"推优入党"工作，为党组织源源不断地输送新鲜血液。但针对性还有待提升。比较值得关注的是，团中央开始对团员的数量问题予以关注并初步确定了一些新的发展新团员数量的要求：如关于团员数量问题，初中要控制在 45%~30%，高中要控制在 85%~60%，避免学生走入大学的"全面团"现象，数量控制的背后实质指向的是质量问题。如何克服团组织数量庞大但质量参差不齐，特别是解决广大团员队伍的理想信念问题是摆在团组织面前的重大课题。

2014 年更多的"提队伍"的工作体现在加强团干部队伍建设上。这种建设一个是来源于政党对年轻干部新的要求，一个是来源于团组织发展本身所面临的问题。

从中国共产党干部培养工作的大局考虑，团的干部是党的青年干部的重要组成，按照党的干部队伍建设要求抓好团干部队伍建设是团的组织工作的关键工。党的十八届三中全会通过的《中共中央关于全面深化改革若干重大问题的决定》强调，要深化干部人事制度改革，使各方面优秀干部充分涌现。党的十八大以来，习近平同志鲜明指出，进行具有许多新的历史特点的伟大斗争关键在党、关键在人，科学回答了怎样是好干部、怎样成长为好干部、怎样把好干部选用起来等重大问题，突出强调要把选人用人作为党和人民事业的关键性、根本性问题来抓，公道对待干部、公平评价干部、公正使用干部。他明确提出了信念坚定、为民服务、勤政务实、敢于担当、清正廉洁的好干部标准。需要坚持什么样的用人导向呢？要坚持五湖四海、任人唯贤、坚持德才兼备、以德为先，树立注重基层的导向、注重实干的导向、注重公认的导向，坚持这一选人用人标准和导向，对共青团来说，就是要着眼于实现党在新形势下的干部培养目标，抓好团干部队伍建设，为党培养更多的合格接班人。

对于共青团组织发展来讲，团组织对团干部一贯的要求是：政治上要坚定，学习上要刻苦，工作上要勤奋，作风上要扎实。而在新时期，对于团干部的要求有了新的内涵：当前团干部是共青团事业创新发展的骨干力量。习近平总书记殷切期望广大团干部坚定理想信念，心系广大青年，提高工作能力，锤炼优良作风。共青团按照党中央要求，切实加强团干部队伍建设。总之，团干部是党的年轻干部的重要组成部分，要知大局、懂本行、干实事，努力做一个合格的党的干部，做一个合格的年轻干部，做一个合格的青年工作干部。

长期以来，中国共青团在努力建设一支政治上过硬、作风上扎实、纪律上严格的团干部队伍，为共青团事业发展提供保证上有了新的部署，核心是围绕切实提高团干部的思想政治素质和着力加强团干部作风建设，特别是在作风建设上有了新的举措。团干部作风建设如何抓？2014 年后主要有以下重点做法：

一是深入开展成长观教育。团中央机关和一些团组织开展了团干部成长观的教育活动。指出团干部要始终牢记党对团干部的要求，求真务实、吃苦耐劳、勇挑重担，全身心投入工作，善于抓住共青团工作的本质和主要矛盾，在遇到问题、挑战和矛盾不回避、不退让的过程中锻炼本领、增长才干。指出：要想提高工作能力，第一是要有事业心、责任感。不管是在什么岗位，如果不热爱自己所从事的事业，不能真心投入自己所做的事情，就很难谈得上有多高的能力。作为团干部，如果不热爱团的岗位，只期望转岗以后会干得多好，这在理论上、逻辑上是说不通的。如果在团的岗位都做不好，大家怎么可能相信你离开团的岗位以后会做得好呢？现在，很多地方和行业都有这样的倾向，团干部在团的岗位上心里不踏实，刚来没多长时间，就想着通过各种机会离开，这是一种不好的现象。

二是建立了团干部直接联系团员青年的制度，通过了《关于完善团干部直接联系团员青年制度的意见》。团干部直接联系团员青年要建立健全以下具体制度：调查研究制度、基层联系点制度、基层挂职制度、与团员青年谈心制度、征集团员青年意见制度、帮扶困难青少年制度、团员承诺践诺制度、团员注册志愿者制度等。

三是开展了"走进青年、转变作风、改进工作"大宣传大调研活动。为把全团在第一批党的群众路线教育实践活动中形成的经验做法制度化、常态化，推动形成"全团抓研究"的氛围，深入持久强化团干部作风建设，根据团中央书记处的要求，2014年在全团继续开展"走进青年、转变作风、改进工作"大宣传大调研活动，切实做到"机关下基层、调研到支部"。

四是建立了团干部基层联系点的制度。为深入贯彻落实中央关于改进工作作风、密切联系群众的有关规定，按照团十七大、十七届二中全会部署，全团建立了团干部基层联系点制度。基层联系点工作要以改进作风为主线，以联系和服务团员青年、指导和推动基层工作为重点，以定点轮换、直接联系为主要方式，推动团的各级领导干部深入基层、联系青年常态化，不断强化群众观点和群众路线，使作风转变在基层、本领提高在基层、服务青年在基层、工作落实在基层。规定：全团地市以上领导机关副处级（含）以上干部都要建立基层联系点。联系点原则上为县（区）团委，每个县（区）团委由1名团干部联系，一个联系点的

联系时间不得少于 1 年，可以长期联系。团中央书记处成员联系 2 个县
（区），每年深入每个联系点不少于 5 天；局、处级干部联系 2 个县（区），
每年深入每个联系点不少于 2 次，每次不少于 5 天（以上均不含在途时
间）。个别自然条件恶劣、交通不便的地区，经省级团委报团中央组织
部同意，可在通过电话、网络、会议等加强联系的基础上，适当减少实
地调研指导次数和时间。参加基层联系点工作的干部应合理规划时间，
避免实地调研指导过于集中在一段时间内进行。联系点可与典型蹲点调
研相结合。基层联系点工作原则上以省份为单位，由省级团委统筹安排，
覆盖本省份所有县级团委。直辖市、副省级城市下辖县（区）团委中的
副处级（含）以上干部原则上以所在区域内乡镇街道、企业、高校、社
会组织等基层团组织作为联系点；其他省份在联系点已覆盖县（区）团
委后，对仍未安排联系点的副处级（含）以上干部，应在考虑联系点干
部转岗后人员补充等因素的基础上，根据实际情况选择相应基层团组织
作为联系点。团中央干部根据实际需要确定联系点。全团局级干部联系
点原则上不安排在同一地市。

　　五是高度重视团干部培训工作，对团干部大力开展分层级、分类别
教育培训。2014 年，为深入贯彻落实党的十八大和团的十七大精神，
全面落实大规模培训团干部的战略任务，培养造就高素质团干部队伍，
根据《干部教育培训工作条例（试行）》《2010-2020 年干部教育培训
改革纲要》《2013-2017 年全国干部教育培训规划》等中央文件和《全
面深化改革进程中共青团工作五年发展纲要》精神，团中央下发《关于
进一步加强团干部教育培训工作的意见》，全团的培训工作有了一个纲
领性的文件，团干部培训全面提速。2014 年中央团校连续举办 3 期学
习习近平总书记系列讲话精神培训班，对机关处级以上干部和直属单位
局级干部 270 多人进行全员集中轮训。培训中，邀请中央党校、中央文
献研究室、人民日报社、清华大学等单位的 15 位专家学者，围绕中国
特色社会主义、中国梦、全面深化改革、加强党的建设、宣传思想工作、
党的群众工作等 6 个专题，对习近平总书记的系列讲话精神进行讲解。
值得一提的是：2014 年团干部培训经费有了大幅提高，团中央把每年
的培训经费从每年不到 300 万增加到 1100 万；制定了团干部培训五年

规划，开展了大规模分级分类活动，全年共累计培训团干部近40万人次，在中央团校等基地对全国新任团市委书记领导班子和团县（区）委书记的培训开展改革，广泛采用案例教学、情景模拟、理论研讨、团干部成长课等生动的方式，取得了较好的培训效果。

六是继续做好团干部配备激励工作。2014年团中央及团省市领导机关推动配齐配强工作。充分发挥上级团组织的协管职能，通过加强与党委组织部门沟通、通报配备情况、实地调研督导等方式，持续推动各级团干部配备工作，确保团干部队伍从质和量上满足共青团事业发展的需要。同时也逐步优化激励机制：以激发团干部特别是兼职团干部的工作主动性和积极性为着力点，通过评优表彰等方式，增强团干部荣誉感；通过"推优"提供教育培训和挂职锻炼机会、帮助拓展才能等途径，增强团干部归属感；通过协调资源、支持工作等手段，增强团干部成就感。在有条件的地方，探索了团支部书记工作津贴的有效方式。

最后，加强青少年事务社会工作人才队伍，扩充了共青团工作的专业力量。

2014年，对于共青团组织建设来说一个具有历史意义的工作是开始建设青少年社会工作人才队伍。根据青少年工作的专业化特点和要求，努力建设一支专业化、职业化的青少年事务社会工作者队伍。为深入贯彻党的十八大、十八届三中全会精神，切实加强青少年事务社会工作专业人才队伍建设，服务青少年健康成长，发展青少年社会事业，为构建社会主义和谐社会提供有力的人才支撑，经中央人才工作协调小组办公室同意，共青团中央、中央综治委预防青少年违法犯罪专项组、中央综治办、民政部、财政部、人力资源社会保障部共同制定了《关于加强青少年事务社会工作专业人才队伍建设的意见》。明确了加强青少年事务社会工作专业人才队伍建设的指导思想、工作原则和主要目标；梳理了青少年事务社会工作专业人才的主要服务领域：如服务青少年成长发展、维护青少年合法权益、预防青少年违法犯罪。具体强调了加强青少年事务社会工作专业人才队伍建设的主要任务：如研究制定青少年事务社会工作专业岗位设置标准、发展青少年事务社会工作服务机构、构建青少年事务社会工作专业人才培养体系、建立青少年事务社会工作专业人才考核评估制度、建立青少年事务社会工作专业人才薪酬保障机制、建立青少年事务社会工作专业人才与志愿者队伍联动服务体系、建立青少年事务社会工作专业人才合理流动机制等等。

4. 优环境

2014 年以来，共青团组织积极落实党建带团建的要求，借助党建成果，促进"两新"组织团建紧跟党建步伐；借助党政工作在基层形成的新格局和新成果，积极推动基层团建与党建在工作空间和工作内容上紧密结合。李源潮在团的十七届二中全会上明确指出：各级党委、政府要从保证党和国家事业后继有人、实现中华民族伟大复兴中国梦的战略高度，充分认识做好共青团和青少年工作的重大意义。要加强对共青团工作的领导和支持，听取工作汇报，指导工作开展，保障工作条件。要热情关心、严格要求团干部，把团的岗位作为培养锻炼年轻干部的重要岗位，交任务、压担子，帮助他们健康成长。要采取切实有效措施关心青年、帮助青年，激励广大青年在全面深化改革、推动经济社会持续健康发展中，在实现中华民族伟大复兴的中国梦的奋斗中充分发挥生力军作用。

三、需要深度关注的问题

2014 年中国共青团在组织建设中取得了实质的进展。存在的比较大的难题集中在：组织阵地结构的设置？基层服务型组织如何破题？青少年综合服务平台如何落到实处？全团工作到底如何考核等？

就组织阵地结构的设置而言，2015 年中国共青团依然是传统阵地和新式阵地一起建设，既看到了传统阵地依然存在的功能，同时也敏锐地发现现代阵地的意义并开始扩大。然而总体而言是铺开大网搞建设，重点并不鲜明，"建了死、死了建"的循环依然还在上演。全团在资源本身匮乏的情况下辛苦前行，然而有时会出现因资源不足等原因快速退后、大起大落的状况。组织建设的规律似乎还没有完全找到。

基层服务型组织开始破题，然而能够认识到基层变革的重要性，认识到服务的全局牵动性是服务型组织建设的关键。当前在建设过程中更多的还是加深服务涵量，但深层的变革举措并不多见，这会直接影响到改革的历程。

而青少年综合服务平台似乎是 2003 年团组织提出的"青年中心"的卷土重来。团中央明确指出：继续探索推动青年中心建设。从各地实际出发，积极探索青年中心作为团的组织网络延伸、青年活动场所、基层工作运行模式的新机制，充分发挥青年中心在加强基层组织建设、联系和服务青年中的作用。2003 年，在山西的一个县城，由时任团中央第一书记周强提出的组织结构形态（青年中心）现在看来还是相当超前和先进。团组织建设的单位逻辑转向社会逻辑已不可抗拒。

全团工作考核则陷入僵局。考核是 2008 年团中央第一书记陆昊提出的量化全团工作目标的考量。团中央已将考核设为常项，然而考核的内在关联和对团核心功能的贡献率还需要考量。团中央在考核中明确指出：要建立健全基层团组织工作考核机制。科学设置考核内容，改进考核办法，完善工作述职、定期考核、调研督导、与党委领导沟通等机制。突出基层和青年导向，注重"过程考核"和"结果考核"相结合，全面反映基层团组织的工作状况。2015 年，团中央开始探索开展各个层级共青团组织影响力调查与测评工作。加强制度设计，依托专业力量，了解掌握党政部门、服务对象对共青团组织的评价和团组织在普通青年中的影响力，使其结果成为评价和改进工作的重要依据。

以 2014 年度各省（自治区、直辖市）共青团工作考核方案为例，一共 14 大项，分别是：

1. 基层服务型团组织建设。重点考核基础团务、团员发展质量、服务队伍建设、服务项目设计开展、服务资源整合等内容。

牵头部门：组织部。

2. 团干部队伍建设。重点考核各级团干部配备、团干部教育培训等内容。

牵头部门：组织部。

3. 共青团宣传思想工作。重点考核"我的中国梦"主题教育实践活动、社会主义核心价值观宣传教育、新媒体工作、网络宣传员队伍建设等工作推进情况。

牵头部门：宣传部、学校部。

4．促进青年创业就业工作。重点考核创业精神培养、创业技能培训、创业服务体系建设、就业见习与技能培训、资源整合机制完善等工作。在考核创业资金支持方面，既要注重资金数量，又要注重团组织在资金提供上所发挥的作用。

牵头部门：城市青年工作部、农村青年工作部、学校部。

5．城乡区域化团建工作。重点考核街道、乡镇团组织枢纽作用发挥情况，区域内组织共建、资源共享、工作品牌共推情况，区域内青年阵地共建共用情况。

牵头部门：城市青年工作部、农村青年工作部。

6．农村专业合作组织共青团工作。重点考核组织建设和工作开展情况。

牵头部门：农村青年工作部。

7．青年马克思主义者培养工程。重点考核大学生骨干培养、团干部培养、加强联系青年教师工作等方面的情况。

牵头部门：学校部。

8．中学共青团工作。重点考核"与人生对话"主题教育活动、成人主题教育活动、第九届中国青少年科技创新奖评选表彰等活动开展情况以及《关于加强中学共青团工作的意见》的落实
情况。

牵头部门：学校部。

9．少先队专业化建设工作。重点考核对于争取省级党委下发的加强对少先队工作领导和支持的政策文件的落实情况，少先队活动课每周1课时进课表、区域化推进，"红领巾相约中国梦"等重点活动，以及少先队辅导员队伍建设和总辅导员配备，少先队学科建设等工作推进情况和效果。

牵头部门：少年部。

10．青年社会组织工作。重点考核四个方面：摸清当地青年社会组织特别是有一定规模的兴趣类、公益类、互助类组织的基本情况，初步建立一套支持青年社会组织工作开展的资源供给机制，开展一项能够调动青年社会组织积极参与的工作项目，力所能及地建设联系和服务青年

社会组织的有形阵地平台。

牵头部门：统战部。

11．新兴领域青年工作。根据各地实际，重点考核对当地新兴领域青年的群体规模、分布特点、利益诉求与思想动态等的掌握情况，以及按照"发现—联系—服务—引导"等4个步骤推进工作的情况。

牵头部门：统战部。

12．青少年民族团结教育工作。重点考核少数民族地区青少年思想引导和思想状况调研、青少年民族团结交流万人计划活动、共青团对口支援民族地区等工作推进情况。

牵头部门：统战部。

13．青少年事务社会工作专业人才队伍建设工作。重点考核青少年事务社会工作专业人才队伍建设、教育培训、工作开展、作用发挥等方面的情况。

牵头部门：权益部。

14．中国青年志愿者助残"阳光行动"和关爱农民工子女志愿服务行动。重点考核"结对＋接力"工作机制建设、志愿服务常态化建设、阵地建设等内容。

牵头部门：志愿者工作部。

从以上考核可以看得出来：一是这么多指标落到基层团县（区）委书记身上，究竟要干哪一方面，基层书记未免疑惑，导致很多负责人就是把数字对付上来。二是有的工作政出多门，彼此联系不够，到基层就展不开那么多类型。三是有些考核还是虚的成分比较多，很难落实。最为重要的是，这样的一种考核既没有体现地方党政对团的工作态度，也没有体现青年对团组织的态度。

除了上面四个问题外，依然有一些问题需要团组织做出长期的回答，如：团干部如何提高群众工作能力的问题；如何与青年群众保持血肉联系的问题；转轨期有效覆盖青年的组织形态，如何建立以共青团组织为枢纽的青年组织体系的问题；网络发展与网络建团问题；乡镇团的委员会建设和组织功能问题；共青团创新动力和创新系统建设问题；共青团不同层级重点功能问题；团员队伍规模问题？团员先进性保持问题；党团关系与新时期党建带团建发展问题；团干部党性锻炼和作风建设问题；团干部基层培训问题；共青团工作青年主体性发挥问题；共青团官僚化行政化如何突破等问题。这都需要大力研究，组织建设才可能有长足的进展。

四、团的组织工作的发展

组织工作是团的基础性工作，未来团组织工作要取得进展，首先是思想解放，大胆创新。

第一个创新点是要从传统的政治动员型组织建设模式中尽早走出来，把传统组织化动员方式与现代社会化动员方式紧密结合起来，特别是要往社会化动员上大胆转移。作为执政党的青年组织，为党团结凝聚各个领域、各类社会组织中的青年，是共青团的一项重要任务。要坚持组织化动员这一最根本的动员方式，探索和创新在新的经济社会变革中进行组织化动员的有效途径，进一步深化和探索进行社会化动员的新方式。要更加注重健全团的组织网络和体系，努力使团的基层组织网络覆盖更多的青年。这种社会化动员是全方位的，从领袖到成员，从资源到品牌，是一个全方位建设的过程。

第二个创新点是在团组织和青年社会组织上形成新的关系。要高度重视青年社会组织的发展。加强与青年社会组织的联系、沟通和合作。团组织和青年社会组织是自组织和他组织的关系，要形成新的关系。特别是在尊重青年社会组织自我发展意愿的前提下，或吸纳，或支持，或控制，团组织要形成一套发现鉴别青年社会组织的工具和一套完整的策略。大力加强青年社会组织工作。主动发现联系，摸清各类青年社会组织基本情况，掌握青年社会组织的工作理念、骨干力量、项目经费、运行机制等情况。有效服务培育，及时发现青年组建公益性社会组织的意愿，探索设立孵化基地和孵化基金，为青年社会组织开展活动提供场地支持、业务指导、教育培训、资金扶助等方面的帮助。积极团结引导、吸纳有影响力的青年社会组织和青年社会组织骨干加入青联，推动各级青联组织增设青年社会组织界别，鼓励青年社会组织承接团的工作项目、参与政府购买社会公共服务项目，向有关党政部门推荐青年社会组织骨干人才，引导他们接受、融入、宣传主流社会价值导向。

　　第三个创新点是重新构建团组织文化，特别是让社会认可的文化。要注重团组织核心价值层面、制度层面、团干团员行为层面、团组织外在形象层面的文化构建，千万不要抱有酒香不怕巷子深、老子天下第一的思想，要对社会有着敏锐的认识，真正实现组织在青年中的实质影响力！特别是要高度关注组织的创新动力建设，真正将小创新汇入创新机制，汇成大的力量，推动组织发展。

第二节　宣传工作

团的宣传工作回顾与评析

汤杏林

多年以来，共青团组织高举思想引导的大旗，传播政党意识形态，推动马克思主义学说在青年中的有效传播，宣传工作则是这一重要功能的核心体现。

一、宣传工作概述

团的宣传工作，就其实质来讲，就是团的思想政治工作。团的宣传工作的地位是由团的性质和任务决定的，它的作用主要表现在以下几个方面：通过团的宣传工作完成团的各项任务，担负着培训一代新人的重要任务，是新时期做好各项工作的保证。团的宣传工作的指导方针以马克思主义理论为指导，以党的路线、方针政策和国家法律为准绳，以客观存在的实际情况为依据。

团的宣传工作包括的主要内容是对广大团员、青年进行思想政治教育；调查、掌握、分析、研究团员与青年的思想动态和状况，提出进行思想教育的措施和意见；研究团的宣传工作改革的问题，探索新时期团的宣传工作的规律和理论，使团的宣传工作不断创新和发展；抓好团的宣传队伍的建设，主要是有计划地建立和健全团的报告员、宣传员和学习辅导员制度，建立群众性的宣传教育网；会同团的组织部门，搞好团的思想建设，提供团干部教育材料和团课教材；会同团的其他部门，编写各种团干部教育教材和政治理论、团课教材，并承担培训、讲授任务；搞好团的宣传报道工作和报纸、期刊、书籍、音像制品等出版物的管理工作；指导和开展青年群众性的文化娱乐体育活动等等。

团的宣传工作的主要方法和手段有以下几种，第一：口头宣传。又可大致分成三种具体形式：①演讲、讲座、报告会等；②座谈、讨论等；③故事会等。第二：文字宣传。例如报刊、书籍、黑板报等，都属于文字宣传之列。第三：形象化宣传。这种宣传形式主要包括音乐、电视、电影、戏剧、舞蹈、绘画等，特点是艺术感染力强。第四：示范性宣传。它一般用于表彰先进、激励后进的教育活动中。具体形式有举办展览、召开现场会等。第五：活动性宣传，是以开展活动的形式进行宣传。

二、当前团的宣传工作

2014年后，团的宣传工作面临加大网络宣传的新任务，经历了摸索和探索阶段：一是摸索阶段（2014年5月以前）。这一阶段的网络宣传工作没有形成规模，团组织发展的网络宣传员相互间很少沟通，也没有进行信息整合和再挖掘，最重要的是没有和媒体间建立联系和有效沟通，新任职的网络宣传员不熟悉媒体公告的特点和要求，使得很多好的宣传稿件没有被采纳。二是探索阶段（2014年5月至今），这一阶段对前一阶段团的新闻宣传工作进行总结和剖析，明确自身工作任务，研究制定新闻宣传方案和可行性措施，加大新闻报送及挖掘力度，加强与各类媒体的沟通和交流，并邀请媒体工作者对网络宣传员进行专业培训，提高了信息员的新闻采编水平。对重点、难点、有价值新闻进行挖掘和再加工，使之具有深度和广度，提高被媒体采用率。对宣传资料进行更新及深化，对已有宣传材料进行更新和再加工，必要时采取新的形势和手段进行宣传。通过加强与广大新闻媒体之间的联系和沟通，确保信息渠道畅通，保证新闻宣传工作能够顺利开展。同时深化特邀通讯员制度，并建立起有效沟通，使新闻能够及时准确地报送到相关媒体，共同发布，产生组团式效果。建立反馈机制：对新闻宣传（媒体单位）、法制宣传（志愿者）等的传播效果及时有效地进行调查，并根据反馈回来的意见及时进行调整。这一阶段出现的问题是：存在着网络宣传员为完成任务，一人担任多人角色，虚假刷贴顶贴现象。出现网络危机的时候，网络宣传员不能根据具体情况分析处理，及时化解危机。2015年6月后，随着中央群团工作会议精神的贯彻落实，网络宣传工作全面加强，团组织宣传改革也全面提速。

在推进共青团宣传工作的过程中，需要全面把握工作的重点。共青团网络宣传工作是党的网络宣传工作的一个重要组成部分，做好这项工作是党的要求，更是共青团组织的当然职责。宣传工作的重点有以下几个方面：

1. 加强引导

团十七大以来，团中央对网络宣传引导工作进行了多次系统的安排，先后下发了《关于加强共青团网络宣传引导工作的实施意见》《关于加强共青团网络宣传工作的通知》《共青团中央办公厅关于深入开展"青年好声音"网络文化行动的通知》等一系列文件；团中央专门成立了新媒体工作处，具体负责新媒体工作；开通了官方微博，定期对各地微博影响力进行综合考评，考察微博发布量、转评量等各方面的指标。秦宜智同志多次在共青团宣传思想工作会议、学校共青团工作会议等各类会议上强调共青团网络宣传工作的重要性，在基层的调研活动中，网络宣传工作也是必不可少的内容。团中央对共青团新媒体运用工作和网络宣传工作的总动员、总部署，是全团集中力量抓思想引导工作的一次总要求、总体现，表明了全团工作重心更明确、焦点更集中，要站在巩固和扩大党执政的青年群众基础的高度，切实把新媒体作为青年思想引导的新突破口，切实加强对新媒体及其传播规律的学习、认识、研究，增强责任感、使命感、紧迫感，把握网上思想引导的主动权，当好网络舆论的引导者，推动网络舆论健康发展。

引导的方向是什么？宣传思想工作要紧紧围绕共青团工作必须把握的根本任务、政治责任、工作主线三个根本性问题和提高团的吸引力和凝聚力、扩大团的工作有效覆盖面两大战略性课题，贯彻中央以改革创新精神谋划团的工作的重要要求，积极推进工作理念创新、手段创新、机制创新，为全团起到带动和示范作用。

(1) 充分发挥团属宣传舆论阵地"风向标"的作用。发挥好"风向标"作用，必须增强政治敏锐性和政治鉴别力，在事关政治方向和根本原则的问题上旗帜鲜明、立场坚定。发挥好"风向标"作用，必须倾听青年呼声，反映青年诉求，让党委、政府和社会各界及时了解青年动态和工作重点。发挥好"风向标"作用，还必须营造广大团员青年团结一致、朝气蓬勃、奋力拼搏的舆论氛围，凝聚青年力量、提振青年精神，让科学发展、跨越式发展的旗帜占领舆论主阵地。

（2）充分发挥团属宣传舆论阵地"发动机"的作用。共青团有两大动员优势，一是组织化动员，二是社会化动员。共青团要想做好社会化动员，更加高效、便捷地整合社会资源，必须充分发挥宣传舆论阵地"发动机"作用，由原来"点对点""点对多"的方式转变为"多对多""多对一"。比如"学知跟"活动，举办"十万青年重走大别山"，就充分发挥了宣传舆论的发动机作用，带动百万青年奔赴红安、麻城、大悟等革命老区，掀起了红色旅游、志愿服务、结对帮扶的青春浪潮。此外，还要在巩固共青团网站的基础上，大胆利用微博、手机报等新媒体，畅通虚拟动员渠道，建立各级共青团微博群，在主流网站开设青年频道等，构建全方位、立体化的青年动员机制，不断增强发动机的"功能"。

（3）充分发挥团属宣传舆论阵地"扩音器"的作用。我们开展工作、组织活动，往往能够把执行做得很到位，却极易忽视对外的宣传。同样的，工作中的好典型、好经验和好成效，如果事先没有宣传策划，事后也不加以推广普及和宣传，那"点"上的有益探索就形成不了"面"上的辐射效应。《中国青年报》、中国青年杂志、中国共青团杂志等团报团刊很好地承担起了交流经验的职责，各级团组织应充分利用这个平台，取长补短，互通有无，共享资源，提升工作。此外，共青团开展宣传舆论工作，要学会借台唱戏、借梯上楼、借船出海。要善于借助《中国青年报》等各类媒体资源，扩大宣传面，增强影响力。下一步，将整合资源，把一大批青年文化人、媒体人吸纳进来，充分发挥他们的专长，将共青团的声音通过他们"扩音放大"，把握舆论主动权，弘扬青春主旋律。

（4）充分发挥团属宣传舆论阵地"透视镜"的作用。有效的舆论监督，既像登高望远的"望远镜"，又像见微知著的"显微镜"，更像火眼金睛的"透视镜"。舆论宣传的"透视镜"效应，对我们改进团的自身建设，提高服务青年的能力，能够起到很好的作用。利用舆论宣传的"透视镜"效应，及时收集青年对社会热点难点问题的意见，由表及里，分析原因、寻找对策，把青年的情绪引导到健康、理性的轨道。通过宣传舆论的透视镜作用，把这些问题和细节找出来，从而促进我们的工作，这也是社会舆论监督的一种有效形式。

发挥好团属宣传舆论的引领作用的关键是加强团属宣传舆论阵地建设，具体要做到"四个着力"。一是着力提升现有团属宣传舆论阵地的影响力。要高标准、高层次策划宣传主题，始终注重贴近青年情感、体现精神内涵，树立学习榜样、引领风气之先，切实提升宣传舆论工作水平。二是着力推进新媒体建设和运用。充分发挥网络、手机等新媒体作用，将网络论坛、博客、微博、手机报等新型媒体，打造成传播现代文明、影响青年思想的重要渠道，巩固共青团宣传舆论的主阵地，始终保持思想引领的主动权。三是着力培养团属宣传舆论新力量。整合团属宣传舆论力量，大力培育一批敬业精神强、业务精、作风正的团属宣传舆论人才。四是着力探索团属宣传舆论工作新机制。建立完善团属媒体与主流媒体深度互动的合作机制、合理有序的宣传策划机制、规范运行的新闻发布机制和切实可行的激励机制，进一步发挥团属宣传舆论阵地的引领作用。

2. 拓展阵地

近年来，共青团紧扣发展趋势和青年变化，探索运用新媒体开展团的工作，网络宣传取得了初步成效，基本构建了以网站为主体，以微博、微信、手机报、手机短信平台等为支撑的"青"字号网络化体系和新媒体运用工作体系。各级团组织要清醒认识网络宣传工作面临的问题和不足，切实强化措施，按照"青年在网络空间的哪里聚集，共青团网络宣传引导工作就拓展到哪里"、"青年有什么网络需求，共青团网络工作就努力跟进"的要求，构建覆盖广泛、功能多样的共青团网络宣传引导工作阵地。

第一，集中力量全力打造"温情、包容、互助、尊重、和谐"的现代网络文化。一是发出现代网络文化集中性倡议活动。二是进行微电影创作，向全国征集以"温情、包容、互助、尊重、和谐"为主题的原创微电影作品和脚本，并设置相关奖项。三是集中力量扩大微博粉丝数量，一个是要实现新增粉丝，另一个是充分发挥名人微博的作用。四是开展微公益活动，充分利用网络平台，开展公益捐助活动。五是全力筹建全国青年新媒体应用中心，并将安排专人大力抓好这项工作。

第二，励志教育工作。一是抓好典型。要注重培养、选拔和发现基层优秀青年典型，一线成绩突出的典型，要有独到的地方，并形成特色。二是大力宣传。要着重借助手机、网络等新媒体，用青年乐于接受的方式，加大对本地青年典型的宣传力度。三是善于结合。要与红色青春榜样学习等工作结合起来。四是体现成果。要探索把各地好的做法、措施展现出来。

做好以上的工作，需要重点关注以下几个方面：

（1）是要实现工作平台的全覆盖，加强团属网站、微博、微信平台和手机报的建设和推广。每一名网络宣传员要在主要网站、微博、论坛以及本地有影响力的网络平台全部建立工作账号，能够实时发挥作用。县级以上团组织均要建好、用好团属网站，优化栏目设置，及时发布资讯。各地团属网站之间要加强互联互动，实现相互链接、资源共享、相互支持，提升团属网站整体影响力。要做好微博、微信的开通工作。学校战线要开通到院系，企业战线要开通到分（子）公司，市州要开通到乡镇团委，要通过互联互粉，构建微博、微信矩阵。全部团干部和各地推报的网络宣传员要全面开通微博，实现各微博账号之间、微博与微信公共平台之间的联动，推动互粉、互评、互转，扩大共青团微博、微信公共平台的网络覆盖。这是面向青年提供互动式、参与式服务的新平台。下一步，将依托团组织的力量进行推广，使其成为联系、引导、服务青年的新平台。

（2）是要广泛建设小型化、社区化、分众化的基层共青团网络宣传引导工作平台。要适应新媒体"草根化""分众化"的发展趋势，利用微信群、QQ群、飞信群、论坛、网上社区等资源，广泛设立以"网上熟人社圈"为基本特征，本地本单位团员青年乐于参与、便于参与的"网上之家"，将其作为团组织在网上联系、服务、动员、引导青年的基础阵地。

（3）是要加强社会合作，深入社会化网络宣传阵地。充分利用网络宣传员队伍，面向重点新闻网站和商业网站以及在各地人气较旺的网络社区、论坛，积极开展评论及舆论引导工作。联合在全国和各地有较大影响力的社会网站，共同开展专题、专栏、链接、网络直播、网络访谈等各种形式的主题网络活动，充分借助社会网络扩大共青团的影响力。

3. 打造网宣队伍

如何打造网络宣传队伍？

首先是要全员参与网络引导工作。各级团组织发动网宣员带头开微博与微信，积极参与到相关热点、焦点话题的讨论中。城青、农青、学校、统战、权益、志愿者等团的各条战线，都要积极动员青年，参加到共青团网上舆论引导工作中来。

其次是要打造坚强有力的骨干队伍。在发挥全员参与力量的同时，要注重在青年志愿者、大学生村官、农村创业青年、网络大V及意见领袖、新闻记者、新媒体从业人员、青年自组织负责人中挑选和培养一批骨干精英，在重大网络舆论引导中发挥他们的独特作用。

再次是要提高网宣员素质。要通过集中培训、网络交流等形式，帮助网络宣传员熟悉网络传播规律，在关键时刻敢发声，会发声，善发声，传播正能量。网络宣传员要有光荣感、责任感，加强学习、提高本领，提高网络发声的能力和水平。

三、需要深度关注的问题

当前宣传工作的难点有以下几个方面，需要引起高度的关注并加以解决：

1. 网上发声力度总体不够

网上发声及时有力，才能有效抓住网络舆论引导的主导权。网上发声要处理好经常性和应急性的关系。平时，要善于抓住机会，抓住青年接受特点，在网上设计开展各种形式的主题活动，开展中国梦和中国特色社会主义、习近平总书记系列重要讲话、党的十八届三中全会精神、社会主义核心价值观、中华优秀传统文化、党和政府重大工作部署等方面的宣传教育工作，传播励志言语、青春奋斗故事、好人好事、文明新风，在网络上唱响青年思想引导的主旋律。在面对重大、突发性的事件和特殊时刻、紧急事态情况下的重大舆情热点问题上要及时反应，第一时间发现、第一时间上报、第一时间发声、第一时间引导，将其影响范围控制在最小限度，形成强大的正面声势。对网上模糊认识进行及时引导，对于观察、分析问题的思想方法和结论有偏差的网上言论，对于盲目跟风的网上不当言论，要有针对性地进行碰撞。对违反重大原则的错误言论，要勇于进行驳斥，帮助青年认清重大是非界限。对网络谣言，要及时进行澄清，广泛告知真相。

2. 内容建设尚待跟进

互联网本身是一种技术，我们利用新技术来搭渠道、建平台，但要注意不能陷入"技术主义"，成为"技术控"。以文化建设为载体，要清醒地认识到，技术、渠道、平台归根结底是为内容服务的，如果没有好的内容，技术手段再先进，都是本末倒置。要坚持突出"内容为王"。以"青年好声音"活动为统领，针对青年的需求和特点，围绕"传承经典""励志奋斗""理性思考""快乐运动""扎根基层""投身改革""热心公益""坚守爱情"等专题，以编创传播内涵丰富、形式时尚的网文、动漫、图片、微访谈、微视频等网络文化产品为基本途径和载体，集中传播"青年好声音"。还要结合重大节日、会议，策划主题线上活动，在活动中开展思想引导，传播正能量。要借助智能手机、平板电脑、电子阅读器、移动电视等移动互联网平台，向青少年推出健康积极的音乐、视频、公益广告、电子读物、网络游戏等文化产品，为青少年的学习、生活和工作提供便捷服务。

3. 宣传的方法亟待改进

要符合青年的"口味"，反对说教；要创造出平等、民主的气氛，反对以权压人；要就事论理，反对就事论事；要情理交融，要有针对性；要采取适当的形式。这些都是改进的基本原则。

怎样做到以情感人？要尊重和信任青年，这是以情感人的起点。对青年要有热诚的爱心。要热切关怀青年的健康成长，为青年服务，替青年排忧解难，这是以情感人的突破口。要把热情关怀与严格要求结合起来。

4. 工作机制有待完善

一是健全统筹协调机制。各级团组织主要负责人是网络宣传工作的第一责任人，要切实担起责任，定期对网络宣传引导工作进行研究部署，统筹各方力量，建立协作配合机制，推动网络宣传引导工作持续深入推进。

二是健全互动交流机制。为网络宣传员建档，建立网络宣传员队伍的微信群、QQ群，加强网络宣传员队伍的交流互动，既要有"键对键"的线上互动，又要有"面对面"的线下交流，切实凝聚起网络宣传员，做到第一时间"找得到人，发得了声"。

三是建立健全考核激励机制。全国各级团的宣传部要发挥综合协调作用，设计综合评价考核体系，对各地共青团网络宣传工作和网络宣传员进行动态考核，开展评先评优活动，奖罚分明，推动网络宣传工作的全面活跃。从今年开始，要将各级团组织开展网络舆论引导工作的情况，作为考核评价团的工作的一项关键性指标。

四是建立网络舆情监测机制。重点关注影响力较大的知名网站、博客、微博、社区论坛，以及有一定影响力的交友、游戏、文化类专业论坛，收集青年聚集程度较高的板块中的相关信息，使网络宣传引导工作有的放矢。有条件的团组织可积极与社会机构合作，利用现代化工具对互联网上与青年相关的数据进行梳理分析，形成专题调研报告，为网络宣传引导工作提供决策参考。

重点要完善宣传工作格局和工作机构。建立基本的宣传工作框架，从宣传工作体系机制到宣传工作模式，形成整体推进、灵活多样的体系结构。要创新宣传工作形式。发展报纸、期刊、视频、网络、电台、手机报等各具特色的传媒形式，重点抓好报刊网络的改革工作。团报在突出思想性的同时，在栏目和内容上从党政要求、社会关注、人生聚焦、青年喜爱等角度出发，构架强健的策划团队。网络是团学组织舆论宣传阵地的重要力量。建立报纸、杂志的电子版，将新闻、专题、评论、热点、讨论、论坛等各个栏目充分设立起来，既对外进行及时的宣传，又能与受众形成一定的沟通交流，从而掌握舆情。形成以报纸、网络为核心，其他为辅的宣传舆论体系。要加强对外宣传工作力度。建立固定的外宣伙伴，建立一支媒体支持团队，加强内外互动，进一步扩大宣传影响力。要策划团学宣传品的制作。强化对外宣传载体。

四、团的宣传工作的发展

未来团的宣传工作发展的方向是：

1. 创新工作理念。要把握好"面""线""点"的关系，切实把思想引导工作做足、做深、做细。

在"面"上要广泛覆盖，发动基层团组织和团干部都绷起思想引导这根弦，深入青年开展思想引导工作；用好新媒体，积极把思想引导内容生动转化为手机网络产品向广大青少年传递。在"线"上要分类指导，在继续抓好大学生、进城务工青年、企业青年、农村青年的分类引导工作的同时，加强对新媒体青年从业人员、蚁族、北漂、海归、自由职业者等新兴青年群体有针对性地引导，各条线都抓起来、相互交织就能推动面上的覆盖。在"点"上的工作要坚持"一把钥匙开一把锁"，坚持"两点论"和"重点论"，抓"关键点"、抓"主要矛盾"，要注重抓好言论和作品对青少年有较大影响的"关键人"的联系引导和青年"典型"的选树推广，这样的"点"能带动产生"面"上的效果，影响更多青年。

2. 创新工作手段，要把握好实践、宣传教育和理论研究的关系，切实增强思想引导工作的能力和效果。

在实践层面，要充分发挥青少年宫、青少年教育基地等实践阵地和青年志愿者、青年文明号等实践载体的作用，融入思想性、渗透价值观。在宣传教育层面，要深刻把握当代青年的新变化新特点和思维心理，增强引导内容和方式的亲和力、感染力及针对性、实效性。在理论研究层面，要下"结合"的功夫，研究如何把中国梦、中国特色社会主义等思想主张与青少年思想形成规律及认知特点相结合，进而在青少年中落地开花结果。

3. 创新工作机制，要把握好部门负责、全团动手和团干部带头的关系，切实形成抓思想引导工作的生动局面。

全团动手抓理想信念教育，是全党动手、树立"大宣传"工作理念在团的工作中的具体体现。部门负责要求宣传战线要抓总管总，牵好头、带好队，统筹协调全团各级各战线的思想引导工作。全团动手要求不仅团中央要行动起来，团的各级组织都要行动起来，而且越是基层的团组织越是离青年近，越不能放松理想信念教育；不仅宣传战线负起责任来，团的组织、城市、农村、学校、少先队、统战、权益、志工等各条战线、各个直属单位都要面向各自工作对象、在各自工作项目中融入思想性。团干部带头对应"打铁还需自身硬"，用青年马克思主义者的标准要求自己、做理想信念坚定的表率、增强意识形态工作本领、积极开展思想引导工作。

第三节　城市青年工作

团的城市青年工作回顾与评析

杨 名

随着中国改革开放的不断深化，城市发展和社会进步也逐渐加快，城市生活和社会管理也随之发生变化，导致城市青年逐渐增多，青年流动逐渐加快，城市青年的思想意识和行为方式也发生了较大变化，这对当前城市青年工作提出了新的要求。深入分析当前社会经济变革，系统研究当前城市发展变化，详细解读当前城市青年工作的新特点，对于更好引导当前青年运用社会主义核心价值观实现每个青年的人生理想，推动城市青年团的工作的发展具有重要意义。

一、城市青年工作概述

城市也叫城市聚落，是以非农业产业和非农业人口集聚形成的较大居民点（包括按国家行政建制设立的市、镇）。人口较稠密的地区称为城市，一般包括了住宅区、工业区和商业区并且具备行政管辖功能。城市的行政管辖功能可能涉及较其本身更广泛的区域，其中有居民区、街道、医院、学校、写字楼、商业卖场、广场、公园等公共设施。

城市青年是指在城市中生活、学习、工作或居住在城市中的，年龄在18-35周岁的公民，他们是城市中最具活力，最具创造力，勇于尝试和接受新鲜事物的群体，是社会生产的主要劳动者，是经济发展的主要动力，是城市进步的主要推动者。当前团的城市青年工作主要包括青年的思想引导、青年组织建设、引导青年发挥生力军作用、服务青年就业创业，其中，青年组织建设主要是指以共青团组织为核心，包括其他社会青年团体组织的青年组织建设。

城市共青团工作以在城市生活、学习和工作的团员青年为主要对象，包括具有城市户口的青年和进城务工青年等。同时，城市共青团工作以整体推进基层组织建设为基础，以服务党政中心工作、城市建设和青年成长成才为主要内容。

第一、城市青年思想引导工作

思想引导一直是群众工作的重要方法和主要目标，主要包括三个方面的内容：首先，要深入了解当代青年的实际情况，和他们交朋友，充分地融入青年群体，尊重青年人的想法和人格，真正做到与青年平等相处。在此基础之上，通过确定学习、工作和个人追求的目标和理想，引导青年沿着积极向上、立足实际、勤奋学习、提高修养、发展事业的道路成长和发展。其次，要营造好的社会风气和舆论导向，通过良好的周围环境潜移默化地影响和引导青年。要及时树立和宣传先进典型，学习和追求先进，通过现实中的榜样作用进行潜移默化地引导，激发青年奋发向上、勇于进取、实现自我、奉献社会的精神追求。例如，创新开展寻找"最美青工"活动，挖掘基层一线青年职工典型，在青年职工中产生了积极影响。同时，在适当的时候，及时结合各种仪式和活动开展思想引导。例如，组织岗位成才报告会和青年创业典型报告会，发布微视频，在城市青年中营造了敢于有梦、勇于追梦、勤于圆梦的良好氛围。

第二、城市青年组织建设工作

从广义上说，组织是指由诸多要素按照一定方式相互联系起来的系统。从狭义上说，组织就是指人们为实现一定的目标，互相协作结合而成的集体或团体，如党团组织、工会组织、企业、军事组织等等。狭义的组织专门指人群而言，运用于社会管理之中。在现代社会生活中．组织是人们按照一定的目的、任务和形式编制起来的社会集团，组织不仅是社会的细胞、社会的基本单元，而且可以说是社会的基础。

组织建设是指组织制度、组织结构、组织成员、组织纪律等内容。青年的社会团体组织建设，以团组织建设为例，主要包括民主集中制建设、团的基层组织建设、干部队伍建设和团员队伍建设等内容。团的组织体系是依据团的纲领和章程、按照民主集中制的原则，自下而上组织起来的统一整体。团要实现各个历史时期的政治任务，必须始终把加强团的组织建设摆在突出位置。

随着中国社会经济的快速发展，社会和经济的组织形式、人们的日常生活方式也随之在发生变化。青年作为能够快速接受新鲜事物的群体，其生活方式、行为方式、思维方式的变化尤其显著。当前，作为青年正式组织的共青团，面临的工作背景以及工作对象日趋复杂，在社会结构变迁、意识形态观念变迁当中，共青团原有的组织存在及工作模式必将会受到很大的冲击，共青团工作只有深刻认识新时期基层组织建设虚拟化、区域化、弹性化等新特点和新趋势，加强基层组织建设，才能够提升影响力、战斗力和生命力，实现组织青年、引导青年、服务青年、维护青年合法权益的基本职能。

共青团基层组织建设的弹性化发展，正是其组织活力的所在。效率是投入与产出的比率，良好的组织结构能够合理地利用组织资源，做到少投入、多产出，不断提高组织效率。共青团组织建设的弹性化就是一种投入成本的调整，以期达到最大化的产出。然而，共青团作为一种政治意味很浓的组织，他最大的组织目标是实现对全体青年的覆盖和影响，因此在共青团工作的过程中必要的资源重复是可以理解的。但在这里笔者认为有两个问题特别值得进一步的思考：一是对外出（外来）团员青年的覆盖问题，笔者认为这些人员的覆盖应该本着流入地主义的原则，加强探索流入地团组织的进入机制，即在现有的组织体系下加强流出地与流入地两地团组织的合作，以流入地的团组织为组织基础，将这部分青年主动纳入进来，并慢慢在全国形成这种流入地团组织方便进入的体制从而解决外来（外出）团员青年的覆盖问题；其二是基层组织建设的伸与缩的问题，基层团组织建设在大力推进非公团建、高校团建的同时应特别注重团组织的凝聚力建设，防止数量虽多却流于形式的现象，切切实实地将团组织打造成一个力量核心。适当的条件下，团建可以收缩，大力挖掘外围青年组织的作用。因此笔者认为在一些情况下将团组织打造成为一个力量核心、打造成为一块磁铁相对来说会更为有效。

团的基层组织是团联系广大团员青年之间的连接点，是团的全部工作和战斗力的基础，抓好团的基层组织建设是创新团的组织管理局面的基本方向，直接关系着共青团事业的兴衰成败。当前，我国已进入了全面建设小康社会，加快推进社会主义现代化建设的新阶段，时代赋予了共青团新的历史使命，加强基层团组织建设对于开创新时期共青团工作新局面和促进共青团事业健康蓬勃发展具有十分重要的意义。

当前，团的组织建设取得了显著的成绩，一是"两新"组织团建，坚持巩固成果、提升活力，通过"抓大带小"的方式，着力推进较大行业、较大经济园区、较大非公企业的团建工作。通过组建骨干网络、开展"达标创优"活动，逐步建立分级直接联系管理重点非公团组织的工作机制，大面积地提升了组织活力。二是街道团建工作，通过狠抓干部配备、组织建设、载体创新、机制建设等关键环节，巩固和强化了街道的桥头堡地位。

第三、服务青年自我价值实现

社会经济的快速发展对当代青年个人价值观的发展提出了新的要求和新的挑战。同时，也给当代青年带来了新的压力和困惑，如买房压力、工作压力、婚恋压力、社会交往压力、职业发展压力等，如何正确地面对自身所处的实际环境，化解各种压力和困惑，成为影响广大青年群体自我价值实现的重要影响因素。因此，当前城市青年工作应该从坚定理想信念，立足自身实际，明确发展目标等几个方面，更好地引导青年在建设中国特色社会主义事业中发挥生力军的作用。

首先，继续紧抓青年文明号工作，深化品牌、拓展领域、丰富内涵，开展"我的中国梦"主题实践活动，引导职业青年学技成才、岗位创优、文明服务。其次，通过青年岗位能手评选表彰工作，带动企事业基层团组织扎实开展岗位练兵、技能比武、创新创效活动，促进职业青年立足本职、敬业奉献。同时，以"青年安全生产示范岗"创建活动为抓手，引导职业青年树立意识、落实责任，维护安全生产。例如，组织"振兴杯"职业技能大赛，拓展覆盖领域，吸引青年职工广泛参与，有效提升了青工的技能，为企业发展作出了积极贡献。

第四、服务青年就业创业

随着改革开放的进一步深化，中国青年的就业、择业和创业观念逐渐发生变化，传统的就业、择业和创业观念发生较大变化，不再一味地追求稳定的工作，而是更多地注重实现自我价值。很多青年在大学时期就已经开始做起了兼职，甚至开始创业，这不但是对大学学习生活的重要补充，也是很好的实践锻炼，通过社会实践更好地加强自我认识，从而明确了自己的人生追求和职业发展方向。

目前，国家和地区也通过各种合理的方式鼓励大学生就业创业，例如，2014 年北京发布的"京校十条"——《关于加快推进高等学校科技成果转化和科技协同创新若干意见（试行）》，加大高等学校科技成果转化体制机制创新力度，充分发挥高等学校在首都创新体系建设和率先形成创新驱动发展格局中的重要作用，激发高等学校开展科技成果转化和科技协同创新的积极性，提出鼓励高等学校科技人员参与科技创业和成果转化，鼓励在高等学校设立科技成果转化岗位，制定高等学校在校学生创业支持办法等意见。尤其是降低门槛，简化流程，支持在校学生休学创办科技型企业，创业时间可视为参加实践教育的时间，并根据学校实际计入相关实践学分。支持学生以创业的方式实现就业，凡到中关村科技企业孵化器或大学生创业基地创业的学生，给予房租减免、创业辅导等支持。设立学生创业项目天使投资配套支持资金，高等学校教师作为天使投资人投资的学生科技创业项目，可按照教师实际投资额度的 50% 申请政府股权投资的配套支持；政府股权退出时，按照原值加同期银行活期存款利息，可优先回购给创业团队及对该项目进行天使投资的教师。

全团在促进青年就业创业方面，成绩显著，一是抓小额贷款工作，深化与金融机构合作、创新担保方式、提供专业服务、完善工作机制。二是抓青年就业创业见习，挖掘优质岗位、加强岗位对接、搭建信息平台，提升青年见习参与度和岗位对接有效性。

二、当前团的城市青年工作

当前团的城市青年工作的总体布局包括：一是加强理想信念教育工作；二是服务城市青年成长发展、就业创业；三是深化品牌工作，强化社会功能，促进组织建设。

城市青年工作的总体思路是：深入贯彻落实党的十八大、十八届二中全会、十八届三中全会和党中央书记处重要指示精神，认真落实团十七届二中全会部署，着力加强思想引导工作，着力促进青年创业就业服务体系建设取得突破，着力推进城市团的基层组织建设取得实效，创新深化城市共青团品牌工作，团结带领广大城市团员青年为推进改革发展充分发挥生力军作用。

1. 深化"青春建功中国梦"主题教育实践活动。把中国梦和中国特色社会主义宣传教育放在突出位置，通过职业技能竞赛、宣讲交流、主题学习等形式，运用新媒体手段，弘扬主旋律，传播正能量，引导广大城市青年敢于有梦、勇于追梦、勤于圆梦，树立和坚定在中国特色社会主义道路上实现中国梦的理想信念。

2. 大力开展社会主义核心价值观宣传教育。一是拓展"最美青工"等社会化推荐渠道，发掘和宣传城市青年身边可亲、可信、可学的典型。二是开展"奋斗的青春最美丽"等社会实践活动，组织窗口行业青年文明号集体在岗位上践行职业道德规范，在城市青年中积极倡导富强、民主、文明、和谐，倡导自由、平等、公正、法治，倡导爱国、敬业、诚信、友善，使之融入城市青年生产生活和精神世界。

3. 积极参与城市文化软实力建设实践。围绕城市定位，宣传推广城市文化，塑造城市良好形象。一是开展学雷锋志愿服务活动，引导"新市民"和"老市民"共同追求讲道德、尊道德、守道德的生活，培养奉献友爱、互相帮助、共同进步的情怀追求，形成向上、向善的力量，涵养城市文明。二是开展公民意识教育，重点引导 80 后、90 后新生代农民工养成公民意识、增强社会责任感，既"身入城市"，也"心入城市"。

4. 扎实推进城市青年创业就业工作。强化创业主题，以创业带动就业，在创业就业意识教育、创业平台建设、创业就业服务、创业园区建设、社会组织作用发挥等方面下功夫，加强城市青年创业就业服务体系建设。一是举办首届中国青年创新创业大赛。联合有关部委，集聚投融资公司、民间创业服务机构等社会力量，整合政策、市场、社会资源，搭建创业青年成长展示平台和创业项目投资对接平台，建立创新创业项目库和青年人才库，选树一批青年创业带头人，培育一批具有市场价值、发展潜力巨大、符合青年实际的创业项目。各地要根据大赛组委会制定的统一评审规则和流程组织好地区赛。二是加强青年创业园区建设。以培养中小企业创业者为重点，整合各类资源，自建或依托各类创业基地、孵化器建设青年创业服务中心、青年创业园区，提供孵化服务。三是加强青年创业就业意识教育。举办青年创业就业大讲堂和创业故事讲述、创业感悟分享等教育引导活动。举办创业典型报告会、座谈会、推介会，大力宣传优秀青年的创业事迹。四是实施中国青年创业就业见习计划。联合金融机构、连锁企业等开发专项见习岗位，动员青联委员、青企协会员开展创业见习项目，依托重点技工院校、职业培训机构等公共就业人才服务机构实施青年见习订单培训项目。健全完善基地动态监管、见习青年管理和对接机制，继续抓好见习证、见习补贴制度，建好、管好、用好见习基地。五是继续深化城市青年创业小额贷款项目。完善与金融机构的合作机制，创新适合城市青年实际需求的金融产品和信贷服务，不断扩大小额贷款工作覆盖面。六是开展第八届"中国青年创业奖"评选活动。

5. 开展城市边缘青年群体试点工作。以就业不稳定、生活较为困难的"蚁族"和进城务工青年为主要工作对象，在部分城市开展试点工作，探索形成共青团做好城市边缘青年群体联系、服务、引导工作的基本模式。一是摸清城市边缘青年群体底数，设立重点区域调查点，着力扩大团组织对他们的有效联系。二是围绕成长成才、身心健康、创业就业、社会融入、婚恋交友等需求，开展有针对性的帮扶服务。三是注重人文关怀和心理疏导，充分运用信息化手段，依托城市青年中心等青年阵地，开展各类参与式、体验式活动，探索城市融入、思想引导的有效路径。四是创新工作方式，探索引入专业社工力量，承接政府购买服务，提高联系服务工作的专业化和职业化程度。五是发挥共青团的桥梁纽带作用，通过组织化渠道向党政部门反映城市边缘青年群体的动态和合理诉求，推动完善公共政策和公共服务。

6. 推进城市街道（以及规模较大的社区）区域化团建工作。突出街道团工委的堡垒作用和枢纽功能，打破行业、层级、所有制界限，健全和完善在团组织领导下，由青少年服务阵地、各类青年社团和青少年社会服务机构等有机结合的工作网络，实现区域内组织共建、资源共享、阵地共用、工作联动，形成网格化管理、阵地化服务、社会化运作、功能化发展的区域整体性工作格局。

7. 继续抓好非公企业团建工作。按照"建起来、活起来"的要求，着力抓好"活力工程"，坚持抓大带小、达标创优，把工作主线从增加覆盖面、新建团组织，进一步调整到理顺联系管理机制、提升已建组织活力、增强覆盖有效性上面来。

8. 巩固和加强国有企业、机关事业单位等传统领域团建工作。探索依托资产纽带、业务纽带等路径，推进控（参）股企业、关联企业团的组织覆盖和工作覆盖，探索在混合所有制企业开展团建工作。切实加强机关共青团工作，突出思想引领这一核心职责，围绕"育人"目标，完善组织设置，探索有效载体，融入区域团的组织体系。

9. 深化青年文明号活动。一是深化创建内涵。突出创建活动的思想引导功能，大力弘扬诚信文化和"敬业、协作、创优、奉献"的精神内涵，开展"青年文明号诚信示范月"等"我的中国梦"青年文明号主题教育实践活动，动员青年文明号集体引领职业文明新风。二是拓展创建领域。积极向电子商务、快递物流、餐饮行业、社会中介组织等新兴领域、网络虚拟领域延伸。在城市商贸商圈、交通枢纽、旅游景区、工业园区等功能区开展"青年文明号区域联创活动"，表彰一批"青年文明号联创示范区"。三是完善管理运行机制。出台《关于深化青年文明号活动的指导意见》和《电子商务领域青年文明号活动管理暂行条例》，修订《青年文明号活动管理办法（试行）》。推动各行业制定和完善行业性创建标准，加强各级青年文明号活动组委会建设。四是开展青年文明号20周年系列活动。开展选先树优、座谈研讨、服务示范、风采巡展、系列宣传等活动。团中央将召开"青年文明号活动开展二十周年座谈会"。五是开展2013-2014年度全国青年文明号评选。

10. 深化青年岗位能手活动。在企业中广泛开展技能培训、导师带徒、岗位技能竞赛等，为青年职工学习成才、人生出彩搭建平台、提供帮助。一是扎实开展"振兴杯"青年职业技能大赛，寻求更多行业协会支持，抓好大赛的初赛、区域性比赛、行业性比赛环节，推动大赛向新行业新工种特别是非公企业、进城务工青年拓展，扩大青年参与面。二是以"五小"、青年项目制等为主要载体，深入开展企业青年创新创效活动，动员企业青年增强创新意识、提升创新能力、投身创新实践。三是探索将青少年社工纳入"青年岗位能手"评选。四是深化青年安全生产示范岗创建活动。

11．抓好青年企业家协会建设。一是坚持"开门办协会"理念，积极吸纳社会功能强的青年社会组织为会员单位，提高协会凝聚力和影响力，拓宽共青团联系、服务、引导青年企业家的组织化渠道。二是优化青企协组织功能，重点在培养高素质的优秀青年企业家、提升青年企业家政治素质、服务经济社会发展、支持和参与党的青年工作上下功夫。三是围绕区域发展总体战略，开展各类经贸考察、项目对接活动，动员青年企业家在全面深化改革、推动经济持续健康发展中贡献力量。四是引导青年企业家积极参与促进青年创业就业等工作，激发他们对社会公益活动的参与热情和奉献精神。五是召开中国青年企业家协会第十一次会员代表大会。

12．推进学习制度化建设。开展"学理论·强党性·铸信仰"活动，帮助城市战线团干部进一步坚定理想信念、提高思想政治素质、保持政治清醒。按照第二批党的群众路线教育实践活动部署，开展好"走进青年、转变作风、改进工作"大宣传大调研活动，帮助城市战线团干部打牢群众观点、群众意识，增强群众路线实践能力。加强城市战线基层团干部教育培训工作。

13．健全工作制度推进考核机制。坚持系统协同、统筹协调、面向基层，将资源、力量、项目向基层倾斜，形成分级负责、整体联动的工作格局。强化目标导向，保持科学适度的考核力度，完善定量与定性相结合的考核体系，健全重点工作考评通报办法和督导落实机制，加强阶段性、区域性工作总结、交流和推进。

14．加强调查研究。深入研究城市青年群众工作和城市共青团工作的重大课题，把握好进城务工青年、蚁族、北漂、新媒体从业青年等各类青年群体的动态变化，积极应对新型城镇化、社会治理体制创新、新媒体迅猛发展给城市共青团工作带来的新机遇新挑战。结合城市共青团工作实践，深入挖掘好做法、好经验。对优秀研究成果进行奖励。

三、需要深度关注的问题

当前城市工作的突出问题存在与组织建设的发展趋势日新月异。如何应对变化迅速的组织方式，加强理想信念教育、服务青年成长发展、深化品牌工作、做好青企协工作是今后团的工作需要面对的一大挑战。

1. 推进城市战线团的基层组织建设

城镇青年虽然集中度相对较高，但是群体结构、流动分布、成长需求呈现不同的特点，扩大对城镇青年的有效覆盖，对城市战线共青团来说，必然是一个长期而又艰巨的任务。当前和今后一个时期，城市战线抓基层团的组织建设，主要还是突出街道区域化团建、非公企业团建、虚拟化团建、弹性化团建工作。

在区域化团建方面，应充分发挥共青团"整体作战"的优势，整合区域内的所有资源，解决了建团率不高、基础薄弱、经费缺乏等问题，开辟了共青团工作的新思路，是通过组织整合克服组织分化弊端的一个重要的途径。区域建团有利于整合分化的组织资源，实现组织效率的最大化；有利于节约团的组织建设和组织活动的成本，实现区域内资源的优化配置的共享；有利于充分发挥共青团职能作用，用有限的资源最大限度地凝聚和服务青年。联合区域团工委、团组织联席会等区域化组织将成为服务党政中心工作和满足青年需要的有效载体，将进一步加强共青团的基层组织建设并为共青团工作提供一个新的综合平台。此外，区域化团建应当坚持以乡镇、街道社区为连接点，这样才能最大限度地发挥区域优势。

在虚拟化团建方面，应把握网络建团的优点，加强各级、各类、各地区团组织之间的联系，密切青年与团组织之间的关系，增强团组织的凝聚力。依托网络平台，及时提供各类信息，打造信息化高效团组织，使广大青年及时掌握各类信息、及时了解各项政策，以无形网络打造有形化工作平台，切实增强网络团组织的战斗力。虚拟化网络团建是对共青团工作服务方式的创造性突破，是对新时期共青团组织工作的探索。网络是青年人喜欢的方式，但如何让网络团组织成为青年人喜欢的对象是我们要进一步探索的问题，此外如何评估网络团组织的作用和切实影响力也是我们应当思考的一个重要课题，需待各级团组织在接下来的工作中进一步去探索、去创新。

在弹性化团建方面，应充分认识基层团组织所面临的环境复杂程度不断增加，组织结构必然要做出反应，弹性化已成必然的趋势。为适应青年群体的这一变化，近年来各级共青团组织采取了一系列弹性措施加强组织建设，具体表现为流动化、延伸化、收缩化。

2. 加强理想信念教育工作

首先，要树立全团动手的意识。秦宜智同志在全国城市战线共青团工作会议上强调，城市战线在落实中央要求、抓实理想信念教育的过程中，必须树立全团动手的意识、形成全团动手的局面。

同时，要紧扣主题。要把加强"中国梦"和中国特色社会主义宣传教育放在突出位置，帮助城镇青年正确看待我国经济社会发展的阶段性特征，养成辛勤劳动、诚实劳动、创造性劳动的观念，帮助城镇青年追梦圆梦、人生出彩，使"中国梦"真正同每个城镇青年的个人理想和工作生活紧密结合起来。

而且，要突出实践。城市青年有着明显的职业特点、岗位特点，思想形成过程与岗位紧密相关。要突出实践，找准与服务企业生产发展、服务青年职业发展的结合点。发挥文明号、技术能手、最美人物、创业先锋等青年榜样的示范作用。

最后，要创新手段。用好新媒体手段（拓展平台、培育队伍、建立联系），创新工作方式（话语体系、时尚文化、情感力量），增强针对性和有效性。

3. 服务城市青年成长发展

首先是加强服务城市青年创业就业工作。青年的服务需求很多，城市战线近年来把促进创业就业这一青年最普遍、最迫切的需求，作为服务青年工作的主要抓手，并形成了很好的工作积累和发展态势。以创业为重点，抓好青年创业就业服务体系、中国青年创新创业大赛、中国青年创业就业见习计划和青年创业园区建设。

同时，加强城市边缘青年群体服务引导工作。"蚁族"、进城务工青年等城市边缘青年群体在融入城市、实现身份转变的过程中，多数仍处于"半市民化"状态、"两栖"状态，就业不稳定、收入较低，在成长成才、创业就业、身心健康、社会融入、婚恋交友等方面还面临着许多困难和问题。他们集中聚居在城中村和城乡结合部，或者散居在居民区出租屋和群租房，仍是目前团的组织和工作覆盖明显不足的环节。要深入研究这些青年的分布和聚集特点，探索联系、组织、服务、引导的路径和载体。业缘、地缘、情缘，注意区域化团建、两新组织团建、驻外团工委建设等结合起来。

4. 推进城市战线团的基层组织建设

城镇青年虽然集中度相对较高，但是群体结构、流动分布、成长需求呈现不同的特点，扩大对城镇青年的有效覆盖，对城市战线共青团来说，必然是一个长期而又艰巨的任务。

当前和今后一个时期，城市战线抓基层团的组织建设，主要还是突出街道区域化团建和非公企业团建工作。

5. 深化品牌工作，强化社会功能，促进组织建设

多年来，城市战线逐步探索了青年文明号、"振兴杯"、青年岗位能手、青年安全生产示范岗等工作品牌。这些工作品牌，在促进职业青年成长发展、带领职业青年发挥生力军作用等方面发挥了显著的实践载体作用，形成了比较广泛的社会认知度和美誉度。

青年文明号活动将从引领职业文明风尚、拓展活动覆盖领域、深化活动社会功能、探索社会化机制等方面着力推动。

在深入推进青年岗位能手品牌方面，一是在依托层级发动的同时，要大胆探索青年岗位能手评选的社会化动员渠道，既多向度拓展岗位能手的产生渠道，又让更多青年参与评选过程。二是要有梳理历届获奖人员情况、有效发挥其典型示范作用的意识。

深化"振兴杯"工作方面，着力做到拓展覆盖领域、覆盖行业、比赛工种，并进一步扩大覆盖面和参与人数。

加强"青年安全生产示范岗"工作，一是按照国家安全生产工作总体部署，适时开展"回头看"复检、抽检，以及集中展示。二是强化创建过程，探索对各创建单位的过程管理办法，促进可视化、透明化。三是引入竞争机制，通过新媒体平台将各创建申报单位的工作向社会公众

展示。

着力发挥青年创业者的榜样示范作用，组织各类宣讲交流活动，营造支持创业、崇尚创业的社会氛围。

6. 做好青企协工作

中国青年企业家协会是我们联系服务青年企业家的桥梁和纽带，是城市战线一支重要的工作力量。

一是坚持"开门办协会"理念，吸纳社会功能强的社会组织为会员单位，提高凝聚力和影响力；拓宽共青团联系、服务、引导青年企业家的组织化渠道。

二是优化协会组织功能，加强队伍素质建设。组织和培养优秀青年企业家、提升青年企业家政治素质和道德素养。

三是围绕区域发展战略，开展经贸考察、项目对接等，帮助青年企业家提升创业创新能力，搭建参与经济建设的平台。

四是引导青年企业家服务国家建设，支持参与共青团和青年工作以及青年创业就业等工作。

四、团的城市青年工作的发展

深入贯彻落实党的十八大、十八届二中、三中全会和党中央书记处重要指示精神，认真落实团十七届二中全会部署，着力加强思想引导工作，着力促进青年创业就业服务体系建设，着力推进城市战线团的基层组织建设，创新深化城市共青团品牌工作，团结带领广大城市团员青年为推进改革发展充分发挥生力军作用。

1. 提高基层组织内生活力

组织结构是在组织理论的指导下，经过组织设计，由组织要素相互联接而成的相对稳定的基本形式或框架模式，对组织行为具有长期性和关键性影响。从系统内部职能分工的角度分析，共青团组织系统不同层级的职能侧重点不同。基层团组织与青年直接接触，其主要职能是吸引和凝聚青年，是共青团履行根本职责的主要载体和实现根本任务的重要途径。从系统论的角度分析，组织系统的功能由元素和结构共同决定，结构对功能具有决定作用，基层团组织建设重在结构。同时，由于基层团组织重在吸引和凝聚青年，所以其建设要注重开展青年喜闻乐见的、具有思想性、技能性和娱乐性的活动。

组织系统具有多个维度的属性，任何一个属性都对组织的生存发展有着不可替代的作用。从微观分析和宏观分析的互动整合来看，它是内部个体有目的的行为和外部独立自然环境交互作用的开放系统，受内部发展问题和外部环境变化的影响。综合前面的现状和案例分析情况，中央企业基层团支部在组织结构、组织活动、干部队伍、组织制度、组织资源、组织环境、组织文化、组织功能等方面面临着自身创新不足、缺乏活力等内部因素和整体氛围、上级支持等外部因素所带来的严峻挑战。特别是在现有条件下，我们发现，组织结构和组织活动受基层团支部的主导较大，相对来说更容易去加强和改进，而干部队伍、组织制度、组织环境、组织资源、组织文化等方面受外部条件影响较大，相对来说更难以去加强和改进。因此，我们把组织结构和组织活动作为研究重点，着重从基层团支部内部应该如何发挥作用进行分析。

其中，在组织结构和组织活动方面，我们建议积极推动"开放式"和"创新型"基层团支部建设。在干部队伍方面，我们认为要把团支部书记的选拔作为重点，应该放宽视野，广开渠道，坚持高标准、严要求，把那些思想政治素质好、科学文化水平高、组织领导能力强、政绩突出、群众公认的优秀青年选拔到基层团干部岗位，建议积极推进公推公选、直选等形式。在组织制度方面，我们认为要坚持继承与创新结合、约束与激励并举，积极探索和把握新时期的工作规律，有效克服基层团支部工作的短期行为和随意性，努力构建体系健全、切合实际、动态开放的基层团支部的制度体系，建议推动"五个有"的工作标准。在组织资源方面，我们认为要把开辟资源的获取途径作为主要方向，树立勤俭节约、力所能及的思想，合理整合既有资源，突出责任成本效益，努力提高资源的利用率和拥有量，建议积极联合工会等其他部门。在组织环境方面，我们认为要把党建带团建作为基层团支部建设的根本保障，积极借助企业党政工作在基层形成的新格局和新成果，使基层团建与党建在工作空间和工作内容方面紧密结合，将团的工作融入到整个企业党建工作之中，建议积极推进党建带团建达标活动。在组织文化方面，我们认为要坚持服从于企业文化核心价值，准确把握企业青年的特点，积极探索支部文化建设的有效途径，努力营造具有企业特色和时代特征的青年文化和团队氛围，切实增强团员青年对基层团组织的向心力。建议根据团员青年成长成才的需要，建立共同发展愿景，从而凝练支部文化。在组织功能方面，我们认为要主动适应青年群体的需求和特点，找准工作切入点，深入细致地工作，竭诚服务青年成长成才，切实增强青年对团组织的认同感和归属感，建议积极推进团员青年需求表达机制的建立。

在支部设置方面，针对设置形式单一、构成方式简单、管理方式脱节等问题，基层团支部应该打破传统的组织模式，积极延伸团支部的工作手臂，根据青年的年龄结构、分布特征、兴趣爱好、职业发展等方面的差异，建立有效联结、覆盖更广的组织模式；提高团支部建设开放程度，加强不同地区、不同单位、不同行业等横向联系，构建多层次、多领域、多形式的合作平台；积极借助网络、新媒体等载体，拓展生存和发展空间，创新团支部建设工作体系。

在支部活动方面，针对思想性活动不好开展、娱乐性活动偏多、时间冲突等问题，基层团支部应该针对企业要求和青年需求，注重活动实际效果，尽量减少大型、集中、投入大、程式化的活动，设计一些小型、灵活、分散、内容健康、形式活泼的活动；针对企业实际情况，在活动时间安排上，可由"八小时以内"向"八小时以外"延伸，由"岗位型"向"岗位和业余相结合"转变，确保活动的灵活性；针对环境变化，转变工作导向，引导青年由体力型、被动型、唯命是从型、个人奋斗型向知识型、主动型、创新型、集体团结型转变，使团的活动不断充满生机和活力。

在支部团干部队伍建设方面，针对待遇较低、管理较弱、考核不严等方面的问题，基层团支部应该积极探索公开竞选、直选等形式，广开渠道，把思想政治素质好、科学文化水平高、组织领导能力强、政绩突出、群众公认的优秀青年选拔到基层团干部岗位。同时，基层团干部应该加强锻炼，把自己想干什么，能干什么和组织需要什么较好地结合起来，树立正确的"进步观"；上级组织应该积极协助落实好基层团干部的政治经济待遇，建立完善基层团干部考核制度，把基层团干部的培训纳入到基层党的干部培训序列，拓宽基层团干部成长渠道等。

2. 加强体制外青年的吸引和凝聚

共青团是党领导的先进青年的群众组织，是广大青年在实践中学习中国特色社会主义和共产主义的学校，是党的助手和后备军。团的政治属性和社会属性决定了团的凝聚力的实质就是把最广大的团员青年凝聚在自己身边、紧紧团结在党的周围，使潜在的力量变成现实的力量，分散的力量聚合成集中的力量，不断巩固和扩大党执政的青年群众基础。

共青团组织的凝聚力建设是新时期共青团组织根据党由革命党转向执政党后的职能转变而必须要完成的自身相应转变的重大举措。它从根本上扭转了团本位向青年本位发展的团的工作思路，所以具有极其深刻的意义和必要性。共青团的凝聚力建设还是新时期可以统领共青团的全部工作的一项重大工程，共青团的全部工作都可以纳入凝聚力建设的体系之下。

3. 努力建设好青年就业创业的平台

当前，中国的主要任务还是以经济建设为中心，尤其是促进经济体制的进一步深化改革，调整经济产业结构，淘汰落后生产力。因此，科技型企业、现代服务型企业等新兴行业和产业的建立和发展就显得尤为重要。

青年群体，尤其是具有大学本科及以上学历的具有一定基本素质、、掌握较丰富知识的青年群体，他们充满理想，渴望成功，同时又具有充沛的精力和体力，能够全身心地投入到自身所向往的事业中去。在国家大力倡导发展高科技企业和现代服务业等新兴行业的背景下，城市工作应紧密结合当地产业发展需要和特点，搭建青年创业的平台，既有利于青年创业，又能够服务地方经济建设。

就业创业平台应充分发挥政府、高校和企业的作用，按照现代企业管理制度下的企业为主导、政府出资源、高校出技术的原则建立。平台应尽可能地为创业企业提供人力资源管理、财务管理、物业管理、企业交流等基本的平台服务。

第四节　农村青年工作

团的农村青年工作回顾与评析

杨　名

农村团组织是共青团的最基本单位和核心细胞，是共青团在农村全部工作和战斗力的基础和载体，农村团建的牢固和工作的好坏，直接关系到团组织在广大农村青年中的地位，直接决定着团组织的战斗力、凝聚力和号召力。随着社会主义市场经济体制的日趋完善和农村经济社会的不断发展，农村团组织建设遇到了许多新问题，对农村团的工作提出了新要求。如何适应社会的发展需要，有效地开展团的工作，服务于全局服务于青年，增强团的凝聚力和向心力是时代的发展给我们提出的一个新课题。

一、农村工作概述

团农村工作是团组织在农村领域工作的统称。随着农村基本建设和农村改革进程的不断发展，农村团的工作基本可以分为五个阶段。

第一个阶段是从 70 年代末到 80 年代末这个时期，当时正值改革开放时期，为了适应党的工作重心的转移、农村加紧联产承包责任制的实行，和农村青年生产劳动积极性的提高，当时农村团的工作，提出了投身经济改革，实现自身改革。当时主要是两个条件，一个是带领农村青年，投身经济建设，做改革的新生代。二是以改革的精神，转变工作手段，搞好经济建设。当时提出了一个口号，叫"修好路搞好基层关系，各项工作到支部"。在那个时期，有一个代表性的农村团的工作项目，像"一团两部"：1984 年提出了团中央报告团和发展青年专业户，科技示范部这个工作中心，像这个"两户一体"，这是 1985 年团中央提出了团中央青年专业户，科技示范部，青年经济联合体，83 年团中央动员青少年，采集树种支援甘肃到西部地区的林业建设。

　　第二个阶段是从上世纪 80 年代末到新世纪初这个阶段。为了适应深化农村经济体制改革的需要，针对乡镇企业、异军突起、农村剩余劳动力、大量向二三产业转移的情况，当时农村团的工作，基本都以服务型建设，以服务促活跃的时期，标志性的事件就是 1993 年在团的十三大，时任团中央第一书记的李克强同志提出要服务大局的，以服务的有机结合中，推动城镇建设。在这个时期，比较有代表性的农村工作平台将科技推广项目，保护，1995 年这个服务总结表彰大会上，提出来要针对农村的实际需求，提供有力服务，提供科技服务，信息服务、文化服务、技术服务和资金服务，应该说这种服务到目前为止，还是我们农村青年就业创业服务的重要的核心内容，完全没有过去非常深刻的见习意义，这是第二个阶段。

　　第三个阶段是新世纪初的 2008 年，当时实行城乡统筹，现经济发展和农村的综合改革，农村团的工作开始县级统筹、区域化推进的一些新的探索。当时主要要解决两个问题，一个是百姓服务农村居民的争风吃醋的问题；第二个就是如何应对基层组织综合化，尤其是乡镇，稳定缺乏主动性问题，当时开展了一个比较大的行动，是青年中心的建设，把整个团的统筹资源统筹，从乡镇提到了县镇，当时就提出来，比较有代表性的一些工作，小城镇的工作，转移就业培训，这个时期有一些重要的工作项目。

　　第四个阶段就是自团的十六大，到团的十七大号召以前。2007 年 3 月 8 号，胡锦涛总书记在两会跟群众团体座谈中提出来两个"全体青年"、四项基本职能的明确要求。当时为了做实党的要求，团队进一步狠抓基层，支持基层，扎实服务机制这个阶段，这个布局两个方面，一个是巩固和加强现阶段党委把团的工作，基层推动乡镇问题，这一个时期包括团中央整个所有的资源，相对每年加深一个工作，包括高校团干部，团的领导机关的干部，到县级团队很多的项目都是紧缺的。二是如何在政府和市场中间找到一个空心，扎扎实实地从农村青年的就业方面，小额贷款培训就是一个时期。

第五个阶段就是团的十七大以来至今，习近平总书记说了三个根本性的问题和两大战略性的个体，工作任务和工作主线。为了落实总书记的要求，我们推出强调了工作的连续性，要继续保持基层活力，要求围绕如何增强团的信心和凝聚力，如何增强基层组织的有效骨干，来进行布局和工作，对这一时期，应该说到团的十七届二中全会，进一步明确了整个农村团的工作，它包括四个方面，四项领导，组织建设，增进就业，保护机制这个规划，四位一体完善我们的责任，巩固和扩大群体基础，大概的应该说整个团的工作的变迁就是这五个阶段。

二、当前团的农村工作

当前，农村共青团工作的总体思路是：深入贯彻党的十八大、十八届二中及三中全会精神，全面落实团十七大、十七届二中全会部署，以"我的中国梦"主题教育实践活动为统揽加强农村青年思想引导，整体推进农村基层团组织建设，全力助推农村青年就业创业，不断深化保护母亲河行动，推动农村共青团工作实现新发展。以扩大团的工作有效覆盖面为目标持续加强农村基层团组织建设，以促进农村青年创业就业为着力点服务现代农业发展，以保护母亲河行动为重点助力生态文明建设，努力开创农村共青团工作新局面。

2014 年，农村战线坚持工作的连续性，加强研究、完善布局、注重创新、务实推进，形成了农村青年思想引导、农村基层组织建设、农村青年就业创业、青少年生态环保行动四位一体的工作格局，各项工作在巩固深化、调整创新中取得了积极进展和成效。

1. 农村青年思想引导工作方面

以"我的中国梦"主题教育实践活动为统揽，以农村青年喜闻乐见、便于参与的方式，宣传党的"三农"政策，把农村青年的思想和认识统一到中央精神上来。一是通过宣讲会、报告会、主题团日等形式，组织农村青年学习习近平总书记系列重要讲话和党的十八届三中全会、中央农村工作会议精神，引导他们拥护改革、支持改革、参与改革，进一步增强道路自信、理论自信和制度自信。二是用好农村团的重点工作载体，选树优秀农村青年典型，把培育和践行社会主义核心价值观融入工作全过程，引导农村青年自觉树立积极向上的人生态度和自强不息的奋斗精神。三是举办文艺演出、体育比赛、民间歌会等乡村青年文化活动，开展关爱留守儿童和留守老人、扶贫济困送温暖、志愿服务等活动，倡导良好社会风尚。

按照培养理想信念、奋斗精神、道德修养三个层次要求，广泛开展"践行核心价值观·携手共筑中国梦"寻找乡村好青年活动，在乡、县、市、省、全国层面，分别选树约 30 万、3 万、3000、300 名和 100 名创富好青年和道德好青年，普遍组织身边榜样分享活动，形成培育和践行社会主义核心价值观的浓厚氛围；把农村共青团微信体系作为联系覆盖、引导服务农村青年的重要手段，重点抓好团青微信群、青农微信群、微信公共号等"两群一号"建设；积极做好远程教育制播和收看工作。

2. 基层组织建设方面

坚持巩固、提升的原则，构建团的区域化组织格局，大力推进农村合作组织团建，加强基层服务型团组织建设，不断扩大农村团的基层组织和工作有效覆盖面。以深化乡镇实体化大团委建设、乡镇团组织格局创新、团组织联建共建、综合服务平台建设为牵动，推进农村区域化团建；按照强服务、抓示范、重联合的要求，积极争取涉农部门支持，服务农村合作组织和农村青年发展，稳步推进建团，力争年底合作组织建团新增 5 万家、县域团工委普遍建立。

（1）以县乡为重点，构建区域化组织格局。

一是深化乡镇团的组织格局创新工作，建立乡镇团委动态更新调整或集中换届机制，将乡镇范围内符合条件的青年能人吸纳到乡镇团委，构建开放式乡镇团干部配备格局。

二是深化乡镇实体化大团委建设，坚持"应建尽建"原则，根据青年流动聚集情况继续建设直属团组织，力争年内新增 10 万个；开展星级支部、示范创建等活动，提升基层团组织建设水平；强化乡镇团委的组织枢纽、资源枢纽、工作枢纽功能，推动区域内不同类型、不同隶属关系的基层团组织有效运转。

三是发挥团县委的统筹协调作用，推动党建带团建制度和乡镇团委经费文件落实，完善乡镇共青团工作管理运行机制，推动县域内学校、机关、企业团组织与乡镇、村团组织结对共建；加强对团县委的工作指导和培训，发挥"全国百名优秀团县委书记讲堂"作用，大力推广基层工作典型经验。

（2）全力推进农村合作组织团建，加强村级团组织建设。

一是适应培育新型农业经营主体要求，加强与农业、供销等部门合作，通过建设省地市青年农民合作社联合会、建立县域合作组织团工委、创建青年示范社等方式，以服务农村合作组织生产经营为切入点，搭建政策、项目、组织平台，促进合作组织发展，推进合作组织团建，力争年内新增 5 万家；推动农村合作组织广泛开展思想引领、创业致富、文化联谊等工作，不断增强内生活力。

二是加强村团支部建设，抓住村"两委"换届契机，推动村团组织同步集中换届，推进"两委"成员、致富带头人、大学生村官兼任村团干部；探索建立外出务工青年、学生等网络团支部；在有条件的地方，探索解决村团支部书记工作津贴问题。

（3）以建设基层服务型团组织为抓手，提升农村基层团组织影响力。

一是完善服务机制。利用春节期间青年返乡契机，普遍开展"共青团联系服务农村青年月"等活动。通过菜单指导、工作考核等方式，推动基层团组织广泛开展创业就业、文体、公益等各类活动，为农村青年学习成才、情感婚恋、身心健康等提供有效服务；结合第二批党的群众路线教育实践活动，探索建立团干部直接联系青年制度。

二是拓展服务渠道。注重运用新媒体手段，按照向下覆盖一级的原则，开通农村战线省市县乡团干部微信群，推动基层团支部建立微信群；发挥共青团农村基层组织建设网、全国党员干部现代远程教育网、"全国农村基层团建示范乡镇微博圈"的作用。

三是建设服务平台。整合党员活动室、农家书屋、远程教育站点等资源，拓展青年中心、青年之家、青年服务站等团的工作阵地，使其成为联系和服务农村青年的重要阵地。

3. 促进农村青年创业就业方面

继续深化促进农村青年创业就业重点工作项目，增强服务农村青年的能力和实效，努力培养一大批农村青年致富带头人，为加快构建新型农业经营体系、推进农业现代化作贡献。以领头雁培养计划为统揽，通过创业培训、金融服务、结对帮扶、考察交流、搭建平台五个方面的工作，促进农村青年创业就业。深化与邮储银行的合作，共同开展金融知识下乡、小额贷款、专项合作、金融干部挂职等工作；开展好政府部门与农村青年致富带头人"倾听心声共促发展"活动、全国农村青年致富带头人评选活动，做好中国农村致富带头人协会换届工作；启动农村青年创业创富大赛，探索乡村青年网上培育工程。

（1）实施农村青年创业致富"领头雁"计划。

在普遍开展创业小额贷款、实用技能培训等工作的基础上，加大培养和扶持力度，年内培养20万名致富带头人。一是拓宽培养路径，加强与银行业金融机构和农业、人社、科技等部门合作，在创业资金、技能培训、科技服务等方面提供支持；建立省、市、县三级培训基地，健全创业导师、农业专家、团干部与致富带头人结对帮扶制度，完善考察交流机制。

二是搭建活动平台，深化"倾听心声共促发展"活动；依托各级涉农青年组织，开展技能比武、产品展销、创业项目推介、开办农产品网店等工作，助力致富带头人事业发展。

三是强化组织保障，推进省、市、县三级涉农青年组织建设；做好中国农村青年致富带头人协会换届工作，加强协会制度建设；以第九届全国农村青年致富带头人评选表彰活动为契机，大力选树各级农村青年致富带头人。

（2）深入推进小额贷款工作，帮助农村青年解决创业资金难题。

继续将农村青年创业小额贷款工作向基层延伸，力争年内为20万农村青年协调发放贷款100亿元。一是巩固和提升与银行业金融机构的合作，着力创新农村青年专属金融产品和信贷服务；抓住国家出台农民土地承包经营权、住房财产权抵押担保等政策机遇，推动小额贷款担保方式创新。二是积极推进农村青年信用示范户、送金融知识下乡等工作，编印《农村金融服务手册》。三是做好选派银行业金融机构优秀青年干部赴县级团委挂职试点工作。

（3）扎实开展技能培训工作，帮助农村青年解决创业就业技术难题。以提高针对性和实效性为重点，力争年内培训农村青年 200 万人次。一是抓住培养青年农民纳入国家实用人才培养计划的机遇，巩固和扩大与农业、人社、科技、扶贫等部门的合作，继续做好农村青年创业就业行动、科技特派员农村科技创业行动等专项工作。二是联合种都、美涂士、北方汽修等企业，开展农村青年创业就业示范项目培训；联合中国青年创业就业基金会、微软（中国）有限公司实施好青年创业就业技能培训项目。三是逐步扩大全国农村青年信息服务平台建设试点范围，探索开展农村青年电子商务培训，提高农村青年运用新媒体手段创业就业的能力。

4. 青少年生态环保工作方面

以保护母亲河行动实施 15 周年为契机，以植树育人为核心，以建设绿色工程、倡导绿色理念、培育绿色队伍为着力点，打造开放式工作格局，扩大品牌影响力，引导青少年投身美丽中国建设。按照做出声势、有拳头产品、有工作创新、有青年参与的要求，建设绿色工程，倡导绿色生产，践行绿色生活，培育绿色队伍。以京津冀晋蒙青少年增绿减霾共同行动为示范，引导、促进生态环保工作的区域联动；继续开展青少年生态环保组织骨干培训和小额资助等项目，牵动流域和省级生态环保组织联盟发挥作用；着眼增强与社会公众的互动，争取金融机构、大型企业支持，建立战略合作伙伴关系，积极探索社会化筹资载体和微公益项目；抓好解放军青年林和其它示范青年林工程建设，筹备和组织好保护母亲河行动实施 15 周年活动。

（1）广泛动员，建设绿色工程。一是联合绿化、林业、环保等部门，以统一植树周、环保实践活动周为载体，动员青少年参加爱绿植绿护绿活动；深化与解放军和武警部队的合作，建设一批解放军（武警）青年林和青少年绿色家园。二是与金融机构、大型企业建立战略合作伙伴关系，争取长期稳定的资源支持；结合商业模式、消费模式、环保时尚，探索面向普通公众的社会化筹资机制和"微公益"项目。三是指导、支持、推动基层团组织以"县县青年林，村村青年路"为五年工作目标，开展建设纪念林、认养爱心树、生态监护等广覆盖、易参与的生态环保活动。

（2）加强宣传，倡导绿色理念。一是利用暑期和环保纪念日，组织开展形式多样的生态环保主题教育实践活动，引导青少年增强生态文明意识。二是加强媒体合作，重点探索新媒体和文化手段运用，借助社会知名人士的影响，增强宣传引导的感染力。三是发挥"母亲河奖"作用，推动各省开展评选活动，选树宣传生态环保典型。

（3）扩大联系，培育绿色队伍。一是开展青少年生态环保组织调研，建立基础数据库。二是扩大青少年生态环保组织骨干培训和小额资助等项目覆盖面，牵动流域和省级生态环保组织联盟发挥作用。三是通过成立联盟、召开年会、推出共同行动计划等途径，探索建立全国性的青少年环保组织互动机制。

各级共青团农村战线要科学谋划，加大力度，攻坚克难，狠抓落实。一是强化工作统筹。抓好战线内工作统筹、跨战线工作统筹和现有工作的统筹。二是形成系统合力。省、市、县、乡、村和直属团组织都要行动起来，完善工作链条，形成重点突出、目标一致、点面结合、各级联动的局面。三是注重工作创新。赋予老载体新内涵、新措施，善于围绕形势发展、党政中心和青年需求，在工作思路、内容、载体、方式等方面大胆创新，形成新亮点、打造新品牌。四是扎实务实推进。从源头抓起，在安排工作时要把作风建设的要求传递下去，考虑基层实际，科学评估工作，杜绝没有工作过程、只填数据报表、上级简单汇总、最后表面繁荣的现象。

三、需要深度关注的问题

当前农村共青团有以下问题需要高度关注：

1. 把握思想引导方向

如何深入学习贯彻党的十八届三中全会精神，用中国特色社会主义教育和社会主义核心价值观，把广大农村青年的思想和行动统一到党的十八届三中全会精神上来。

2. 全力助推农村青年就业创业

通过加大金融扶持力度，提高实用技术培训的针对性，建立并完善"三位一体"的帮扶体系，选树一批优秀创业青年，培养一批农村青年创业致富带头人。

3. 不断深化保护母亲河行动

以保护母亲河行动实施15周年为契机，以植树育人为核心，以建设绿色工程、倡导绿色理念、培育绿色队伍为着力点，打造开放式工作格局，扩大品牌影响力，引导青少年投身美丽中国建设。

4. 农村基层团组织建设工作

加强乡镇团委建设，逐步发挥乡镇团委农村团工作的主体作用。继续推进乡镇团组织格局创新试点工作。

四、团的农村工作的发展

团的农村工作未来的发展主要体现在以下方面：

1. 全力加强组织建设

农村团组织建设是共青团工作的基础和保障，做好新时期的党建带团建工作，是加强团的基层组织建设的有效手段，应坚持党建带团建，紧紧围绕党政中心工作，不断延伸团的工作手臂，拓宽服务领域，力求形成合力，特别应注重班子建设、主题活动、支部建设及阵地建设等。

首先，从巩固基层基础入手，抓党团共建。当前农村基层工作主要围绕创建"五四红旗团委"活动，将团组织配套建设情况列入党政工作考核、检查的内容，规范的工作机制使党建带团建工作有章可循。

其次，从建设务实高效的基层团委班子入手，抓党团共建。对工作成绩突出、创建力度大的团干部适时提拔重用，对个别不胜任的团委书记及时进行调整，对新任团委书记的人选，提出明确标准和要求，切实做到了"高进、严管、优出"。农村团支部班子建设也应纳入县委工作和全县活动的总体部署中，在农村团支部中配齐配强团支部书记。

同时，从建立团组织服务载体入手，抓党团共建。全县基层团委普遍建立青年活动阵地，有条件的村团支部建立青年之家、农民文化夜校、青年科技图书站、阅览室。同时积极争取县委、县政府和有关部门在政策上的支持。

最后，从建设团员队伍入手，抓党团共建。在推荐优秀团员作党的发展对象工作中，使党团距离进一步拉近。在农村团组织中积极开展"推优"入党工作。一方面，是为党的建设提供源源不断的新鲜血液；另一方面，也是提高了团员青年积极向上的政治意识，为青年成长创造了条件，能够增强团员青年的政治荣誉感，激发团员青年学习、工作、创新、创效的积极性。

2. 服务和凝聚农村团员青年

首先，在农村团员青年中广泛开展学科技、用科技活动。团县委广泛积极地联合科委、科协等部门，定期组织农科教专业技术人员开展送科技下乡活动。积极联系和邀请当地农业科研院所的专家、教授以及当地有名的致富带头人物，深入乡镇村进行科技创收和科普活动，激发农村团员青年学科技、用科技热情。

同时，结合当地实际情况，积极兴办农业生态科技示范园，吸引广大农村团员青年进园办项目，培养和造就一批农业生态科技带头人，并结合当地实际认真搞好青年农民科技创收创业培训，开展青年养殖、种植致富工程。

3. 促进农村青年就业创业

做好共青团促进青年就业创业工作，必须从共青团履行服务青年职能的普遍性、长期性、战略性角度考虑，从党政关心、社会关注、青年关切的结合点考虑，从共青团所具备的组织化和社会化动员能力考虑，深入贯彻落实科学发展观并结合县情、作好规划、突出重点、系统推进、持之以恒、务求实效。深入推进农村青年就业创业工作的全面性、科学性、实效性，并创新"四动"机制，积极服务农村青年就业创业。

进一步加强共青团组织与银行业金融机构的合作，加强资金推动机制，积极争取金融机构支持，探索实施农村青年就业创业小额贷款项目，促进农村青年就业创业。同时，选树典型带动机制，促进农村青年就业创业，通过抓典型户、树典型人，引导教育农村青年立足实际，选准就业创业门路，宜农则农，宜工则工，宜商则商，探索出一条以创业促就业、以就业带增收的发展路子。最后，提高政策驱动机制，促进农村青年就业创业，积极争取党政支持，健全促进农村青年就业创业扶助机制，降低青年就业创业门槛，广泛动员全社会各方面的力量，整合资源、多管齐下，努力为青年创业提供一站式、一条龙服务。

第五节　团的学校工作

团的学校工作回顾与评析

郑　伦

中国共青团的团员大多数集中在学校，团的学校工作是共青团的重点和基础性的工作。

一、学校工作概述

学校共青团是指在中国各级各类学校中建立的中国共产主义青年团，它是中国共产党领导下的先进青年学生的群众组织，是团结教育青年学生的核心，是学校完成教育教学任务的助手。学校战线的基本任务是以共产主义精神教育青年学生，帮助他们用党的理论和现代科学文化知识武装自己，引导他们在社会主义现代化建设的实践中，锻炼成为有理想、有道德、有文化、守纪律的共产主义事业的接班人。主要工作内容是教育在校团员和青年学生学习共产主义、坚定正确的政治方向，树立远大的革命理想，培养崇高的共产主义道德品质；引导团员青年成为社会主义现代化建设的有用之材；组织团员青年参加社会活动、劳动生产、公益活动以及文体活动，使他们从中受到教育，增长才干；关心团员青年生活、健康，增强他们的体质；不断发展和健全学校共青团组织。

学生阶段是一个人思想意识形成的关键期，是一个人政治社会化的关键时期。学校共青团具有自己独特的属性。从工作对象来说，学校共青团的工作对象主要是青年学生。现阶段全国有高校近 3000 所，在校生近 3100 万；普通高中近 16000 所，在校生 2700 万；初中 50000 多所，在校生接近 5000 万；中职学校 10000 多所，中职学生有 2000 多万。所以整体来讲，学校共青团的工作对象，就是这些近1亿3000万的大中专学生，其中团员约占50%以上。数量多，覆盖广，工作对象的身份非常鲜明和特殊。广义上的学校共青团工作，还包括在学校的青年教师以及海外留学生。从工作阶段来看，学校共青团是少先队工作与共青团面向社会工作的连接段。如果说少先队是树冠的繁枝茂叶，学校共青团就是树干，一头连着少先队，一头连着社会实践领域的各类共青团工作。所以是承上启下、十分重要的环节。学生时期是人生最美好的年华，是形成思想价值观念最关键的时刻。从工作本质来看，学校共青团的对象是学生，学生以学习为主要目的，共青团又是广大青年在实践中学习共产主义的大学校。所以学校阶段应该是共青团最有成效的领域。从工作范畴来看，学校共青团与国民教育体系紧密相连。学校共青团工作的开展与国家教育行政部门的政策和举措密不可分，与第一课堂开展密不可分。与教育工作既有一致性又有差异性。学校共青团与学校的教育工作具有共同的工作对象、场所、目标，是配合国家教育行政部门做学生的人才培养工作，需要学校共青团从配合、支持、服务的角度开展工作。从工作力量来看，学校共青团是全局工作的生力军，是各条战线工作的重要依托。学校共青团是建制最完整，基础最良好，活力最突出，品牌最集中的组织体系，具有先天优势。共青团的众多工作，包括志愿服务、权益维护、创新创业、宣传思想工作，都需要借助学校工作团力量。所以学校共青团需要站在全团工作大局，共同推动各条战线工作发展。

学校共青团是共青团事业的战略组成部分，具有基础性、战略性、源头性的地位作用，是中国特色社会主义事业战略支撑部分。之所以强调学校共青团工作具有源头性，是因为全团团员基本上都是在学生阶段加入的，绝大多数青少年是在学生时代开始了解、接受共青团教育的，各条战线上的团干部许多都是从学生时代开始从事团工作的。学校共青团工作还具有基础性，一个人对共青团的认识和感情，绝大多数都是在学校阶段培育养成的。

学校战线是共青团的"思想库"、"作战部"和"风向标"，共青团中央学校部目前下设大学处、中学处、中等职业学校处和全国学联办公室四个职能处室。其中中华全国学生联合会（简称全国学联）是中国共产党领导下的中国高等学校学生会、研究生会和中等职业学校学生会的联合组织，全国学联下设秘书处，由团中央学校部全国学联办公室负责秘书处日常工作。

目前，学校部主要开展的重点工作包括青年马克思主义者培养工程、大中专学生志愿者暑期"三下乡"社会实践活动、"我的中国梦"主题教育活动、中国青少年科技创新奖励基金系列项目、大学生"三走"主题群众性课外体育锻炼活动以及"挑战杯"全国大学生课外学术科技作品竞赛和"创青春"全国大学生创业大赛等等。

二、当前团的学校工作

学校战线目前的重点工作有：

1. 青年马克思主义者培养工程

共青团作为党领导的先进青年的群众组织，根本职责在于巩固和扩大党执政的青年群众基础。团中央于 2007 年 5 月启动了"青年马克思主义者培养工程"（以下简称"青马工程"或"青马"），以理想信念教育为目标，着力在大学生骨干、高校团干部、高校青年教师等广大青年中，培养一大批用马克思主义中国化的最新成果武装头脑的马克思主义者。共青团组织开展"青马工程"，事关党的事业后继有人，事关国家的兴旺发达，事关青年的健康成长，具有重大而深远的意义。

高校是开展"青马工程"的主要阵地。目前全国各高校开展"青马工程"，大都以团中央《"青年马克思主义者培养工程"实施纲要》（中青发 [2007]27 号）为指导，结合自身特色开展工作。"青马工程"是一项系统工程，涉及到人才培养的方方面面。如何正确认识高校实施"青马工程"的必要性，如何探索建立全方位、全过程、多层次、可持续的机制，实现"青马工程"科学性和系统性的发展，是最近理论界与实践界探索的热点之一。目前，就整体而言，我国高校"青马工程"取得了一定的成就，逐渐已构建全国、省级、校级三级培养格局。但在实施的过程中发现一系列潜藏的问题。首先，"青马工程"在内容上的创新性不够。没有创新就无法迈进，没有创新更谈不上发展。全球形势的变化和时代的急速发展，使得我们必须结合当前局势，对"青马工程"加大创新力度，不断丰富"青马工程"的培养内容。此外，我们要在创新的基础上结合大学生、高校团干部以及高校青年教师的特点，让他们更好地掌握马克思主义的观点、立场、方法，较为全面地理解党的路线方针政策和重大战略部署，并能够认识到新时代树立社会主义价值观的重要性。

2. 大中专学生志愿者暑期"三下乡"社会实践活动

1997年5月26日中宣部、中央文明办、国家教委、共青团中央、全国学联联合下发《关于开展大中学生志愿者暑期文化科技卫生"三下乡"活动的通知》。这项活动以"受教育、长才干、做贡献"为宗旨，旨在组织大中学生志愿者，利用暑假深入到农村和乡镇企业，发挥知识技能优势，为农村脱贫致富和农民群众生产生活基本需要服务，促进青年学生在实践中全面提高自身素质。该项活动从1997年暑假开始实施，17年来已有近300万青年参与。暑期"三下乡"社会实践活动是对大学生进行思想教育的重要途径，是促使大学生素质全面发展的重要环节，是加速大学生社会化的重要步骤。

3. "我的中国梦"主题教育活动

"我的中国梦"系列主题教育活动主要包括"奋斗的青春最美丽"、"与信仰对话""与人生对话""彩虹人生"这四项活动。开展"我的中国梦——奋斗的青春最美丽"系列分享活动，就是要引导青少年自觉把个人梦想融入中国梦之中，自觉把个人前途与国家民族命运结合起来，努力在推动实现中国梦中成就个人梦想；引导青少年自觉增强奋斗精神，深刻理解习近平总书记关于奋斗精神的一系列重要论述，不怕挫折、不畏困难，顺境不骄、逆境不馁，在全面建成小康社会的进程中书写青春华章；引导青少年自觉抵制错误思想观念的侵蚀，积极践行社会主义核心价值观，形成"奋斗的青春最美丽"的鲜明导向。"与信仰对话"是根据高校学生群体特点，以"永远跟党走，青春促跨越"为主题开展的系列宣讲、报告会、社会实践等活动，引导学生形成正确的社会观察，进一步树立跟党走中国特色社会主义道路的坚定信念。"与人生对话"，是在全国中学生中开展的"我的中国梦"主题教育实践活动，以"三观"、"三热爱"教育为重点，通过开展形式多样、中学生喜闻乐见的宣传教

育和实践活动，引导广大中学生准确了解"中国梦"的本质内涵和重大
意义，深刻认识实现"中国梦"必须走中国道路、弘扬中国精神、凝聚
中国力量，准确把握"我的梦"与"中国梦"的关系，引导广大中学生
志存高远、刻苦学习、锻炼意志，把个人前途与国家民族命运紧密结合
起来，为全面建成小康社会、实现中华民族伟大复兴的"中国梦"而努
力奋斗。主要包括主题团日活动、实践寻访活动、励志报告会、成人主
题教育、文艺作品展示等活动。"彩虹人生"，是在全国中职学生中开
展的"我的中国梦"主题教育实践活动，通过微电影比赛、主题团日、
成人仪式、优秀毕业生报告会、社会实践和志愿公益活动，使中职学生
充分认识到自己一样享有人生出彩和梦想成真的机会，引导中职学生自
觉把个人梦想融入中国梦之中，增强奋斗精神，树立劳动创造财富、奋
斗成就人生的价值观念，激励广大中职学生充分发挥自身禀赋和潜能，
奋发进取，努力成为国家建设需要的高素质技能型人才。

4. 中国青少年科技创新奖励基金系列项目

中国青少年科技创新奖励基金系列项目是在 2004 年小平同志百年
诞辰之际设立的公益性基金。主要奖励在校园科技创新中有突出成绩的
在校大、中、小学生，每届奖励 100 人左右。2004 年以来，在党中央的
亲切关怀和邓小平同志亲属的关心支持下，400 名来自全国 31 个省（区、
市）和解放军系统在科技创新方面做出突出成绩和具有较大科技创新潜
力的大、中、小学生被表彰，充分发挥了中国青少年科技创新奖的导向
和示范作用。为加强与港澳地区青少年的交流工作，推动港澳地区青少
年积极参与科技创新活动，在邓小平同志亲属的倡议下，从 2008 年开始，
中国青少年科技创新奖奖励对象拟扩展至港澳地区的在校学生。

5. 大学生"三走"主题群众性课外体育锻炼活动

"三走"是共青团中央、教育部、国家体育总局、全国学联从 2014
年开始，在全国高校范围内全面启动和广泛开展的大学生"走下网络、
走出宿舍、走向操场"主题群众性课外体育锻炼活动。已在 6 个省市，
10 所高校开展试点，全国各高校普遍开展。这一主题活动以健康第一
为指导思想，以"走下网络、走出宿舍、走向操场"为统一主题，充分
发挥各高校的工作自主性、积极性和创造性，以学生宿舍、班级等为主

体，通过广泛开展各类大学生群众性课外锻炼活动，努力实现《中共中央国务院关于加强青少年体育增强青少年体质的意见》中提出的有关要求。以宿舍、班级、实验室、学生生活园区等为参与主体，注重引导学生主动参与活动、自主设计活动，积极倡导宿舍运动会、趣味运动会等活动形式，鼓励创建兴趣爱好类的学生体育社团、体育俱乐部、兴趣小组等，把更多学生吸引到健康向上的体育锻炼活动中来。

6. "创青春"全国大学生创业大赛

为贯彻落实习近平总书记重要指示及党的十八届三中全会"健全促进就业创业体制机制"有关精神，适应大学生创业发展的形势需要，共青团中央、全国学联对原有的"挑战杯"中国大学生创业计划竞赛进行了改革提升，从 2014 年开始，联合教育部、人力资源和社会保障部、中国科协、湖北省人民政府共同主办，工业和信息化部、国务院国资委、全国工商联支持举办，面向全国高校学生举办"创青春"全国大学生创业大赛。"创青春"全国大学生创业大赛是在"挑战杯"全国大学生创业计划竞赛基础上进行全面改革和提升的赛事，大赛每两年举办一次，包含创业计划竞赛、创业实践挑战赛、公益创业赛三项主体赛事。大赛分为校赛、省赛、国赛等 3 个层面以及预赛、复赛、决赛等 3 个阶段来开展。2014 年大赛将由华中科技大学、共青团湖北省委、武汉东湖新技术开发区共同承办。自 3 月开始，大学生创业计划竞赛、创业实践挑战赛、公益创业赛等 3 项主体赛事及 MBA、移动互联网创业等 2 项专项赛将在全国 31 个省、市、区的近 2000 所高校展开。2014 年"创青春"全国大学生创业大赛将以"中国梦，创业梦，我的梦"为主题，以增强大学生创新、创意、创造、创业的意识和能力为重点，以促进大学生创业实践为导向，着力打造权威性高、影响面广、带动力大的全国大学生创业大赛。以此为带动，将大学生的创业梦与中国梦有机结合，打造深入持久开展"我的中国梦"主题教育实践活动的有效载体；将激发创业与促进就业有机结合，打造整合资源服务大学生创业就业的工作体系和特色阵地；将创业引导与立德树人有机结合，打造增强大学生社会责任感、创新精神、实践能力的有形工作平台。

三、需要深度关注的问题

现阶段学校共青团工作在全面贯彻党的十八大、十八届三中全会和习近平总书记系列重要讲话精神的基础上，全面落实团十七大、十七届二中全会部署，按照"培育当代新青年、创造时代新业绩、服务青年新需求、激发组织新活力、凝聚社会新组织、进军网络新媒体、锤炼团干新风貌"的部署，根据《学校共青团工作五年规划纲要》，以实施大中学生"中国梦"成长工程为统揽，以改革创新为动力，以思想引领为首要任务，以服务学生为出发点和落脚点，着力巩固学校共青团工作基本面，不断提高团的吸引力和凝聚力、扩大团的工作有效覆盖面，努力开创学校共青团带领广大青年学生践行"中国梦"的工作新格局。从整体上来讲，学校重点工作包括思想引领、权益服务、素质拓展、组织提升几个方面。

第一，以"我的中国梦"为主题，实施思想引领行动。以科学理论武装为基础，以理想信念教育为核心任务，以培育和践行社会主义核心价值观为工作主线，以"我的中国梦"主题教育实践活动为载体，切实筑牢青年学生奋力实现"中国梦"的思想基础。主要包括逐步构建分层分类引导工作体系、"我的中国梦——奋斗的青春最美丽"系列分享活动、"与人生对话——我的中国梦"主题教育实践活动、"彩虹人生——我的中国梦"主题教育实践活动、社会主义核心价值观教育、优秀中华传统文化和民族团结教育、青年马克思主义者培养工程以及维护校园稳定工作。在大学、中学和中职学校深入开展思想研讨、奋斗故事分享、新媒体传播、文化活动等四大系列活动，引导青少年自觉把个人梦想融入中国梦之中，增强奋斗精神，自觉抵制错误思想观念的侵蚀。

第二，以促进创业就业、创新实践为重点，实施素质拓展行动。贯彻落实素质教育理念，抓住新一轮教育改革强化学生综合素质评价的契机，发挥共青团的特有优势，以增强学生社会责任感、创新精神、实践能力为重点，着力拓展和提升学生的综合素质和社会化技能，促进学生全面发展和个性发展的协调统一。主要包括创业就业促进、科技创新教育、社会实践活动、身心健康提升、校园文化建设以及志愿公益服务。

重点工作包括"创青春"全国大学生创业大赛、暑期"三下乡"社会实践活动、中学实践教育活动、课外体育锻炼和校园文化建设。

第三，以困难学生帮扶服务为基础，实施权益服务行动。树立大服务、大维权理念，以促进教育公平和维护学生合法权益为出发点，以帮助学生缓解学习生活中遇到的实际困难和问题为重点，关注校园弱势群体，关注学生的普遍性利益诉求，不断完善学生权益维护的组织化渠道和机制。这项工作主要包括逐步完善学生帮扶服务体系、帮助学生提升心理健康水平、完善学生组织化维权渠道、帮助学生应对实际困难、采取必要权益维护行动。

第四，以扩大有效覆盖面为目标，实施组织提升行动。坚持眼睛向下、重心下移，按照"团建全覆盖，工作到支部"的思路，以班级团支部为重点，以规范建设和提升活力为关键，以"覆盖全面、运行有效、充满活力"为目标，为学校团的工作开展奠定扎实组织基础，为学生成长成才提供组织力量。加强基础团务管理和团员意识教育，巩固和创新基层团支部建设，推进职能建设和活力提升，加强学联、学生会建设。

处于社会转型期的当代学生，总体上呈现出主流稳定、进取务实、健康向上的态势。但由于社会诸多因素对当代青年的世界观、人生观和价值观不断产生着新的影响和冲击，各种利益矛盾、社会问题逐渐凸现，当代学生的认知、判断、评价、选择的自主性相应增强，价值取向趋于多元化，在思想观念、具体需求和行为方式等方面出现了一些值得关注的新情况和新问题，社会问题青年化和青年问题社会化两种趋势愈演愈烈，给学校共青团的工作职能带来了严峻的挑战。比如完全学分制的实施打破了过去集中统一的教育模式，长期依托班级的传统建团模式遇到新问题。比如后勤社会化的推进使不少学校开始实行学生公寓制，公寓成为学生学习、生活、交流、娱乐的重要园区，团组织如何覆盖到这里也成为一个新的课题。比如素质教育的实施既为共青团发挥实践育人的优势创造了条件，也提出了更高的要求，带来了新的挑战。此外，当今时代已经处在信息化时代，由互联网、物联网、手机等新媒体带来的信息化潮流的影响日益深刻，这个影响可以说是全方位、革命性的，不仅使个人的工作、生活、学习、交流、聚集方式产生巨大变化，而且对社

会组织结构、社会动员途径、国家治理方式乃至世界力量格局都产生了
重大影响。

　　对学生进行教育，尤其是进行思想政治教育是共青团育人职能的重
点。这是由团组织的特殊政治属性所决定的，是团的首要工作任务。学
校共青团组织在此方面的工作重点就是通过组织教育完成对青年学生的
政治教育。学生时代是个体政治社会化的关键时期，依托于学校共青团
完备的建制、完善的工作系统，学校共青团工作在青少年政治社会化的
过程中发挥着重要作用。任何一个社会都在运用各种方式培养青少年对
政府和其政治体制的深厚情感，以此来维系社会的稳定和发展。青少年
学习政治行为的过程被认为是政治社会化。"政治社会化"的概念最早
是最初 Hyman 在《政治社会化》一书中提出的。政治社会化的概念有
很多，如 Hess 和 Torney 认为政治社会化是社会团体或机构教导儿童
或新进成员有关的价值、态度与行为。而 Renshon 在 1977 年的《政治
科学年鉴》中提出政治社会化是在政治体系中可接受的政治规范和行为
的学习过程，并在代际间传递的过程。Mayer 和 Schmidt（2004）认为
是个体学习和获得某种价值观、态度来支持既有政治体系的发展过程。
Easton 和 Dennis 认为政治社会化是"个人获取政治行为取向与行为模
式的发展过程"。政治行为取向是指对政治系统以及政治系统中输入、
转化、输出的认知、情感与评价，即政治心态。政治行为模式则包括各
种政治参与行为的能力与方式。Levin（1963）认为政治社会化是个人
获取与政治团体、政治体系、政治过程相关的行为取向，这些行为取向
包括对权力分配、政治规则的合法性与政治事件的态度。Langton 认为
政治社会化是指"社会将其政治文化由上一代传递给下一代的过程"，
是个人通过不同的社会载体学习与政治有关的知识与行为。他特别指出
政治文化包括了政治态度、政治知识与政治评价，政治社会化主体以家
庭、同伴群体、学校、大众传播、成人群体等为主。这个定义中只将政
治社会化限定在上下代之间的传递，而没有包括同代之间的互相作用。
Eckstein（1963）指出政治社会化是一种学习过程，经由这个过程，
个人学习到政治体系所接纳与习以为常的规范、价值、态度、行为。
Greenstein（1968）认为狭义政治社会化是指高中的公民课课程，广义

政治社会化是指所有政治学习。这个概念包括人生各种阶段的政治学习，不论是正式的，还是非正式的，计划的还是非计划的（有计划的政治社会化是一种有计划的、系统的、有目的地通过一些活动来进行的，如各种正规的活动、社会课程等，非计划的是自发的政治社会活动，是一个没有计划及目的的政治社会化，如通过家庭、朋友、社会文化等影响个人的政治价值观念和行为）。不同研究者从自己研究角度提出不同的概念，但是，总体上来讲，政治社会化主要涉及到：政治认知、政治情感、政治态度、政治价值观、政治行为。也就是说，政治社会化的过程就是个人形成政治心理的过程。在青少年政治社会化过程中，家庭、学校等既是机构和载体，又是推动这个过程形成的外部助力。学校是青少年政治社会化过程中除家庭以外，主要的政治态度的来源。学校为其提供有关政治世界及其担任角色的知识，传授相关的价值观。与此同时，教师、同辈群体都在其中发挥重要作用。

正是由于学校共青团完善的组织体系、完备的组织建制，其在青少年政治社会化的过程中发挥着不可替代、极其重要的作用。纵观学校共青团的重点工作，从思想引领工作到素质拓展、权益维护工作，都应紧紧围绕政治教育这个基础展开工作。从内容到方法应更加贴近学生实际的思想引导体系，建立从中学到大学更加完善的项目体系，建立从团中央到学校团支部的更为健全的引导体系，建立从党政到社会更为有力的资源保障体系。在经济社会发展和教育事业改革发展中找准工作切入点，充分尊重学生的主体地位，尊重新时期青年学生的新特点，与时俱进地强化学校共青团的育人职能、社会服务职能、推进创新职能，提升文化建设职能。

四、团的学校工作的发展

中国共产主义青年团自 1922 年诞生以来，至今已经走过了整整 92 个年头。在这一阶段里中国社会、政治、经济和文化等各个层面，都发生了翻天覆地的变革，影响广泛而深刻，超过了历史上的任何一个时期。我国学校共青团有着较为完备的组织体系，凝聚力、战斗力较强的干部队伍和综合素质较强的团员队伍。改革开放二十多年来的不懈努力，使学校团建积累了丰富的经验，打下了坚实的基础。随着我国教育体制改革的逐步实施，学校共青团的内外部工作环境都发生了显著的变化，给传统的学校共青团工作职能和工作方法带来了有力的冲击和挑战。因此学校共青团必须顺应时代和青年的变化，在巩固原有职能的基础上不断开拓。从社会变化来看，我国改革进入攻坚期和深水区，资源配置方式以及社会管理方式、组织运行方式正在发生重要转变，国内社会矛盾局部更加凸显，国际发展环境更加复杂多变。从校园变化来看，以提升教育质量和促进教育公平为核心的教育改革全面深化、加速推进，校园与社会甚至境内外互动更加频繁、直接和快捷。从学生变化来看，随着我国社会主义市场经济体制改革的力度加大，对外开放的步伐加快，进一步融入国际经济社会，市场经济中的利益驱动和不正当竞争等一系列社会问题对校园产生了强大的影响。面对这些强大的影响，校园不再平静，拜金主义、实用主义、享乐主义和利己主义，日渐滋长。在物欲和利益的诱惑下，青年学生的思维方式、价值取向等思想观念都发生了很多的变化。网络新媒体的崛起，各类社会思潮对学生的思想意识、价值观念、行为方式产生了广泛、深刻的影响，青年学生的群体分化更加显著，成长发展需求更加多样，权益维护意识更加强烈。这给学校团组织传统的以政治教育为主的工作职能带来了严峻的挑战。

与此同时，大数据背景下知识经济对人才需求提出了新的的挑战。知识经济的核心是科技，关键是人才。面对科技的日新月异，社会的飞速发展，社会需要的是具有创新能力、竞争能力和高科技知识、高素质的复合型人才。知识经济的到来无疑给教育提出了新的挑战，教育只有以变应变，在调整、改革中求发展。学校共青团工作作为教育工作的一部分，必须紧紧围绕这些需求的变化进行不断创新与改革，紧密结合青年学生各方面的需求，贴近学生的实际，贴近学生的生活来开展工作。这是团的学校工作发展的方向。

第六节　少先队工作

少先队工作回顾与评析

郑　伦

全团带队是中国共产党赋予共青团组织的重要任务，共青团的带队工作是中国少年儿童工作中的极具特色的一部分。

一．少先队工作概述

1．中国少年先锋队

中国少年先锋队（China's Young Pioneers），简称少先队，是一个有着 60 多年历史的儿童组织，是中国共产党创建，党委托中国共产主义青年团直接领导的中国少年儿童的群众组织，是少年儿童学习中国特色社会主义和共产主义的学校，是建设社会主义和共产主义的预备队。少先队的创立者和领导者是中国共产党。党委托中国共产主义青年团直接领导少先队。少先队的目的是团结教育少年儿童听党的话，爱祖国、爱人民、爱劳动、爱科学、爱护公共财物，努力学习，锻炼身体，参与实践，培养能力，立志为建设中国特色社会主义现代化强国贡献力量，努力成长为社会主义现代化建设需要的合格人才，做共产主义事业的接班人。

中国共产党自诞生之日起，就注意把中国少年儿童组织起来，与各个历史时期中国革命和建设实践相结合，关心和发展着少年儿童的事业。在中国工人运动的蓬勃发展中，催生了少年儿童运动的发展。在革命战争年代，党十分关心苦难深重的旧中国少年儿童，随着斗争发展的需要，党逐步地将他们组织起来，成立了儿童们自己的组织。早期的少年儿童革命组织紧跟党，为民族的解放和国家的独立作出了突出贡献。新中国成立后，在党的领导下，在共青团的带领下，少先队主动适应时代要求，充分发挥自身优势，广泛开展一系列适合少年儿童特点的活动，为促进少年儿童健康成长发挥了不可替代的重要作用。60 多年来，在党的阳光雨露哺育下，在星星火炬照耀下，一代又一代少先队员开启了人生的奋斗航程，逐步成长为党和人民需要的合格建设者和可靠接班人，为推进我国社会主义革命、建设、改革事业作出了突出贡献。

2. 少先队的历史

1949 年 1 月，中共中央发布《关于建立中国新民主主义青年团的决议》，在决议中把建立新中国的少年儿童组织列为团组织的四项任务之一。1949 年 10 月 13 日，中国新民主主义青年团中央委员会通过《关于建立中国少年儿童队的决议》，并公布了《中国少年儿童队队章草案》，同时发布了《关于建立中国少年儿童队的几个问题的说明》。1953 年 6 月 27 日，中国新民主主义青年团召开第二次全国代表大会，一致通过将中国少年儿童队改名为中国少年先锋队。1954 年 6 月 1 日，中国新民主主义青年团中央委员会正式公布《中国少年先锋队队章》。1958 年，团中央举行会议，颁布富有儿童语言特点的入队誓词。1962 年 11 月 25 日，颁布《少先队工作条例草案》。1965 年 4 月 19 日，共青团中央九届二中全会通过《高举毛泽东思想伟大红旗，为培养少年儿童成为无产阶级革命接班人而奋斗》的决议。决议强调要把全体少年儿童组织起来，扩大入队年龄为七到十五岁。决议提出为加强共青团对少年儿童工作的领导，必须切实做到全团带队。1966 年到 1976 年，"文化大革命"中，少先队组织被取消。1978 年 10 月 27 日，中国共产主义青年团举行了第十届中央委员会第一次全体会议。会上通过恢复中国少年先锋队名称的决议：经党中央批准，我国少年儿童组织仍恢复中国少年先锋队（简称少先队）的名称。同时，此次会议通过了新的《中国少年先锋队队章》和《关于中国少年先锋队队歌的决定》，决定把《我们是共产主义接班人》作为中国少年先锋队队歌。1980 年 1 月 28 日，共青团十届二中全会通过了恢复少年先锋队队长、队委标志的决议。1984 年 7 月 25 日至 8 月 4 日，团中央和教育部在北京联合召开了"中国少年先锋队队员和辅导员代表大会"，成立了中国少年先锋队全国工作委员会，即全国少工委。2005 年 6 月 1 日，中国少年先锋队第五次全国代表大会通过了《中国少年先锋队章程》修正案，新队章明确"我们的队歌：《我们是共产主义接班人》"。"我们的入队誓词：我是中国少年先锋队队员。我在队旗下宣誓：我热爱中国共产党，热爱祖国，热爱人民，好好学习，好好锻炼，准备着：为共产主义事业贡献力量"。

少先队 60 多年的历史大致可以分成两个大的阶段。第一个阶段是从新中国成立到改革开放前，在这 20 多年时间里，少先队组织朝气蓬勃，蒸蒸日上，表现出巨大的活力，影响了一大批新中国建设者的世界观和人生价值；第二个阶段是改革开放后到新世纪的 30 多年，少先队在党的领导和关怀下，始终高举队旗跟党走，一代又一代少先队员和祖国一起成长，在组织的怀抱中全面发展。今天，新一代少先队员正沐浴着党的阳光，在星星火炬旗帜引领下茁壮成长。新的历史时期，少先队面临新的挑战，不断进行着创新和探索。

3. 少先队组织基本情况

在我国，凡是 6 周岁到 14 周岁的少年儿童，愿意参加少先队，愿意遵守队章，向所在学校少先队组织提出申请，经批准，就成为队员。目前，我国共有约 1 亿 3 千万少先队员。在学校、社区建立大队或中队，中队下设小队。小队由 5 至 13 人组成，设正副小队长。中队由两个以上的小队组成，成立中队委员会，由 3 至 7 人组成。大队由两个以上的中队组成，成立大队委员会，由 7 至 13 人组成。小队长和中队、大队委员会都由队员选举产生。目前，全国有近 400 万专兼职少先队辅导员。他们是少先队员亲密的朋友和指导者，帮助中队或大队委员会进行工作，组织活动。一般学校设大队辅导员 1 名，中队辅导员一般由班主任兼任，也可由其他课任教师兼任。

4. 少先队的领导机构

中国少年先锋队全国工作委员会（简称"全国少工委"）和地方各级少先队工作委员会是全国和地方少先队的领导机构，它们经同级少先队代表大会选举产生，由同级团组织和教育行政部门组成。

全国少工委的主要任务和职责是：根据中国共产党对少年儿童教育

工作的要求，提出每个时期少先队工作的任务，制定工作计划；负责组织发展工作；倡导并指导开展各种形式的少先队活动；加强对少先队辅导员配备、培训、表彰工作的指导；推进少先队理论研究工作的指导与发展等。

二、当前少先队的工作

少先队的组织定位与根本任务是中国特色社会主义事业的战略预备队，是少年儿童思想品德教育和精神素质培养的大学校，是党领导下的少年儿童群众组织。2014年少先队工作的总体思路是：认真学习贯彻党的十八届三中全会精神，按照共青团十七届二中全会部署，深入贯彻落实习近平总书记对少先队工作的重要指示精神和李源潮同志的重要要求，大力加强中国梦教育和社会主义核心价值观教育，牢牢把握组织属性，落实组织定位和根本任务，深入推进五项重点建设，增强少先队组织活力，研究加强少先队专业化建设，更好地为少年儿童服务，推进少先队工作取得新发展。培养少年儿童对党和社会主义祖国的朴素感情，抓好少年儿童思想品德教育和精神素质培养，发挥少先队员自主性，放手锻炼少先队骨干的自主活动能力，教育引导少年儿童立志向、有梦想、爱学习、爱劳动、爱祖国，为实现中国梦做好全面准备。

现阶段的工作，首先要准确把握"少先队是中国特色社会主义事业的战略预备队"这一定位，深入开展以中国梦为主要内容的理想信念教育，使广大少年儿童养成对中国梦、中国特色社会主义的基本情感认同；其次是要准确把握"少先队是少年儿童思想品德教育和精神素质培养的大学校"这一定位，切实抓好社会主义核心价值观宣传教育，加强中华优秀传统文化教育，使广大少年儿童爱学习、爱劳动、爱祖国；再次是要准确把握"少先队是党领导下的少年儿童群众组织"这一定位，促进少年儿童"自主性"成长，更好地为少年儿童服务。

团中央书记处对少先队工作提出了少先队的专业化建设任务要求，具体来说就是：构建专业化的运行机制、加强专业化的理论研究、建设专业化的工作队伍。针对上述要求，以2014年为例，团中央少年部主要开展的工作有：

1. 少先队活动载体和课程建设

2012 年 9 月，教育部专门下发《教育部关于加强中小学少先队活动的通知》，明确"少先队活动要作为国家规定的必修的活动课，小学 1 年级至初中 2 年级每周安排 1 课时"。2014 年以来，少工委继续推动各级教育行政部门将每周 1 课时的少先队活动课纳入教育督导和检查，在中小学普遍落实到课表上，在各级义务教育课程设置方案中明确。设计开展好有意义有意思、生动活泼、丰富多彩的少先队活动。发挥少先队员的主动性和积极性，鼓励基层根据自身特点和优势，围绕落实少先队组织定位和根本任务，大胆创新，百花齐放，把少先队特殊的文化、礼仪教育结合起来。加强活动课试点，以地市、区县为重点，区域化整体推进，鼓励各地申报试验区、示范区。加强教育研究、案例征集、成果交流、互观互检。争取教育部门支持，联合开展专项督导。从政策、课程指导、课程试点等方面为少先队活动提供时间、场所、安全、器材、机制等各方面保障。组织编写了《少先队活动课程指导纲要》、《灌输培养少年儿童对党和社会主义祖国朴素感情工作读本》、《少先队组织根本任务基本层面工作读本》，作为教参提供给辅导员。联合凤凰出版社和专业力量推进少先队活动课动漫版全媒体复合出版工程。现在全国已经有 1313 所中小学开展首批少先队活动课程试点。建立并完善了少先队活动课程的网络平台，各地逐步建立少先队活动课程教研制度。

各地充分利用少先队活动课、课后、课间、校外时间，以少先队员为主体，在少先队员中普遍开展"红领巾相约中国梦"主题队日等活动。普遍开展以爱学习、爱劳动、爱祖国为主要内容的"红领巾心向党""手拉手""少年军校""少年科学院""雏鹰争章""平安行动"等少先队品牌活动。创新开展少先队基本知识竞赛、少先队鼓号队展演、红领巾阅读体验等全国性活动。利用暑期和假日，开展"各族少年手拉手""城乡少年手拉手"、科技、体育、军事、留守儿童亲子等红领巾夏令营活动，开展群众性文化体育活动。

2. 少先队小干部和队集体建设

面向全体少先队员，坚持和规范少先队小干部民主选举和轮换制度，让人人有机会，人人会服务。坚持"因材施教"，开展好少先队小干部小骨干培训，组织开办队长学校。2014 年 7 月 22 日，由全国少工委办公室和全国青少年革命传统教育基地联合主办的全国优秀少先队小干部和辅导员培训班，在井冈山革命传统教育基地举行开班仪式。来自全国 32 个省、市、自治区及生产建设兵团的 300 多位优秀少先队员和少先队辅导员代表将参加为期 3 天的培训学习，广西 7 名少先队员和 3 名辅导员代表参加了此次培训。为树立和宣传优秀少先队员和队集体的榜样，我们将发挥好各级少先队报刊的作用，联合电视、广播等大众传媒，积极运用互联网、微博、微信、手机报等新媒体，评选和宣传"最美少年"。

要搞好少先队队集体建设，一是要加强少先队队章和基础知识教育，创新活动载体。二是加强分类指导，基层大、中、小队是少先队组织活力的源泉，小队活动要活跃，中队活动要经常，大队活动要规范，创建快乐、自主、友爱、向上的集体。

3. 少先队新媒体工作能力建设

这一年来，少工委主要在巩固传统阵地、建好新兴阵地、加强社会合作、开展网上引导等四个方面开展新媒体工作。加强了全国性和地方各级少先队报刊建设，扩大工作和宣传覆盖面，增强影响力，提高业务质量，加强规范管理，支持数字化复合出版。建设各级少先队网站、微博、微信等网络平台，支持未来网及其红领巾集结号版块建设。争取在中央和地方各级重点新闻网站或政府门户网站中建设红领巾频道或少儿频道。与大型网络公司和门户网站、移动通信运营公司合作，为少年儿童提供更多干净、有趣、有意义的网络资源。聘请各行各业的优秀人士、明星、公众形象好的名人担任网上志愿辅导员，发现和培育网上的少年儿童正面偶像，为少年儿童提供正确导向。按照"红领巾组织也要到网上和手机上去"的要求，争取党政有关部门和影响力大的网络公司对少先队工作的支持，办好团属未成年人网站，建设和拓展少先队网上工作空间，增强少先队在网上对少年儿童的影响力。

4. 少先队辅导员队伍和学科建设

少工委大力落实 2010 年团中央、教育部、人力资源和社会保障部、全国少工委《关于加强少先队辅导员队伍建设的若干意见》和 2012 年团中央、教育部、全国少工委《关于印发〈少先队总辅导员设置管理办法（试行）》的通知》。通过大规模远程培训、中小学教师"国培"及"省培"计划骨干辅导员培训项目等形式，开展辅导员分级全员培训。共青团中央、教育部、人力资源和社会保障部、全国少工委明确要求做好少先队辅导员职称评聘工作，将大队辅导员少先队工作内容、工作量和工作质量纳入中小学教师职称评价范围，在中小学教师职称中探索设立"少先队活动"科目，实现辅导员职称"双线晋升"。14个省、自治区、直辖市在教育或人力资源和社会保障部门文件中作出具体规定。

少先队学科建设是少工委自2011年以来长效推进的一项重点工作。所谓学科建设，即在教育学一级学科下设置"少年儿童组织与思想意识教育"二级学科，招收学术学位研究生。这一年来少工委大力推进高校二级学科建设，印发少先队学科建设工作指南、政策汇编等，组织国务院学位委员会学科评议组成员、相关全国学会会长等200多位专家学者论证少先队学科基本问题，构建少先队学科知识体系。组织北京大学、北京师范大学、清华大学、中国青年政治学院等学者编写《少年儿童组织与思想意识教育基本理论》《少年儿童组织与思想意识教育方法》《少年儿童信仰发展及其引导》《少年儿童政治社会化及其引导》以及《传媒与少年儿童思想意识教育》，推动41所综合性高校和重点师范院校，

5. 少工委和学校少先队工作机制建设

少工委和学校少先队工作机制是少先队工作的基础和保障。健全和完善各级少工委工作机制对于更好地开展少先队工作具有重要作用。一年来，全国少工委更加紧密地密切团教协作，争取党政相关部门支持，吸纳社会有关方面优秀人士，加强各级少工委自身建设，探索学校少工委建设。加强对少先队工作的督导指导和考核评价，争取各级教育部门支持，将少先队工作纳入学校工作总体布局，进行规划、部署、检查、保障，将保障少先队基本工作条件纳入义务教育学校标准化建设，开展少先队工作专项督导。探索少先队工作和家庭教育的结合方式，发挥家长在少先队工作中的积极作用。联合社会积极力量，为基层少先队组织办实事、好事。少先队组织争取社会资源为基层服务，要向贫困地区、基础条件较差的地区倾斜，重点关注农村留守儿童、进城农民工随迁子女群体，重点服务中小学少先队组织基础设施建设。

三、需要深度关注的问题

少先队工作从本质上说，就是通过开展符合少年儿童身心发展规律的活动，对少年儿童进行政治启蒙教育，以社会主义核心价值体系教育引导少年儿童。在具体工作上，就是落实好少先队组织的根本任务。少先队组织的根本任务，是社会主义核心价值体系在少先队工作中的儿童化、具体化。通过注重党、团、队组织意识和教育内容的衔接，灌输培养少年儿童对党和社会主义祖国的朴素感情，帮助少年儿童从小培养远大的理想和志向，进而把马克思主义指导思想和中国特色社会主义共同理想的要求融入到少先队工作中；通过引导少年儿童有爱心，养成良好的道德行为习惯，增强国家意识、科学意识、劳动意识、审美意识，锻炼强健体魄，培养良好心理素质，进而把民族精神和时代精神、社会主义荣辱观的要求落实到少先队工作中。

基于少先队的上述根本任务，我们在开展少先队工作时，要尊重少先儿童的主体性、尊重他们的身心发展规律；各项活动的策划和开展，应遵循不同年龄段儿童的认知发展规律，尤其是政治心理的发展规律。笔者认为，需要高度关注的问题包括如下几个方面：

1. 着重发挥少先队组织教育的特色

组织不仅对于社会的发展具有重要的意义，而且对于个体自身的成长也具有十分突出的重要作用。对于处在个体社会化重要时期的少年儿童而言，组织在其社会化过程中的重要作用正随着社会、家庭、学校结构的变迁而变得日益突出。在所有的组织类型中，服务于儿童成长的儿童组织在其社会化中所扮演的角色更是重要。在当前一个原子化社会中，个人社会性与人格的完善仅仅依靠传统的家庭和邻里社会来实现显然是不可能的。对于儿童而言，组织不仅仅意味着特定外在目标的达成，更意味着其社会性及相关人格的完善。少先队是一个少年儿童组织，这个组织具有准自治性、半制度化、生活化等特点，组织生活对于儿童的发展意义重大。

中国少年先锋队具有明显的思想意识教育的色彩，其组织性质就是"少年儿童学习中国特色社会主义和共产主义的学校"。因此，我们应着重发挥少先队这个儿童组织在儿童教育上的独特作用。儿童组织教育本质上说，是一种制度化与结构化的公民教育与生活教育的统一，对于儿童组织教育而言，其主要任务不在于儿童智力因素的开发，而在于诸如情感、态度、价值观等非智力因素的培养，最终目的是实现儿童由自然人向社会人以及政治人的转变。

2. 加强少先儿童组织与思想意识教育学科建设

少先队工作的深入开展，很重要的一点就是要走专业化、科学化、职业化的道路。少年儿童组织与思想意识教育学科的建设对于全面深化推进少先队工作的整体水平具有重要作用。少年儿童时期对于形成一生的政治价值取向至关重要。对少年儿童进行政治启蒙，既要掌握他们的身心发展规律，又要深入分析影响他们思想意识的因素和路径，是科学性很强的一项工作。少年儿童组织与思想意识教育学科建设，就是要研究通过少年儿童组织对少年儿童进行政治启蒙和若干重要思想意识培养的原理和方法，以及少先队如何发挥作用的方法和途径。在教育学的范畴内，通过多学科综合交叉，用专门的研究方法、表述方法来对少年儿童思想意识教育进行系统、深入、全面的认识。学科的建设和发展，是对多年来少先队教育经验的理性反思和超越，更是少年儿童思想意识教育工作的需要，也是对少年儿童组织与思想意识教育认识历史发展的必然结果。

少年儿童组织与思想意识教育学科建设具有重要的实践价值，它对从事少年儿童思想意识教育研究和教育实践的工作者，进行理论教育和理论启迪，帮助其理解这项教育工作的价值和意义。也有益于帮助教育实践工作者获得丰富的教育学和其他相关学科知识，开拓理论视野，提升开展少年儿童思想意识教育的理性自觉，提升其自我发展能力。同时，学科建设可以帮助教育实践工作者掌握少年儿童思想意识形成发展和教育的规律，修正教育实践中的偏差，提升教育的科学性、有效性；还可以为少年儿童思想意识教育培养和积累一批高层次研究型人才和实践工作人才。在随后的工作中，我们应继续加强对于少年儿童信仰发展、政治社会化、道德发展和社会性发展四个方面的重要规律研究；加强少年儿童主体性、自主性的研究；加强少年儿童组织教育实施方法和具体措施的研究。与此同时，基于学科的设立和发展，促进少先队辅导员的配备、培训、工作考核、专业发展，加强辅导员队伍专业化建设。

3. 加强辅导员的工作伦理、角色定位以及专业知识的培训

儿童思想意识教育，要坚持工作伦理，即工具伦理价值，强调科学的儿童观、育人观。这包括尊重主体，真正把儿童作为活的、有发展性的主体来给予应有的尊重；倡导"接纳"的工作态度，提倡在工作中对儿童的理解、相信，拒绝判断，区分"赞赏"与"接纳"的不同，从理解出发积极面对儿童；贯彻"自决"的工作方针，尊重儿童的主观能动性，给与少年儿童更多自我选择和自我决定的机会和权利；大力提倡"个别化"的工作原则，把每一个儿童都看作是唯一的、不同的实体，应该受到不同的对待；强调正面引导，对组织和教育的功能持积极的态度，有效发挥少先队组织对少年儿童的正面影响与教育；在工作中坚持一致性的原则，坚持对党和国家事业的总体负责与对儿童个体具体利益负责的一致性，充分发挥少先队组织在儿童健康发展和社会和谐建设中的积极作用。

从伦理学的角度来看，只有具备专业能力的人，才能从事某种职业，专业基础的储备是坚持职业伦理价值的前提和保障。作为少年儿童组织的成人辅导者，承担着引领少年儿童健康成长、顺利成功社会化的重要职责，由此对于辅导员的专业知识结构也就相应提出了较高的要求。辅导员首先应该具备坚定的政治素养和职业道德。辅导员应具有社会科学基本的学科训练，包括对教育学、社会学、心理学、职业伦理、逻辑学等基本训练。与此同时，对于教育学理论、心理学咨询理论、人格理论、学习理论、社会学的系统理论、团体动力学、家庭系统理论等具备较为熟练的掌握。中观和微观层面的工作方法、技巧等也都应该属于辅导员应该掌握的知识范畴。此外，辅导员在开展日常工作的同时，还应该掌握基本的社会科学研究方法，提高自己的研究水平以更好地指导工作，自我成长。

角色定位往往是实际工作中价值理论的具体表现。在日常工作中，少年儿童在大多数情况下都称辅导员为"老师"，辅导员也的确通过一些灌输、说理的方式开展工作。但对于少年儿童来说，组织中的辅导员更应该成为少年儿童的地图和拐杖，成为少儿的指导者和领路人。辅导

员是帮助少年儿童透过表面看清深层问题的人，促使他们反省的人，为他们指出方向的人，给予他们力量的人。这就要求辅导员深刻认清自己的角色定位，不以"权威者"自居，不站在所谓道德的制高点上居高临下进行教育，不放弃每一个孩子，尊重每个孩子的特点和不同，当孩子说出他们的困扰时不会贬低他的人格，避免用讽刺回击，坦诚面对孩子而不是故作神秘，鼓励孩子探索自己的防御机制而不是要求他们放弃自我保护的方式，避免给任何一个孩子贴标签，而是描述其行为，试探性地表达观察和直觉而不武断。

在少年儿童组织中，在日常活动开展中过程中，包括策划、准备、活动实施，再到效果评估等方面，辅导员始终都起着举足轻重的作用。但是这并不意味着辅导员在组织中要具备强有力的控制力，更不意味着他们处于中心地位、孩子们都服从于辅导员。辅导员应该在专业价值观的指导下，运用专业能力，尊重每一个孩子的独特性，以有经验的方式引导和带领少儿互相沟通、互动融合，通过集体和组织的力量实现教育目的，最终实现每一个少年儿童的成长和发展。

良好的意愿、真诚和关爱、利他性、建立关系的基本态度、人际理解和洞察、尊重、培养他人、自我觉察、自我控制力、开放性、语言表达能力、人格健全与完善，这些人格特质与上面讲到的专业知识和技能同样重要，甚至更加重要。辅导员应该将自己与孩子的关系看作彼此进入对方世界的真正承诺，从哲学层面上讲是一种关于"深切关注每个人的意义和价值"的态度。

四、少先队组织的发展

中国少年先锋队是一个有着60多年历史的儿童组织，是中国共产党创建，党委托中国共产主义青年团直接领导的中国少年儿童的群众组织，是少年儿童学习中国特色社会主义和共产主义的学校，是建设社会主义和共产主义的预备队。在今后的工作中，我们要继续加强少先队机制建设，提高学校少先队工作专业化、科学化水平，使少先队成为学校教育中促进学生全面发展的重要力量，通过开展各项富有科学成效的活动，完成少年儿童的政治启蒙，培养他们对于党和国家的朴素感情。

第七节　团的青少年维权工作

团的青少年维权工作回顾与评析

马 灿

随着社会的发展，依法治国的全面推进，人的权益问题得到越来越多的重视。团的维护青少年合法权益的工作也受到越来越多的关注，成为共青团组织能否凝聚青年、吸引青年的重要关键。

一、青少年维权工作概述

1. 相关概念

权益即公民依法享有的不容侵犯的权利，我国《宪法》规定：公民平等享有政治权利和自由、宗教信仰自由、人身与人格权、监督权、社会经济权利、社会文化权利和自由，儿童受国家保护。

青少年是介于童年和成年之间的人类成长阶段，但由于研究视角的不同，很难对青少年做出严格的年龄区间界定。从共青团工作实践角度看，团章规定年满 14 周岁到 28 周岁的青年都可以申请入团，但在实践工作中，两端的年龄都可能被突破。例如，在团的一些活动中，往往会将 35 周岁以下的人群都划入青年的范围，而对于 14 周岁以下的人群，例如少先队员，共青团也有专门的工作计划。因此，从实际的工作情况看，共青团青少年维权工作的服务对象实际上是针对 35 周岁以下的所有中国公民。为保证一致性，本文所称青少年均以本定义为准。

2000 年联合国青年小组开会通过了一个 2000 年及 2000 年以后的青少年的行动纲领，提出了青少年发展的十个优先领域，分别是维护发展权、维护受教育权、维护就业权、维护闲暇活动权、维护健康权、维护参与权、维护司法保护权、维护居住权、维护环境权以及维护社会保障权。

然而，共青团青少年维权工作对象年龄跨度大，而不同年龄段的对象，其主要的权益诉求可能是有差异的。例如，在儿童阶段，受教育权和受保护权可能更为突出，在少年阶段发展权、健康权可能更为明显，而到了更为成熟的青年阶段，政治参与、就业创业等经济权利则相对变得更加重要。同时，对青少年群体的细分除年龄之外，亦可做其他类型的细分，例如按照行为与法律要求的关系可分为普通青少年、行为偏差青少年和犯罪青少年，他们的权益要求也不相同。这就对共青团青少年维权工作提出了分层分类的要求。再加上共青团工作力量与维权工作量的对比，又对团的维权工作提出了重点突破的要求。

2. 共青团青少年维权工作的意义

维护青少年的权益具有非常重大的意义，对党、对国家、对青年、对共青团都是如此。

首先，做青少年利益的代言人一直以来就是共青团的使命，维护青少年具体利益是党对共青团的一贯要求。共青团是党的助手和后备军，也是青年的群众组织，共青团能否当好助手，取决于她能凝聚多少以及能在多大程度上凝聚青年，是否能够为党巩固青年群众基础。只有切实维护青少年的权益，才能找准青少年真正的需求，才能获得青少年的认可和得到他们的拥护。

其次，毛泽东同志说过："世界是我们的，也是你们的，但是归根结底是你们的。"这句话说明了青少年发展与祖国未来富强的必然联系。"少年强则中国强"，维护青少年的权益、服务青少年的成长从本质上讲就是维护中国的权益，服务中国梦的实现。

最后，维护青少年权益是共青团组织的基本职能，也是共青团履行其他职能的重要基础。在市场经济条件下，社会上出现了各种为青少年提供维权服务的组织，在青少年中有一定的影响，给共青团带来了挑战。共青团只有在维护青少年权益的工作中真抓实干，才能提升自身实力，变挑战为机遇。

3. 共青团青少年维权工作的历史沿革

中国共青团是中国共产党领导下的先进青年群众组织。共青团自其产生伊始就一直以维护青少年权益为己任。早在中国共青团的第一个纲领《中国社会主义青年团纲领》中就明确指出："中国社会主义青年团，一方面为改良青年工人、农人的生活状况而奋斗，并为青年妇女、青年学生的利益而奋斗……"旗帜鲜明地提出要为当时社会中的主要青年生产力量——工人与农民以及其他青年组成谋福利。1957 年在共青团的第三次代表大会上又进一步提出："青年团要名副其实地当好党的助手，要真正成为团结教育青年的核心，就既要教育青年服从人民的整体利益，又要在服从国家利益的前提下，努力代表青年的合理要求和正当利益。"十一届三中全会以后，团的工作围绕"一个中心、两个基本点"开展工作，出现了蓬勃发展的局面。但是，团的工作也暴露出一些问题，例如未能把代表和维护青少年权益的工作摆上日程、团的社会职能不完善等。

在这样的背景下，1988 年召开的团的十二大首次提出了团的"社会职能"概念，指出共青团应当具有党的助手、党和政府联系青年的桥梁纽带以及青年的社会代表三大社会职能。这一表述意味着青少年群体利益从人民群众的总体利益中分离出来，而且，从此，代表和维护青年利益不再仅作为团的一项具体工作，而且上升成为了团的一项重要的社会职能并被固定下来。

到 1990 年，《共青团中央关于进一步密切联系群众做好代表和维护青少年权益工作的意见》中正式出现维护青少年权益的字样。为了加强青少年维权工作的力量，1993 年，团中央又正式成立了维护青少年权益部，专门负责研究制定青少年权益工作的意见、规划，提出青少年权益问题的对策；收集和反映青少年的呼声和愿望；参与制定青少年法律法规和政策并推动落实；承担未成年人保护和预防青少年犯罪方面的青少年事务，参与处理侵害青少年权益的重大案件；构建青少年维权工作体系以及负责中央综治委预防青少年违法犯罪工作领导小组办公室和未成年人保护相关机构的日常工作。

1998 年，在团的十四届二中全会上通过的《共青团工作跨世纪发展纲要》中，更是明确列出了共青团贯彻落实法律法规、保障青少年法定权利的具体路径和内容："创建优秀青少年维权岗，通过法律服务、法律援助、舆论支持、维权咨询等方式，为青少年提供帮助；参与'三五'

普法教育，建设法制教育阵地，编写法制教育读本，带动青少年学法、懂法、守法、用法；教育青少年珍爱生命，拒绝毒品，配合有关部门，同黄、赌、毒等严重危害青少年的丑恶现象和行为作坚决斗争；进一步健全维权工作机构，加强维权工作队伍建设；动员社会有关方面共同担负起维护青少年权益的责任，优化青少年成长的社会环境。"体现出青少年维权的工作路径从以往的全面推进转变为重点突破。

2008年，在团的十六届二中全会上，明确共青团权益工作"三个结合、一个制度性安排"的基本思路。其中三个结合是指要注重把维护青少年合法权益与引导青年的有序政治参与结合起来，把关注个案与关注普遍性的权益问题结合起来，把代表和反映青少年的普遍性利益诉求与相关法律法规的贯彻落实结合起来；一个制度性安排，就是要建立维护青少年合法权益的制度性安排，使共青团与各级人大代表、政协委员进行制度化的沟通与协调，努力在各级"两会"上提出有针对性、建设性的建议和提案。

2013年，团的十七大对接下来的青少年维权工作作出了具体部署，在坚持原有"三个结合、一个制度性安排"基本思路的基础上对工作的基本原则和基本框架进行了规定。其中青少年维权的基本原则是共青团要积极参与社会管理创新，把维护青少年合法权益与坚持党的领导、依法维权、促进社会和谐稳定有机统一起来；而基本框架则是推进法制化维权进程、完善组织化维权机制、构建社会化维权体系。

4. 共青团青少年维权工作的框架

团的十七大对共青团青少年权益工作的基本框架进行了规定，青少年权益工作将沿着"推进法制化维权进程、完善组织化维权机制、构建社会化维权体系"的方向有序开展。

（1）推进法制化维权进程

法制化维权是共青团维护青少年权益的根本依据，立法、普法与保证青少年法律执行中的公平性是现阶段共青团推进法制化维权工作中的重点问题。

1）健全法律法规体系并推动贯彻落实

青少年权益涉及社会方方面面，对青少年权益的保护也可以有多种渠道，其中最重要的渠道就是法制渠道。将青少年权益保护纳入我国法律的安排中，依照法律和国家有关规定，维护青少年的合法权益，为他们的成长创造良好的社会环境，是共青团维护青少年权益工作的根本途径。

共青团在健全法律法规方面的主要工作是会同国家和地方相关部门，大力推动青少年权益保护相关法律以及地方配套法规与政策的制定与落实。

2）加强青少年法制宣传教育

除立法之外，共青团还需要采取各种措施，开展多重形式的活动促进社会以及青少年群体对相关保护法律的了解。具体而言，包括贯彻国家"六五"普法规划，继续与司法等部门合作举办专项普法活动；加强与地方司法部门的合作，充分运用传统媒体和互联网新媒体；培育法制副校长、法制辅导员、普法宣传志愿者队伍，依托青少年法律学校、青少年宫、未管所、专门学校等阵地建设青少年法制教育基地。

3）完善青少年法律援助和司法保护工作

青少年是社会当中的弱势群体，虽然有特别针对他们的保护法律法规，但在具体案例中，仍然会因为青少年缺钱、缺人、缺时间而使法律保护的效力打折扣。为使对青少年的司法保护系统化，共青团还需要致力于建立健全相应的法律援助和司法保护工作。具体而言，共青团相应工作包括：依托各级律师协会的公益律师，接转个案，开展法律援助工作；建立基层法律工作室或服务站，请专业律师协助开展法制宣传，提供法律服务；积极推动公检法司等相关部门严格执行《刑事诉讼法》等关于办理未成年人刑事案件专门程序的规定，落实社会调查、附条件不起诉、轻罪犯罪记录封存等制度，严格限制适用逮捕措施和程序。

（2）完善组织化维权机制

由于共青团没有直接承担行政管理职能，所以团必须加强与相关政府部门的沟通与协调，充分挖掘其他部门的力量，使相关各方力量形成合力。在青少年维权工作中，联系其他部门与力量就是团的组织化维权。

团的组织化维权工作大致是从如下三个方面开展：

1）借助人大、政协的利益表达功能，健全反映青少年利益诉求的制度安排

"面对面"工作是共青团组织化维权的主要品牌，是通过规范的工作流程和正规的渠道，将青年呼声较高的诉求向人大、政协进行反映。通过"面对面"，一方面要让人大、政协代表了解青年现状，更多地去为青年做服务；另一方面也让青少年了解这样的渠道，正常地反映自己的诉求。

2）充分发挥未成年人保护工作机构的作用

目前，我国各地已成立多个未成年人保护委员会，办公室通常设在当地团委。共青团通过针对影响未成年人身心健康和安全的突出问题提出政策建议，主动参与政策研究、制定和督办工作，推动完善有利于青少年成长发展的公共政策体系等具体工作形式发挥未保工作机构办公室的作用，加强与成员单位的协调沟通，健全政策协商、信息共享、个案转接等工作制度。

3）深化综治委预防青少年违法犯罪专项组工作机制

作为综治委预防青少年违法犯罪专项组成员单位，共青团主要是协调各成员单位建立青少年违法犯罪预防体系，大力加强法制宣传与教育；优化青少年的成长环境，为青少年的健康成长提供良好的社会氛围；以及对重点人员、重点活动场所进行重点预防，降低青少年犯罪率，减少青少年重新犯罪，建立起有效预防青少年违法犯罪的长效机制。

（3）构建社会化维权体系

青少年的维权不能仅仅凭借共青团，仅仅依靠政府及相关主管部门也不够，仍需要广泛发动社会各方力量，接纳和吸引包括非盈利组织、高校学者、志愿者等在内的各种对青少年维权工作有兴趣的人。构建社会化维权体系的工作目前主要涉及服务热线及各种媒体的积极运用、民间社会组织的联系与引导、典型个案介入，通过专业力量的引入，提高权益工作的专业化水平。

1）加强12355青少年服务台建设

12355是专门为青少年问题设立的热线服务，是向青少年宣传维权知识、解决青少年心理问题、了解青少年关心的热点问题的前沿阵地。现阶段12355青少年服务热线的主要工作包括：以12355热线服务为接入口，接听青少年及家长的来电咨询；重点帮助解决青少年心理健康、法律维权问题；通过 12355 微博等新媒体发布安全教育知识、活动消息；针对青少年心理咨询提供一对一专业面询；开展"线下"专项行动，如中高考心理减压阳光行动、寒暑假自护教育活动；以及协调公检法司、教育、卫生等职能单位联动。

2）提高权益工作的社会化和专业化水平

提高权益工作的专业化水平必须密切联系青少年维权的法律、心理、社会工作等方面的专家，探索建立权益工作专家咨询和顾问队伍；引入专业社工力量加强专业研究；积极承接政府购买社会服务项目；在条件成熟的地方建立"青少年权益保护基金"。

3）适时介入青少年权益典型个案

对于那些在当地发生的社会反响较大的青少年权益典型个案，当地的团组织会选择时机，适时介入。介入时需要注意要在取得党政充分授权的前提下，选择适当方式主动介入、表明态度；在介入之前，当地团组织通常会进行如组建专家顾问团队、联系新闻媒体、探索建立联动发声机制等准备工作；在介入中则会以团组织或团组织所联系的专家顾问团队名义，通过媒体报道、专项报告、提案建议等形式，向立法机关或职能部门提出建设性意见。

4）适当联系引导带有维权性质的民间社会组织

这部分工作主要包括：主动接触，区分具体情况分类采取联系和引导措施；定期调查研究，与组织发起人、核心和骨干成员增进联系、取得信任，尝试建立信息交流、定期协商、项目合作等机制；建立社会组织孵化中心，帮助民间社会组织参与政府购买社会服务的竞争，引导社会组织和社会力量为我所用。

5）充分利用网络和新媒体做好权益工作

随着技术的发展，信息的传播方式和接收形式发生了巨大的变化，新媒体得到了高速发展和广泛应用，使得青少年的生活方式、思维方式、行为模式、动员方式都发生了显著的变化。团的维权工作要实现社会化，还需要开设微博、微信、微视频、即时通信、社交网站等多种新型媒体，建立网络上的各种官方平台，才能保证全方位无死角地覆盖全体青年和凝聚更多的社会组织与专家学者，才能更好地为青少年权益维护工作搭建平台。

二、当前团的青少年维权工作

当前团的青少年维权的工作主要体现在三个方面：一个是在县级行政区全面推开重点青少年群体服务管理和预防犯罪工作，第二个是在45个城市深入开展青少年权益工作创新试点，第三个是加强青少年事务社会工作专业人才队伍建设。其中青少年权益工作创新试点是重中之重。

2013年底，共青团中央发布了《共青团中央办公厅关于开展"青少年权益工作创新"试点工作的通知》，根据各地实际情况，在全国范围内，确定了一共45个青少年权益工作创新试点城市或地区，从下列9个方面开展创新试点。

1. 在促进未保机构有效运转方向

2014年，部分试点城市抓住契机，充实未保委成员或者组建新的未成年人保护机构，建立健全未保机构管理制度。如：庆阳市调整充实了市未保委，并首次将市人大法工委、市政协提案委、市法制办等部门纳入其中；制定下发了《庆阳市未成年人保护委员会成员单位工作职责》、《庆阳市青少年权益工作创新试点方案》；在市未保委实行成员单位联席会议制度和联络沟通及协调督办机制，并将未保工作纳入了全市综治维稳的考核体系。阳泉市团市委与市流浪未成年人救助保护中心共同筹建"阳泉市流浪未成年人爱心驿站"，将对中心内的流浪乞讨未成年人开展针对性、长效性、人性化、专业化的关护和帮助。

2. 在权益个案受理办理方向

部分城市依托12355青少年服务热线、青少年社会服务中心、部门联动等途径发现个案，建立个案转接流程。如：阳泉市用好"四个机制"，即社会调查员制度、个案办理联动机制、个案通报机制、团属平台发现介入机制。沈阳市团市委主动协调公安、教育等职能部门对案件进行研究分析，加强对未成年人的摸排管理力度。

3. 在构建社会化工作体系方向

2014年试点名单城市在青少年维权社会化工作体系构建上动作比较多，其他城市也在这个方面上开展了很多创新工作。在活动形式上、活动内容上、与青少年权益相关社会组织的合作模式、形式及布局等方面都作出了有益的探索。如：在试点名单城市中，银川团市委将社会力量正式引入12355平台建设和全市维权工作体系，对12355青少年综合服务台进行了完善和升级，将银川12355授权于银川的公益组织运营管理；同时，将团组织长期联系的心理咨询服务公司和心理咨询师介绍给该公益组织，组成了专业心理咨询志愿服务队，专门负责银川市12355平台心理咨询方面的各类业务。昆明市加强阵地化建设，试点打造多样化工作站，建立了"常青藤之家"关上中心区社区、金殿中学、五华看守所和观护教育基地四个试点社会工作站，并已成为开展青少年社会工作实务的重要场所；孵化成立了红嘴鸥青少年事务服务中心，按照"专职团干＋社工＋志愿者"的工作思路，加强本地青少年事务社会工作专业人才队伍建设；将青少年司法社工办公室并入服务中心，充实服务中心力量。阳泉市则注重运用好团属12355青少年服务四级网络平台、以矿区"亲＆青FAMILY"为代表的青少年社工服务平台、青少年事务工作项目平台，以义工联合会、爱之翼志愿服务队为代表的社会组织平台，线上线下相结合，积极开展12355阳光行动、自护教育、走进困境青少年等活动。非试点城市也做出了一些探索，例如：在石家庄团市委指导下，石家庄市职教中心建成了华北地区规模最大、设施最完备、技术最先进的心理健康维护中心——"阳光心社"，对全市重点青少年定期提供心理健康志愿服务。赣州市设立工读学校，专门为全市义务教育阶段有严重不良行为和轻微犯罪行为的青少年开展文化补习、行为矫正、心理健康教育、素质拓展训练和职业技能培养。泸州市根据"三级同步"模式，试点同时建设省级、市级和县级群团组织社会服务中心。

4. 在推动法制化进程方向

在推动法制化进程方面，各地团委主要是积极推动制定、落实未成年人保护地方配套法规及政策，以多种形式开展法制宣传教育。如：北京市海淀区推动公检法司和教育等部门制定涉诉未成年人信息限制公开的工作办法，推动公安机关设立未成年人案件审查预审中队。阳泉团市委做好出台一项政策、落实一个意见、打造一个中心、开展一项宣教、运用一块媒体阵地的"五个一"工作。钦州市出台了《钦州市社区矫正规范化建设实施细则》和《钦州市社区矫正适用前的调查评估实施办法（试行）》，通过规章制度细化社区矫正工作的执行、管理，保证社区矫正有序开展。

5. 在健全组织化机制方向

在健全组织化机制方面，各地团委主要是完善"面对面"活动机制，与相关职能部门建立起经常性工作联系，充分发挥预青工作组的作用。如：阳泉市首创"面对面"活动驻会联络员制度、创新青少年事务议、提案联动办理机制、创新重点青少年群体服务管理、创新工作资源整合机制；联合市检察院共同打造全省首家集不捕不诉涉案未成年人关护、青少年法制警示教育、预防青少年违法犯罪宣教功能于一体的未成年人定向关护中心。石家庄团市委切实履行预青专项组长职能，成员单位各施其才，开展形式多样的活动，如市司法局开展了"融入行动"，对服刑人员子女进行帮教；市教育局开展了"牵手行动""呼唤行动"，对留守儿童开展结对帮扶，对有不良行为或严重不良行为青少年开展法制教育。吴川市则通过以吴川中小学生综合性教育实践基地为载体，联合团市委、市教育局、市关工委、市公检法系统、市司法局、市禁毒办等职能部门，经过整合综合资源，加强业务指导，通过结合典型案例进行法制教育授课、参观法制警示教育活动室和开展模拟法庭实践活动。

6. 在热点事件响应机制方向

在热点事件响应机制方面，各地主要就热点事件识别与分级、热点事件响应预案、组建专家顾问团工作进行了探索。如：宁波市建设成立了青少年网络舆情监测中心，通过自动化云数据监测和人工化基层站点及时发现和应对热点事件。北京市西城区将典型案件和热点事件进行分级，分别制定相应的响应程序。沈阳市联合《沈阳日报》开设"童画说法"专栏，针对热点事件，采用漫画形式进行普法教育，并邀请心理专家、律师进行心理、法律点评，收到良好效果。

7. 在用好网络新媒体方向

在网络新媒体运用方面，各地主要是加强了对官方网站、微博、微信平台的建设，及时推送消息，积极与青少年互动。如：阳泉市开通阳泉共青团官方微信，向青少年传播爱国、励志、修身等主流思想，打造

"指尖上的共青团"。石家庄团市委新媒体应用得到了省委领导的重视和指导，"石家庄共青团"微博粉丝超过 240 万。庆阳市启动市县（区）网络和新媒体平台建设，引导正确的舆论导向；市未保办创建庆阳青年论坛，组建了 2080 人的网络宣传员队伍。

8. 在建立权益监测体系方向

在建立权益检测体系方面，各地主要是实体与网络相结合，充实检测站点和队伍，完善检测信息管理。如：淄博团市委协调不同部门做好不同类型重点青少年的摸底排查工作，分类别形成了《全市"情系明天·心手相牵"未成年人关爱行动调查摸底情况汇总表》，建立了工作台账。扬中市建立"青少年阳光服务计划"工作站网络信息联动平台，对基层收集的调查表进行分析、分类，按区域和所属类别进行归档，建立以团干部、村（社区）干部、基层政法工作人员为工作力量的信息动态更新队伍。阳泉市将通报青少年权益个案作为专项组和未保委年度工作会议、重大事项联席工作会议、例行通报会议和工作研讨会议的规定动作和固定环节。

9. 在完善工作考评机制方向

在完善工作考评机制方面，各地主要的探索是提高考评规格，完善考评结果奖惩机制。如西安团市委以"青少年维权岗位创建"和"青年卫士评选"为抓手，把结对帮扶重点青少年群体工作列为评选条件，协调专项组成员单位参与青少年权益工作。贵港市把预防未成年人违法犯罪工作纳入社会治安综合治理考评内容，每年都对成员单位、各级共青团组织等相关职能机构进行目标考评。泸州团市委从"中心"建设、活动设计、项目实施等方面建立考核机制，对"中心"工作情况进行规范考核。计划将群团社会服务中心工作纳入考核管理体系，根据考核结果给予政策支持与资源投入，试点"升降级"机制。

三、需要深度关注的问题

总体而言，当前共青团权益战线的工作紧紧围绕 2014 年发布的《共青团工作五年发展纲要》，按照法制化、组织化、社会化推进的思路，在 9 个方向尤其是青少年事务社工以及重点青少年群体服务管理与预防犯罪工作方面上作出了有益的探索。

但在维权工作上，也存在一些共通的问题，限制着维权工作的进一步推进。例如，多地团市委都反映在组织化方面，部门间的联系协调沟通还不畅，共青团在预青工作组中主要承担协调职能，在没有对工作组中各成员的责任分工作出明确界定和顶层设计之前，共青团对政府职能部门的影响有限。在社会化方面，团干部对青少年权益工作知识的储备不足，缺乏对专业的了解。此外，经费不足、经验不足以及缺乏稳定充足的人才队伍问题也都给维权工作带来了麻烦。

根据共青团权益战线工作的主要内容以及当前团干部普遍反映的问题，下列论题值得深入研究：共青团在维护青年稳定中所发挥的作用研究、青年社会学视角下的我国青年民生问题研究、青年农民工就业及发展问题研究、新生代农民工社会融入问题研究、青少年权益需求研究、青年权益代言人机制研究、团组织利益表达和利益诉求机制建设研究、预防青少年犯罪系统优化研究、社会闲散青少年及有不良行为青少年现状及法制教育路径研究、共青团与人大代表面对面研究、共青团青少年权益工作创新研究、共青团青少年权益工作模式可持续性研究、共青团青少年权益工作队伍建设研究、多学科视角下的共青团青少年权益工作研究、共青团青少年权益工作顶层设计研究、共青团购买青少年服务研究等。

四、团的青少年维权工作的发展

2014 年通过的《全面深化改革进程中共青团工作五年发展纲要》对未来 5 年共青团的权益工作的方向进行了规定。共青团维权工作将仍然遵循法制化、组织化与社会化的思路以推开重点青少年群体服务管理与预防犯罪工作和推进"青少年权益工作创新"试点为载体，提升团组织维权的整体形象。根据五年纲要以及各地团委试点情况，我们大胆预测，今后除继续推进原有的重点工作，共青团在维权工作的三个方向上将有所侧重。在法制化方面，共青团将在学校、社区等多种类型的区域加强法制宣传教育工作。在组织化方面，共青团将加大未保机构的覆盖广度与覆盖深度，或全面推进未保机构的三级覆盖，此外 12355 平台功能的多样性亦可能是一个工作方向。在社会化方面，共青团将加大专业青少年社会服务中心的孵化，以不同形式强化和专业社会工作机构与人员的交流；同时，为 2020 年青少年事务社会工作人才队伍目标的达成打好基础。

第八节　团的志愿工作

团的志愿工作回顾与评析

马　灿

从 20 世纪 90 年代开始的青年志愿者活动是近些年共青团事业化发展的最核心的品牌，为团组织赢得了大量荣誉和发展的机会，未来将在整个中国志愿者事业中不断发展，凸显特色。

一、团的志愿工作概述

1. 相关概念界定

志愿精神。志愿精神是"一种自愿的、不为报酬和收入而参与人类发展、促进社会进步和完善社区工作的精神，是公众参与社会生活的一种非常重要的方式，是公民社会和公民社会组织的精髓"。志愿精神是志愿者、志愿服务的内在精神特质，团中央将其概括为"奉献、友爱、互助、进步"。"奉献"是志愿服务的基础，"友爱"是志愿服务的内因，"互助"反映了志愿服务的实质，"进步"是志愿服务的目的。

志愿者与志愿者服务。志愿者是指：不以物质报酬为目的，利用自己的时间、技能等资源，自愿为社会和他人提供服务和帮助的人。他们主要参与专业性、技能性、经常性的志愿服务活动。志愿者的基本概念包含五个方面。（1）自愿；（2）不图物质报酬；（3）服务于社会弱势群体与公共公益事业；（4）奉献自己力所能及的时间、技能等；（5）非本职职责范围内。志愿服务是指志愿者、志愿者组织服务社会公众生产生活和促进社会发展进步的行为。

2. 志愿者组织与中国青年志愿者协会

志愿者组织是指由志愿者、关心和支持志愿服务的个人和单位自愿组成的，依照章程开展志愿服务的非营利性、公益性的社会团体。中国活跃着大量志愿者组织，其中中国青年志愿者协会是在共青团指导下的志愿者组织之一，是中国志愿服务事业的突出代表和最大的志愿服务群体。加入青志协需要在年龄、素质、技能等方面须符合一定的要求，并要履行一定的手续。

3. 共青团志愿工作的意义

习近平总书记在北京奥运会誓师大会上讲话指出：中国青年志愿者事业是我们党领导的共青团在新的历史条件下创新工作领域、服务社会需求的一大创举。

青年志愿者行动实施以来，得到了广大青年的积极响应，得到了党政领导和社会各界的充分肯定，受到了人民群众的普遍欢迎，产生了良好的社会影响。

青年志愿者行动的强大社会影响力，在于它根植于深刻变动的社会需求之中，帮助了那些最应该得到帮助的人；在于它促进了社会的和谐与进步，重新整合、配置、协调经济领域和公共领域（政府管理）之外的社会资源；在于它弘扬了中华民族传统美德和社会主义时代精神，寻找到了开社会风气之先的好形式；在于它提高了当代青年的文明素质，开辟了在实践中成长成才的新途径。

可以说青年志愿者精神已经成为当代青年喜爱和接受的精神时尚，它是动员青年参与经济社会建设的重要载体和新时期共青团的重要品牌。

4. 共青团志愿工作的历史沿革

1993 年 5 月，共青团第十二次代表大会提出：新时期共青团组织的任务是"把广大青年动员起来，团结起来，推动改革开放，促进社会主义市场经济体制的建立，投身到跨世纪的伟大进军中去"。为了将这一任务落到实处，使之拥有具体的工作突破口，团中央着手起草发展规划，并提出了"青年志愿者"这一名称。随后，中国青年志愿者工作逐步开展起来。团的志愿者工作大致可分为四个阶段，分别是实施阶段、发展建设阶段、深化推进阶段、优化提升阶段，四个阶段各有其特色。

（1）实施阶段（1993～1998年）

1993年12月，共青团第十三届二中全会审议通过《在建立社会主义市场经济体制进程中我国青年工作战略发展规划》，决定把实施"跨世纪青年文明工程"和"跨世纪青年人才工程"作为新时期青年工作的重点，中国青年志愿者行动作为"跨世纪青年文明工程"的重要组成部分和先行启动项目，正式进入实施阶段。

实施阶段的中国青年志愿者行动主要特点是搞活动，建组织，推理念：在这一阶段，志愿者行动基本上以开展集中的、短期的大型活动为主，可以说是"学雷锋活动"的延续和经常化，组织化色彩还比较浓厚，参与人群来自高校、机关企事业单位。1994年12月5日国际志愿者日，中国青年志愿者协会成立，此后，各级团组织不断建立志愿者组织。这一阶段，由中国青年志愿者协会、省级志愿者协会、地市和区县志愿者协会、高校志愿者协会、志愿者服务站（服务中心、服务基地）以及数量众多的志愿者服务队形成的志愿服务组织实施网络逐渐形成。同时，借助团的组织网络以及集中性大规模活动，将志愿服务理念不断推向社会。

（2）发展建设阶段（1998～2003年）

发展建设阶段的主要特点是抓项目，扩队伍，立规范。

青年志愿者支教扶贫接力计划是团指导下的第一个志愿服务长期项目，1998年经全国推广后，服务内容逐步从基础教育扩展到医疗卫生、农技推广等领域。2000年启动实施的"青年志愿者社区发展计划"，加大"一个志愿者或一个志愿者服务队与一个困难群众或一个困难群体进行长期结对帮扶"的"一助一"长期结对工作，标志着志愿活动的触角深入社区建设。2003年，项目化推进实现跨越式发展，以实施大学生志愿服务西部计划为标志，志愿服务项目纳入国家规划。同年6月，国务院常务会议决定支持团中央等部委实施大学生志愿服务西部计划，志愿服务开始深层次介入高校毕业生就业工作等事关国家发展稳定的重要领域。2001年，团中央颁行《中国青年志愿者注册管理办法（试行）》，在全国范围推行志愿者注册制度。志愿者注册制度的推出，标志着志愿者管理规范的确立，同时志愿者队伍进一步扩大。

（3）深化推进阶段（2003～2008年）

这一阶段的主要特点是承办大项目，完善体系，扩大参与。这一阶段，各级团组织动员青年志愿者积极、有序参与了抗击非典、汶川地震抗震救灾等大型志愿服务工作，形成了承办大项目的经验，志愿服务国际交流与合作日益广泛。同时，以组织实施重大项目为契机，共青团加强各级青年志愿者协会建设，形成了涵盖扶贫开发、环境保护、社区服务、大型赛会、应急救援和海外服务六大领域的服务项目。志愿服务地方立法积极推进，修订颁布《中国注册志愿者管理办法》，形成了比较完善的青年志愿服务体系。据统计，截至2008年12月，中国注册志愿者人数达到2946万名。15年来，累计有3.82亿多人次为社会提供了超过78亿小时的志愿服务。

（4）优化提升阶段（2008年至今）

本阶段的主要特点是优化结构，深化内涵，推进常态化发展。这一时期，重点实施了共青团关爱农民工子女志愿服务行动、大学生志愿服务西部计划、中国青年志愿者海外服务计划和国庆60周年、奥运会、上海世博会、广州亚运会等大型活动的志愿服务工作，以及玉树地震、舟曲泥石流、芦山地震等抢险救灾和灾后重建志愿服务工作。同时，以《关于深入开展志愿服务活动的意见》为依据，团中央提出了"把志愿者的精神、热情、专长、服务时间有机结合，通过团组织的制度化安排转化为长效服务机制"的要求，推进青年志愿服务常态化。

5. 共青团志愿工作的框架

中国青年志愿工作目前主要是在组织队伍、项目、平台、文化、机制五个方面全面铺开，以中国青年志愿者助残"阳光行动"、关爱农民工子女志愿服务行动、七彩课堂、大学生志愿服务西部计划、中国青年志愿者研究生支教团、中国青年志愿者海外服务计划、服务大型活动的中国青年志愿者、中国青年志愿者与应急救援等品牌项目为抓手，继续保持在中国志愿服务事业中的"排头兵"地位，为创新社会治理体制、推动社会建设作出更大的贡献。

二、当前团的志愿工作及评析

当前团的志愿工作主要是以党的十八大和十八届二中、三中全会精神为指导，认真学习贯彻习近平总书记给"本禹志愿服务队"的回信精神，围绕青年志愿者行动的组织、队伍、项目、平台、文化、机制建设开展起来的。在工作中，各地做到了按照团中央提出的本年度志愿工作思路，结合本地特色，开发出一批有新意、有价值、有影响的志愿活动项目。具体来看：

1. 组织队伍建设

2014年全国注册志愿者人数以及市县一级青年志愿者协会数量大大增加。市级团委通过吸纳社会志愿服务组织，逐步完善"基层团组织 + 辖区志愿者组织"的框架。部分地区开始思考和探索在更加基层的范围建立志愿者队伍。如鹰潭市青年志愿者协会关注到民间公益组织，通过帮助他们设计志愿服务内容，组织他们参与大型志愿活动，成功地将这批人吸纳进来，成立了鹰潭青年志愿者协会网络分会。临沧市组建"生态立市·青春同行"志愿服务总队，逐步建立环保志愿者、生态监护、宣传教育、植绿护绿等志愿服务分队，全面推进市、县（区）、乡镇（街道）三级绿色生态志愿者队伍建设。凉山州建立了服务不同项目的志愿服务小分队，探索通过州县两级青年志愿者协会搭桥，组建乡镇、村级志愿队伍，实现"州—县—乡镇—村"四级联动服务。

2. 项目建设

在项目建设方面，各地积极创新，在继续开展原有项目基础上，设计实施新项目和新的工作模式，将志愿项目向长期化、常态化方面推进。同时各地也将志愿服务做细做实，通过小微志愿服务加大志愿工作的有效覆盖。此外，"阳光行动"项目开始启动、"关爱行动"项目在县级推开。例如，秦皇岛按照秦皇岛市委"港城先锋·红色义工"志愿服务工作要求，结合正在开展的群众路线教育实践活动，以"方便游客、节约资源、避免重复建设"为原则，制定了"暑期志愿服务站 + 爱心驿站 + 志愿服务队"的工作模式。济南市在常态化开展"共青团关爱农民工子女志愿服务行动"基础上，创新打造"小泉娃关爱"长期项目。宿迁市将志愿者招募和活动开展情况纳入各级文明创建考核，有计划地推行"志愿服务周周行"活动，做到"月月有集中（行动），周周有活动"，打造出志愿服务常态化的"十大行动"和"五十个项目"。青铜峡市开展"共画微心愿"，让孩子们把自己的心愿用笔画出来，用委婉的方式提出自己的愿望，通过服务队志愿者的认领以及社会爱心人士捐领，帮助孩子实现愿望。辽宁新民市对辖区包括孤残儿童在内的18岁以下弱势青少年进行摸底，通过"同成长"亲情一对一实名结对实现全覆盖，开展了"温暖绽放金色六一"关爱弱势青少年群体志愿服务行动系列活动。江西乐平市开展"阳光守候工程书房行动"，江苏高邮开展"告别宅小鸭"留守儿童户外体验活动，均将"关爱行动"推向县级层面。

3. 平台建设

在志愿服务平台建设方面，各地团组织探索打造多种类型的平台。枢纽型平台、分层分级型综合平台、社区实体平台、传统媒体平台、网络平台、手机平台数量都在稳步上升。同时，平台的功能多样化，不仅形成对外进行志愿服务宣传的窗口，也成为了解志愿需求的窗口和志愿者征集管理的窗口。例如：海口市以"您的需求我的志愿"为主题，实行"点单上菜"青年志愿服务模式，建设"需求引导型"的志愿服务中心枢纽和综合运营平台。宿迁市打造市志愿服务指导中心、志愿服务V站、志愿服务专项资金、志愿服务公益平台、"志愿者打卡器"手机客户端、志愿服务电子卡"六大"载体，为志愿服务提供有力支撑。来宾市在全国率先创建"雷锋小屋"和"雷锋驿站"，并将"雷锋小屋"和"雷锋驿站"作为爱心物品交换平台、志愿服务固定阵地和文明信息发布中心，构建了覆盖城市社区、学校的志愿服务固定阵地。鹰潭市在本市人数最多的"飞鹰论坛"开辟"青年志愿者园地"，建立志愿服务的平台，在鹰潭社会各界形成较大号召力和影响力。

4. 志愿文化建设

在志愿文化建设上面，各地主要是开发多种宣传渠道，以广播、电视、报纸为依托，尤其重视对网站、微博、QQ群、微信等新媒体的运用，广泛开展宣传活动，扩大青年志愿服务影响力。此外，各地还积极打造志愿文化标识，对志愿者绶带、铭牌、口号、标语进行了设计并投入使用，有的地方还创作了志愿者歌曲。例如：临沧市开展了以一份致全市青少年倡议书、一份宣传海报、一则户外广告、一个电视专题片、一本宣传手册为宣传基础，一次市级"生态立市·青春同行"行动计划启动仪式的"六个一"的立体宣传方式。三亚市与三亚晨报、三亚电视台、南岛晚报、南海网、国际旅游岛商报、天涯之声等传统新闻媒体合作，并通过微博、QQ 群、微信等新媒体实时发布志愿活动；创作的三亚市志愿者之歌《因为爱》对内凝聚了志愿者，对外清晰了志愿者形象。

5. 机制建设

在机制建设方面，各地在大型志愿服务标准化、志愿者及志愿服务保障机制等方面有所进展。例如曲靖市借力省运会契机，研究制订下发了《省运会志愿服务工作方案》、工作进度表，完善细化了《省运会志愿者招募工作方案》《省运会志愿者管理办法》《省运会志愿者培训方案》等 5 个配套实施方案。宜春市出台下发了《关于进一步加强和改进青年志愿者工作的实施意见》，明确了对志愿者队伍、项目专员的管理、培训、跟踪及考核。石嘴山出台了《关于建立志愿服务激励机制鼓励市民参与志愿服务的实施意见》，要求本市 15 个党政机关、人民团体分别配套建立了激励回馈制度，从干部人事管理、评先评优、创业就业、社会救助、法律援助等方面对优秀志愿者给予倾斜。上饶市积极探索"红鸽子计划"保障措施，制定爱心献血积分回报卡、开通志愿献血者医疗绿色通道，逐步建立青年志愿服务长效机制。

三、需要高度关注的问题

从当前的工作情况来看，经费仍然是限制共青团志愿工作发展的重大瓶颈，呈现出一定的地域性，而且这个特征在县级及以下基层团组织体现得更为明显。对于东南部经济发达地区，资源的限制主要来自于党政部门对青年志愿者行动支持力度不够，不能形成常态化的经费下拨机制，对于中西部地区，资源的限制则是硬性的，财政收入有限，对志愿活动的支持往往有心无力。而经费是否充足，涉及到志愿者保障、志愿物资购买、市场条件下的志愿宣传等方方面面，亟需出台高级别政策为志愿经费提供保证。

其次，是缺乏对志愿者队伍管理机制的经验分享。目前，对于志愿者的管理，例如招募、培训、监督、考核、保障方面的制度往往是各地自行探索，各自为政，尚未形成大家公认的有效的管理机制。虽然各地在志愿者管理制度方面的创新层出不穷，但缺少分享的机会，特别是缺乏深入系统的分享，导致创新的成果不能被推广开来，结果就是一些地方的志愿活动开展得红红火火，而另一些地方还在抱怨不知道如何对志愿者进行最基本的管理。解决这个问题可以考虑两条路径，其一是通过全国枢纽型平台进行案例分享，这条路径的好处是便捷，但单纯文字与图片的二维经验分享很难将管理真经传递到位；第二条路径是开设小型专题培训班，让优秀的志工工作团干部当老师，现身说法，同时为志工工作的团干部们提供实体交流的平台，这个路径的分享效果应当是最好的，然而会受到时间、经费等多方面的限制。

第三是专业性志愿队伍的缺乏。自从开展青年志愿者注册工作以来，志愿者队伍不断壮大。然而，这种增长更多表现出来的是一种表面上的数量而非质量。志愿行动伊始，大部分活动需要的只是热情，但随着志愿行动内容的深化以及对志愿活动效果要求的提高，例如涉及弱势青少年心理辅导、户外拓展、助农市场开拓等内容时，则对志愿者的专业技能提出了新的要求。同时，一些地方在志愿者网络平台，特别是枢纽型平台建设上不懂不会，也迫切需要有技术的志愿者的参与。在解决这个问题上，各地团组织开出的药方是加强对志愿者的培训，除此以外，还可考虑对注册志愿者进行分类管理，不仅仅根据志愿者本人意愿推送消息，亦可根据志愿者专长推送消息，对其志愿的意愿加以引导。

根据共青团志愿工作战线的主要内容以及当前团干部普遍反映的问题，下列论题值得深入研究：社区志愿者与青年志愿者合作机制研究、青年志愿者服务长效机制研究、青年志愿者培训机制与培训效果研究、枢纽型志愿者平台建设研究、青年志愿者服务影响力研究、高校青年志愿行动研究、青年志愿者行为影响因素研究、青年志愿者行动与团青关系研究、重点群体青少年志愿服务研究、青年志愿者素质模型研究、青年志愿服务与党团关系研究、青年志愿行动战略研究、大型赛会志愿活动经验研究、青年志愿者保障机制研究、青年志愿者管理机制研究、青年志愿行动与新媒体的关系研究、青年志愿文化研究等。

四、团的志愿工作的发展

根据 2014 年的工作情况以及《五年发展纲要》，我们对未来志工工作的发展方向做出预测：

1．2014 年是中国青年志愿者助残"阳光行动"元年，各项工作开始启动。2015 年或将以对城乡残疾青少年的全面摸底工作以及城镇青少年和有条件农村青少年的行动覆盖为重点。

2．西部地区集广阔的发展空间与低下的发展水平于一身，存在大量需要关爱的青少年，迫切需要得到切切实实的帮助。2015 年或将留守儿童关爱行动、共青团关爱农民工子女志愿服务行动与大学生志愿服务西部计划、优秀大学生西部基层建功计划、微志愿等项目结合起来，形成合力。

3．经过多年摸索，各地团组织业已形成各自的志愿服务项目品牌，已经可以对这些运作成熟的项目做一个全面的梳理，进行项目库的建设。

4．青年志愿者组织的基层化与专业化。根据青年志愿者行动发展规划，县级青志协的建立将成为重点，高校要普遍建立志愿者协会，在抢险救灾、环境保护、助老助残等专业性较强的志愿服务领域要建立专业志愿者组织。

发展战略篇

对于组织发展来说，所有有计划的组织变革行为或干预方法都是为了提高组织效率，解决问题，增强实力和创造机会。组织变革的三个基本战略是结构、技术和行为战略。组织变革干预在行为变革、结构变革和技术变革战略中都会被用到。

组织结构非常重要，因为它提供了组织内各元素之间相互关系的框架。组织变革的战略就是试图改变组织设计，来更新权力界限、管理范围和工作职责的安排。结构策略改变结构导致新关系。技术战略的实施依靠的是新技术，如新的计算机系统和机器。这些战略常被用于提高组织的机器设备、方法、自动化和工作设计的技术水平。技术策略改变生产导致新流程。行为战略强调的是对人力资源的利用。通常拥有良好道德规范的员工，在其个人能力和才能被充分发挥时能为组织目标发挥重要作用。提升员工的道德感，激发他们的才能，鼓励他们奉献，能够提高组织的绩效。行为策略改变态度导致新行为。新行为、新关系、新流程导致组织发展绩效的提高。

本篇集中说明当前共青团组织努力突破的七大战略问题。该问题的逻辑由第十七届团中央书记处第一书记秦宜智提出。简单描述分别是新青年、新业绩、新服务、新活力、新组织、新媒体、新团干等。这七部分也集中反映了团组织在推动组织发展中的结构、技术和行为战略，导致了团组织的新行为、新关系、新流程。在每一部分选择了团研所所做的相关深度研究加以说明，集中反映了我们的学术观点。

第一节　培育当代新青年

第一篇：青年梦与中国梦

吴　庆

党的十八大后，中国梦开始在国民中叫响。实现全面建成小康社会、建成富强民主文明和谐的社会主义现代化国家的奋斗目标，实现中华民族伟大复兴的中国梦，就是要实现国家富强、民族振兴、人民幸福。它既深深体现了今天中国人的理想，也深深反映了我们先人们不懈奋斗追求进步的光荣传统。

毫无疑问，任何时代，青年都是最富有理想追求的群体，青年期都是充满了梦想的时期。青年梦和中国梦究竟是什么关系？只有对青年群体进行深入的观察，把握其发展的规律，才能真正把握中国梦和青年梦的内在逻辑。

一、青年的过渡性与中国梦的日渐生成

青年是什么？如果我们强调过渡性的意义，青年的本质是处于发展及过渡中的未成熟的人。分析人生的年龄分期，之所以在少年和中年之间划分出一个青年期，是因为人生的这个时期有许多不同于其他时期的特点。青年学理论认为，这是一个人从少年期到中年期的过渡阶段。在这个阶段，从受教育过渡到工作，从出生家庭过渡到自己的家庭，身心依赖到自己独立，青年正处于全面转折阶段。这个阶段的特点，可以综合概括为"两长"（长身体、长知识），"四最"（最积极、最有生气，最肯学习、最少保守思想），"两缺"（缺知识、缺经验），"五大高峰"（体力高峰、智力高峰、特征行为高峰、社会需求高峰、超常行为高峰），"五

大需求"（学习受教育需求、劳动就业需求、生活和健康需求、休息和
文化娱乐需求、恋爱和婚姻需求）。带给我们的启示是：青年人是一个
过渡性的个体，推动青年健康成长，最主要的任务是帮助他们从不稳定
走向稳定，把握方向。青年不是成人，我们不能用成人的标准要求它。

　　同样，中国梦也是在青年梦的全面过渡中逐渐生成。决定青年的多
元梦想能否凝聚成中国梦主要在于青年个体社会化进程的完成程度。知
识的积累、历史的把握、国情的感知、感情的凝练都需要在持续的学习、
实践、体验中方能生成固化。从这一点上说，中国梦并不来源于一个口
号和短时的宣传，更多的是来源于青年在过渡过程中的不断努力，而社
会更应该给为这种青年中国梦的生成创造良好的条件。

二、青年的结群性与中国梦的组织推动

　　青年是什么？如果我们强调青年在组织行为特征上的意义，青年是
社会中最容易结群的年龄体。相比于其它年龄的社会群体，青年的人际
交往需求达到高峰，并且他们具有广泛交友的时间和精力。从青年的结
群性特征分析，首先，青年在成长过程中，受伙伴群体的影响较大，所
属的群体直接影响到青年人的价值选择。其次，由于青年较之其它群体
更容易结群，所以一旦一个群体的问题有了广泛的影响，就会成为社会
问题，因此各个国家都非常关心青年中群体的发展和变化，特别关注特
殊青年群体的发展问题，要开展工作去消除和缓解这些问题，社会才能
保持平稳发展。再次，青年群体的力量引导得好可以成为进步的力量，
引导不好，可以成为破坏性的力量。给我们的启示是一定要将青年凝聚
在具有进步性的组织旁边，推动青年健康成长。

　　因此，青年在青年组织中接受影响，中国梦更需要青年组织的推动。
共青团作为党的助手和后备军，理应发挥自己的组织优势，和青联、学
联等组织一起，和更广大的青年社会组织一起携手同行，为中国梦的实
现注入青年的组织力量。当前要突出解决组织的发动和覆盖、解决组织
的服务和吸引，解决组织的活力和创新，解决组织的品牌和社会认同等
关键问题。真正使得组织凝聚天下拳拳爱国之心，鼓起不懈奋斗之志，
产生蓬勃创新之气。

三、青年的文化性与中国梦的创新动力

青年是什么？如果从文化意义上研究，青年是具有继承与创新、外显性和超前性的文化的创造者。青年文化作为社会文化中的一种，是发挥先锋作用的文化，是社会中重要的亚文化。五四时期《新青年》创刊中"敬告青年"就指出："青年之于社会，犹新鲜活泼细胞之在人身。新陈代谢，陈腐朽败者无时不在天然淘汰之途，与新鲜活泼者以空间之位置及时间之生命。人身遵新陈代谢之道则健康，陈腐朽败之细胞充塞人身则人身死；社会遵新陈代谢之道则隆盛，陈腐朽败之分子充塞社会则社会亡。"可见青年文化对社会的重要作用。文化塑造青年，青年创造文化。青年既是人类文化的继承者，同时也是人类文化的创新者，关注青年文化就是关注人类文化的发展。青年的文化论给我们的启示是青年工作者要善于用传统的优秀文化塑造青年，同时要善于发挥青年在创造先进文化中的活力，使他们能对社会文化的更新贡献自己的力量。

中国梦是一种传统文化的继承，更是一种新文化的产生。在中国梦的实现过程中，既要重视传统文化对青年的影响，同时也需要尊重青年的主体性，发挥青年的新文化力量。在新的时期，青年富有理想，同时他们也重视物质质量，生活品质；具有强烈的民族认同感，同时也更加具有国际视野，开放心态；认可国家制度和社会秩序但有着更高的民主和法治诉求；能紧跟科技发展步伐，积极主动地学习新知识新技能，创新意识和创造活力不断增强；服从团队需求，认同集体价值，但意识更加自主，追求更加多样，个性更加鲜明，自我价值追求更加浓厚；认可传统中国的文化，但更多的和以现代通讯技术、网络等新技术为代表的现代生产力紧密拥抱。国家的希望在创新，创新的希望在青年，当代青年珍存自己的新文化特质，弘扬市场意识、开放意识、民主意识、科学意识、创新意识、环保意识，维护自由、平等、公正、法治，从身边做起，从自己做起，就能推动中国梦的早日实现。

四、青年的选择性与中国梦的信念坚定

青年是什么？如果从决策理论的涵义研究，青年是人生决策的关键

时期。选择既是作为个体的青年人格形成和发展的真正灵魂，也是作为社会群体的青年的真正灵魂。一个人在青年期的选择极其特殊。他要进行各种选择，如学业选择、职业选择、政治选择、价值选择、婚姻选择、家长选择。最关键的问题是他所进行的选择绝大部分都是人生的第一次选择。第一次选择所学的专业，第一次选择所从事的职业，第一次选择信仰，第一次选择恋爱对象等，而随着第一次的结束，每个人的选择就会越来越少，毫不夸张地说，第一次选择决定未来。从这个观点出发，在如此多元化和强调青年主体性的社会中，我们的社会需要帮助青年去作出选择，这也是教育最大的任务；我们的社会需要帮助青年去作出选择，教育是责无旁贷的。要促进青年做出经济的选择、文化的选择、个人价值观念的选择，教育是教会青年学会选择，而不是给青年提供现成的答案。

青年的中国梦也是在选择中发展的。选择物质还是精神，选择奋斗还是享受，选择个人还是集体，选择抱怨还是务实，青年人选择得好与不好，很大程度上决定于青年的这些选择是否经得起时间的检验。在这方面，青年个人要提升前瞻力，站得更高，看得更远，做好人生的选择题，方能实现可持续发展。而社会的责任全在于给予青年选择的力量、选择的智慧、选择的勇气。

总之，青年梦和中国梦的关系实质上是一个理想在不同代际上的体现，是一个愿景在个体和团体中的最终融合。生活在今天伟大祖国和伟大时代的中国青年，共同享有人生出彩的机会，共同享有梦想成真的机会，共同享有同祖国和时代一起成长与进步的机会。青年是中国梦的推动者，更是中国梦成果的直接享用者。李大钊在《青春》一文中热情讴歌了青年和青春。他说："青年人进前而勿顾后，背黑暗而向光明，为世界进文明，为人类造幸福，以青春之我，创造着青春之家庭，青春之国家，青春之地球，青春之宇宙，资以乐其无涯之生，乘风破浪，迢迢乎远矣。"一代青年的梦想必将成为中国梦的核心组成，成为国家富强、人民幸福的强大动力！

第二篇：共青团开展青少年思想引导工作的四种思维方式

吴 庆

青少年核心价值观的引领工作是一个大课题，共青团组织所做的工作只是这个大体系中一个小部分，团组织只有认清自己的定位，把握工作须为、能为、可为等关键问题，才能在思想引导中发挥更大的作用。无论共青团组织活动呈现得多么丰富，其核心功能是为政党凝聚青年。通过各种方式传递与政党相关的政治知识、政治情感、政治信念等。这种传递要特别关注到四种思维方式。

一、共青团开展思想引领活动要树立系统思维。

什么叫系统思维？就是共青团不能"包打天下"。那种认为核心价值观引领的工作就是共青团要做的，青年思想产生问题就说明团组织工作存在这样或者那样的问题，这种思维方式并不科学。青年价值观的形成有一个大的系统，第一来源于学校，第二来源于家庭，第三来自于社会传播，一个青年的价值观就是在综合体中完成的。以大学为例，虽然大学团委能做许多引领工作，但专家教师，青年社团，父母家长，还有社会上的影响都很重要。共青团做这个工作要在系统的角度里面去考虑自己的地位和作用，思想引导工作才能够做得更好。

系统思维给共青团的启示有两个方面。首先，要把组织的触角渗透到其他相关影响因素中。比如说共青团在学校能做什么？可以在学校里努力做一个大学生喜欢的校园媒体。共青团能在课堂里面做什么？在教室里，很多学生社团贴了一些标语和海报，包含着需要传导的价值理想。共青团活动能进入家庭吗？共青团能把他的工作延伸到社会传媒吗？这些方面都值得探索。总之，思考要系统，触角要进入到系统中，这项工作和团的组织建设可以很好地结合起来。

其次，要建立青少年价值观引导评价体系。发挥团组织的组织动员优势，团组织要努力发现来自于社会、来自于学校、来自于家庭、来自于社会传媒的种种问题，然后通过组织成员和网络的优势开展定期研究并进行判断，再将这些材料总结及时上交党政相关部门，成为优化系统的重要推动力量。

二、共青团开展思想引领活动要树立传播思维。

团组织当前做了许多工作，但影响力却是有限。究其原因，很重要的是没有把握传播规律，形成青年不喜欢的刻板印象。比如现在一讲核心价值观，很多人想到的就是举办团日活动开展学习，就是拿一张报纸、拿一个文件让团员学习。这种单向灌输式的传播方法太强求青年，已完全不适应当代青年的需求。政治传播具有很多规律，不遵循规律就会影响到效果。从现在的情况看，网络宣传工作对基层团干部来说难度很大，基层的团干并不知道该靠什么引导，而只知道把上级的短讯在网络上进行转发，不能够针对基层的问题去落实，不能进行非常深入的引导。

其实最核心的东西就是要尊重传播规律，就是要了解当代的青少年，解决以上问题要正视当代青年存在的一些"政治冷漠"现象。比如说，很多青少年信利益，信需要，信很实在的东西，如果你的思想引导和利益相关，他会很感兴趣。青年人相信感情，特别是他会关注谁在传递信息。如果是一个他所喜欢的人在传递信息，他会更加相信。青年相信规律。比如现在号召大学生到基层去工作，告诉他们基层能够成长起来？他们会问：大学生下基层到底是什么情况？他会说我想留在大城市，这里机会多，更公平。但是到基层，大学生就会淹没在复杂的人际关系中，如果你拿不出事实去说服他的这点小心思，你就无法说服他。总之事实是什么，规律是什么？这是教育的关键。

因此在网上开展思想引导工作，要经常问：我们在做的思想引导工作，符合青年人利益吗？切合青年人感情吗？事实在哪里？有基本的底线吗？如果没有这些东西，青年人是不会相信的。团组织要研究思想引导的这些深层次问题，进行整体设计和推动、渗透，才能推动网络思想引导工作。

三、共青团开展思想引领活动要树立组织思维。

共青团组织的引导工作有什么特点和优势？特别是和学校比，和家庭比，和社会传媒比，到底有没有优势？这是需要充分研究和高度关注的，如果确实存在这样的优势，毫无疑问要发挥出来。

中国共青团是一个非常生动的青年社团，一个具有 8000 多万团员、25 万专职工作者和 500 万兼职工作者的庞大组织，怎么发挥这个组织的力量，这是最重要的，而这种组织的力量的核心是组织性覆盖和社会性的力量。

要发挥这种力量，当前有几个问题需要突出解决。第一，共青团组织的发动力、团干部的意识形态工作能力亟需增强。当团组织遇到复杂的思想问题时，团干部首先要有这个能力去辨别，说服，引导。第二、共青团组织的主体——广大的共青团员的先进性和组织意识还要增强。如果作为核心的团干部带着广大团员，不断表现出先进性特征特别是典型行为，就不可能在整个社会上缺乏影响。但是，这个先进性需要更加具体化和可视化。比如说传播核心价值观，如果对个人来讲要提爱国、敬业、诚信、友善，那么对团员到底提什么，爱国到底是什么？团组织不能仅仅提个工作口号。爱国到底是什么？可以有各种具体的解释。如果说爱国就是要爱我们的国家环境，组织就可以动员全国已经工作的团员在下班路上顺便拾垃圾，全国在职团员都这样做，建一个体系，就会有很大的影响，长期坚持，必有功德。又如：爱国就是维护我们国人的良好形象。目前，一些国外的人瞧不起中国人，认为中国人素质低，我们要正视这种鄙视。团组织可以好好研究一下，在国际交流的过程中一些国人到底需要提升什么？可以把这种研究工作作为教育团员的鲜活素材并外化为一些主题活动。这都体现了团组织践行核心价值观的要求，将这些概念化的东西落在实际过程中，这样核心价值观引导就具体和鲜活了，青年也一定会喜欢。还要强化组织的品牌建设问题。比如青年志愿者这个品牌是团组织很有社会影响力的金字招牌，但是如何深化是一个极大的问题。同时，这样的品牌对于团组织还太少，一个关键的原因是团干部的流动性使得他们很难静下心来做积累，这个问题一定要解决好，否则共青团组织就无法发展甚至失去存在的逻辑空间。

四、共青团开展思想引领活动要讲专业思维。

在推动专业发展上，当前存在着一些重大的矛盾。专家们对理论把握得比较多，但他们不了解共青团工作；而许多团干部谈论问题只是就事论事，规律把握得不够，也无法找到对策。当然团干部队伍里也会出现一些理论水平很高的领导，但是他们不可能长期做团的工作，这就是一个矛盾。要解决这个问题，核心是把专家和团干部的队伍结合起来，创新平台。这样的平台能推动专家接触一线实际，让他了解团的工作，并且长期跟踪团的工作，他就会对青年的类型了解得越来越具体，对青年价值观的发展就会把握得更加深刻，工作就可以上一个台阶。

共青团组织在思想引导上可以有所为，但不可能无所不为，推动有所为的关键是在系统思维、传播思维、组织思维、专业思维，有了这四种思维方式，共青团的思想引领工作才能上一台阶。

第三篇：榜样宣传如何做？

成才树理论：一个对青年成才的理论解释
——来自某中央部委的调查

吴庆   颜媛媛

希望在人生道路上不断得到成长和发展，获取事业上的成功，早日成才，这是广大团员青年的愿望。怎样能够在人生的道路上不断获取一个又一个的成功，国内外的专家、学者、成功人士等等都对此问题进行过探索。伟大人物的传记、时代人物的事迹、以及成功学或成功术等各式各样的成功学论著和读物成了希望获取成功的广大青年经常翻阅、学习和借鉴的资料。什么是青年人才的成长规律，我们在某中央部委机关党委和团委的支持下开展了"杰出青年成才规律"的课题研究。课题试图通过对该部委各项工作中出类拔萃的杰出青年的调研和访谈，总结出中央部委机关及所属事业单位的杰出青年成功和成才的主要规律和基本做法，以便广大团员青年参考和借鉴，正确处理好工作生活学习中的各种矛盾，更好地在中央机关的事业中发挥生力军的作用。

一、概念、研究方法和过程

概念：所谓"杰出青年"是指在单位这一组织的工作中作出了突出贡献，并且在广大青年中具有影响力的青年，而非泛指在社会生活中或在家庭中取得杰出成绩的青年。"成才"是指成为单位人力资源中较有优势并对单位有创新性贡献的人。"规律"是指从众多杰出青年的成才经验中抽象出来的普遍性法则，循此法则，青年便可成才。

研究方法：本研究采用质的研究方法，针对该部委自 1994 年以来评选出的五届共 50 位"部级十大杰出青年"作为研究样本，进行访谈和调研。通过采取结构式访谈的方法抽象出青年人才成长的规律。同时也关注从杰出青年的经历和做法中总结出可供借鉴和具有可操作性的处理问题的方法、经验和规律，提供给广大团员青年参考和借鉴，以便引导团员青年树立正确的世界观、人生观和价值观，帮助广大团员青年解除困扰，更好地投入到事业中。

研究过程：为了更好地发现青年人才的成长规律，我们的研究分四个阶段。

第一阶段：在该部委机关及二级单位组织了团员青年的座谈会以及与党委书记的访谈，从团员青年本人和组织要求两个角度充分了解和掌握目前团员青年在成长和发展道路上最为关心的问题、面临的最主要的困惑、最突出的矛盾和最需要处理的关系以及他们对优秀青年人物的评价等。如团员青年座谈会的主要内容是：1. 你认为成为杰出青年需要具备什么样的素质？本单位杰出青年成长有何规律？你最关心的关于成长的问题是什么？本单位青年成长中最突出的矛盾和成长中最需要处理的关系是什么？2. 你如何评价本单位的杰出青年人物？和党组织领导沟通的重点问题是：1. 你认为在本单位杰出青年成长需要什么样的素质？成长有何规律？单位党政领导最关心的青年成长问题是什么？本单位青年成长中最突出的矛盾和成长中最需要处理好的关系是什么？ 2. 你如何评价本单位的杰出青年人物？

第二阶段：根据第一阶段的访谈记录，对广大团员青年在访谈过程中提出的主要问题、困惑和矛盾进行归类和梳理，同时总结大家对优秀青年人物素质的评价，在此基础上提出研究假说，设计对杰出青年的访谈提纲。并广泛收集历届杰出青年背景材料。

第三阶段：根据访谈提纲，对杰出青年开展细致的访谈，让他们讲述自己成才的过程和关键因素；针对广大团员青年最为关心和最为困惑的问题，询问杰出青年自己的处理方法和经验。

第四阶段：根据访谈记录，对"杰出青年"的成才共性和处理主要矛盾和主要关系方面的经验和做法进行梳理和总结，提出杰出青年成才规律。

二、结论："成才树"理论

根据我们前期对青年成才研究相关文献的整理及对座谈会及领导访谈内容的吸收，特别是对杰出青年的访谈分析，对提出假设的验证，我们初步构建了青年成才的"成才树"理论框架。

所谓"成才树"理论是将能够影响个人发展和成才的众多因素进行分类及对变量的把握，从总体上说，这些变量和规律呈现出类似树的结构，成才树包括树主干、树根部、树分支、影响树成长的阳光、水和空气等外在因素。我们分别把它们叫做成才根基、成才主干、成才枝条和成才环境。这四大方面构成了青年人才的关键变量。

成才根基：成才有先天因素。成长树根部因素是指促使青年获得成功、作出杰出贡献、发挥青年影响力的基础特质。这些基础特质主要具备以下几个方面的特点：第一，成长期前即已形成，成长期难以改变。一般来说，成才树根部因素主要是在青年进入成长期之前已经形成，在进入成长期之后基本无法改变的能够促使青年成长的因素。比如说，性别、家庭教育因素、学校教育背景、性格特征、相貌等。第二，内隐性。

成长树根部因素相对于成长树主干因素和枝条因素来看，它不像树主干因素和枝条因素一样在平时的工作业绩和人际关系中外显出来，而是深深隐藏在地下，是一些看不见、摸不着却对青年成长有重要推动作用的因素。比如，自信心、创新精神等。第三，给养性。成长树根部因素为成长树主干因素和枝条因素发展和壮大输送着源源不断的养料。比如自我成就动机、责任感、使命感等。总体来看，成长树根部因素主要包括家庭教育背景、学校教育背景、性别、性格特征、相貌特征、自信心、创新精神、自我成就欲望、责任感、使命感等。

　　成才主干：成才需要普遍素质。成长树主干因素是指无论性别、年龄、行业、部门和工种，杰出青年成长均具备的因素。成长树主干因素所具备的特点是：第一，主体性和核心性。判断一棵树是否是栋梁之材，能否长成参天大树，主要看树干是否完好和粗壮。因此，判断一个青年能否成为杰出青年，主要看成长树的主干因素是否都具备和满足了。如果一个青年主干因素都满足和具备，那么再给予合适的环境和养料，就有可能成长为栋梁之材；反之，如果树主干遭受了严重病虫害的袭击而受到损害，即使周围环境再优越，也很难成长为栋梁之材。第二，普适性。无论白杨树、银杏树、梧桐树还是松柏树，无论小树还是大树，无论是高山上的树、丘陵上的树还是平原上的树，无论是南方的树还是北方的树、无论是国内的树还是国外的树，只要称之为树，它可以没有枝条，但必须要有主干。同理，无论是什么职业，无论是男性还是女性，无论是二十岁、三十岁、四十岁还是五十岁，只要是杰出青年均需要具备和满足这些因素。第三，外显性。树的主干粗细、好坏、有没有遭受病虫害，很容易可以观察到。因此，成长树主干因素也是可以看得见，摸得着，具有可衡量性，比如业务水平高、人际能力强、道德修养好、谦虚等。第四，可改善性。对于树来讲，可以通过修剪和病虫害防治等一定的方法来帮助树干变粗变壮。同样，对于成长树的主干因素可以通过一定的方法来提高和改善。比如，人际能力是可以通过掌握一定的方法而提高的。总体来看，成长树的主干因素包括以下几点对待自己，包括学习精神、创新精神、务实精神；对待他人，如道德修养好、注重人际关系、团队能力强、谦虚，尊重他人等；每天的总结提升机制，如抗压能力强、善于反思和总结等。

成才枝条：成才需要匹配。成长树枝条因素是指杰出青年成长需具备的与职业特性和要求相匹配相切合的因素。成长树枝条因素所具备的特点是：第一，匹配性。对于树来讲，杨树的枝条一般比较高并且伸展性强，而不像松柏的枝条那样低且聚拢好，银杏树的枝条较直并且坚挺，而垂柳的枝条又垂又柔，随风轻摆更具美感。杨树不应该长出松柏的枝条，银杏的枝条要像垂柳一样向下低垂并轻摆也不能称之为银杏树。同样，对于成长树来讲，不同的职业、岗位上的成长树需要具备不同的枝条因素。枝条因素只有与其相应的职业和岗位特点相匹配，枝条因素才能为整个成长树的茂盛和蓬勃发展发挥应有的作用和贡献。如果不相匹配，就像银杏长出了垂柳枝，成长树就不能成长为这个领域中的栋梁之材，而是可能成为奇怪之材。第二，辅助性。成长树枝条因素在满足了与职业特点和要求相匹配的前提下，枝条的多少只起到辅助作用，而不是关键作用。枝条较多的树是比较茂盛的成才树，而枝条较少的树也是成才树，只不过不太茂盛而已。因此，在满足了与职业要求匹配的前提下，枝条因素多则多多益善，少则无伤大雅。第三，可改善性。成长树的枝条因素也可通过修剪等一系列的方法来改善。总体来看，成长树枝条因素主要包括有远见、对职业发展目标清晰、善于把握机遇、认清自己的潜能、善于展现自己、坚持目标并为之奋斗、业务水平高等因素。不同的职业、不同的岗位对于成长树枝条的要求也不一样。

成才环境：成才需要环境，成长树的环境因素是指有利于成长树长成枝繁叶茂的参天之材的外部环境因素，就像阳光、水和空气一样。具备同样根部因素、主干因素和枝条因素的成长树，在阳光充足、水分充沛的优越外部环境中更容易成长为参天大树。相反，即使根部因素、主干因素和枝条因素都非常不错，但缺乏阳光的照耀、水分的滋养，树木也很难存活和生长。这类因素主要包括：成才环境好、领导、单位发展、制度安排、人才气场、家庭关系等。

总之，"成才树"理论框架是用来生动说明青年成才的过程和所需要素。青年成才既有偶然性又有必然性，用自然生长的树木来模拟成才过程，其中具有诸多共同性。但并不意味着严格按照树的生物规律推理所有的结论，只是方便大家理解。这种解释目前还只是作为一种理论假设，还需要得到更多的验证。

三、应用：青年人才工作的全面完善

基于青年人才的"成才树理论"，单位人事管理部门、机关党委、团委可以加以利用，全面推动青年人才更好地发展。

基于成才根基的先天性，建议关注新员工的童年和早期生活经历，包括在选用新员工时多进行更加深度的考察，以避免单位新员工的先天不足。

基于成才主干的普适性，建议重点关注青年的学习、务实、创新、人际、抗压等重要素质的培养，及时开展培训。

基于成才枝条的匹配性，建议重点关注青年的潜能、兴趣和特长，创造更加灵活的用人环境，使岗位和青年匹配，同时加大青年技能的持续提高。

基于成长环境的决定性，建议重点关注为青年人才的成长创造良好环境，推动青年人才选拔、培养、管理、输送等。

毫无疑问，一代青年人才更快地成长起来是事业发展的关键，十年树人，百年树木，赢得青年，才能赢得未来。

第二节　创造时代新业绩

第一篇：共青团在推动社会治理、构建和谐社会方面的作用研究

吴　庆

推动社会治理，构建社会主义和谐社会，是一个长期的战略任务，也是一项复杂艰巨的系统工程，需要充分调动广大人民群众的积极性、主动性和创造性，把各方面的力量和智慧集中起来、凝聚起来，形成强大的合力。青年不仅是社会变革的重要力量，也是社会稳定的重要力量和构建社会主义和谐社会的生力军。国家进一步加强青年事务管理，有利于引导青年成为一种顺应社会发展的变革力量和稳定力量；同时，随着社会主义市场经济的发展，社会不同利益主体随之出现，利益多元化的格局已经形成。青年作为一个社会群体，他们在经济利益、就业机会、身心发展、政治参与等方面有着自己的利益诉求，为了青年的健康成长和国家的未来发展，我们还必须充分重视青年的利益诉求，通过正确的引导和需求的合理满足，促进他们发挥正面作用，成为顺应社会发展的推动力量，保持社会长期稳定。共青团作为党领导下的先进青年的群众组织，作为党联系青年的桥梁和纽带，作为国家政权的重要社会支柱，在这个过程中理应发挥更重要的作用。

一、关于在政府加强社会管理和公共服务职能过程中，共青团如何发挥作用，承担相关职能的研究

2003 年中国共产主义青年团十五大修改的团章中明确指出："中国共产主义青年团充分发挥党联系青年的桥梁和纽带作用，积极协助政

府管理青年事务，在维护国家和人民利益的同时代表和维护青年的具体利益。"增写共青团协助政府管理青年事务的职能，反映了新时期党对共青团的新要求，顺应了我国政府加强社会管理和公共服务职能的行政改革方向，有其深刻的历史意义。

青年事务是党和政府的青年工作的重要方面。从广义上说，青年事务既是一种政治事务，也是一种国家事务和社会事务，它包括满足诸如教育、就业、参与、健康等青年成长成才、生产生活的基本需求，以及改善青年群体生存发展的社会环境和政策环境等，是政府和社会组织依照有关法律、法规，在行使青年教育、监督、管理、保护、发展等职能过程中所涉及的综合性服务事项。青年事务是政府社会管理、公共服务的重要内容。

关注青年事务符合国际潮流，也适应了我国的国情。从世界范围来看，维护青年权益、服务青年成长、促进青年参与和发展，已成为国际社会及各国政府的普遍共识和努力方向。尤其是在经济全球化的推动下，国际青年事务的交流与合作日益活跃，青年发展所面临的课题日益趋同，各国政府在青年事务中的地位和作用日益重要。从我国的国情来看：发展是我们党执政兴国的第一要务，发展是解决中国一切问题的关键，而人是一切发展的根本的决定的因素，人的发展是一切发展的根本目的。从这个意义上说，国家经济社会的长远发展和可持续发展，在根本上取决于青年一代的发展。尤其是在经济全球化的条件下，要使我们国家在世界经济的激烈竞争中赢得主动权，关键靠人才，希望在青年。青年的发展，不仅仅是少数精英或某个群体的发展，而是一代青年的发展；青年的发展也不仅仅是思想道德的发展，而是包括思想道德在内的整体素质的全面发展。我们看到，在我国社会发展和变革中，青年群体在不断分化和重组，利益分化加剧，青年问题社会化、社会问题青年化的现象日趋明显。尤其是社会弱势青年的发展问题相当突出，如青年的身心健康问题、青年的就业问题、青年犯罪和吸毒问题、青年教育问题、青年闲暇生活问题、青年权益保护问题等。这些问题不仅影响着青年的全面发展，也影响着经济社会的全面发展。这些问题不解决，不仅影响现在的发展，更影响并决定未来的发展；不仅影响这一代青年的发展，而且势必要影响我们子孙后代的发展。因此，如果我们要真正实现可持续发展，就不能不抓住青年全面发展这个根本性环节。党和政府拿出一些精力来加强青年事务管理，努力为青年营造良好的成长环境，提供发展服务，促进青年的成长成才，为青年的综合素质和竞争力的提高提供条件，应当是一件利在当代、功在未来的战略之举。加强青年事务管理有利于鼓励青年的创造力，为经济社会可持续发展提供源源不断的人力资源。

目前我国青年事务的承担主体主要是党和政府各职能部门，特别是文化、宣传、教育、劳动就业和社会保障、卫生、司法等部门，他们在其主体工作中也关注青年的相关特殊问题。但从更有效的青年事务运作格局上说，青年事务管理应当是党委总揽全局、政府主导实施、社会组织和群众团体共同参与的体制。因此，今后的发展趋势是一方面青年事务还需要党和政府建立起合法的、更权威的、具有综合性协调作用的行政机构，促进青年事务运行效率的提高。因为在党和政府组织体系中涉及青年事务的部门很多，社会组织参与青年事务的也不少，它们在没有统一规划和统筹协调的情况下，从各自的角度和需要进入青年事务领域，这就难免会发生矛盾和问题。但不论是谁造成的问题，最后还得政府出面，以大于日常几倍、十几倍的管理成本进行整顿，如网吧、网站、非法中介等。这不仅加大了政府青年事务管理成本和操作难度，也对青年的成长和发展造成相当大的负面影响。另一方面，随着社会的进一步开放和发展，青年事务的内涵将进一步拓展，参与青年事务的社会组织也会大量增加。随着改革开放和社会主义市场经济的深入，我国的政府职能转变加快，社会结构日益多样化，社会事业蓬勃发展。社会结构的不断变化与整合，使当代青年群体的价值观念、利益需求、发展方式和群体构成等日益呈现多样化趋势。多样化的群体要以多样化的组织去联系和覆盖，必须构建一个政党、政府和其他社会组织共同参与的全方位的青年工作体系，从而更好地实现对各类青年的全面覆盖和影响，将更多青年有效地团结在党的周围。

共青团组织由于其组织的特殊性无疑在这个进程中有着巨大的优势，能够发挥更大的作用。共青团组织是一个政治性的群众团体，在动员广大青年上有别的组织所不能比拟的优势，在具体执行管理职能方面又有一定的灵活性和自主性，因此协助政府管理青年事务，成为党和国家青年事务的重要参与者和协调者，成为广泛社会资源的整合者，共青团组织有其重大的责任。从共青团组织的发展角度考察，目前共青团组织在协助政府管理青年事务、构建和谐社会方面有两大优势。第一个优势是共青团已初步具备较为完善的社会化运作资源和手段。通过改革开放后共青团组织自身的改革，共青团组织已经在实践中不断强化自身服务能力。一个组织的工作覆盖面和社会影响力与该组织服务工作对象的能力，与该组织获得物质、人力、政策等资源的能力是成正比的。共青团组织通过近些年来构建有效的政策支持和广泛的社会联系网络，拓展了获得社会资源的渠道，健全了社会化运行机制。一方面主动争取党委政府在政策、资金和项目上的支持，推动形成政府委托、共青团承办的工作机制；另一方面在坚持公益性上，加强与社会各界的合作，强化推进工作的物质依托。并在实践过程中推动了工作力量的社会化，面向社会整合人才资源，已初步形成一支以专职团干部为骨干，以各类青少年工作者、青少年研究人员为重点，以热心青少年事业的社会各界人士为辅的青少年工作队伍。目前以共青团中央为核心，中华全国青年联合会、中华全国学生联合会、中国青年乡镇企业家协会、中国青年企业家协会、中国少年先锋队等组织都有其强大的社会网络，同时团中央管理的组织包括：中国青少年网络协会、中国青年志愿者协会、全国青少年宫协会、团中央实业发展中心、中国青少年研究中心、中国青年出版（总）社、中国青少年发展基金会、中国青少年发展服务中心、中国少先队事业发展中心、中国光华科技基金会、中国青年旅行社总社、中国青年国际文化交流中心、中国青年政治学院、中国青年报社、中国少年儿童新闻出版总社、中华儿女杂志社、中国国际青年交流中心、团中央网络影视中心、中国青少年犯罪研究会、中国青年实业发展总公司等，这些组织都有其优势资源和社会化渠道。各地团组织及所属单位更使共青团的社会化资源在全国融为一体。目前在类似上海的发达地区，共青团协助政府管理青年事务已按照一个全新的运作模式运行：即政府出资，社会中介组织服务；政府定标准，社会中介组织执行；共青团组织和相关政府部门监督检查，社会中介组织依据服务结果获利。这种模式，形成了政府和共青团组织与社会中介组织双向选择、互动双赢的社会化运作机制。第二个优势是共青团倡导的的青年志愿者行动已成为促进我国构建和谐社会的积极力量，青年的志愿行为为共青团组织更快更多地整合资源提供了强大的人力基础。1993 年由共青团组织发起的青年志愿者行动在神州大地蓬勃发展，亿万青年秉承"奉献、友爱、互助、进步"的志愿精神，自觉实践"爱心献社会、真情暖人间"的庄重承诺，书写了当代中国青年运动的新篇章。青年志愿者行动始终紧扣社会主义市场经济发展的要求，动员广大青年以志愿服务的方式在现代化建设中发挥了积极作用。十多年来，青年志愿者在扶贫开发、社区建设、环境保护、抢险救灾、大型活动、海外援助等领域广泛开展志愿服务，青年志愿者扶贫接力计划、保护母亲河绿色行动营计划、大中专学生暑期"三下乡"志愿服务、青年志愿者海外服务计划、大学生志愿服务西部计划等重点项目，成为广大青年施展才华、报效祖国的舞台。青年志愿者行动紧扣新的历史条件下社会发展的要求，动员广大青年服务于人民群众生产生活的基本需求。改革开放的深入，市场经济的发展，使公众参与志愿服务的需求和社会对志愿服务的需求都在不断增长，青年志愿者行动把这两个需求有机地结合起来，促进了社会稳定与社会进步。十多年来，各级团组织人力实施青年志愿者社区发展计划，积极开展助老、助残、维护社会治安、法律援助等长期项目，建立社区青年志愿者服务站 3 万多个，数千万青年以"一助一"结对、包户帮扶等方式，为 250 多万离退休职工、下岗职工、老年人、残疾人、五保户等困难群众提供了经常性帮助。青年志愿者行动适应了当代青年自主意识不断增强的特点，用民主、平等、正面引导的方式把青年凝聚起来。在改革开放和市场经济条件下成长起来的当代青年更加务实，自主性也明显增强。青年志愿者行动尊重青年的自愿选择和自愿参与，极大地激发了青年参与志愿服务的积极性和主动性。到 2003 年，全国共有 1 亿多人次的青年向社会提供了超过 45 亿小时的志愿服务。广大青年在志愿服务的实践中成长成才、全面发展。青年志愿者行动体现了共青团在新的历史条件下与时俱进、开拓创新的要求，成为新时期共青团动员青年、服务青年、凝聚青年和教育青年的重要途径。具有鲜明的时代性和开放性特点，其社会化的运行模式和项目化的管理方式是市场经济条件下共青团的工作方式的重要探索和创新，对团的各项工作的发展都有一定的导向意义。在青年事务的很多领域，青年志愿活动都是行之有效的方式。总之，共青团在协助政府管理青年事务中的两大优势为政府广泛动员社会参与青年事务的管理提供了强有力的组织保障和人力保障，共青团在形成党委领导、政府负责、社会协同、公民参与的青年事务管理新格局中将发挥核心作用。

当然，共青团协助政府管理好青年事务，需要正确把握共青团组织的工作定位。因为青年事务管理的行为主体是政府而不是共青团，共青团组织的基本定位是参与和协助青年事务管理，在总体格局上应始终以协管者的身份受政府委托参与青年事务管理，实现群众组织行为与政府行政行为之间的有机结合。同时，也要注意避免共青团在协助政府管理青年事务过程中产生的群众组织行政化、群众工作精英化、事务管理机关化等偏向，如此才能在协助政府管理青年事务与共青团建设发展的良性互动中实现新的飞跃。

1. 在政府加强社会管理过程中，共青团如何发挥作用，承担相关职能研究。

政府社会管理职能就是通过制定社会政策和法规，依法管理和规范社会组织、社会事务，化解社会矛盾，调节收入分配，维护社会公正、社会秩序和社会稳定。加强社会治安综合治理，保障人民群众生命财产安全。保护和治理生态环境。加强社会管理，必须加快建立健全各种突发事件应急机制，提高政府应对公共危机的能力。共青团在加强社会管理的过程中，可以从以下几方面入手，强化相关职能。

（1）扶助青少年弱势群体

共青团组织要动员青年促进社会公平和正义。要从解决青少年最关心，最直接、最现实的问题入手，把服务青少年和服务社会结合起来，积极开展志愿服务，发展公益事业，切实促进社会公平和正义。

随着我国的社会转型，一部分青少年弱势群体也正在逐渐形成。青少年弱势群体主要包括孤残儿童、残疾青少年、贫困家庭的青少年、贫困大学生、下岗失业青年、青年农民工等，也包括刑满释放的青少年、青年女性、单亲家庭子女等等，这些人或在经济发展方面受到制约，或在精神上受到歧视，一些基本权利得不到保障。青少年弱势群体的存在，不仅对青少年自身成长发展产生巨大影响，还会导致社会心理动荡、影响社会安定。随着经济的发展和社会的变革，如何帮助弱势青少年群体解决实际问题，促使他们健康成长，对青少年工作提出了新的挑战。

弱势青少年群体最需要帮助。共青团组织要把他们的安危冷暖时刻挂在心上，真心诚意关心他们，千方百计帮助他们。要帮助下岗失业青年克服生活上的暂时困难，实现再就业。帮助农村贫困青年提高增收能力，拓宽增收渠道。帮助进城务工青年解决技能培训、子女教育、权益保护等方面的困难。通过志愿服务等方式，做好残疾青年的帮扶工作。关心帮助失足青少年，增强他们走上社会的信心等。

团组织要重点促进青少年的教育公平。教育公平，是公平的基础，是全民教育的灵魂。没有教育机会的均等，就谈不上社会公平。近年来，各级团组织广泛开展了希望工程、手拉手、济困就学等活动，帮助大批青少年顺利接受教育，在全社会产生了良好的影响。但目前，还有相当一部分农村贫困家庭、城市下岗失业家庭、进城务工人员的子女无法顺利完成学业；一些农村地区教育资源相当匮乏，许多适龄青少年得不到有效的教育。我们要进一步整合社会资源，通过结对帮扶、勤工助学等方式，加大济困助学力度，帮助经济困难学生顺利完成学业。要引导青年积极参与贫困地区教育公益事业，深化希望工程、扶贫支教等活动，让更多的青少年得到公平有效的教育。

除了对青少年弱势群体的关注之外，共青团组织还可以动员青年在帮扶社会弱势群体方面发挥作用。弱势群体最需要帮助，最渴望公平。比如，城市下岗失业家庭需要再就业维持生计，贫困低收入家庭需要社会扶贫帮困，孤寡老人需要养老保障和生活照料，残疾人需要特别关心，等等。实践证明，志愿服务是帮助弱势群体的有效手段。团组织应该进一步推进志愿服务事业，广泛开展社区服务、扶贫开发、公共卫生、法律援助等志愿服务，努力帮助弱势群体解决实际困难，让他们充分感到全社会的关爱。

团组织还可以充分发挥自己的组织优势，通过各种活动推动城乡区域发展。比如开展青年企业家西部行、东北行、中部行、老区行活动，开展东西互助、博士服务团活动，组织东部沿海地区和城市青年到西部、到农村开展志愿服务，建立健全青年区域互动合作机制，为建设社会主义新农村，为促进区域协调发展发挥更加积极的作用。

（2）预防青少年违法犯罪

预防青少年违法犯罪是社会治安综合治理的一项重要内容，也是促进青少年健康成长的重要措施。长期以来，党和国家高度重视预防青少年违法犯罪工作，先后就青少年教育和预防违法犯罪问题作出了一系列重要决策和具体部署。1991年和1999年全国人大常委会先后颁布了《未成年人保护法》和《预防未成年人犯罪法》。2001年1月，中央综治委成立了预防青少年违法犯罪工作领导小组，团中央在其中发挥主要的协调作用。

共青团组织可以发挥优势，动员广大团员青年，积极参与社会治安综合治理，切实做好预防青少年违法犯罪工作，为服务改革发展稳定大局做出积极努力。通过坚持不懈地抓好青少年的理想信念和道德法制教育工作，切实构筑起抵御违法犯罪的思想防线：开展理想信念教育；发扬实践育人的传统，广泛开展多种形式的精神文明创建活动；深入宣传贯彻《未成年人保护法》和《预防未成年人犯罪法》，依托各类青少年法制教育阵地，开展生动活泼的法制宣传教育活动；通过创建社区青少年法律学校，组织动员中小学校法制副校长和青年志愿者深入社区开展模拟法庭、法制讲座等活动，帮助青少年学法、懂法、守法，不断增强法律意识。通过积极优化青少年成长环境，进一步减少青少年违法犯罪诱因：如开展"青少年维权岗在行动"活动，充分发挥各职能部门的作用，一手抓打击，一手抓建设；配合有关部门对非法"口袋本"图书、光盘、网吧开展专项整治行动，净化文化环境；联合有关部门，深化"青少年安全放心网吧"创建活动，尝试推动"阳光网吧"建设，建立适合青少年特点的网络阵地；深入开展社区青少年远离毒品行动，依托社区青少年法律学校、禁毒网等阵地，开展多种形式的毒品预防教育活动，帮助青少年认识毒品，远离侵害，从源头上遏制毒品对青少年的危害。通过深入实施社区预防计划，积极构建青少年违法犯罪基层防控体系：加强对重点青少年群体的教育和管理，切实增强预防工作的针对性和实效性。闲散青少年、困难青少年、失足青少年等特殊青少年群体，因在学习、生活和工作中存在各种困难和问题而极易引发违法犯罪或重新犯罪，加强社会治安防范，必须切实做好重点人群的预防工作。共青团组织还可以深入开展青年志愿者行动，动员组织广大青年积极参与社会治安防范工作。

共青团组织还可以发挥中国青少年犯罪研究会等社团的作用，加强对青少年违法犯罪问题的研究。研究青少年违法犯罪的新特点、新动向，为青少年违法犯罪的综合治理献计献策。总结预防青少年违法犯罪的经验和做法，努力掌握新形势下预防青少年违法犯罪工作的特点和规律，更好地支持预防青少年违法犯罪工作。进一步团结社会各界的青少年犯罪研究力量，紧紧围绕党政工作大局，充分发挥其跨学科、跨地区、跨部门的优势，深入开展学术研究，广泛进行对外交流，积极参与加强立法、完善司法、改进执法和社会治安综合治理调研工作，在青少年违法犯罪研究方面取得丰硕成果，成为党和政府预防和治理青少年违法犯罪的一支重要力量。

（3）带领青少年投身环境保护建设

环境保护，人人有责，青少年是环境保护的重要参与者和受益者。共青团组织要通过开展各类活动组织青少年投身环境保护和环境管理实践。

共青团组织开展的保护母亲河行动以保护哺育中华民族的母亲河为主题，以社会化参与、工程化建设、项目化管理的方式，组织动员广大青少年和社会公众参与我国生态环境建设，在保护环境、改善生态、促进经济社会可持续发展等方面具有十分重要的作用。在构建和谐社会的进程中，该主题活动可以进一步做强做大。

以 1999 年 1 月召开保护母亲河行动第一次电视电话会议为起点，六年来，保护母亲河行动的发展大体经过了三个阶段：一是探索起步阶段。从 1999 年初至 2000 年底，保护母亲河行动从无到有、从小到大，得到了广大青少年和社会公众的普遍认可，并初步探索出了一条行之有效的运作机制。二是巩固扩大阶段。从 2001 年 1 月至 2003 年初，保护母亲河行动实现了由单一地发动青少年，到以青少年为主，牵动社会公众和团体的广泛参与；实现了由植树种草为主，到植树种草与从身边小事做起、天天环保的有机结合；实现了生态环保和实践育人的有机结合。三是蓬勃发展阶段。从 2003 年 3 月到现在，青少年生态环保意识不断加强，社会参与面更加广泛，一批示范工程相继竣工，保护母亲河行动的影响越来越大。六年来，保护母亲河行动取得了丰硕成果，共动员了 3 亿多人次青少年参与，面向海内外筹集资金 2.5 亿元（其中，海外筹资 6000 多万元），在母亲河流域建设了 1103 个、面积达 399 万亩的造林工程，有效地改善了大江大河流域的生态环境状况，有力地推动了可持续发展战略的实施，为母亲河更好地造福中华民族作出了积极贡献。具体来讲，主要体现在以下三个方面。

第一，保护母亲河行动开辟了青少年接受生态环保教育的新途径。六年来，通过设立"保护母亲河（周）日"，利用每年的重大环境纪念日，先后组织开展了"母亲河，我与你同行"绿色传递、"小事做起来，绿色助申奥""清洁江河水，保护母亲河""承诺天天做，保护母亲河""请跟我来，天天环保""共饮丹江水，保护母亲河""美化新三峡，保护母亲河"等一系列主题宣传教育活动，并利用报纸、电视、网络等媒体，通过创作歌曲、拍摄影视作品、举办生态文艺晚会等形式，大力宣传人与自然和谐相处，宣传生态文明理念，激发广大青少年对母亲河的情感，营造了人人参与生态环境建设的良好氛围。

第二，保护母亲河行动构建了广大青少年和社会公众参与生态环境建设的新平台。六年来，通过采取简单便利的方式，积极为青少年和社会公众参与生态环保事业创造条件。比如，"5 元钱捐植 1 棵树，200 元钱捐建 1 亩林"，只要愿意，人们足不出户就可以参与生态环境建设；"小事做起来，保护母亲河"，任何人都可以从节约用水、养花种草、净化环境等身边小事做起，为保护母亲河、保护生态环境作贡献；以命名建设纪念林的方式，动员企事业单位和团体为保护母亲河行动捐资，参与国家生态环境建设。通过这个平台，广大青少年和社会各界参与生态环境建设的活动不断向深度和广度发展。

第三，保护母亲河行动架设了生态环保国际交流与合作的新桥梁。六年来，通过实施"小渊基金"项目、举办"中日民间水论坛"等方式，积极推动中日生态环保合作，广泛建设"中日青年生态绿化示范林"；通过建设"中埃青年友谊林"、亚欧基金合作、实施"澜沧江——湄公河青年友好之船"等多种途径，积极开展环保领域的国际交流与合作；通过申请联合国环境规划署"地球卫士奖"（最终获得）、参加全球青年论坛、可持续发展伙伴关系国际论坛、世界银行发展经济年会、青年与全球化论坛等活动，积极推动保护母亲河行动不断走向世界。在保护母亲河行动框架下，我们与世界30多个国家和地区的青少年开展了生态环保友好合作，保护母亲河行动的国际影响日益扩大。

（4）提高青少年安全意识，积极维护社会稳定

加强安全工作，是政府履行社会管理职能的重要方面。团组织可以在企业和其它单位中广泛开展青年安全责任岗活动，提高团员青年的安全意识。深入开展青少年自我保护教育活动：开展"为了明天——青春自护暑假行动"、少年儿童平安行动、预防道路交通意外伤害知识竞赛活动，依托青少年活动中心、交管、消防等场所和电台、电视台、报刊、网站等媒体，广泛建立自护学校和自护基地，提高青少年的自护能力。

共青团组织要带领青年积极维护社会稳定。我国正处在社会转型和利益调整的关键时期，影响社会稳定的因素很多。教育引导青年始终坚持稳定压倒一切的方针，珍惜来之不易的稳定局面，积极参与社会综合治理，自觉同各种破坏社会稳定的行为作斗争是共青团的重要任务。青年群体思维活跃、好奇心强、情绪变化快，思想上的波动和行为上的变化都具有一定的突发性。能不能迅速捕捉到青年群体的信息，为领导决策提供有效的服务，考验着共青团的信息工作能力。共青团系统通过自己的信息系统可以及时地了解青年的动态信息，处理相关情绪，在第一时间消除不稳定因素对社会的破坏作用。由于我国正处于社会转型期，各种不良文化思潮等诸多危害青少年健康成长的不良因素还在一定范围内存在。及时准确地做好监测和预警，能使各项工作决策更有前瞻性、计划性和科学性。目前重点需要健全的是进城务工青年思想动态监测机制和青少年违法犯罪的监测预警机制。团组织要大力增强青年的公共危机意识，有效地动员广大青年参与应对和处理各种突发性事件，努力维护社会稳定大局。

（5）做好青年外事管理工作

青年外事工作是我国总体外交的重要组成部分，是民间外交的重要工作领域，是对外开放的重要推动力量，同时也是我国政府委托给共青团组织的重要工作。青年外事工作要始终坚持"服务党政外交、服务经济建设、服务青年工作"的方针，进一步增强政治意识和大局意识，把为党政外交服务放在首位，从计划安排到项目实施都要从讲政治、讲大局的高度来考虑和把握。青年外事工作要充分发挥桥梁和纽带作用，广泛挖掘资源，服务国内经济建设，通过各种渠道加强与各国青年在经济领域的对话与交流，推动中外青年之间的合作。青年外事工作要积极参与世界青年事务，配合共青团重点工作，加大外对宣传力度，进一步塑造中国青年和青年组织的良好形象，扩大中国青年组织的国际影响。进一步加强对青年外事工作的领导，团中央各直属单位的外事工作要服从团中央书记处的统一领导，地方青年外事工作要服从地方党政的领导，严格遵守外事纪律，坚决按有关规定办事。加强青年外事工作的干部队伍建设，建设一支政治觉悟高、业务能力强的高素质青年外事干部队伍。为促进国内和国际和谐作出共青团应做的贡献。

2. 在政府加强公共服务职能过程中，共青团如何发挥作用，承担相关职能研究

政府的公共服务职能就是提供公共产品和服务，包括加强城乡公共设施建设，发展社会就业、社会保障服务和教育、科技、文化、卫生、体育等公共事业，发布公共信息等，为社会公众生活和参与社会经济、政治、文化活动提供保障和创造条件，努力建设服务型政府。

共青团加强公共服务职能，就是要坚持从解决青年发展最关心的现实问题入手，推进和谐社会建设。当前共青团组织改革的重点是要把竭诚服务青年作为一切工作的出发点和落脚点，增强服务意识，拓展服务领域，加大服务力度，完善服务机制，提高服务水平，真正把服务青年的工作做实在、做到位，为和谐社会建设作出应有的贡献。青年发展主要涉及青年的学习成才、就业创业、身心健康、休闲娱乐等重要领域，共青团可以在这些方面发挥重要职能，提供相应的公共服务。

（1）促进青年学习成才

青年时期是学习的黄金时期，学习成才是青年的强烈愿望。当今世界，科技进步日新月异，知识更新不断加快。在这样的时代，学习显得尤为重要和紧迫。共青团组织要引导青年牢固树立终身学习的观念，勤奋学习，不断求知，应培养学会求知、学会做事、学会做人、学会共同生活四种基本学习能力，全面提高综合素质。团组织要打造多样的学习平台，开展形式多样的读书学习活动，帮助青年多读书、读好书，学习新知识，掌握新技能。进一步开展各种类型的的岗位学习活动，引导青年干一行，钻一行，掌握过硬本领，成为本职工作的行家里手。通过开展丰富多彩的社会实践活动，引导青年把学习书本知识与投身社会实践相结合，在实践中受锻炼、长才干。

青年人才队伍建设决定着整个人才队伍的前景。开发青年人力资源是共青团服务经济建设的有效途径，也是优势所在。要紧紧围绕实施人才强国战略，发挥共青团培养、凝聚、举荐、配置青年人才的优势，抓住青年人才开发的关键环节，培养造就规模宏大的青年人才大军。紧紧抓住培训这一基础环节，深入开展青年职工技能训练、青年农民科技培训、大中学生素质拓展和进城务工青年就业培训，帮助青年提高职业技能和综合素质。充分发挥共青团联系面广的优势，积极举荐扶持青年人才，为他们发挥作用、施展才华搭建舞台，促进青年人才资源的合理配置。适应经济全球化和我国加入世贸组织的新形势，积极为海外留学人员回国工作或以其他方式服务祖国牵线搭桥，大力支持国内优秀青年参与国际经济技术合作与竞争，广泛开展国际青年人才交流。大力宣传表彰青年成才创业典型，在全社会营造鼓励青年干事业、支持青年干成事业的良好氛围。

（2）促进青年就业创业

就业是民生之本。扩大就业是我国当前和今后长时期重大而艰巨的任务。就业与青年密切相关，从一定意义上讲，就业问题是一个青年问题。劳动力周期的更替决定了青年始终具有广泛的就业需求。在劳动力尤其是新增劳动力中，主要是青年。与当前全国就业总体形势一样，我国青年就业和再就业的形势也十分严峻。在每年的下岗失业人员中，青年占近三分之一左右；在城镇每年新增劳动力和高校毕业生中，青年占绝大多数；在农村富余劳动力中，向非农领域转移和进城务工的主要是青年。就业和再就业已成为青年最具体、最现实、最紧迫的利益。青年就业和再就业问题解决得如何，将直接影响党和国家就业和再就业工作全局，直接关系到青年本身的发展和社会的稳定。

促进青年就业是共青团促进青年发展的一项长期而艰巨的任务。共青团要急国家所急，想青年所想，切实做好促进下岗失业青年、城镇新增青年劳动力、农村富余青年劳动力的就业工作。要以市场需求为导向，抓好就业引导、就业培训、就业服务等环节，帮助青年转变就业观念，提高就业能力。青年既面临着就业的压力，又蕴涵着创业的潜能。要鼓励、扶持青年到第三产业、劳动密集型产业和高新技术产业创业。协助做好高校毕业生的就业工作，引导他们在改革开放和现代化建设的广阔天地建功立业。

自1998年共青团中央实施中国青年创业行动以来，各级团组织在各级党政的领导下，在劳动保障部门的大力支持下，紧紧围绕国家就业和再就业工作大局，牢牢把握青年就业创业的多样化需求，以推动青年自主创业为主题，以下岗失业青年、城镇新增青年劳动力、农村富余青年劳动力和大学毕业生为重点群体，从观念引导、就业培训、创业服务、阵地建设等方面入手。突出创业主题，大力扶持青年创办小企业。抓好职业培训，不断提升青年就业创业能力。强化服务手段，努力为各个青年群体的就业创业牵线搭桥。着眼长远发展，建立健全工作机制，努力构建起具有鲜明特色的青年就业创业工作体系。经过几年的努力，中国青年创业行动在社会上产生了一定的影响，成为了一个工作品牌，也成为共青团服务国家就业再就业工作大局的一个重要载体。今后可以进一步深化该项活动，把促进青年充分就业摆上更加突出的位置，大力开展就业培训，深化大学生志愿服务西部计划、就业见习行动、工岗快递、中介服务等工作，帮助青年转变就业观念，提高就业技能，搭建就业平台，拓展就业渠道，千方百计促进青年就业和再就业。

（3）服务青少年身心健康发展

青年处在身心健康发展的关键时期，强健体魄和健康心理直接关系青年的成长发展。健康在青年中有着广泛的需求。这不仅取决于青年成长自身对健康的需要，而且也由于现代社会文明对健康的新理解——健康不仅是一种身心状态，也是一种生活态度和生活方式。从目前我国青少年健康水平看，情况不容乐观。1999 年国家体育总局就曾发布消息称，中国青少年的身体机能和素质与十年前比，有的指标如肺活量、耐力、灵敏度、柔韧度呈下降趋势；高中生近视率达 70%，大学生则高达 77%；每年高考体检完全合格的只有 15%。许多调查报告显示，我国大中学生有相当一部分存在心理障碍和严重的心理问题。同时更应关注的是，近 20 年来，世界青少年性传播疾病发生率明显上升，许多国家性病患者的第一群体都是处于性活跃期的青少年。WHO 的报告表明，在每年全世界新发生的性传播疾病患者中，至少有三分之一是 25 岁以下的年轻人，青年人正在成为艾滋病蔓延最迅速的高危人群，这个问题在我国同样不可忽视。

促进青少年身心健康发展，共青团组织要推动建立健全社区青少年工作机制，形成促进青少年身心健康发展的合力。针对青少年成长发展过程中的心理问题，组织开展青春期心理卫生教育和心理咨询辅导等活动，帮助青少年养成积极向上的健康心理。要劝阻青年滥用药物、酗酒和吸烟，在青年中提倡良好的环境卫生和个人卫生习惯，防止青年人营养不良，在青年中开展各种健身运动。围绕黄赌毒、性病爱滋病、非法网吧、意外伤害等严重危害青年身心健康的突出问题，组织开展"远离毒品""青春红丝带""阳光网吧"、防灾避险教育等活动，为青少年健康成长营造良好的社会氛围。

（4）服务青少年休闲娱乐

青年处于精力最旺盛的时期，随着经济的发展、生活条件的改善，他们有活跃生活、强壮体魄、发展广泛兴趣的要求。随着时代的发展，青年们对精神生活的需求，无论是质的方面还是量的方面，都超过了他们的父辈，要求有更多的文化设施，需要更多获得艺术享受、开阔知识视野、促进全面发展的活动场所和学习园地。随着劳动自动化程度的提高，青年的社会劳动时间相对缩短。此外，现代青年结婚年龄的普遍推迟及国家推行的计划生育政策，令青年的家务劳动大大减少，尤其是城市青年，他们精力旺盛，兴趣广泛，时间充裕且具有相对独立的经济条件。因而，他们的闲暇生活内容较之其他年龄的人更为丰富。全国范围内五天工作制的实行，为青年提供了更多的文化娱乐活动时间。根据中国青少年研究中心的调查数据，大多数青年闲暇时间比较充裕，每日在3小时以上者达到58%。青年们都很重视自己的业余生活，迫切要求有丰富多彩而有意义的业余活动，发展自己的体力和智力，发展自己的个性和才能，从而促进身心的健康，获取生活的乐趣。青年时代，身心发育很快，精力旺盛，向往色彩斑斓的生活，不满足单调枯燥的生活模式。

共青团组织服务青少年休闲娱乐的需要最重要的工作是从青年文化的建设入手，提供多样的服务。要加强青年文化阵地建设。活动阵地是青年文化建设的重要依托。广纳社会资源、借助行政资源建设好青年文化阵地，既是经济社会的新发展对青年工作的客观要求，也是共青团组织主动适应青年结构和需求新变化的必然选择。从近几年的实践来看，分布于城乡大大小小的青年文明社区"大家乐"舞台，在推进群众性文体娱乐活动中发挥了积极作用。青少年体育俱乐部、"三人篮球"比赛场也成为活跃社区体育文化的重要阵地。各级团组织可以采取社会化运作的方式，充分利用现有活动场所，进一步推进青年文化活动阵地的建设。要培育青年文化活动品牌。青年文化活动是服务青年、活跃社区文化的具体抓手，而品牌是活动项目的商标和"无形资产"。良好的活动品牌有利于吸引社会资源，有利于吸引青少年的积极参与，有利于扩大社会影响力。各地要培育好青年文明社区"大家乐"活动、青年文化节、社区"三人制"篮球赛等社区青年文化品牌，推广青少年喜爱的文体活动项目，打造具有鲜明时代特色的文化活动品牌，不断丰富活动品牌的文化内涵，通过具有广泛影响的活动品牌来凝聚青年，吸引青年，推动青年文化的发展。要大力扶持青年文化社团。近年来，青年社团对青年的吸引力越来越大，各类社团组织包括网络虚拟社团迅猛发展。各级团组织要积极关注新型青年文化组织的发展，大力扶持青少年文艺团体，推动建设各种兴趣俱乐部，特别是以青年中心作为新的纽带和阵地，联系青年文化社团，发现和培养青少年文化骨干，激发青年参与文化活动的积极性，进一步扩大共青团组织对青年群体的有效覆盖和影响。

此外，目前我国政府公共服务职能应该向社会团体转移的主要内容包括以下方面：发展规划、计划的咨询论证，重大项目论证，行业、技术标准（规范）制定，成果评审评估，技术鉴定，专项奖励，专业资格评定，人员培训和继续教育，人才评估和绩效评价，人员择业创业咨询和援助等。共青团组织也要进一步在青年工作者的培训、青年工作的行业标准和认定、杰出青年表彰、青年发展状况的测评、青年人才的评估、各种资格认定、教育水平的评估等方面承担起更多的职能。

二、关于在我国公共需求快速增长和利益关系深刻变化的重要时期，共青团在完善社会利益协调机制中如何发挥作用，承担相关职能研究

利益是指人（集团、阶级、社会）对其所需要的对象的一种目的明确的态度，反映着人对周围世界的一定对象的需要。利益在人的心理中表现为动机以及认识到利益后的明确目的和行为。

青年利益则是指人在青年期的成长过程中，对其正常发展所需的对象的一切要求。青年的需要不仅与青年人的生理、心理特征相联系，还与青年人所处的社会环境相联系。现代社会，人民生活水平不断提高，国际交往日益频繁，各种思潮纷至沓来，人们的思想意识发生了前所未有的变化。青年人生活在这样的社会环境中，需要发生了结构性变化，显示出强烈的时代特征。如近几年青年有关于社交与归属的需要、自尊与求知的需要、自我实现的需要、与异性交往的需要、健康和休闲娱乐的需要、物质的需要、审美的需要、追求刺激的需要等都有所强化。

青年的利益在当代中国的发展中有其特殊性需要引起我们高度关注。现阶段我国正处在社会转型时期，即正在经历从传统社会向现代社会、从农业社会向工业社会、从封闭性社会向开放性社会的变迁与发展。与西方社会那种渐变、自然的发展历程不同，中国的社会转型从初始就呈现出高度的复杂性、艰巨性和长期性的特征。这一过程的工业化、市场化、信息化和社会多元化是齐头并进的，所遭遇的社会矛盾几乎是全方位的，有些甚至是很尖锐的。这些矛盾和问题，有些是现阶段可以有效解决的，有些则需要相当长的时间、经过几代人的努力才能解决；这些矛盾和问题所形成的社会影响，有些是可以在短期内得以消除的，有

些尤其是文化和观念方面的冲突则需要几代人的互动才能解决。在这个过程中，首先受冲击、反应最强烈、变化最迅速、适应最彻底的总是青年。因此，他们在适应社会变革中的困惑、彷徨和迷茫也是不可避免的。同时利益关系是人们的一种基本关系，也是人类社会最为敏感的关系。在市场经济条件下的利益分化与重组，剧烈而深刻地改变着社会的既定秩序，冲击着我们的价值观念，并直接间接地影响到经济发展和社会稳定。现实表明，利益分化使青年的成长发展面临着严峻的挑战。随着改革开放的进程以及市场经济体制的推进，社会利益格局已经从全体人民利益一致，转向为在人民根本利益一致的前提下不同社会群体利益的并存。在这种分化中，由于青年相对弱势的社会地位，使他们在成长发展中的问题也越来越集中在经济利益关系上，并成为青年成长发展中的主要问题。在我国现阶段比较突出的社会问题中，教育问题几乎百分之百是青少年问题，其中失学、辍学、贫困大学生等更是百分之百的青少年；就业问题也是以青年为主体。全国每年新增劳动适龄人口1000多万，在800多万城镇登记失业人口中青年占70%左右，在需要转移的1.5亿农村富余劳动力中，青年也占到75%左右；青少年犯罪率逐年上升，已占到了犯罪总数的80%左右。在进城务工的8000多万青年中，绝大多数处于城市社会的弱势地位，相对贫困和社会歧视已成为影响他们成长发展的主要问题。从另一个层面来看，目前我国民营经济领域的就业者已超过1亿人，其中青年占70%左右。由于其雇佣劳动的地位，他们的衣食冷暖、劳动安全、人格尊严以及个人发展能否得到尊重和实现，已经成为关系到社会稳定的大问题。

　　政府需要关注青年利益。从现实的社会状态来看，政府的种种作为集中到一点，就是利益分配和利益协调。尽管政府的职能是多方面的、综合性的，但在市场经济条件下其全部职能的核心就是分配利益和协调利益。因为只有公正合理地分配利益和协调利益，才能有效地实现政府的目的。无论是追求人民群众利益的实现，还是保护社会每一个成员的人身权利，维护正常和稳定的社会秩序，都需要以利益分配和利益协调为前提。这一点在我国目前的社会条件下，显得尤为重要和突出。青年利益的新特点需要政府对该群体有更多的关注。

政党更需要关注青年利益。世界上一些政党的兴衰过程也表明，密切关注青年的需求，积极倾听青年的呼声，切实体现青年的愿望，赢得了青年，也就赢得了执政的青年群众基础。一些执政党就是因为忽视了青年的作用，削弱了青年群众基础和社会基础的支撑，从而失去了青年和群众的信赖和支持，最终丧失了执政的地位，教训非常深刻。

共青团作为中国共产党的助手和后备军，作为政府的帮手，积极维护青年利益义不容辞。共同的利益是任何政党、团体吸引凝聚其成员的重要条件之一。对成员需要满足的多寡和程度直接影响着群体吸引力和凝聚力的大小。共青团是以广大的青年为存在基础的，在社会角色上她既是党的助手和后备军，也是青年利益的代表者，而她只有当好广大青年利益的代表者，把青年团结起来，凝聚起来，才能有效地教育青年，发挥好助手和后备军作用。因此代表维护青年利益是共青团组织性质的内在要求，与党的助手和后备军的职能是一致的。从共青团的发展历史看，什么时候团组织较好地代表和维护广大青年利益，团组织活力就强，反之则弱。共青团组织应充分发挥党和政府联系广大青年的桥梁和纽带作用，在青年中贯彻党的主张，同时充分反映青年的要求和利益，让青年的意愿充分表达出来，让青年的权利和利益得到切实保障，把青年的积极性发挥出来，以保证党在执政的过程中充分体现群众意愿，更好地代表广大人民的根本利益。从这个角度说，共青团是完善我国社会利益协调机制中的重要组织，理应发挥重要的职能，促进和谐社会的建设。

1. 带领青年有序参与民主建设

社会参与，是指社会成员以某种方式介入国家政治生活、经济生活、社会生活、文化生活和社区的公共事务，从而影响社会发展。青年作为社会最积极、最活跃的公民，其参与意识、参与方式、参与程度、参与取向的变化、发展，已经成为测量社会现代化的重要指标，以及反映青年自身现代化程度的标志之一。而青年以其具体的归属层面（如社区、部门、机构、单位、组织、社团等）参与社会公共事务和公共活动，也是现代社会发展的积极表现。青年对社会民主生活的参与是反映青年利益的最有效的途径，共青团组织要成为团员青年有序参与社会民主建设的重要渠道。

　　共青团十五大报告明确提出：要引导青年在基层民主选举、民主决策、民主管理和民主监督中依法行使民主权利，促进村民自治、城市居民自治和企事业民主管理制度建设。

　　社会主义基层民主实践离不开广大青年的积极参与。共青团应成为我国青年学习和实践社会主义民主的大学校，成为广大青年有组织、有纪律、有领导地参与政治生活的渠道。要支持青年依法参与民主选举、民主决策、民主管理和民主监督等各项民主实践，引导青年在实践中规范参与意识，提高参与能力，正确行使自己的民主权利，促进基层民主的扩大和发展。这样的一种参与既提高了青年的民主素质，同时也能够最大程度地实现青年的利益。

　　在农村，要维护农村青年在基层民主政治建设中的民主权利，引导他们在党组织的领导下，正确行使民主权利，积极参与村民自治，在村级民主选举、民主决策、民主管理和民主监督中发挥积极作用。要开展各种形式的村委会选举知识、村民自治知识教育，增强青年民主意识和知识，促进农村民主文化的形成。引导青年珍惜民主权利，认真参加村民选举，积极维护选举正常程序。鼓励青年积极参加村民委员会、村民会议、村民代表会议等组织，积极参与公共事务特别是青年事务的民主决策，在村务公开的各项事宜中发挥积极作用。在有关方面制定涉及农村青年切身利益的重大政策时，团组织要积极反映农村青年的意愿和呼声。

　　在社区，团组织要引导青年充分认识到社区所有的居民都是社区的主人，社区居民的参与程度是体现社区自治的根本标准。要提高青年的参与意识，积极适应社区基层民主建设的新发展，探索吸引、组织、凝聚青年的新的有效形式，扩大社区青年的民主参与，推动社区青年事务的民主决策和民主监督，努力调动社区青年的积极性、主动性和创造性。要动员青年参与社区管理、社区服务、营造社区秩序、美化社区环境，共创安全、整洁、优美的生活空间，形成和谐的社区人际关系。要提高社区青少年素质和文明程度，加大对社区中进城务工青年、下岗失业青年和闲散青年的服务与管理力度。信息化建设为社区建设带来了前所未有的机遇，"数字社区"的出现为社区建设提供了新的平台和新的载体，社区的管理、社区的服务、社区事务的参与、社区居民的交流以及社区的文化娱乐等都有了新的便捷的渠道。共青团组织要适应信息化的发展要求，充分发挥青年的网络优势，促进数字社区的建设，在"数字社区"的建设中发挥积极作用。

在企事业单位，团组织要采用各种形式加强宣传教育，使青年职工了解和掌握企事业单位的经营管理知识，不断提高青年职工参与企事业管理的素质。要组织职工参与企事业单位改革和管理，积极推荐优秀青年职工进入职代会，争取在职代会中成立与青年事务相关的专门委员会，维护青年职工合法权益，努力解决青年职工在就业、分配、保障、劳动保护和职业技能培训等方面遇到的各种实际困难和问题。要鼓励青年职工积极提出合理化建议，在推行平等协商、集体合同制度和职工代表大会制度的过程中发挥作用，鼓励他们参加民主评议，行使知情权、参与权、选择权、监督权。要鼓励青年监督有关社会保障政策及有关劳动安全卫生的法律法规和政策措施的落实，通过劳动争议仲裁机制参与青年职工劳动争议的调解工作，进一步促进厂务公开。

在学校，团组织要通过各种方式激发青年学生关心学校发展的热情，积极参与学校建设。支持学生会等组织发挥学生自我教育、自我管理、自我服务的功能，开辟学生参与学校决策的多种渠道，提高学生参与学校民主监督评议的广度和深度。

要进一步畅通青年参与民主的渠道，主动发挥共青团和青联组织在人大、政协中代表青年的作用，积极建言献策，反映青年诉求。

2. 依法维护青少年的正当权益。

青少年作为一个特殊的社会群体，处于人生发展的特殊阶段，需要全社会给予特殊的关心。我国党和政府历来重视青少年的健康成长，青少年成长发展环境总的来讲是好的，但是伴随着社会变革和利益的调整，各种消极因素和不良环境对青少年健康成长所带来的危害仍然很严重。一些青少年权益受到侵害后得不到及时的保护，引发了许多社会问题。因此，做好维护权益工作，是促进青少年健康成长的客观要求。

共青团做好维护青少年权益工作，是促进青少年健康成长的重要方面。维护青少年的合法权益工作涉及社会的方方面面，做好这项工作，需要构建青少年权益保护工作的社会化体系。

　　培育一大批青少年维权"实体"。从近年来共青团组织开展"青少年维权岗"实践来看，这些单位贴近基层、贴近青少年，直接面对有害青少年健康成长的各种不良现象和问题。青少年遇到不良侵害和困难时，它们可以迅速出击，使问题得到及时解决。调动与青少年权益保护事务有关的基层单位的积极性，进一步扩大"青少年维权岗"的创建规模，培育更多的维权工作实体，有利于把维护青少年的合法权益工作落到实处。从横向情况看，全国已有 11 个系统开展了创建活动。可以联合有关部委，在更多的系统、更多的领域开展这项活动。从纵向情况看，全国 31 个省、自治区、直辖市均开展了创建活动，创建活动还要向基层进一步延伸，加大创建的力度，使组成维权网络的节点更多，覆盖面更广。

　　完善一个维权服务网络。一是依托未成年人保护工作委员会，承担起协助政府管理青年事务的职能。未成年人保护工作委员会是政府的一个协调机构，成员单位多为政府中与青少年事务相关的职能部门，其办公室大多设在同级团委，可以依托未成年人保护工作委员会维护青少年合法权益。二是建立各级青少年权益保护中心。中心设立维权热线电话，接受并协调各相关单位解决有关青少年权益侵害的投诉，解答青少年生活、学习中遇到的问题，开展法律咨询，提供法律援助，联合解决比较复杂的影响青少年健康成长的社会现象和问题。中心的部分业务还可以依托律师事务所、心理咨询机构等社会性单位承担。三是要在社区设立青少年维权岗服务站。服务站由驻区"青少年维权岗"轮流值班，就近就便受理维权事务，及时化解矛盾。随着经济社会的发展，城市管理工作重心下移，将维权工作的触角向社区延伸，建立基层区域性青少年维权工作机构是形势发展的需要，这样做可以将侵权矛盾及时化解在基层，有利于社会稳定。

　　做好三个重点群体维权工作。第一个重点群体是未成年人，有 3 亿多人。因为他们处在一个特殊的成长阶段，身心没有发育成熟，很难抵御外界的侵害。一旦发生侵害，对他们的心理和身体产生的影响是不可逆的。对于未成年人的维权应该侧重保护他们的身心健康，对他们倾注更多的爱心。第二个重点群体是外来务工青年和非公有制经济组织的青年员工，有 1.1 亿人。这一群体为经济的发展作出了很大的贡献，但他们中的很多人游离于正常的组织体系之外，要维护他们的合法权益，增强他们的社会归属感和安全感，防止他们"边缘化"。第三个重点群体是下岗青工、两劳释放人员、残疾、贫困等青少年群体，有将近两千万人。这一群体在成长中遇到了暂时的困难，如果不能妥善地引导他们，就有可能因贫困而绝望，因挫折而颓废。因此要拓展维权工作领域，帮助他们学习技能，为他们提供更多的机会，鼓励他们重新扬起生活的风帆。

促进四方面的权益保护。一是要促进家庭保护。家庭保护是青少年权益保护的基础，由于家庭保护的缺少和失当，对青少年产生的消极影响不可低估。团组织可以通过创办"知心家庭学校"等方式，对家长进行青少年心理知识、青少年教育方法、尊重青少年权利等方面的教育，提高家长的素质，从源头做好青少年权益保护工作。二是要促进学校保护。学校是教授学生知识，培养青少年成才的部门，在培养高素质人才方面一直发挥着主渠道的作用。同时，学校也是青少年聚集的重要场所，是青少年权益保护的重要阵地，对青少年的身心健康权、受教育权、人身权及其他合法权益提供必要的和有效的保护，对整个青少年权益保护工作起着举足轻重的作用。三是要促进社会保护。社会保护是青少年健康成长的重要保障。人是社会环境的产物，社会组织倡导什么，社会氛围导向什么，对青少年的影响很大。社会保护的作用归结到一点就是创造一种有利于青少年健康成长的社会环境。在这一问题上，团组织要进一步动员社会力量，抓住一些有针对性的问题，全社会形成齐抓共管的态势，优化青少年健康成长的良好环境。四是要促进自我保护。青少年由于年纪轻、阅历浅，社会经验不足，辨别是非的能力较弱，心理素质不稳定，身体还不够强健，因此他们在面对犯罪行为、自然灾害和意外伤害时缺少战胜困难的勇气和能力，往往处于被动地位。团组织要通过开办培训班、开设讲座、开展咨询等方式，为青少年提供法制、青春期生理、心理卫生、防灾避险、意外伤害自救互救等方面的教育，并在规范化方面下功夫，做到内容科学化，形式多样化，师资队伍专业化，运行机制市场化，以此帮助青少年迈好人生第一步。

健全一套运行机制。一是监督检查机制。监督检查机制可以督促维权实体将维权工作落到实处。要将获得命名的优秀"青少年维权岗"单位名称、联系人、联系电话向社会公布，以接受社会的监督，同时也方便青少年求助。还可以邀请人大代表、政协委员和社会知名人士组成维权监察员队伍，负责协助创建领导小组监督优秀"青少年维权岗"单位和争创单位。二是动态管理机制。要严格按照有关规定实施奖惩。对符合条件的，继续认定为优秀"青少年维权岗"；对不符合条件的，则按规定取消称号。三是政策法规保障机制。将青年事务依法纳入政府管理体系之中，在国际上已成为一种发展趋势。作为共青团组织，要深入探索将青年事务纳入政府管理体系的渠道和途径，加强与司法、行政执法部门的沟通和联系，研究青少年权益保护工作的新情况、新问题，促进保护青少年权益的新政策、新法规的出台。四是环境监测评估机制。比如，武汉团市委建立了《武汉市城市青少年成长环境监测评估体系》，这一成果使青少年成长社会环境的评价数量化、具体化，有了科学的依据。各地可以组织社会学家、青年工作专家研究符合本地实际情况的青少年环境监测指标评估体系，对本地青少年成长环境进行定期跟踪监测，为地方党政机关制定相关政策提供依据。

3. 积极稳妥地发展青年社团

随着改革开放的推进和经济社会的发展，我国的经济结构和社会结构都发生了巨大的变化，原来整体性的利益结构开始为多元化的利益结构所代替。新的社会阶层利用日益丰富的社会资源表达和维护自己的利益，不断推动民间社会的联合和组织化，社团的兴起和发展成为一种必然。作为社会学研究的一个新领域，可以预测，伴随着国家职能转换速率不断加快，社会资源不断从体制内向体制外释放，社团组织的作用及其发展的空间将日益加大。

青年，作为社会最积极、最活跃的公民，是社会发展的建设力量，更是时代进步的变革力量。在共同关注和共同需要的前提下，青年利用自身优势，以社团的形式参与社会公共事务和公共活动，业已成为现代社会发展的积极现象。青年社团有其特定的功能。首先是政治功能，主要是贯彻党和国家的政治意图，发动青年参与社会事务，团结青年实现国家的政策目标。青年社团应向青年传授关于社会、国家以及文化、经济、科学等领域的重要知识，使青年对社会及政治事件能够作出正确的判断。第二是文化功能，主要是指社团在文化的创造、交流、扩散、传播、自娱等方面的功能，文化功能是青年社团最主要的功能，在青年社团中，文化性社团占有相当的比例，这些社团对于发展社区文化、企业文化、校园文化等都有带动促进作用。第三是社会功能，主要是指通过社会参与、社会实践、社会服务等方式参与社会事务，并对社会事务施加影响的功能。如近年来开展的青年志愿者活动，以及相继成立的一批青年志愿者服务社团，主动承担了一部分政府事务，青年在服务社会的同时，也实现了自我教育、自我提高。应该说青年社团全方位满足了青年的利益和需求。它为青年实现自我价值提供舞台，为青年交往、交流创造了机会和环境，丰富青年学习文娱生活，在活动中也提高了青年文化活动的层次，不同程度地抵制了不健康活动对青年的影响。

最近几年，青年社团的发展趋势有以下几个特点：(1)总量继续扩大。十五大提出"大力发展社会中介组织"，适应这一需求，青年社团从量上将呈上升趋势。这主要源于共青团和青联等组织社会化的需要，希望通过社团组织扩大工作领域，延长工作手臂，扩大工作辐射力；也源于青年群体意识不同程度的强化和展现自我价值意识的增强，同时国家对社团的登记管理也将日趋规范。(2)结构更趋多元。青年社团从发展轨迹来看，从80年代初期的文学、艺术类社团，到80年代中期的学术、教育类社团，再到80年代后期的联络、联谊类社团，到90年代后出现的学习型、科技型、服务型社团，今后包括社区中、新型经济组织等各个领域还将有新的社团组织形式涌现，跨部门、跨组织、跨地区的青年社团也将不断涌现。同时现代科技的发展，将使青年社团的联系打破简单的人的集合，各种类型的网络青年组织迅速产生。(3)功能日益齐备。青年社团对青年有着很强的吸引力、感召力，具有特有的价值和功能，而且将不断地趋向现代化和社会化。青年将在社会化过程中在社团里由学习、接受社会规范的单一过程变为发挥自身能动作用、影响社会的复合过程，青年社团将成为青年表现自己的文化载体，担负着与现代化过程相适应并推动现代生活变迁的跨世纪功能。(4)专业化特征更加突出。青年社团虽然有自发性、灵活性、群众性等特点，但随着市场经济体制的建立，法制建设的不断加强，其发展、发育也将更趋严密与规范。青年社团工作者也将作为工作队伍的一个重要组成部分，其专业化程度、社会化程度将随着社会的蓬勃发展和具体运作的推动，不断提高。（5）服务领域进一步延伸。青年社团满足青年需求，除了要在传统领域如高校、企业，或传统类型如文学、艺术、联谊、行业性等领域不断提高服务的有效性外，今后还将在新的领域的如社区中得到较大地发展、延伸。在社区中更多的是志愿型、服务型的青年社团。这些青年社团，有的是完全按照组织规则组织起来的，更多地则是按照一定的工作需要、一定的工作项目建立起来的组织形态，并与社区中的两个文明建设结合得十分紧密。

应该看到青年社团是民间组织的重要组成部分，近年来发展迅速，代表了部分青年群体的利益需求、兴趣爱好，起到了提供服务、反映诉求、规范行为的作用，青年社团已成为政府联系青年的纽带和青年参与国家管理的重要组织。各具特色的青年社团，代表了不同青年群体的共同利益。通过青年社团向政府表达意见和要求，政府也通过青年社团将方针政策传达至社团青年中去。青年社团的这种上情下达、下情上报的中介作用，对政府的政策产生重要影响，对政府工作和社会服务提供了积极帮助。青年社团的社会性和群众利益的结合，决定其参与经济管理、从事社会福利事业，对政府工作起拾遗补缺的作用。因此青年社团在服务青年方面有独特作用。另一方面我们也应该看到有些青年社团的发展呈现出无序和混乱的发展状况，有些社团在发展方向上还存在问题，因此共青团组织要坚持"一手抓培育发展，一手抓监督管理"的原则，认真履行管理和指导青年社团的职责，推动各类青年社团规范、健康地发展。共青团组织要积极扶持、培育青年社团的发展，从政策、组织、财力等方面给予支持和协调，尽量为青年社团的发展提供必要的舞台和空间。要以兴趣、专业、行业等为基础汇聚青年，培育更多的青年社团，并通过青年社团实现共青团对青年的有效覆盖，团结更多的青年为现代化建设服务。对于发展基础较好的青年社团，要积极为他们创造良好的发展环境，实行必要的指导和帮扶措施。对于规模偏小、整体功能不强的青年社团，可以尝试对成员组成相同、宗旨相似、活动内容形式雷同的社团，实行跨区域合并，使之扩大规模，强化功能，增强影响力。要指导青年社团遵守宪法、法律、法规和国家政策，以党的中心工作为指针，根据团的工作总体部署，围绕经济建设和精神文明建设，开展有特色的活动，提高活动水平，服务会员和青年。

4. 加强青年利益协调机制的建立

青年的发展，离不开社会各方面的支持，更离不开社会政策的大环境。要全面推进青年事务，维护青年利益，关键是要建立一个统一的青年事务协调机制。建立协调机制，一方面有利于青年政策制定的统一。我国青年事务的管理涉及不同部门，有关青年的政策更多的被涵盖于国家各项政策中，基本上是一种部门垂直分工，各管青年有关部门问题的一两个方面的格局，其政策分散而难以统一。通过协调机制能够避免政策的分散和内隐式的存在方式，使各项政策的制定能真正照顾青年需求，维护青年利益，解决青年问题。另外，建立协调机制，还有利于青年政策执行的协调。我国有责任和权力承担青年政策执行的是政府相关部门，但是政府部门都有自身的政府管理职能，不可能把主要精力集中在青年事务上，而且他们有各自的职能范围，不能执行在其管辖权以外的政策。目前我国尚无一个统一组织、领导和协调青年事务的专门机构，缺乏将青年政策的执行过程有机地联系和整合起来的机制，在一定程度上影响了青年政策执行的效果。通过协调机制，能够明确责任，有效改善政策执行的效果和提高政策执行的效率。如，中共上海市委建立上海市青年工作联席会议制度，将建立联席会议的目标明确为：为青年的成才和青年工作的发展营造良好氛围，构建面向新世纪上海青年工作的新格局。主要职能是：制定和监督执行全市青年工作的中长期规划和青年政策，并对一些青年工作事项进行督查，保证青年工作重大事项迅速得到协调解决。联席会议由市委分管青年工作的副书记任主任，办公室设在团市委。联席会议成立以来，效果十分明显，不仅加强了市委对青年工作的领导，而且在全社会形成了共同参与和支持青年工作、系统关注青年利益的良好环境。上海的经验值得各地借鉴，从促进青年的利益、推动政府的青年事务来讲，具有上述特征的政府青年事务管理机构，在职能和实际作用上是不可替代的。在这方面也许我们还需要经过一段时间去进一步探索和研究，但成立这样一个集权威性、综合性、整合性为一体的政府青年事务管理机构，肯定是市场经济条件下青年事务管理的必然趋势。

第二篇：共青团借力个案工作与共青团工作独特性的保持
——以 A 团委"青春邀约"大访谈活动为例

马 灿

一、"青年邀约"大访谈系列活动概况

从 2009 年开始，为深入实施分类引导青年工作，进一步提升全市各级团组织和广大团干部新形势下开展青年群众工作的能力，A 团委策划了由全市所有专兼职团干部广泛参与的"青春邀约"大访谈系列活动。大访谈活动延续至今，成效显著，成为该地共青团工作的重要品牌。

"青春邀约"活动的主体对象可以是大学生、进城务工青年、企业青年、农村青年、自组织青年、社会闲散青年、贫困青年及其他领域的普通青年，但每年会根据团中央的工作重点以及当地比较关注的重点群体进行调整。邀约主题主要根据重大事件、节庆日以及不同青年群体感兴趣的话题来确立，例如在清明端午中秋节开展"青春邀约话传统、话团圆"、在青年节开展"青春邀约话五四、话团建"、在大学生中开展"青春邀约话成长"、在进城务工青年中开展"青春邀约话融入"、在闲散青年中开展"青春邀约话和谐"。邀约形式多种多样，可以由多个团干部组织集中性邀约访谈，可以通过热线电话倾听团员青年心声，还可以由团干部个人协同专业社工或村民小组长、居委会、计生委、妇联干部或社区民警（针对不良行为青年）上门单独访谈。

通过长时间、大范围的面对面的交流，广大团干部在邀约的同时，既向广大青年及时传递团情和党的关怀，又注意汲取广大青年的智慧，选择他们提出的好点子，并且通过"青春邀约"访谈情况登记表、"青

春邀约"访谈心得反馈表的填写与汇总，及时把握不同青年群体的思想动态和需求变化，对其中有共性的、迫切的需求形成政策建议建言向上传达，最终达到提高共青团服务青年群众工作水平、团结凝聚广大青年的目的。

这个过程可总结为：找得到人→说得上话→交得了心→办得成事→聚得了力，简称"邀约五部曲"。

二、"青春邀约"活动中共青团工作对个案工作的使用

（一）人员的使用

在"青春邀约"活动中，A团委对每个团干部邀约青年的人数做出了硬性规定，要求全市专兼职团干部每人每月至少访谈5名普通青年，其中有邀约记录、每月联系不少于4次的骨干青年1名，全年常态化访谈青年不少于12名。这么多青年不能都采用集中性访谈方式，绝大部分还得单独访谈。在与陌生青年首次接触时，如何打破僵局，让青年能够对团干部敞开心扉、畅所欲言成为摆在团干部面前的难题。A团委意识到"破冰"是社工的专业技能，而且当地有非常好的社工队伍，与社工联合，在依托共青团强大组织优势的基础上借力社工个案工作者的专业破冰技巧，能够更好地帮助团干部与团员青年建立联系。

（二）方法的学习

在与社工的合作中，团干部充分认识到了个案工作专业技能对拉近与青年关系的强大作用，因此产生了学习和使用社工个案工作方法的需求。特别是该地在承担了"闲散青少年的服务管理与犯罪预防"全国性试点工作后，"青春邀约"访谈的重心向不在学、无职业的闲散青少年倾斜，团干部必须学会如何与这类非主流且从常识上讲更难深入接触的青年交朋友。这一调整使得学习个案工作方法的需求进一步提升。一方面，A团委向广大团干部推荐了社工工作使用技能手册，鼓励理论学习；另一方面，通过经常与社工一起工作，在干中学，双管齐下，促进团干部对个案工作方法的掌握。

（三）实践的操作

1. 接案

"青春邀约"的前两个步骤分别是"找得到人"和"说得上话"，这类似于个案工作中的"接案"。团干部的做法是首先标定目标群体，这个群体由 A 团委根据当年工作重点来确定，每年都进行调整。例如：2009 年主要针对新市民及没有返乡过年的大学生；2010 年转为企业青年、城市青年、贫困青年、530 高科技人才青年；2011 年则是自组织青年和社会闲散青少年，包括综合体一线的青年和青年文化工作者。然后，团干部会从熟人或熟人推荐中确定邀约对象，与专业社工一起应用个案的方法与所邀约的青年建立关系、展开访谈。

2. 收集资料与预估

"青春邀约"的第三个步骤是"交得了心"，要能和青年心连心，团干部必须能对青年进行全面了解、深刻评估，这就类似于个案工作中的"收集资料与预估"。在这点上，团干部的做法首先是不拘邀约的形式，既有传统的面对面的家访方式，也广泛利用 MSN、QQ、微博、飞信等新媒体方式，避免青年对团干部产生呆板严肃的印象进而形成疏离感。其次是控制邀约时间，做到少量多次，从交朋友开始，消除青年戒备心理，逐渐走进青年内心，了解青年真实需求。最后，通过与青年父母朋友的接触，多角度了解青年，深入认识青年，真正做到能够与青年"交心"。

3. 制定与实施服务计划

"青春邀约"的第四个步骤是"办得成事"，这与个案工作中实施服务计划有相似之处。接受"青春邀约"的青年中既有"问题青年"也有主流青年，对于"问题青年"，团干部会和他们谈心，像个案工作一样或直接表达支持与鼓励、或帮助排解不良情绪、或直接表达不同意见、或现身说法帮助青年重新思考、甚至为青年提供实质上的帮助，例如提供信息、提供资源、帮助扩大社交网络等等。对于主流青年，团干部则会寻找他们共同的需求，形成政策建议，利用共青团的组织优势发出声音，表达他们的需求。

4. 结案与评估

"青春邀约"的最后一个步骤是"聚得了力"，是希望通过团干部下基层直接面对青年，在实践中锻炼自己，完成多个工作目标。工作目标之一就是定量的访谈人数指标与对"青春邀约"活动的阶段性定性评估。这种评估更多的是对邀约活动本身的评估，不涉及对青年的评估，因此与个案工作的结案存在一定的区别。

5．督导

"青春邀约"涉及青年众多，团干部面对的被访青年情况千差万别，如何保证邀约的质量是摆在团干部面前的大问题。针对这个问题，A团委给出的处方是朋辈间督导。在开展邀约访谈之前，会有一个开放式的研讨，团干部互相讨论可能碰到的情况，以及出现相应情况应当怎样应对。所以，每次与青年访谈的团干部可能只有一个，但他背后凝聚着大批团干部的集体智慧。

三、"青春邀约"活动中共青团工作独特性的保持

（一）共青团工作独特性的保持源于其目的的独特性

尽管个案工作方法在某些方面功能强大，但个案工作起源于西方宗教，对人的看法带有明显的宗教色彩，并设立了不可逾越的专业伦理准则。然而，这些性质未必放之四海而皆准，因此个案工作方法在中国进行推广时尚且要讲究一个本土化的问题，更何况是用于共青团工作。个案工作方法对于共青团工作而言应当是一个工具，是为了实现共青团工作目的的一个新型的、科学的、有专业性的工具。在使用个案工作方法时，共青团为了工作目标实现的最大化，要注意对个案方法的价值观、伦理、流程、方法等进行选择与改良，在不改变共青团工作本身特征的基础上，保留那些保证个案工作方法有效性的方面，就是"共青团工作在应用个案工作方法时的独特性"。

可见，共青团工作应用个案工作方法独特性的保持是由其工作目的决定的。就"青春邀约"而言，其活动的目的在于"聚得了力"。聚力的效果取决于三个因素：第一个因素是聚力的方向是否正确，第二个因素是聚力的横向空间与纵向时间，最后一个是单个力量的大小。聚力的方向越正确，面越广、时间越长，单个力量越大，则所聚合力越有效。

（二）共青团工作独特性的体现

1. 价值引导工作的独特性——正确的聚力方向

和所有社会工作一样，个案工作尊重个人固有的尊严和价值，因此禁止对价值优劣进行判断，更禁止将价值观强加于案主。然而，共青团是党领导下的有鲜明政治倾向的群众团体，她有着加强政治思想工作、对广大青年进行社会主义核心价值观教育和引导的工作要求。因此，共青团在工作中必须同时进行价值引导工作，必须突破个案工作伦理准则的限制。在 A 团委"青春邀约"系列活动中，团干部非常重视积极主流价值的宣贯与引导，例如对大学生群体的"青春邀约话成长"强调自我能力的提高；对进城务工青年群体的"青春邀约话融入"强调调整心态，勤奋工作，改变自己，融入城市生活；对企业青年群体的"青春邀约话责任"强调引导广大企业青年主动抵制拜金思潮，勇敢承担起企业对社会的责任；对自组织青年群体的"青春邀约话公益"强调及时认可他们在公益活动中付出的努力，宣扬奉献友善的价值观；对闲散青年群体的"青春邀约话和谐"则引导他们用积极正面的眼光审视社会，寻找社会生活中存在的正能量，主动观察和维护社会和谐。

2. 对象锚定工作的独特性——广泛的横向聚力空间

个案工作的工作对象往往是已经存在某些心理或发展问题的个人，个案工作者与案主建立联系通常是等待案主主动上门求助，也有经其他社工转介而来。这种被动等待的方法有其背后的原因与合理性，但对于"青春邀约"则是不可取的。"聚力"要求团干部在重点工作群体中尽可能广泛地扩大邀约面，为此还专门订立了量化的评估指标，如果被动等待青年上门求助，是不可能完成工作指标的。在"青春邀约"中，团干部的做法是在锚定工作对象时采取一些策略。一种策略是由近及远，先从自己身边、熟悉的、符合条件的青年开始做起；另一种策略是创造条件，认识潜在的访谈对象，例如：A 团委发现有很多大学生毕业后留在本地工作，工作的第一年没有回家过年，因此组织了"青春邀约话新春"活动，这样就认识了很多青年，也对他们有了初步的接触，这些青年就能成为将来的访谈对象。总之，"青春邀约"大访谈的邀约对象要比个案工作的对象范围广得多，只有这样才能保证邀约能覆盖足够多的青年。

3．工作期限的独特性——延伸的纵向聚力时间

个案工作强调结案，每一个案子都需要有一个完结，对案主的帮助不是永无止境的，一旦结案，案主与社工的工作关系即告终止。这和个案工作所面临的资源限制有关，也和个案工作尊重个人价值、相信个人能力的价值取向有关。然而，展开访谈进而帮助青年不是"青春邀约"的根本目的；帮助青年是为了聚力青年，是为了将最广大的青年群众团结在党的周围。就共青团工作而言，过于强调结案不利于拉长聚力的时间，会影响聚力的效果。因此，"青春邀约"在与访谈对象的关系包括工作关系上并不会设置时间限制。访谈活动结束了，青年的问题也解决了，但是团干部和青年的关系却没有结束。这种包括工作关系、朋友关系、师生关系等等在内的复杂关系，能够一直存续。

4．组织建设工作的独立性——不断提升的个体能力

"青春邀约"活动并不像个案工作那样只是把案主当做服务的对象，团干部甚至会挖掘访谈对象成为共青团工作伙伴的潜力，给予他们为共青团工作的平台，将受访青年当中对共青团工作有热情有能力的人发展为团青工作的骨干。通过将以前需要帮助的青年转化为团干部的得力助手，再去让他们帮助更多青年的方式，"青春邀约"活动使当地共青团的基层组织得到进一步发展。

同时，在亲密接触共青团、亲身参与共青团工作、为青年服务的过程中，这些青年骨干对团的感情与自身的能力都在不断增长，形成"越多接触团、越了解团、对团越有感情、越多接触团"以及"越多接触团、锻炼机会越多、能力提升越多、越多接触团"两个互相衔接在一起的良性循环。

第三节　服务青年新需求

第一篇：青年需要和共青团工作

吴　庆

当前共青团工作发展的重要考量因素是青年的需要，对于青年需要的研究、需要的发现、需要的服务、需要服务融合和需要服务引导等诸多问题是共青团改革发展的核心逻辑主线，而研究青年的需要及其特殊性是揭示这条逻辑主线的重要起点。

一、需要

什么是需要？需要是人的行为的动力基础和源泉，是人脑对生理和社会需求的反映，是人们对社会生活中各类事物所提出的要求在大脑中的反映。心理学家也把促成人们各种行为的欲望称为需要。人的需要具有对象性——人的需要不是空洞的，而是有目的、有对象的，而且也随着满足需要的对象的扩大而发展；阶段性——人的需要是随着年龄、时期的不同而发展变化的；社会制约性——人不仅有先天的生理需要，而且在社会实践中，在接受人类文化教育过程中，发展出许多社会性需要；独特性——人与人之间的需要既有共同性，又有独特性。

关于需要的规律，现代西方普遍接受的是美国行为科学家马斯洛的需要层次理论，认为需要可以分为各种等级（五个层次：生理、安全、社交、尊重、自我实现即抱负），反映不同的人的不同要求。

马克思主义则认为，个体的需要是个体行为积极性和动力的源泉和基础。在现实世界中，个人有许多需要，其中最基本的需要是生存需要。马克思在 1845–1846 年完成的《德意志意识形态》一文中指出："一切人类生存的第一个前提也就是一切历史的第一个前提，这个前提就是：人们为了能够'创造历史'，必须能够生活。但是为了生活，首先就需要衣、食、住以及其它东西。因此第一个历史活动就是生产满足这些需要的资料，即生产物质生活本身。"他把衣、食、住称为人的第一需要，只有当第一需要满足之后，才能产生新的需要。当马克思把人的需要同个人活动特点联系起来时，就把人的需要分为自然的、精神的、社会的三种需要。并设想共产主义社会人的需要层次为：劳动成为人的生活第一需要和人的全面发展的需要。

恩格斯在马克思的需要观点基础上，分析了资本主义社会的各种弊端之后，从物质资料的角度，第一次提出了社会主义社会人的需要层次，即生存需要、享受需要、发展需要。根据这种划分，恩格斯在《自然辩证法》中把人的需要的对象物分为"生活资料、享受资料和发展资料"。恩格斯说道："人类的生产在一定阶段上会达到这样的高度：能够不仅生产生活必需品，而且生产奢侈品，即使最初只是为少数人生产。这样，生存斗争——假定我们暂时认为这个范畴在这里仍然有效——就变成为享受而斗争，不再是单纯为生存资料而斗争，而是为发展资料，为社会的生产发展资料而斗争。"十月革命胜利后，列宁曾提出一个带有共产主义本质特征的新需要——"共产主义劳动"；斯大林根据苏联社会主义建设的实践对人的需要作了进一步的论述，把人的需要归纳为物质的、文化（精神）的需要。根据列宁、斯大林的观点，社会主义社会人的需要被归纳为三种：物质需要、精神需要和"共产主义劳动"需要。

结合前人关于需要理论的研究成果，笔者认为：人类的需要包含着三个方面的内容，一是生存的需要，二是社群的需要，三是发展的需要。生存的需要主要是满足人类生存的基本条件，与马克思主义需要理论的生存需要和马斯洛需求层次的生理和安全需要基本相同。缺少此类需要，人类将无法生存。社群的需要是因为人需要社会性满足而带来的要求。包含着人类的基本社会交往的要求，如家庭、结群等的欲望，包含着马斯洛需求层次理论中的归属与爱及尊重的基本要求。发展的需要指个人发挥自身潜能、实现最大价值的一系列要求，和马克思主义需求理论的发展需求及马斯洛需求层次论的自我实现要求基本相同。应该说，从生存需求到社群需求到发展需求，人类的需求层次逐渐上升。越到上层精神需求满足越充分，而其基础是物质需求的满足；越到上层，社会性需求满足越充分，而其基础是自然性需求的满足；越到上层，理想性需求满足越充分，而其基础是现实性需求的满足。在人类的需求阶梯的逐渐实现中，人类也将物质和精神需求、社会和自然需求、理想和现实需求紧密地结合在一起。从需要本理论出发，把握生存、社群、发展这三大需要是开展共青团工作需要重点关注的领域。

（二）青年需要

青年的需要的具体内容和人生其它阶段有什么不同？不同的学者从不同的角度说明了青年需求的特殊性。

从人生发展的阶段性任务分析是一种重要的观点。发展任务（developmental tasks）认识人的发展过程方法之一是把它看作成长中的个人为从一个生活阶段进入到另一个生活阶段而必须解决的一系列问题。这些在一定特定社会背景里基本上每一个人都会面临到的问题就被称作发展任务。自从二十世纪三十年代一些进步教育家在美国提出发展任务的概念后，人们在儿童抚养、教育和建议等方面设计和应用了好几种任务形式。其中最著名的就是哈维格斯特（R.J.Havighurst）提出的理论，他将人的一生分为六个阶段并为每个成长阶段提出了六至十个任务。对青少年期提出的十个任务包括：与同龄男女青少年形成更为成熟的关系，充当男性或女性的社会角色，了解自己的体格并有效使用之，从父母和其他成年人那里获得感性上的独立，获取经济独立的保障，选择和准备职业，准备结婚和家庭生活，发展公民能力所需的智力技能，进行对社会负责的行为和形成指导行为的价值观念体系。而青年的八个任务有：选择配偶，学会与婚姻伴侣共同生活，建立家庭，抚育孩子，扶持家庭，从事一个职业，承担公民义务和寻找一个志同道合的社会集团。

国内的许多研究也从各方面反映了青年需求的丰富性，结合不同的青年群体对青年需要给出了不同的说明。但在不同中我们也可以找到相同和青年最普遍性的需求，和其他群体相比，青年的需要到底包含什么内容呢？相对于其他社会年龄群体，青年人有独特的需要满足。这种独特性一是来源于青年人独特的心理发展规律。从依赖走向独立的心理历程中对自立的需要，对离开家庭后群体归属的追求需要显得比任何时候都更加强烈。二是来源于青年期需完成的独特任务，特别是生存的需要中的就业和择业的需要、恋爱和婚姻的需要，发展需要中的教育、学习与成才、求知的需要，这些重大的人生需要都要在青年过渡期中基本完成并基本决定了一个人的一生。而中老年这些需要基本已经满足或者定型，不再成为人生的激励因素。青年的需要包含生存的需要，特别是生活和身心健康的需要、就业和择业的需要、恋爱和婚姻的需要；社群的需要包含交往和友谊的需要、社会参与的需要、自尊和荣誉的需要；发展的需要包括教育与成才的需要，娱乐和审美的需要，理想和成就的需要等。青年需要的特点决定了青年利益的构成及其矛盾关系，直接决定了共青团工作的方向。按照这条主线，同时结合不同类别的青年的具体情况，我们就可以生成青年需要的菜单，成为我们开展工作的重要指南和方向。

三、青年需要满足

服务青年需要是当前共青团工作的核心，在服务中体坝对中心工作的融合、在服务中体现引导的涵量是共青团工作的核心技巧，但其前提是把握服务青年工作的定位。从理论上来讲，青年需求的满足最主要的是通过政府、市场和社会的力量，世界各国在服务青年工作格局上的不同主要在于这三大方面的宏观划分不同。有的国家主要是市场化，有的国家主要是政府化，有的国家主要是社会化。但中国的情况和许多国家很不相同。中国服务青年的工作当然也依靠市场、政府和社会的共同努力，但目前我们的实际情况是：从市场来说，市场发育并不完善；从政府来讲，中国政府的有关部委承担了服务青年事务的相关职能，包括教育部、人力资源和社会保障部、卫生部、司法部等，但没有统一的青年服务协调部门，影响了服务青年需求的系统效果；从社会来讲，中国第三部门还急待发展。因此中国服务青年的模式和国外许多国家的体制不尽相同，有更为显重的群众工作化的特色。

这种群众工作化的特色是如何体现的呢？群众工作化是指用先进性

和群众性相结合的方式开展服务青年工作，从而弥补中国服务青年体系上的不足。类似于共青团这样的群众工作组织亦官亦民，它能够弥补中国现有制度的多种不足，即在法律缺位的情况下，发挥道德的作用；在普遍民主不足的时候发挥有序民主的作用；在政府和市场缺位的情况下，发挥社会的作用。从中国特色社会主义青年工作道路的构建来讲，目前这样的一种格局也在发展变化，共青团组织也正在全面适应社会发展的变化，而在职能上与时俱进。从青年服务的市场化运作来说，共青团组织并不是市场经济中的独立经济个体，所以该领域是无法进入和需要逐渐退出的领域。从政府来讲，共青团有协助政府管理青年事务的职能，一是适应我国政府行政管理的要求，在政府委托公共管理和社会事务时承担职责，二是共青团常年补缺所做的一些青年事务会转化为政府事务。这个过程是在适应我国政府的改革需要和我国行政体制改革的整体需要中变化的。共青团更大的服务空间是在第三部门领域，一是发挥组织自身的优势，及时发挥服务青年的作用；二是可以发挥"掌舵"的职能，带动社会的发展；三是通过法律的渠道，作为青年权益的维护主体，要寻找法律赋权，利用法律的武器保护青年群体。因此，服务青年需要，共青团更多的要掌舵而不要划桨，通过自己的组织优势汇聚服务资源，通过自己的组织发展建立核心枢纽充当服务发动机，通过带动更多的青年社会组织完成服务的多元多层分工，从而看到服务"合唱"的生动场景，在此基础上更好地实现共青团的组织宗旨。

第二篇：共青团维护青年权益工作
的政治空间研究

吴　庆

当前，维护青年权益工作在共青团工作布局中越来越重要。从共青团组织核心功能上研究，特别是随着国家政党、政府的新发展，团组织维护青年权益工作的政治空间应进一步系统规划，稳步推进。

一、意义：新的历史时期高度重视青年权益维护工作

共青团组织当前的四大职能：组织青年、引导青年、服务青年和维护青少年合法权益是在历史的发展中逐步完善的。其中，维护青年权益的工作将有着越来越重要的意义。

1. 来自于新时期政党的要求

作为中国共产党的助手和后备军，党有号召，团有行动。党的十八大报告明确指出：中国特色社会主义事业是面向未来的事业，需要一代又一代有志青年接续奋斗。全党都要关注青年、关心青年、关爱青年，倾听青年心声，鼓励青年成长，支持青年创业。中国共产党只有赢得青年，才能赢得未来，而赢得青年的根本之法在于三"关"（关注、关心、关爱）和真心实意地倾听心声，鼓励成长，支持创业，在青年关心的根本需要根本利益上大作文章，从而不断产生感情、深化信仰，而青年权益恰恰是青年根本需要根本利益中最核心的部分，急需得到维护。

从中国共产党发展的战略任务看，更好地发挥共青团的作用维护青年权益已成为推动该组织发展的重要课题。中国共产党的十八大上报告在全面提高党的建设科学化水平中指出："要支持工会、共青团、妇联等人民团体充分发挥桥梁纽带作用，更好反映群众呼声，维护群众合法权益。"党的第十八届三中全会通过的《中共中央关于全面深化改革若干重大问题的决定》指出："人民是改革的主体，要坚持党的群众路线，建立社会参与机制，充分发挥人民群众积极性、主动性、创造性，充分发挥工会、共青团、妇联等人民团体作用，齐心协力推进改革。"第十八届四中全会通过的《中共中央关于全面推进依法治国若干重大问题的决定》明确指出："全面推进依法治国是一个系统工程，是国家治理领域一场广泛而深刻的革命，需要付出长期艰苦努力。""发挥人民团体和社会组织在法治社会建设中的积极作用。建立健全社会组织参与社会事务、维护公共利益、救助困难群众、帮教特殊人群、预防违法犯罪的机制和制度化渠道。支持行业协会商会类社会组织发挥行业自律和专业服务功能。发挥社会组织对其成员的行为导引、规则约束、权益维护

作用。加强在华境外非政府组织管理，引导和监督其依法开展活动。"
可以看到推进党建科学化、深化体制改革和推进依法治国都需要共青团
组织发挥作用。

2. 来自于团的基本职能和职能发展的要求

从共青团本身的职能来讲，权益功能也是组织发展的应有之意。

团章中明确规定：中国共产主义青年团充分发挥党联系青年的桥梁
和纽带作用，积极协助政府管理青年事务，在维护国家和人民利益的同
时代表和维护青年的具体利益，围绕党的中心任务，开展适合青年特点
的独立活动，关心青年的工作、学习和生活，切实为青年服务，向党和
政府反映青年的意见和要求，开展社会监督，同各种危害青少年的现象
作斗争，保护和促进青少年的健康成长。

从当前提高团的凝聚力和吸引力和扩大有效覆盖的要求来看，团的
权益工作是激活基层活力的重要路径。团章中对团的基层组织基本任务
明确规定：要了解和反映团员与青年的思想、要求，维护他们的权益，
关心他们的学习、工作、生活和休息，开展文化、娱乐、体育活动。这
是基层团组织吸引基层团员青年的重要方面。

对共青团历史的纵向研究表明：共青团维护青年权益功能是顺应时
代发展的重要举措，有其深刻的逻辑。从1922年到今天，中国共产主
义青年团紧跟着中国共产党的步伐，在夺取政权，开展建设，走向改革
开放中发挥了助手和后备军的作用。从政党的宏观方位来看，它经历了
从一个夺取政权的革命党助手后备军转向执政党的助手后备军的变化。
从人民利益和青年利益互动来看，它经历了强化青年利益—强化人民利
益——再次凸显青年利益的一种螺旋上升、走向回归的变化。研究团的
职能发现从2003年团十五大开始至今，共青团服务青年的职能愈加受
到重视，维护青年权益问题开始重点提出，团的职能稳定为：组织青年、
引导青年、服务青年、维护青少年合法权益。团十五大报告强调共青团
组织要带领青年参与社会主义政治文明实践。在"全面建设小康社会的
实践中建功立业"部分中指出：引导青年参与社会主义政治文明实践。
引导青年在基层民主选举、民主决策、民主管理和民主监督中依法行使
民主权利，促进基层民主管理制度建设。发挥好共青团代表和维护青年

具体利益的作用，积极向人大、政协反映青年的意愿和呼声。值得注意的是，继团的十五大报告拿出单章写服务青年的问题之后，团十六大报告又拿出单章写"代表和维护好青少年的合法权益"，对该领域的工作作了详细的描述。"共青团作为党领导的先进青年的群众组织，作为党和政府联系青年的桥梁和纽带，必须在维护全国人民总体利益的同时，代表和维护好青少年的具体利益。在社会主义民主法制建设不断推进、青少年权益意识明显增强的形势下，各级团组织要深入实施青少年维权工程，继续坚持法制化、规范化，更好地代表和维护青少年合法权益。"团十六大后，共青团权益工作力度加大。2007 年以来，共青团组织就开始加大在人大和政协中参政议政的力度，开展"人大代表、政协委员与青少年面对面"系列活动（后改为"共青团与人大代表、政协委员面对面"）。活动目的主要是发挥青年人大代表、政协委员的积极作用，建立共青团与人大、政协等有关部门沟通协调的机制，加强人大代表、政协委员与广大青少年的联系，畅通青少年向人大代表、政协委员反映诉求的渠道，切实帮助青少年解决学习生活中遇到的困难和问题，维护青少年合法权益，促进青少年健康成长。活动主题是倾听青少年呼声，反映青少年诉求，取得了良好的效果。团十六届四中全会上提出共青团继续做好青年权益代言人的工作，首次确定团组织青年权益代言人的角色。新时期，共青团要围绕青年权益代言人的角色开展工作。

团十七大后，随着中国社会的发展，利益格局的调整和利益矛盾的多元，青少年群体也出现了明显的分化，权益工作的领域和方式都面临着新的变化和要求，团组织对权益工作更加重视。

从长远讲，如果共青团不能在维护全国人民的整体利益的同时表达和维护青年的具体利益，职责就没有尽到，凝聚力和吸引力也会受到很大的影响。

当前团组织权益工作的现状是有认识，有创新，有发展。但总体上说在声势和影响上还比较缺乏，离党对团的要求，离青年群体对团的愿望还有不小差距，亟待改革加强。

二、概念：对政治空间的初步认识

维权到底如何开展呢？政治空间的概念可以给这项工作一个实在的理论支持。政治空间并不是政治学中一个常用的概念。所谓政治空间是指能够综合发挥政治效应的场域，这种场域既是现实政治所形成，同时也在反作用于现实政治。人要参与政治必须要借助一定的空间，政治要影响人也要借助一定的空间，由此可见，空间联系着人和政治。必须注意政治影响空间和空间影响政治是一个辩证的关系。

政治空间最核心的问题是进入问题，不是人人都可以进入政治空间的，因为空间具有条件性。因此在探讨政治空间的问题时，根据现有的政治环境、政治基础可以进入或者可以影响生成因素至关重要。如果进入不了政治空间或者不能对空间生成发生影响，就不可能发挥政治效应。

研究政治空间发现，政治空间具有以下特点：

政治空间既包括关于政治权力、政治结构、政治运行的机制因素，即静态的秩序形态状态，同时也包括动态性、过程性政治过程、政治意识等因素。

政治空间既存在于国家政治领域，也同样存在于社会领域。从国家和社会的边界看：政治空间不仅是生于政治领域内，也会在国家和社会的边界变化中改变空间的大小，政治空间界线会随着国家与社会关系的变化而变化。

政治空间包括不同政治主体间的互动关系。特别是人民代表机构、政党、政府、政治团体等的互动关系。政治的综合效应是在这些因素之间可能的分立、冲突、竞争、谈判、合作与磨合等过程中产生。

政治空间既要考察政治权力的来源和变迁，同时也要考虑政治参与的制度化空间和由于政治参与所扩张的空间大小，特别是在公共领域所造成的影响及对政治的未来推动。

政治空间有具体空间，也有抽象空间。具体空间是指现实存在的某一具体地域领域，抽象空间是指诸如网络空间、思维空间之类。当前抽象空间对政治空间有了越来越多的影响。

以上对政治空间的理性思考是我们思考分析共青团维护权益工作政

治空间的重要出发点。

三、路径：共青团维护青年权益工作政治空间的构成

多年共青团实践告诉我们，要更好地维护青年权益工作，政治空间是关键。共青团维护青年合法权益工作的政治空间是以维护青少合法权益为宗旨的政治空间，是由共青团总体建立、推动、带动、发动、激活、渗透的空间；这种政治空间既立足于团组织自身，又不局限于共青团系统本身。是团组织现实可以进入或者可以影响生成的空间。根据政治空间发展的自身规律，这种政治空间的建立应该包含以下几个重要方面的内涵：第一，共青团自身的空间打造；第二，利用现有政治权力、政治结构、政治运行机制的秩序空间进行打造；第三，通过带动相关权益维护社会组织的打造；第四，通过网络和新闻媒体的发动打造；第五，通过介入政治社会化过程进行打造。

总之，共青团维护青年权益工作的政治空间由自身空间、秩序空间、社会空间、传播空间、文化空间等构成，团组织可以在这些方面有所作为。

1. 自身空间建立

该空间是在现有共青团权益工作的基础上立足共青团自身进一步深化相关工作，特别是在了解青年权益诉求、建立沟通机制、开展社会稳定风险评估上。

可以做的工作包括：青年代表联系制度（建议模仿人大建立"青年人大"制度，开发青年聚议会）；全国青年权益调查制度（相关调查结果提供给不同层级的党的机构和相关部门）；全团社会监督品牌工作（如青少年维权岗等品牌）；青年稳定评估工作（如建立权益监测体系，积极开发监测系统，建立基层监测站点和队伍，会同专业机构进行分析研究）；团的领导机关直接面对青年群众制度；结合团组织强化在社会管理和服务中的职责，完善青年信访制度，完善青年调解工作体系；加强维权领域青少年事务社工队伍建设等等。

2. 秩序空间推动

该空间是共青团推动政治空间的重中之重，也是最能发挥效果的空间，要努力推动，逐步实现。主要包括政党空间、立法空间、协商空间、

政府空间和政治团体空间。

（1）政党空间

政党空间的着眼点是实现"及时把青年的温度告诉党"。

在基层，中国共产党章中明确规定："团的县级和县级以下各级委员会书记，企业事业单位的团委书记，是党员的，可以列席同级党的委员会和常务委员会的会议。"要将推动此条的实现和青年权益工作结合起来，逐步确定和青年重大切身权益相关事项，并明确要求涉及到此类事项的党的委员会和常务委员会会议，团书记需要参加。在团的县级以上机关，逐步推动党建带团建中权益汇报专项内容：要求各级党组织一年至少要专门抽取一次时间听取团组织的专项青年权益和青年稳定汇报。

（2）立法空间

立法空间的着眼点是充分使用法律的利器。

团组织要在国家保证人民通过人民代表大会行使国家权力和全面推进依法治国的进程中进一步完善通过法律保障青年权益的政治路径。充分发挥共青团在立法协商中的作用。主动代表所联系的青年群众参与立法和政策制定，推进健全协调青年和社会的关系制度机制，从源头上保障青年权益、发展青年利益。不断推动《未成年人保护法》等与青少年紧密相关的法律落实，开展执法检查，不断完善相关法律体系，推动地方立法配套方面。

做大做强"共青团与人大（政协）代表面对面"。作为共青团代表和反映青少年普遍性诉求的重要载体，该活动在推动制定促进青少年成长发展的法律法规和公共政策、解决青少年权益保护实际问题等方面发挥了积极作用。下一步可以通过代表建议、委员提案、界别提案、社会协商对话等多种方式反映群众意见。可通过"青年人大"在人大中发出更强声音。

共青团组织要推动立法，进而在依法治国中积极发挥作用。推动人大用法律的形式确定共青团在政治生活和社会生活中的地位，目前可考虑立《国家青年组织法》，将共青团内容涵盖于内。同时及时向立法机关反映立法或者修法诉求。

支持青年运用法律武器保护自己的受教育权、劳动权、婚姻自主权和其它权益，为青年当事人提供或寻求法律帮助。

（3）协商空间

协商空间的着眼点是在政治协商上大作文章。

共青团要在引导青年有序政治参与中发挥作用，在国家健全社会主义协商民主制度中有所作为。共青团是青年群众依法有序广泛参与国家事务和社会事务管理的重要渠道。在党组织推进协商民主广泛多层制度化发展的进程中，团组织应进一步拓展参与政治协商的渠道，规范参与协商民主的内容、程序和形式。

要做大做强"共青团与政协代表面对面"，就涉及青年群众切身利益的实际问题深入进行专题协商、对口协商、界别协商、提案办理协商等。积极开展基层民主协商。

（4）政府空间

政府空间的着眼点是充分发挥政府的力量。

共青团没有直接承担行政管理职能，做好青少年权益工作，必须加强与相关政府部门的沟通协调；把青年实际需要（身心健康、学习成才、就业、住房、恋爱婚姻、社会参与、文化娱乐等）纳入到国家和地方经济社会发展规划，推动制定地方青少年发展规划。在政府和各级政府部门制定涉及青年利益的方针、政策和行政性法规时，团组织应积极反映情况，提出建议，使政府和行政部门能及时了解和照顾青年的具体利益。

要推动建立政府的青年工作联席会或者工作委员会。继续用好预防青少年违法犯罪专项组工作平台。在综治部门的领导下，各级团组织切实履行专项组组长单位职责，加强与成员单位的工作联系和协调沟通，全面推开重点青少年群体服务管理和预防犯罪工作。

在青年的具体利益、合理要求与政府、行政方面发生矛盾的时候，应该作为青年的代表与政府、行政部门协商，建立协商制度，推动问题的解决。发挥共青团创新社会治理和维护社会稳定和谐的重要作用，积极承接政府购买公共服务项目，引入专业社工力量，广泛联系社会组织共同开展工作。

（5）政治团体空间

政治团体空间的着眼点在于寻找青年权益维护的"同盟军"。和相关社会团体建立合作机制，特别是寻找和工会、妇联在权益维护上的联动机制，关注青年职工和青年妇女的切身利益；和其他一些社会团体建立合作关系推动青年权益保护。

3. 社会空间带动

该空间是青年权益的社会化路径。最核心的是发挥社会维权组织的力量，建设青年权益维护的枢纽型组织体系。

可以做的工作有：成立团中央及各级青年权益维护中心（或协会）、未成年人保护委员会、青少年法律服务中心等机构；寻找社会公信度高的权益维护组织，形成合作关系；关注青年权益社会热点，挖掘典型案例，集体发声；委托社会组织开展相关研究和活动；发挥青年的主体性，引导青年政治表达，特别是发挥枢纽型社会组织的作用，加强对维护青年权益社会组织的联系服务，培养和孵化新兴社会维权组织，以服务引导社会组织健康发展。

4. 传播空间发动

该空间是充分利用传媒政治的力量。最核心的是尊重政治传播规律，积极使用网络和新闻媒体空间开展权益维护活动。当前网络空间对政治的作用越来越不容小视，共青团要加以利用，形成声势。

可以做的工作有：精心设计，利用网络、报刊、广播、电视等形式，反映青年的意愿、要求，支持青年参与社会民主监督，同官僚主义和各种不正之风作斗争；同损害青少年合法权益的行为作斗争。推动微博等新的形式、工具维护青年权益；打造网上网下相互促进、有机融合的群团工作新格局，建设共青团维权特色网站，推动互联互通，加强与主流媒体、门户网站的合作；建设群众网宣队伍，办好维权热线等平台。加强 12355 青少年服务台建设。把服务台作为构建社会化维权体系的重要平台，稳定联系专家队伍和志愿力量，提高核心服务能力，探索多样化发展模式。

5. 文化空间渗透

该空间是充分发挥共青团和少先队组织的优势，将青少年权益维护观念系统植入青少年的政治社会化过程，形成一代共识。

可以做的工作包括：在小学少先队组织和中学团组织中加入权益维

护内容，法律普及相关内容，重点开展宣传和文化传播工作。

　　以上五个空间形成共青团维护青年权益的系统空间，都需要关注。从推动过程讲，当前要以自身空间建设、文化空间渗透为基础，稳步推动秩序空间和社会空间，有序发展传播空间，形成维护青年权益政治空间系统优化和不断发展，形成声势，取得实效。

　　从推动工作的角度看，当前团组织需要有三个方面的机构改革。一是建立一个从全团角度推动权益维护的综合"指挥部"（建议成立团中央及各级青年权益维护工作委员会或直接放权给维护青年权益工作部门），基于合力的要求统一设计全团权益工作方向，是政治性的机构。二是可以考虑成立更具专业化水平的团属事业单位青年权益维护中心（协会），综合负责推动青年权益政治空间的打造工作，是专业化的机构。两个机构的建立，最终将形成政治性、专业性、社会性紧密结合的青年权益维护工作新局面。三是要重心下移，推动各县区及乡镇街道、村（居）设立青年权益保护工作机构，真正实现青年权益维护的全覆盖。

第三篇：基层是啥样？他们怎么样？
——对大学毕业生初下基层的现状研究

吴庆　　江铮

　　2013年10月—2014年10月，中国人才研究会青年人才专委会"青年人才在基层"课题组（秘书处在团研所）以"现状"和"感受"为主题，与42位在基层工作的大学毕业生进行了9次全国网络交流（每月一次）。他们绝大部分是新近毕业的研究生和本科生（毕业于北京大学、清华大学、中国青年政治学院等），分布在全国27个省市的基层单位，主要包括基层党政机关公务员、乡镇选调生、大学生村官、西部计划志愿者、基层金融单位工作人员等。通过梳理和归纳，课题组从客观现状和主观感受两个方面，总结出了大学毕业生初下基层的十点情况。具体如下：

一、客观现状——大学生在基层看到了什么？发现了什么？

现状1：发展空间——晋升难，主观能动性发挥空间小

大学生到基层工作后，较普遍地感受到基层发展空间比较狭窄的问题。主要体现为两个方面的问题。

其一：晋升困难。如在辽宁基层政府工作的刘同学表示："据我了解，我们市有个公务员在岗位上干了42年，仍然是科员。"而之所以晋升困难，在浙江某银行工作的奚同学反映："没有领导看得到自己，发展有瓶颈。靠自己打拼，就得熬资历，熬年份。"而一位在湖南基层国税局工作的吴同学说："我们几乎不能和其他部门轮换，基本上只能在本局里面打转。整个局，科级干部只有几个，所以除非你非常非常优秀，否则真的不容易出头。"还有在江苏当选调生的周同学表示："虽然自己头顶着所谓选调生光环，受关注度不小，但是地域观念、背景观念还是蛮严重。"另外在广西当选调生的孔同学也反映自己常常被打听身世背景，自己学校也被比喻成"老李"的黄埔军校。由此，我们可以看得出基层晋升困难的原因有：论资排辈和背景观念、地域观念比较突出，部门间轮岗制度不完善，基层组织层级较低、领导职数少而不易出头等。

其二，主观能动性发挥空间小。如在北京某医疗管理部门工作的谭同学说："感觉自己就是一个工具，你就在那儿熬着吧，干好干坏都一样。"在广东一个调查统计部门工作的郑同学反映："在乡村有空间，无资源，到上面单位了，有了些许资源和平台能利用，但要做件事情，得这边方案，那边请示，还要看领导心情。"据此，可以发现在基层单位或者上级机关的下属基层部门里存在一定的绩效评价和工作激励机制不完善的状况导致"干好干坏都一样"的现象，也有办事程序复杂、领导职权过大而导致"做件事情得这边方案那边请示"的现象。而这些现象的存在，较为严重地影响了大学生在基层工作中的主观能动性发挥，约束了他们施展才华、贡献智慧的成长空间。

现状2：工作状况——待遇低，应酬多，工作杂，压力大

课题组发现，大学生的基层工作有两个方面存在矛盾状况。一方面，在基层工作待遇低，收入差。如在重庆某县级机关工作的陈同学说："和经商、进企业的同学相比，公务员队伍真的寒酸；同时身边总会有上升得比自己快的同事，又会有点'羡慕嫉妒恨'。长此以往，真怕心理失衡。"而吴同学在回应我们关于国税系统是否工资很高的问题时，也表示："待遇不高，税务系统工资高那都只是传言，也就千把块钱。"就连现在已经被上调到某省委办公厅工作的潘同学在回想前两年刚开始在乡镇工作的时候，也反映："待遇太差，我工作半年了还在借钱渡日。"由此，我们可以看到在基层工作的经济收入其实并不容乐观，待遇低到甚至需要"工作半年还在借钱渡日"的程度，这种经济待遇让他们在与其他行业工作的同学比较时还产生了"寒酸"的感觉。

但另一方面，在基层应酬多，事情杂，压力大。如在北京某乡镇当大学生村官的蒋同学说："基层部分科室的公务员挺累的，而且事情比较杂，工作比较没有成就感，比如我们党建办、管人事、组织、宣传。"江苏的周同学也表示："到了镇上主持团委工作，这个季节秸秆焚烧，全镇机关人员无论男女老少都要下村巡查灭火，正常工作没法开展。"孔同学则反映："我们（广西）这里的公务员竟然没有周末！如今，我已经习惯了5+2、白＋黑的工作节奏，一个月大概工作29天，并且只有三四天能正常六点下班。平时大多数时间在跟村民谈判，还会被抽去帮忙计生、搞卫生、纠纷仲裁。"而吴同学反映了应酬多的情况："应酬多，很不喜欢应酬，尤其是喝酒，很痛苦。即使万一哪天侥幸晋升了，应酬肯定更多。"他还讲了单位考试较多，给自己造成较大压力的问题，"我们国税系统的考试特别的多。大家都这么说：考考考，省局的法宝。地税发票子，国税发卷子。几乎每个月都有一两场考试，经常看书看到深夜，苦不堪言。"在吉林的陈同学则表示了一种怕因工作不力给母校造成不好影响的担心和压力，她说："刚工作报到时，单位领导和同事都认为，中青院的毕业生，做团组织工作，一定很有心得和工作方法。坦白讲，是动力，但更是压力。现在被分到组宣部工作，有时候也很有压力，担心信息上报的稿子写得不够好，影响到对学校的评价。"

现状3：政策环境——政策制定一刀切，政策执行问题多

关于基层的政策环境，来自甘肃、广西和广东的三位同学从政策制定和政策执行两个方面谈了自己的看法。

　　在甘肃基层党政机关工作的刘同学指出了"上面政策一刀切"的问题，他说："这个问题就有点大了，可能上面有上面的考虑，初衷是让老百姓脱贫致富。这样，上面的党政领导不但是政府管理者，而且也成了经济学家，老百姓的一切发展都自上而下由上面推行，老百姓没有自主权，由上面的好事变成下面的负担，老百姓不满情绪就很大。有些政策是好的，但老百姓思想滞后，意识不到，又需要上面推行。"刘同学还举例子说明了政策执行环节上的一些问题："有些程序性的民主公平环节，在农村根本行不通，比如评低保，为了减少上访，要求进行民主选评，上面规定不让拆户包、分户保，要保只能一家人保，但有些人家有七八口，名额占了，其他人就有意见，开始上访。但下面需要享受的人太多，只能拆户，每家享受一两口人，大家才心里公平。上头用新的程序防止上访，但没有考虑到农村的实际情况，都是理论化的文件，最后上访反而更多。"广西的孔同学根据自己做的征地拆迁工作也反映："多完善的政策在基层总会出现些许变化。就我所做的征地拆迁工作而言，由于国家陆续出台政策对征地工作进行规范，现在的征地工作已经十分程序化、规范化。然而，现在的征地工作流程仍然不够透明，很多征地赔偿工作如同砍价买卖一样，有很大的自由调整空间，腐败问题也时有发生。"而广东的郑同学则提出了问题，他问："有时候我在想，制定政策者是不了解基层情况，还是希望以理想状态来倒逼基层完善？"有人回答郑同学的问题说："在我看来，很多情况是制定政策者不了解基层情况。"

　　据这些同学所述，我们可以看出基层的政策环境在制定环节上，存在制定政策者因为角色定位不清晰、干群沟通不充分、老百姓缺乏自主权而导致"拍脑袋想政策"，不了解基层情况、喜欢搞"一刀切"的问题，也存在执行环节上的工作不规范、不透明，群众不理解、不支持等问题。

　　现状 4：氛围环境——造假现象严重，形式主义盛行

　　在网络会议的交流中，一些在基层尤其是在乡镇和街道工作的大学生反映了基层工作氛围、工作环境不够"风清气正"的问题，主要是造假现象严重、形式主义盛行的问题。如江苏的戚同学说："我在居委会工作，感受是上级政府不了解情况，下派任务过多，台账任务过多。居委会工作人员积极性不高，台账造假严重，深深为此担忧。"江西的潘同学也说："造假工作也做了不少，对此我深感忧虑。中国的数字从最基层出来就是假的，国家的统计数据怎么真的了。"更有甚者，吉林的陈同学认为："造假是大环境，从南到北，各个系统都跑不掉。"此外，湖南的吴同学反映："形式主义十分严重。真正做本职工作的时间非常少，大部分时间都是迎接各种的检查，上报各种的资料和数据，准备各种的考试和考核。"

现状 5：干群关系——基层群众质朴善良，但对政府及公务员有刻板印象

在谈及基层比较好的现状时，一些同学表示基层群众质朴善良，如郑同学在谈到下乡时就说："感动，到村里就感动死了，村里这帮人让人又爱又恨的，农民的质朴还是有的。"孔同学也表示："基层还是老实人居多，虽然很多人文化素质比较低，但很质朴单纯，对新人十分照顾。"但是，在跟群众打交道的过程中，也有同学提到群众对公务员的刻板印象问题，如在法院工作的江同学说："每每办案子，尤其是入户去送传票、做调解，都能遇到当事人不理解的情况，常以为我们是收了另外一方当事人的好处。"

而这里所提到的干群关系，连同现状 4 所反映出来的问题，正好与当下党的群众路线教育实践活动和反对"四风"问题相契合，这也从另外一个方面表明了党中央开展这两项活动的必要性。

二、主观感受——大学生在基层体会到什么？困惑些什么？

感受 1：迷茫感——为前途担忧

对初下基层的大学生来说，其主观情绪可能如潘同学所说："要经历新奇、困惑、彷徨、自我救赎、破茧成蝶这样的历程。"在交流中，不少同学表达了一种对前途担忧的迷茫感。如湖南的吴同学说："不知道未来自己何去何从。学的是政治学与行政学专业，现在却来搞税收，一切从头学，好艰难。即使学好了，也似乎没多大发展前途了。"重庆的陈同学也说："一步步从基层上升，肯定比不上通过考试、遴选等途径快。所以看到同龄不做事专心看书的上调、踏实做事的晋升机会渺茫，总为自己的前途担忧。"北京的谭同学则分析了迷茫的原因，她表示："说到我们的心态，我自己感觉就是年轻人现在由于生活的压力和制度的不公，对前途比较迷茫，缺乏信心，好多当年的锐气在逐渐消失。我之前觉得自己很乐观，也很有斗志的，这几年下来，越发失望了。现在最大的问题就是好多制度感觉都是压着年轻人的，没有管你，也不许去释放潜能。"在甘肃的刘同学也说："我们虽然抱着一腔热血和崇高理想来到这里，但基层如果没有良好的生活保障，自己的心态会矛盾的。"

依上述同学的观点，我们可以从中找到一些他们之所以迷茫的原因，其一：专业不匹配，需要重新学习；其二，寻求晋升与踏实做事之间的矛盾；其三，生活压力大，物质保障缺乏；其四，制度不公，压抑潜能；其五：时光消磨斗志，工作消耗锐气。而这些都将降低他们的自我效能感，对今后的工作和生活产生一种没有安全感和期待值的迷茫情绪，进而为未来担忧。

感受 2：无能感——欠缺基层群众工作能力

在基层工作因为常跟群众接触，这对一个刚步入社会的大学生来说也成了一个问题，并产生了一种因欠缺基层群众工作能力和经验的无能感。如郑同学说："像我们这种需要跟群众接触的，就感觉还需要有一点群众工作经验、策略问题，如何才能取得信任、深入交流，获得最真实的情况。"在新疆参加西部志愿计划的王同学也提到："面对形形色色的人与问题，有效应对措施缺乏。"此外，江苏的戚同学也表示："现在江苏这边基本要做到一村一社区一名大学生，大学生基本没有群众工作经验。"

感受 3：陌生感——语言不通，融入困难

在课题组所关注的这 42 位同学之中，有一些同学是去到了一个完全陌生的基层工作环境里，并由此而产生了一种陌生感。如作为一个安徽人却在江西工作的潘同学说："刚开始工作时有陌生感，如语言不通，没有朋友等，会让自己觉得被边缘化。"而身为汉族人的王同学在新疆工作面临的是民族语言不通和风俗习惯不同的问题，他表示："我在新疆工作，语言不通（不是方言，而是其他民族语言），风俗习惯也不同。"对于本身就是江苏人的戚同学同样也面临着这样的问题，他说："我在

苏州工作，各级领导要求我学习苏州话，表示难度很大。"

感受 4：挫折感——容易碰壁，书生意气不受欢迎

我们在交流中也关注到了极少数同学所产生的一种受挫感，如重庆的陈同学说："初到基层，总是想用自己在学校的所学来为人处世，心里面很有'路不得其平则鸣'的书生意气，觉得很多老做法、老习惯都过时了，就想改变很多东西。但是慢慢工作起来，才发现领导和周围同事都不喜欢这样的人，甚至也得不到服务对象的认同。这才渐渐认识到生活和电视、杂志里面是不一样的。"这种挫折感，我们认为是一种角色失范问题，也就是作为一名大学生和一名职业人之间的角色调整问题，书生意气却处处碰壁，这种冲突是值得关注和反思的。

感受 5：无奈感——没有勇气去抵制基层造假现象。

针对上文提及的基层造假现象，我们还可以感受到大学生在基层工作中遇到类似问题时的一种无奈感，他们虽然从内心里不认可这种造假行为并为之担忧，但是却出于各种原因而无奈地选择接受，他们并没有勇气去进行抵制，甚至自己还要参与到造假的工作中。当郑同学问："当我们在基层遇到不适应的问题的时候，出于先入为主的潜规则或者职场经验的提示，导致我们是有勇气去抵制还是去适应？"江苏的戚同学明确表示："我不敢抵制，有些任务本来就完不成，只能造假。我认为一部分造假行为是上级政府逼出来的。还有的时候，上级政府直接指示我们造假。"广西的孔同学也说："我也不敢抵制造假，比如计生国检，我们都在忙着下乡去把超生户赶到山上，符合计生规定的农户，早在前几天都已经接受了'培训'，他们背得很不错。"由此，我们可以试着分析他们的这种无奈感，其原因很大程度上在于造假的必要性，或者是存在的合理性，因为"有些任务本来就完不成，只能造假"。但是这种归因是否真正合理，我们应该还需要做进一步思考。

综上所述，本课题调查到，大学生初下基层后的五点客观现状，即：在发展空间方面晋升难、主观能动性发挥空间小，在工作状况方面待遇低、应酬多、工作杂、压力大，在政策环境方面政策制定一刀切、政策执行问题多，在氛围环境方面造假现象严重、形式主义盛行，在干群关系方面基层群众质朴善良但对政府及公务员有刻板印象。他们初下基层的五点主观感受，即：为前途担忧的迷茫感、欠缺基层群众工作能力的无能感、语言不通和融入困难的陌生感、容易碰壁的挫折感以及没有勇气去抵制基层造假现象的无奈感。但是这些都是现状和感受，更为重要的是还要找到规律，这种规律对于一个在基层工作的大学生来说非常重要。

回到本文一开始的如何"战胜潮水"这一人生重大课题，我们认为其满意答案在于高举理想信念的旗帜。习总书记在五四青年节讲话中指出："青年一代有理想、有担当，国家就有前途，民族就有希望，实现我们的发展目标就有源源不断的强大力量。"青年大学毕业生在基层工作中的态度、价值观、融入现实的本领和智慧，基本的底线都很重要。但理想与信念是最为根本的，不仅要树立，而且要在心中扎根，一辈子都能坚持为之奋斗。也只有如此，大学毕业生才能在基层广阔天地里面对"潮水"而"乘万里风破万里浪"，才能"直挂云帆济沧海"。

第四篇：中央企业青年人才队伍建设现状研究

吴 庆

从 2013 年 10 月份开始至 2014 年 8 月，我们对中央企业青年人才队伍建设情况进行了全国实证调查，基本情况和结论如下：

一、课题研究概况

1. 研究背景、研究意义与研究目的

党的十八大报告把人才工作作为"全面提高党的建设科学化水平"八项任务之一，作出专门部署，充分体现了中央对人才工作的高度重视。党的十八届三中全会进一步指出，要"建立集聚人才体制机制，择天下英才而用之。打破体制壁垒，扫除身份障碍，让人人都有成长成才、脱颖而出的通道，让各类人才都有施展才华的广阔天地。完善党政机关、

企事业单位、社会各方面人才顺畅流动的制度体系。健全人才向基层流动、向艰苦地区和岗位流动、在一线创业的激励机制。加快形成具有国际竞争力的人才制度优势，完善人才评价机制，增强人才政策开放度，广泛吸引境外优秀人才回国或来华创业发展。"近平总书记特别强调："一大批朝气蓬勃的青年骨干这是我们的力量所在、希望所在。我们要着力完善人才发展机制，最大限度支持和鼓励青年人才创新创造。要不拘一格、慧眼识才，放手使用优秀青年人才，为他们奋勇创新、脱颖而出提供舞台。"这些重要讲话都为包括央企在内的各类组织指明了人才工作的方向。

青年人才资源是央企最大战略资源，应多方位、全链条对央企青年人才队伍建设工作展开研究，准确把握青年成才基本规律，清晰认识当前青年人才发展的状况与趋势，制定符合青年人才发展规律的政策制度和实施措施。努力挖掘青年人才"央企第一战略资源"，实现中央企业成就青年人才、青年人才服务中央企业、央企与青年人才协同贡献和共同报效国家的大好局面。

为加强人才工作的针对性，研究特根据职业属性将央企青年人才划分为经营管理、科技、技能和党群四类人才，实施分类调研。充分考量四类人才独特的职业特点、特殊的职业环境、具体的职业发展等内外维度，为央企分类制定青年人才相关制度决策提供充分全面的研判依据，帮助提高决策科学性和实施方面的匹配性与有效性。

2. 研究对象、研究内容与研究结构

本课题研究对象为央企青年人才，所指青年人才特指在 18–35 岁年龄段内的社会群体。这一研究对象的界定是为了规避学历特征、专业特征、身份特征等对青年人才可能造成的歧视，以"不拘一格降人才"的态度研究人才成才规律，建设让人人都有成长成才、脱颖而出的通道。

本课题分为总体研究（中央企业青年人才队伍建设总体状况）和分类研究（重点类型即四种类型青年人才队伍建设研究）两个部分。

总体研究在内容上包括中央企业青年人才队伍建设总体状况、青年人才选聘和晋升、培养和使用、青年人才激励、青年人才考评、青年人才环境五个部分。

分类研究主要集中在以下四个方面：中央企业经营管理青年人才队伍建设、中央企业科技青年人才队伍建设、中央企业高技能青年人才队伍建设、中央企业党群青年人才队伍建设。

3. 研究方法与研究过程

本课题采用问卷调查、个案访谈与典型调查、文献研究等方法，尤其注重借助 SPSS 软件对调研数据进行科学分析与个案深度访谈方法相结合。

研究过程基本分为六个阶段，依次为：资料整理与文献综述阶段；问卷拟制与问卷调研阶段；调研数据汇集与分析阶段；数据对比与发现问题阶段；分析原因与运用数据阶段；提出对策与解决办法阶段。

4. 问卷发放与回收

调查采用分层抽样结合配额抽样方法，以中央企业协作区为分层标准，在每一协作区中随机抽取 4 家企业，再按照所有抽取企业 35 岁及以下青年人数比例分配各协作区、各企业抽样数，最后按照四类人才总体比例分配每家企业四类人才抽样数。为保证样本尽可能分散，被调查央企问卷来源的二级企业数量设有下限规定。

问卷采用网络填答方式，通过每份问卷单一且带有企业属性与人才类型属性的验证码设置，控制问卷的填写者来源。

计划回收问卷 5000 份，实际回收 4362 份，问卷全部合格，没有无效问卷回收率，问卷的有效回收率为 87.24%。

二、中央企业青年人才队伍总体建设情况

1. 青年人才的基本构成与特点

研究发现：

中央企业青年呈现出学历进一步提高、政治素质高、男性居多、技能人才总量大、劳动关系主体合同制的特点。

2. 青年人才的选聘和晋升

调查发现：

工作稳定是吸引青年加入央企最重要的原因，随着年龄的增长，这一因素持续产生影响，但收入与交通便利的因素则逐渐被事业成就感所

取代。央企青年主要通过校园招聘，经历公开公平与公正的测试，过五关斩六将进入现单位，是当代青年当中的佼佼者，重视德才兼备。但在招聘环节，他们较少感受到招聘方对思想道德的重视。

央企青年对央企岗位配置合理、晋升通道畅通、破格提拔实施的认可度比较高，但对人才梯队的合理性认可度稍低。虽然央企青年的成才观与中国传统的主流成才观相一致，但他们对自身职业路径的认识却并不够清晰。

90后在成才观上呈现出更为积极的一面，也更为个性化。

总体而言，央企青年人才稳定性较好，安于本单位工作，但作为破格提拔最普遍的党群类人才继续为本单位长期服务的意愿相对其他类型人才却比较低。党群人才的发展问题需要得到更多的关注。

3. 青年人才的培养和使用

调查发现：

总体而言，央企青年对公司的人才培养与使用工作比较满意。

除入职培训外，导师带徒是央企青年最常见的培养方式，专业知识技能则是最常见的培训内容，央企青年对专业技能培训的有用性是认可的，对培训总体提升自我的效能上认可度不佳。

短期合同工的培养和使用亟待加强。入职培训还可以进一步加强，重视青年员工进入企业的心理转化。

央企青年赞同重点选苗，但了解程度不高。央企青年的在职进修与挂职锻炼能得到企业的支持。

央企对青年人才的思想工作侧重点在入职后的引导而非入职前的甄别。常态化学习与榜样学习是思想引导的主要方式，思想引导的方式还有待扩展。

4. 青年人才激励

调查发现：

央企青年最期望的激励方式从期望值最高到最低依次是奖金、职位、福利以及精神激励，央企实际提供的激励方式主要有奖金、精神激励、职位晋升，两者存在较高的重合度，但顺序有所差异。

央企青年总体而言，对收入总水平与公平性都比较满意，对收入满意度最高的群体是技能人才和党群人才，对收入的不满与行业有较大关系。

在面临更多机会选择时，亦即央企遭遇人才竞争对手时，央企青年更多考虑的是单位事业前景、事业荣誉感、晋升机会，更少考虑的是同事关系、婚恋影响、休息时间以及设备精良。在基本物质条件满足的同时，激发事业心和荣誉感应成为中央企业留住青年人才的核心工作方向。

5. 青年人才考评

调查发现：

总体而言，央企青年对人才考评工作比较满意。

央企青年对单位人才考评指标体系完整性的认可度高于合理性的认可度。央企人才考核方法多种多样，以上级考核为主，较少用到下级考核。在四类人才中，党群人才人均考核方法最多，技能人才则较少。考评结果从多方面给员工带来影响，主要影响存在于奖金与职位晋升的评定。

6. 青年人才环境及总体规划

调查发现：

青年人才建设规划在央企青年心中存在感不高，科技人才与党群人才尤其如此。央企青年认为领导重视是影响人才规划执行和制约青年人才队伍建设的重要因素，但他们认为领导重视青年人才规划的比重却不算太高。

央企青年认为群团组织特别是团组织应当在青年人才工作中发挥重要作用。

央企青年认为导师带徒、青年人才培训、岗位能手以及青年技能大赛类活动更有利于提高青年人才的积极性。但不同类型人才对此分歧较明显，科技人才偏好导师带徒，相对不喜欢岗位能手；党群人才对青年人才培训以及青年人才库明显更为偏好，技能人才对上述活动都很喜欢。

央企青年成才观体现出多元化特征，且行业差异显著。交旅投与电子通信类企业人才更看重职位与收入，但不重视为国家做贡献；电力类企业人才更看重为国做贡献以及做好本职工作，但不重视创新。

央企青年的压力源是工作与生活共生，如升职加薪与以及工作相关的压力源影响大，亚健康等与生活相关的压力源也占有重要地位。

央企青年的幸福观首选健康，其次是家庭，之后才是自我价值的实现；央企青年最喜欢的生活方式也首选平淡快乐，而非富贵拔尖，体现出明显的后现代特征。80 后、90 后青年价值观的变化对传统人才工作的挑战需要引起高度关注。

三、中央企业青年人才队伍建设总体对策及建议

调查提出的加强中央企业青年人才队伍建设的对策和建议如下：

1. 有重点地加强思想引领工作

（1）适当加强对短期劳动关系青年的思想引领工作

短期劳动关系青年在各项满意度上得分都比较低，当无法实质性解决他们的问题时，通过思想引领工作可以缓解他们的负面情绪。适当加强对短期劳动关系青年的思想引领工作，扩大思想政治工作的覆盖范围与深度。

（2）在更多环节重视思想道德工作的宣传与开展

央企思想道德工作宣传与开展相对重点在人才使用环节，但在招聘环节与晋升环节的重要性都比青年人的期望要低。这既不符合央企的人才定位，也容易对新入职的青年和追求进步的青年产生误导。因此，央企应在人才从进入开始的各个环节中都将思想道德工作的宣传与开展重视起来。

（3）注重思想引导方式的多样化与创新

目前央企主要的思想引导方式是常态化学习与榜样学习，其他方式相对单薄，应当尝试更多青年喜闻乐见的思想引导方式，增加思想引导工作对青年的吸引力。由于青年普遍欢迎入职期、职位转换期的心理培训工作，可以考虑将思想引导与心理培训相结合。

2. 同步对青年人才职业路径指导工作和人才规划工作

央企青年在自身的职业路径上没有非常清晰的规划，同时，企业专门的青年人才规划工作在青年心中也没有太大的存在感，这种情况对党群人才与科技人才尤为明显。央企应加大对相关人才工作例如规划、选苗、跟踪培养等政策的宣传，同时进一步了解各类型人才真实的人才规划情况，避免青年人才规划制定漏洞。由于领导的重视程度是影响人才

规划与人才建设最主要的影响因素，若有来自国资委层面的领导对青年人才规划予以重视，或能带动央企领导层面的重视，上行下效，在全央企系统内形成良好的青年人才队伍建设的氛围。

3. 在不同环节用对激励方式

"感情留人、事业留人、待遇留人"的思路是对的，但在不同的环节，侧重点要有变化。招聘环节应主推稳定感。用人环节应主推绩效与奖金紧密挂钩，增加奖惩制度，避免干多干少一个样。留人环节应主推单位事业前景、事业荣誉感、晋升机会，如果要留住竞争企业有意挖取的人才，应当给予他们更好的事业发展机会以及从事业本身的荣誉感上做文章。

4. 准确把握共青团在央企青年人才工作中的定位

在青年心目中，群团组织是青年人才工作的重要主体，在群团组织中，共青团又是青年人认为的青年人才工作主力。因此央企共青团要认识到青年对自身的期望，在企业党组织的带领下，在企业青年人才队伍建设中发挥更为积极的作用，积极推进推优入党和推才上岗的工作，让更多的青年人才找到自身的位置。特别是发挥好类似于导师带徒、青年岗位能手以及青年人才培训的重要作用，使其对青年人才的培养既有覆盖性又有吸引力。高度民主青年入职培训特别是心理转换和支持。

5. 依据不同类型人才的偏好，有侧重地开展活动

不同类型人才对于导师带徒、岗位能手以及青年人才培训提高积极性的作用都有比较高的认可度。但经管人才最认同青年人才培训活动；科技人才最认同导师带徒活动，同时对岗位能手活动兴趣较低；技能人才最认同导师带徒活动；党群人才高度偏好青年人才培训和建立青年人才库的活动。因此，央企应在不同类型人才中选择主要开展活动和次要开展活动，避免活动内容的一刀切。

6. 接受青年人才后现代特征，维护青年工作生活平衡

高度重视当代青年价值观的变化。研究当代青年成长的新特点新规律，把准方向，搞准脉搏。加薪升职重要，健康家庭也重要，对青年人才的使用应尽可能避免以青年的健康与家庭幸福为代价。

四、中央企业四类青年人才建设的对策和建议

调查发现：针对不同类型的青年人才要解决不同类型青年人才的特殊问题。

1. 对于青年经营管理人才要抓住最佳成才期推动挂职轮岗锻炼。

经营管理人才的最佳成才期在 30-35 岁之间，应当在这个阶段加大对优秀青年人才的培养，以前瞻性的目光重点培养、科学化使用，使这些青年人才能够在黄金时间得到最佳培养，能够真正扛起重任。有计划的培养、多岗位锻炼是经管人才成长的"捷径"。推进经营管理人才挂职锻炼、基层岗位锻炼、多岗位锻炼、艰苦岗位锻炼，这也是培养经营管理人才与其他人才的区别之一。经过这些岗位的锻炼，更能提高经营管理人才的素质和能力，能够把握企业的整体方向，更有利于企业的决策和发展。

2. 对于青年科技人才要抓住激励这个关键环节，建立合理的科技创新奖励体系。

与总体相比，科技人才对于薪酬较为满意，而对奖惩制度、奖金发放制度、激励制度的认可度稍微偏低，表明青年科技人才希望有更加完善而合理的竞争机制来激发他们搞科研的动力，希望企业按照能力水平给予物质上的鼓励与支持。

3. 对于青年技能人才，最核心的是营造尊重技能工人的企业文化，提高技能工人荣誉感。

虽然传统社会观念认为白领地位高于蓝领，但作为时代精神的领头企业，央企应当重视员工的大多数——技能人才的地位与心理状态，努力营造一种尊重技能工人的环境，提高技能工人的荣誉感，从而激发他们的工作积极性，让企业更有效率，更加和谐。营造这种氛围应从小处着眼，建章立制，潜移默化。

4. 对于青年党群人才要给以格外的关注，核心是推动党群工作职业的科学化专业化发展。

党群人才是从事青年人才工作的主体之一，但党群人才的工作状态在四类人才中却是最不积极的，这一问题亟需相关领导重视，了解可能

影响党群人才工作热情与工作稳定性的原因，及时解决问题，加强党群人才队伍的稳定性与工作热情。要通过改革增强党群工作人才对自己工作的信心度。

第四节　激发组织新活力

第一篇：乡镇团组织格局创新后工作
开展和组织活力研究报告

吴庆　郑寰　管雷

　　加强共青团基层组织建设和基层工作是按照中共中央的重要要求开展的一项长期工作。在推进共青团工作"眼睛向下、重心下移"的战略布局中，加强乡镇团组织格局创新是农村团基层组织建设的关键和难点，它不仅承担着大量基层青年服务的功能，而且对于吸引、凝聚城乡广大青年具有重要意义。

　　乡镇团组织格局创新工作是新形势下丰富农村基层团委工作资源、拓展联系青年渠道、充实基层团组织工作力量的有益探索。自2009年全团组织开展乡镇团组织格局创新试点工作以来，各级团组织在团中央的统一领导和部署下，结合各地实际情况，稳妥推进基层团组织建设工作，积极探索了许多有效的工作办法，取得了丰富的经验。截至2011年底，全国90%左右的乡镇完成了团委班子选配任务，初步实现了充实团干部力量、拓宽联系青年渠道、丰富团的工作资源的目标。经过近年来各地扎实的努力，全国基层团组织格局创新的初始阶段工作已经初步完成，基层团组织格局创新的工作布局已经全面铺开。

　　本课题旨在进一步客观评估乡镇团组织格局创新工作开展后的政策效果，总结工作过程中的经验和困难，通过小样本的深入调查研究，把握基层团组织的实际情况，摸清农村青年流动分布情况，剖析基层团组织的好做法和存在的问题，为全团以改革创新精神加强农村基层团组织建设和基层工作提供参考。调研组先后赴东、中、西、东北部地区共7

个省 7 个县各开展为期 5 天的实地调研。调研组将在每个调研县完成三项任务。即：开展调查统计，摸清农村青年、农村基层团组织建设和基层工作情况；收集材料，了解当地农村基层党建、团建等工作的好做法好经验；开展座谈、访谈，听取县委分管组织工作的领导或组织部有关负责同志（不少于 3 个乡镇的党委书记等）的意见建议。同时，为增强调研工作的代表性、普遍性和覆盖面，还委托 9 个省份（辽宁、安徽、广西、河北、浙江、新疆、黑龙江、上海、青海）分别针对乡镇、村、农村专业合作组织团建有所侧重地开展专题调研。

围绕"青年到底在哪里、青年怎样流动、怎样才能把青年组织起来"等根本问题，课题组深入调查基层团组织建设和工作的现状和问题，分析了共青团服务对象的变化趋势及基本结构。围绕团组织功能建设、干部班子配备以及工作内容定位等乡镇团组织格局创新工作举措，课题组进行了深入的考察和座谈，调研结束后又进行了深入的研究，汇成以下成效篇、问题篇、对策篇。

一、乡镇团组织格局创新后工作情况和成效

调查研究发现：乡镇团组织格局创新宏观方向正确，在凝聚农村基层青年、服务农村基层党政工作方面取得了实质的成效，需要在此基础上继续巩固相关成果。

乡镇团组织格局创新工作是基层团组织建设的一项长期工程，初期阶段的任务主要是调整充实领导班子、科学设计工作内容、建立完善运行机制。其基本目标是要通过团干部配备专兼职相结合、工作载体团内外相结合，充实基层团干部队伍、拓展基层团组织工作载体，实现团的基层组织网络覆盖更多青年。经过全国范围内各级团组织的努力，目前已经基本实现了初步的设定目标，为今后一个时期全力推进基层团建创新，努力实现团的基层组织覆盖全体青年、团的工作和活动影响全体青年，不断提升基层团组织的吸引力、凝聚力和战斗力奠定了坚实的基础。

专家组主要对 7 个省 7 个县进行了小样本的研究，分布地区涵盖东、中、西、东北四个典型地区，在人口结构和经济布局上具有较强的代表性，能够基本反映出全国乡镇团组织运行的工作环境。

各地团组织都将格局创新工作视为共青团工作的重中之重，积极争取党政领导支持，制定实施方案和实施办法，明确了乡镇团委干部的选配标准和程序，以党建带团建等方式促动乡镇团组织格局的创新和工作能力的提升。从实施效果来看，目前各调研点已经基本配齐乡镇团组织班子，调整了原有单一的基层团组织结构，选配了数名编外副书记和团委委员，在较短的时期内基本完成了设定目标，为乡镇团组织开展服务青年的活动拓展了资源，为进一步协调基层各部门共同为青年服务提供了组织支持。乡镇团的组织格局创新，人员配备科学合理，能有效地开展工作，充实了乡镇团委的工作力量，扩大了对农村青年的影响。加强指导，推动乡镇团委健全机制，党政和上级团组织更加关注、支持乡镇，乡镇团的工作条件和外部环境正在改善。该工作得到了党政领导和农村青年的认可，乡镇团委在农村青年中的影响力开始显现。

1. 乡镇团组织结构创新与队伍建设

乡镇团组织格局创新的初步阶段首先是解决的"配班子"的问题，各地在配齐、配好乡镇团组织干部方面的工作进展迅速，充实了乡镇团委的工作力量。

一是人员大幅增加，选配工作进展顺利。全国乡镇团委委员（含书记、副书记）总数367660人，平均每个乡镇团委委员11.3人。2011年7个调查点基本上都完成了配备班子的工作，乡镇团委书记、副书记人数大大扩充，每个乡镇团委委员平均达到10-15人。各地根据青年工作的实际需要，形成了选配乡镇团干部的工作机制。如四川省通过采取"八一攻坚行动"，按照"1+N+X"的模式基本配齐了占全国1/8的乡镇团委干部队伍，每个乡镇除了书记之外，副书记原则上不少于3人，委员数量根据各地情况进行确定。吉林省柳河县则按照实施方案，明确规定了乡镇团委会的选配标准、乡镇团委成员人数以及选配方法和步骤，形成了"1+4+N"的乡镇团委选配模式，充实了领导班子，优化了团组织队伍结构。陕西紫阳在乡镇团委全面推行"1+1+X"建团模式，即：乡镇团委建立13人的工作委员会，由1名乡镇党政班子的年轻副职担任书记，配备1名专职副书记，委员由11个不同行业和领域的优秀青年担任。

　　二是干部来源更加广泛，为乡镇团组织工作拓宽了资源。副书记、委员选配工作要结合当地青年从业、分布特点和产业发展情况，采取"编制内外相结合、专兼职相结合"的方式进行选配。乡镇团委副书记和委员以乡镇部门工作人员、大学生村官和学校工作人员兼任的情况最多。如山东省夏津县根据各乡镇团员青年分布和聚集特点，在信用社干部、民警、农技推广人员、学校教师及致富带头人、农村专业合作组织创办人、民营企业负责人、大学生村官、大学生志愿者等人员中，通过宣传发动、人选推荐、初步考察、确定正式候选人、民主投票、组织研究、任前公示、正式聘任等选配程序，严格选配出四名优秀的镇团委编外副书记。

　　三是组织结构得到优化，各地根据实际情况和工作需要，合理配备了乡镇团干部，保证了选配方法、班子结构和委员人数的合理性，把代表不同群体、阶层、领域的青年选配到团组织中来，形成了有利于整合社会资源，有利于扩大联系青年渠道，有利于推动工作的人员结构。乡镇团组织凝聚了一批有知识、懂技术、讲政治的基层农村青年。在东部发达地区，乡镇团组织干部的教育程度较高，如江苏省东台市，委员平均年龄为29.5岁，大专以上文化程度的达到93.5%，党员比例达到79.5%。但西部地区乡镇团组织干部力量总体偏弱，如四川省安岳县，委员平均年龄为29.1岁，大专以上文化程度的占到68.2%，党员比例占到69.3%。在乡镇团委委员中，农村青年致富带头人、专业合作社负责人以及企业负责人等新型组织的构成比例有所扩大，占到约1/4，这进一步加强了基层青年参与共青团活动的积极性，也扩大了乡镇共青团组织在群众中的影响。调查中，各方普遍反映：各种1+X的模式保证了团组织组成人员的囊括面比较宽，在开展团的工作时候，不同社会阅历、不同社会行业的人的不同经验和认识是推动工作进步的一个最大因素。

　　2. **乡镇团委工作制度建设**

　　在乡镇团组织格局创新工作展开后，地方党政领导和组织部门对该项工作高度重视，积极支持乡镇团组织各项制度的建设。尤其是通过以党建带团建等形式，促进了基层团组织各项工作制度的建立。

　　一是完善了乡镇团委委员的更新、退出以及选配机制。各地根据团中央的有关要求和本地工作实际，制定了科学合理的团委班子选配程序，主要包括政策制定、成立机构、宣传发动、推荐人选、民主投票、组织研究、考察和公示、正式聘任等核心环节。如河南省开封县、吉林省柳河县县委领导成立了乡镇组织格局创新工作领导小组，由县委书记任组长，各乡镇党委分管领导任副组长，顺利在全县范围内开展了乡镇团委集中换届工作。在实施方案中明确规定了选配的标准、步骤和方法，注重体制内外、编制内外相结合，形成了一套较为完善的乡镇团组织换届更新的工作机制。山东省夏津县成立了以县委副书记和县委组织部长为顾问，分管部长为组长，团县委书记为副组长，相关工作人员为成员的乡镇格局创新工作领导小组，加强对各乡镇组织格局创新工作的统筹协调和督促、指导，并确定团县委机关工作人员"一对一"结对指导分片乡镇工作，注意在团干部配备、各项制度职能的设计和运行模式上下功夫，强调了推荐人选的代表性，确保基层团干部换届工作有条不紊地开展。

二是基本建立了会议制度以及信息沟通渠道，为乡镇团委干部和党政领导的互动提供了制度保障。在县团委组织下，各乡镇团委书记每月或数月定期到县团委参加工作会议，参加由上级部门提供的团组织建设的培训工作，部分乡镇团委建立了定期的乡镇团委会议制度，组织副书记以及委员开展活动。

三是县级团委进一步加强了对乡镇团委的督导和考核，如山东夏津县推行目标管理责任制，健全《乡镇团委会议议事规则》等工作学习制度，明确分工、强化责任，并建立团干部定期汇报考核制度。陕西省紫阳县建立了全县团组织基层建设月活动的考核机制，定期检查乡镇领导班子对党建带团建工作的重视程度，加强了对基层乡镇的信息反馈。

3. 乡镇团委工作对象的变化趋势

在新的形势下，农村共青团工作对象的分布结构出现了较大的改变。弄清楚"青年到底在哪里，青年如何流动，青年如何组织起来"是基层共青团全面覆盖服务青年的前提条件。随着近年来城市化进程的加速发展，青年农村劳动力流出状况呈现出新的特点，为共青团未来的工作提出了新的挑战。对于乡镇团组织格局创新工作的开展来说，最大的难点就在于应对青年的流动问题，调整组织的功能，适应政策环境出现的变化。

一是部分劳动力输出地"农村空心化"现象突出，乡镇农村青年流出比例偏高，常住村青年人数较少，且多为在校学生。在部分西部劳动力输出大省，16 至 35 周岁的在乡青年流出比例达到 90%，连续在村半年以上的青年人数不足 10%。如四川省安岳县 69 个镇的常住村青年人数为 30317 人，占农村青年总人数不足 9%，最少的村庄只有在村青年 4-5人，农村青年以乡情为纽带外出务工，多流向浙江、广东、北京、上海、重庆、成都等地。在中部和东部地区，常在村青年人数逐步增加，总体数量超过了流出县外的农村青年总数。如湖北省阳新县常住村青年人数为 148409 人，占农村青年总数的 37.6%，江苏省东台市常住村青年人数为 77683 人，占农村青年总数的 36.4%。基层团组织需要从单纯针对农村青年的服务转向针对农村青年需求的服务。如四川安岳县的主导产业是柠檬种植及深加工，生产集约化程度较高，90% 以上的农村青年选择外出务工，农村基层团组织的主要工作对象是留守儿童。因此，积极探索帮扶农村留守儿童、留守老人的工作机制，为外出务工青年解决后顾之忧，是劳务输出地基层团委需要重点关注的工作。

二是劳动力输出地的农村青年流向地域出现了变化，农村青年就业地从传统上的长三角、珠三角、京津冀等东部发达地区转向了本省内部经济较发达的省会城市，或者邻近的地市级城市。随着国际金融危机以后经济结构调整和产业升级的需求，大批沿海劳动力密集型企业向中西部地区转移，农村青年劳动力回乡趋势有所呈现。农村青年在县外省内务工的比例出现了增加，基本上与流向省外的人数持平，甚至超过了流向省外的比例。如河南省开封县流向县外省内的农村青年为 39348 人，占户籍青年总数的 21.7%，主要流向地为郑州、开封、新乡；流向省外的农村青年为 38037 人，占户籍青年总数的 21%，主要流向地为广东、深圳、上海，其他青年主要为在校学生。四川省安岳县流向县外省内的农村青年为 106905 人，占户籍青年总数的 31.8%，主要流向地为成都、绵阳、内江；流向省外的农村青年为 92064 人，占户籍青年总数的 27.3%，主要流向地为浙江、广东、重庆。

三是在本县、本乡镇、本村就业的情况趋势明显，青年回乡创业的数量有所增加。随着县域经济的蓬勃发展，吸引了大量的农村劳动力在本县、本乡镇、甚至是本村就业。在县内务工的农村劳动力工资虽不如外地高，但工作单位离家近、可以照顾家庭的优势很明显，就业稳定性普遍较高。如江苏省东台市农村劳动力总量48.81万人，外出务工18.5897万人，本地转移13.4578万人，本地转移占到外出务工人员的27.5%。四川省安岳县在村外镇内和镇外县内的户籍青年人数也达到105491人，占到户籍青年总数的33.13%。农民回乡创业就业的人数近年来逐步增加，在地方刺激政策的引导下，部分有技术、资金和知识的青年从城市中回到乡镇和农村，为当地经济发展作出了贡献。如山东省夏津县对3000余名返乡就业农民工和有就业愿望的城乡青年进行了创业培训，2009年共发放财政贴息小额担保贷款850万元，扶持成功创业1800余人。

四是外来青年的人数在劳务输入地增加较快，部分发达县市的外来青年数量较多，对基层青年组织的跨地域服务提出了新的要求。东部地区、中部地区的外来青年人数较多，如江苏省东台市外来青年人数达到7762人，占农村青年总数的比例达到3.62%。湖北省阳新县外来青年人数达到12738人，占农村青年总数的比例达到3.23%。外来青年在户籍管理上不同于本地农村青年，在福利待遇、居住环境、以及子女教育等方面都与务工城市有所差距，基层共青团需要突破地域分割的限制，在未来探索统筹城乡的服务模式，促进农民工市民化的顺利实现。

客观分析数据的变化，可以使我们更加明确工作对象的数量和种类的变化，进而采取更加切实的应对措施。

4. 乡镇组织格局创新后工作内容及定位

陆昊指出，"组织格局创新初步实现了增强工作力量、丰富工作资源、拓宽联系青年渠道的目标，但这只是乡镇团委开展工作的必要条件，而不是充分条件，并不意味着工作的必然活跃。"乡镇组织格局创新的初步阶段主要解决了配齐班子的问题，团委班子如何运作，开展什么样的活动最受欢迎需要在实践中不断探索。各地的乡镇团组织的工作对象有所差别，广大基层青年的需求既有共性，也有差异，这就需要乡镇组织格局创新能够因地制宜地设计工作内容，从而达到团委服务青年的效益最优化。从此次调研来看，各基层团组织开展的工作内容主要有：

一是针对乡镇团委开展工作较为被动的现状，各省市团组织注重"顶层设计"，强化对基层共青团工作的督导，推进乡镇团委标准化建设。乡镇团组织在格局创新之后，许多乡镇团委干部仍然身兼数职，工作非常繁重，能够专门用于共青团工作的时间非常有限，严重影响了工作的推进。部分省市不断加强指导，推动乡镇团委健全机制、开展活动。如四川等地制定统一的工作手册，明确了乡镇团委的职责和工作内容。吉林建立了"1个书记总协调、4个副书记轮庄包片、N个委员包村包人"的运行机制，并规定乡镇团委每月必选和自选活动项目，印成工作挂历下发全省所有 610 个乡镇。陕西紫阳县委认真组织开展团组织基础建设月，重点完善各项制度，重点使团员发展、团员学习教育、团籍注册、团员评议、"推优"、三会两制一课、基层组织生活、团费收缴等制度得到进一步健全和落实。

二是立足当地青年的实际需求，设计符合当地情况的活动。围绕党和国家的重大方针政策，乡镇团委积极创新活动方式及内容，设计出有吸引力的活动，增强了团组织的凝聚力。在基本把握青年流动的趋势以及青年结构变化的基础上，乡镇团组织围绕青年需求，组织协调党政部门，统筹社会资源富有成效地开展了一些有特色的活动。如四川省安岳县乡镇团委结合农村实际开展活动，根据农村青年流动分布情况，开展留守学生之家活动，为留守学生提供免费体检、学业辅导和亲情通话等服务。陕西紫阳团县委在抓好劳务输出的同时，大力实施"凤回巢"工程，鼓励和引导青年农民工返乡创业，为青年农民工回乡创业提供政策支持、资金扶持。紫阳团县委联合县人社局以及县人行、县农村信用合作联社、县邮政储蓄银行、县农行等金融机构，大力帮扶农村青年和城镇青年就业创业，为他们就业创业提供小额贷款。同时，紫阳团县委把促进青年就业创业工作作为全县共青团工作的重中之重，联合县人社局开展了"阳光工程""雨露工程""人人技能工程""劳动就业培训工程"等四大培训工程，多渠道为农村青年、城镇青年提供就业信息，促进青年转移就业，共免费培训农村青年 20000 多人，有组织输出农民工 26000 多人，建立青年就业创业见习基地 9 个，提供就业见习岗位 4596 个。同时，紫阳团县委还在全县青年中广泛开展"订单式""对接式"劳动力转移培训，先后与江苏泰州、福建莆田、广东河源、河南驻马店等地劳动部门建立劳务协作关系，根据用工需求开设培训专业，既促进了劳动力的有序转移，又实现了体力型向技能型的转变，达到了培训与就业的互动双赢。

三是积极创新工作活动的开展方式，开放社会力量全方位参与活动的组织。服务青年需要进行全盘筹划，综合协调各方面的资源来促进活动的开展。乡镇团组织格局创新之后，已经配齐了来自各个行业的班子，未来一个阶段需要探索如何将队伍结构和工作内容相结合，充分调动乡镇团委委员的作用。调查发现，部分地区采取了一些较为有效的尝试，取得了较好的效果。如安岳县乡镇团委通过工作活动化、活动项目化、项目社会化，将工作内容设计成活动，对活动进行项目化管理运作，形成项目成果后推广到社会，争取更多社会资源为团服务。

5. 乡镇团组织格局创新后的资源保障

乡镇团组织格局创新之后，党政和上级团组织更加关注、支持乡镇，乡镇团的工作条件和外部环境正在改善。以"党建带团建"作为基层团组织建设的重要抓手，调研各地积极争取党组织的支持，加强对党建带团建工作落实情况的督促检查，协同有关部门建立健全团干部选拔、配备、管理、使用的长效机制，拓展了基层团组织的工作资源和组织基础。

一是在政策和经费支持方面，县乡各级领导在乡镇团组织格局创新全面展开后对基本活动经费给予了保证。如陕西紫阳团县委开展团组织基础建设活动以来，县委每年都从县财政划拨团建工作专项经费10万元，用于推进乡镇团委标准化建设和村级团组织标准化建设工作。同时，县委还将全县212个村团支部书记的待遇全部纳入县财政统一列支。四川安岳县将乡镇团委活动经费纳入县财政，按照中心镇10000元、二合一乡镇8000元、普通乡镇5000元的标准每年给予活动支持。

二是坚持"党建带团建，党建促团建"的工作思路，各地党委组织部门和基层党政与团组织沟通、联系更加紧密，更为关注和支持基层团的工作。如，中共紫阳县委在全国率先召开了县一级的"党建带团建"工作会议，县委先后下发了《关于进一步加强和改进党对共青团工作领导的意见》《关于加强团的基层组织建设的意见》。县委组织部、团县委还联合制定下发了《关于加强和改进全县"党建带团建"工作的通知》

《关于做好乡镇团委换届工作的通知》等政策性文件，并对全县开展基础建设月活动进行工作考核。吉林省柳河县各级党委把党建带团建工作纳入各级党组织领导班子党建工作的考核内容，把考核结果作为评定领导班子工作实绩的依据之一，做到团建不合格、党建不评优、党组织负责人不评先进。建立党建带团建工作考核机制，对基层党建带团建实行双轨考核，在党建责任制中对完成党委中心工作、团员发展、推优入党和团的工作保障等方面作出具体规定，保证基层党建带团建目标任务落到实处。四川安岳县则以党委基层组织建设年为契机，推动基层团组织建设，创新开展了"科学发展·党建示范区"建设，紧扣"党建带团建，团建服务党建"的工作主线，进一步夯实了基层基础，巩固了党的领导核心地位。河南省开封县则按照"两个向下，两个全体"的要求，坚持以"八个纳入"确保"八个到位"，即把团的建设纳入党的建设总体格局来抓，做到思想认识到位；把团建目标任务纳入党建目标任务分解，做到责任落实到位；把团建工作的考核纳入党建工作检查考核内容，做到检查督促到位；把团组织阵地建设纳入到党组织阵地建设统一规划，做到组织建设到位；把团干部的培训纳入党政干部培训序列，做到提拔使用到位；把团组织活动经费纳入党组织活动经费同步预算，做到经费保障到位；把团组织领办的项目纳入到当地产业结构调整和经济社会发展的总体布局之中，做到服务措施到位；把加强就业见习基地、技能培训基地建设纳入到拓宽团组织覆盖、服务进城务工青年的具体措施中，做到学用结合到位。

三是不断探索完善乡镇团组织考核激励机制，加大优秀青年的培养和扶持力度。如吉林省柳河县为解决村团支部书记一直没有待遇的问题，要求镇村两级党组织为每名村团支部书记发放不低于村书记工资 20% 的工作补贴，保证他们参与工作的积极性和主动性；为保证乡镇、村团组织工作正常开展，要求各级党委和有关部门每年要为团组织筹集不低于2 万元的工作经费用于乡镇、村团组织建设和团组织日常活动；为拓展村级团组织的活动阵地，明确了村党组织活动场所、农村远程教育站点、农家书屋等场所和设施无偿为团组织使用。同时，开展优秀青年后备干部"双向挂职"工作，让县直部门的青年后备干部到基层锻炼，乡镇的青年后备干部到县直部门挂职，参与招商引资、项目建设等工作，丰富他们的经验，提高他们的实际工作能力，最大限度地开发他们自身的潜力。同时，将乡镇、社区、机关事业单位团委班子成员进行轮训，增强他们的工作责任意识。积极开展团干部、优秀青年专题培训，努力为他们创造到域外发达地区参观学习的机会。

二、乡镇团组织格局创新后工作现存的问题

调研发现：乡镇团组织格局创新初步实现了增强工作力量、丰富工作资源、拓宽联系青年渠道的目标。同时，我们也要清醒地认识到，农村团的基层组织相对薄弱的局面还没有根本改变，面上推进工作的长效机制还没有完全建立，工作中还存在不少困难和问题。特别是在推动诸项重点工作中存在不够深入、不够科学、不够普遍、不够持久等问题。如从调查的地区看，存在部分地区对乡镇团组织格局创新重视程度和工作力度不够；部分地区对配备乡镇团的委员会、建立乡镇团委工作运行机制、设计乡镇团委的工作内容这三项乡镇团组织格局创新任务不能统筹推进，对于工作机制建立、工作内容设计以及班子选配后的培训等环节有所忽视；推广典型尚未形成机制，工作创新的意识和办法仍待加强；重点工作督促落实的力度需要加大，重要工作数据统计的科学性、准确性仍需加强；对基层的指导和支持还要下更大力气；部分团组织克服困难、解决问题的能力不强，一些团干部作风还不够扎实，不能持续保持良好工作状态等问题。这七个地区从总体上看应该是处于全国乡镇团委格局创新中的较好水平，由此可推及别的地区的情况，还存在许多问题需要解决。

1. 乡镇团组织结构设计还需要更加科学

要关注乡镇团委班子结构科学性问题。乡镇团组织创新后，班子成员的构成多样化，乡镇团委体制外兼职团干部人数比例不一样，究竟什么样的比例结构才是相对比较科学合理的，值得研究，也需要进一步明确。调查发现：不同地区的乡镇团委班子结构不同。吉林省柳河县乡镇团委班子结构是"1+4+N"，由信用社信贷副主任、中学团委书记或德育副校长兼任乡镇团委副书记。陕西省紫阳县乡镇团委班子结构是

"1+1+X"，即 1 名书记，1 名副书记，7～9 名委员。四川省安岳县乡镇团委班子结构是"1+1+3"，即书记 1 名，副书记 1 名，委员 3 名。同一个县的不同乡镇的团组织班子结构也不一样。比如，河南省开封县半坡店乡团委班子结构是"1+1+3+6"，书记 1 名，由大学生村官担任，专职副书记 1 名，兼职副书记 3 名，委员 6 名。陈留镇团委班子结构是"1+1+1+6"，书记 1 名，专职副书记 1 名，兼职副书记 1 名，委员 6 名，其中教育团支部书记 2 名，大学生村官 1 名、农村专业合作社理事 1 名、致富带富能手 2 名。范村乡团委班子结构是"1+2+5"。江苏省东台市许河镇团委现有成员 9 名，班子结构是"1+3+5"，其中有 2 名青年企业家、1 名医院工作者和 1 名学校工作者。东台镇团委班子结构是"1+7+7"。三仓镇团委班子结构是"1+5+8"，新街镇团委班子结构是"1+3+9"。

乡镇团委班子的代表性也存在结构科学性问题，有待进一步深入研究。"1+X"的团组织格局创新模式，充实了乡镇团委的班子，壮大了其工作力量，但调查中我们发现，其中的"X"在有的乡镇人员组成过分单一，职业身份同质性过高，难以达到多样化和广泛代表性的目的。以肥东县乡镇团委为例，全县乡镇团委副书记、委员 116 名，其中来自"学校有关负责人"36 人，占 31.03%，来自"镇党政部门人员"2 人，占 1.72%，"涉农金融机构人员"为 10 人，占 8.62%。而在全县 72831 名青年中，"在机关事业单位工作人数"只有 4154 人，占 6.2%，"在企业工作人数"为 15499 人，占 21.3%。而"从事涉农行业人数"为 5654 人，占 7.8%，个体工商户 8043 人，待业青年 965 人，这些人就业创业需求极为急迫，与金融机构打交道寻求就业创业贷款支持的需求极大，但涉农金融机构人员却只有不到 10% 进乡镇团委班子，其代表性明显缺失。

乡镇团委委员的职能还需要进一步明确。值得注意的另一个问题是，乡镇团委组织格局创新之后，乡镇团委委员分工不明确，定位不清晰，缺少对共青团工作目标、工作内涵、工作方式、工作途径的深入了解，仍然游离于团的工作运作过程之外的情况普遍存在。长此以往，部分地区"1+X"的组织模式有形同虚设之虞，无法发挥应有的作用。

2. 乡镇团干部队伍工作动力还需要进一步激发，素质需要进一步提升。

调查发现：虽然调查的乡镇都已经配备了若干团委干部，但或多或少存在精力不够、投入不足，素质还需提高等普遍性问题，直接影响了乡镇团委工作的有效开展。

乡镇团委书记兼职过多。四川省安岳县乡镇团委书记大多兼职，有的甚至兼职达到五六个，工作非常繁重，用于团的工作时间和精力很少，严重影响了工作的推进。江苏省东台市安丰镇、东台镇团干部也谈到兼职团干部精力不够的问题。实际上，乡镇团委书记也大多是兼职，即使是专职，也是专职不专用，其主要的精力必须用来完成乡镇党政的重点工作，尤其是计生、拆迁、维稳等急难性工作。精力不够直接导致团干部和团干部、团干部和农村青年缺少联系沟通，工作人员比较少，战斗力比较低，对政策贯彻落实不够等问题。

团干部自身素质有待提高。乡镇团组织格局创新之后，大量兼职团干进入乡镇团委，一方面固然充实了团干部队伍力量，另一方面，由于缺乏团的基本理论和业务知识的培训，加之兼职的身份，他们的主要精力集中在主职工作。客观情况是，许多乡镇团委干部不清楚共青团的性质和职能，不了解共青团的历史和现状，更谈不卜对共青团工作的目标、内涵、特点、路径和手段的透彻理解，对于规范化的团务管理的内容、制度和程序更是了解甚少，开展团的工作活动只能是上传下达，应付性地完成上级团委交待的任务，即使是开展团的品牌活动，也缺乏鲜明的共青团特色和深厚的共青团文化底蕴。这就难以彰显共青团的存在价值和现实作用，降低共青团的威望及其对青年的凝聚力和吸引力。调查发现，一些团干部思想观念陈旧，工作思路不够清晰，服务意识较差。主要表现在，团的组织设置、团员的管理方式、团的活动形式等尚不能完全适应经济社会发展和转型的要求；还没有从根本上摆脱传统的组织管理方式束缚；有的乡镇团委基层团组织的服务方式、服务功能落后，在服务大局和服务青年方面无所适从。团干部工作的主动性、创新性有待提高加强。有的团委书记说主要做三项工作：五四搞活动、完成团县委任务和抓学校团建。有的团委书记工作只是完成上面布置的任务，而不主动开展团的工作，创新更是难以保证。

出现以上问题，归其原因有几方面：一是乡镇团干部学习培训交流机会普遍缺乏，还没有解决团的工作的有效培训问题。二是乡镇团委工作运行机制特别是团干部选拔、培养、管理、考核、输送等机制还不完善。没有对如何争取党政领导重视和支持、保障乡镇团委良好运转、推动乡镇团委更好地联系青年和整合资源、促进乡镇团干部成长发展等方面，制定出操作性强、务实管用的标准化工作机制。没有对建立和完善乡镇团委班子成员的更新、退出等机制进行研究探索。部分地区在乡镇专职副书记配备、兼职副书记人选推荐方面存在困难，部分地区乡镇团干部队伍老龄化严重。吉林省柳河县姜家店朝鲜族乡最年轻的公务员42岁，河南省开封县半坡店乡团干部普遍超龄。团干部选拔任用方式还不够灵活，聘任的多、选举的少；部分乡镇不同程度地存在重干部配备、轻后续活力建设的现象，错误地认为新的团干部配备模式的完成即乡镇团组织格局创新工作的终结。同时班子建立起来之后成员之间工作配合、衔接等方面还缺少行之有效的方法，不同地区之间由于实际情况的不同，工作推进方面出现参差不齐的现象。部分乡镇团委班子还没有建立分工负责制度、激励约束制度和定期沟通制度。三是激励团干部工作的动机研究不够，还没有形成分类的有效的激励体系。由于现阶段编制外团干部的工作是兼职的、义务的，所以他们的工作存在一定的不稳定性因素，他们的团干部身份也可能由于他们自身的想法和外界环境的波动，而呈现出较大程度的不稳定性，而其深层动机如果不能够激发，就无法形成持续力强的工作力量。

随着乡镇团委格局创新工作的开展，提高乡镇团委干部工作动机和自身素质已经成为当务之急。

3. 乡镇团的工作对象覆盖不够广泛

调查发现：乡镇团的工作对象覆盖面不够。一是还未能对留在农村的青年进行完全覆盖，团组织在农村青年中的影响力还没有得到根本改变。如吉林省柳河县罗通山镇团委书记冯兆明在调查中提到：当前农村团员意识淡薄，农村青年入团、入党意识不强。农村青年的利益追求比较明显，团组织服务能力欠缺。河南省开封县杜良乡团委书记董会云、西姜寨乡团委书记李大建在调查中反映：留在农村的青年对团的工作认识不足，参与团的活动常常与个人经济利益挂钩，对参与团的活动积极性不高。农村青年在学习、就业、维权等方面的需求多样化，团组织服务能力与青年的需求之间还有很大差距。

二是对外出务工青年，团组织有效联系不够，工作整体显得无力。乡镇团组织还缺乏与外出务工青年之间的有效联系沟通，流动团员管理弱化，为返乡创业青年提供服务还很欠缺，驻外团工委建设还不够扎实。吉林省柳河县姜家店朝鲜族乡流动青年较多，有两个村的青年全部都在韩国打工，村里缺少年轻人。他们返乡的时间不定，有的甚至就不回来，团建工作难开展。江苏省东台市许河镇农村人口老年化较严重。四川省安岳县90%以上的农村青年选择外出务工，农村基层团组织的主要工作对象是留守儿童。目前，联系外出务工青年的工作乡镇团组织还远远没有破题。

4. 乡镇团的工作内容及定位还比较模糊，缺少核心理念和系统化功能设计

调查发现：各地乡镇团组织除就业创业工作外，其余工作千差万别，对于下一步工作方向缺少较为明晰的认识，这导致工作开展中的种种问题。

如：团的工作与党政的希望还有很大差距，团的干部服务党政中心工作的意识还不强。河南省开封县半坡店乡党委副书记、乡长薛宝刚建议："团干部除搞好团员发展、青年教育等本职工作外，应积极扩宽工作职能，围绕党委、政府中心工作献言献策，出汗出力。比如在信访工作中组织维稳小分队帮忙化解矛盾，在外出务工青年中开展技能互助，在新型社会建设中搞好宣传等等，有为才有位。只有为党委排忧解难党委才会愈加重视团的工作，才会更加关注团干成长。"而该乡团委书记王文东在介绍团组织格局创新后的工作时，主要强调了抓班子学习制度、推优入党、团员统计等团内工作。

如：乡镇团委班子结构与工作内容定位还不匹配。乡镇团组织格局创新后，所有乡镇团的班子虽已配齐，但部分班子的成员结构与活动内容设计并不能做到完全匹配，班子成员起不到推动工作的作用，有的地方出现了兼职副书记工作不好调动的现象。

如：乡镇团委功能定位还不清晰，职责尚未明确。乡镇团委作为对

上承接县团委，对下牵动村团支部的重要中枢，应该起到承上启下的作用。但调研中发现，部分乡镇团委工作还仅仅停留在本级搞活动的层面上，很少能够对村一级团组织进行工作指导，带动作用发挥不明显。

如：乡镇团的工作内容设计创新不够。团的工作就团论团，没有融入到农村青年的日常生活之中，没有融入农村青年致富的有效路径之中，没有融入农村新的生产方式之中。农村青年对团的工作和活动不感兴趣。团员统计档案立册、团费收缴、团员发展、推优入党等基础性工作仍然薄弱。

5. 乡镇团的组织资源缺乏和缺少支持环境还未得到根本改变

调查发现，各地乡镇团格局创新制度通过党建带团建已经建立和健全起来，但落实还多有不够。

党委领导重视不够。江苏省东台市安丰镇团委编制外副书记蒋鹏里谈到："镇党委对团的工作支持力度不够大。"河南省开封县半坡店乡党委副书记、乡长薛宝刚谈到："党委重视是前提。目前，对团委工作认识模糊，定位不清或根本不重视、不列入工作安排的现象在全国普遍存在。这就导致团干部人微言轻、总认为工作务虚而缺乏前进的动力。"一些基层乡镇团委领导提到希望上级党委重视，说明在县级、市级，党建带团建制度不够完善，落实不够。

团的专项经费和办公条件没有保障。河南省开封县半坡店乡、杜良乡、西姜寨乡、罗王乡团干部提到团的专项经费不足；山东省夏锦县乡镇学校团干部提到没有专项工作经费，都是一事一申请；江苏省东台市安丰镇、东台镇团干部提到团的活动经费少。河南省开封县罗王乡团委书记彭洪杰提到没有办公场所和相应的办公设备，办公经费没有保障。可以看到乡镇团委资金普遍不够。

团干部政治经济待遇没有保障。吉林省柳河县姜家店乡团委书记张越谈到："乡镇团干部大都是没有编制的人，现在的工作都是靠着亲情、友情来开展的。干着一样的活，却得不到应得的报酬，时间长了，激情都没有了，工作也干不下去了。"河南省开封县西姜寨乡团委书记李大建等也提到了这点。调查发现，基层团干部在经济待遇上全国很不均衡，比如陕西紫阳县给村团支部书记每年 2000 ～ 2500 元钱作为工作报酬，而吉林柳河一些乡镇却分文没有。

农村基层团组织开展工作的活动阵地少、经费缺乏，是一个众所周知的问题。农村共青团员大量外出务工，团费收缴不足。学生团员团费标准很低，相当一部分基层团组织连应收的团费都难以收齐。目前，一些经济发达的县区已将团的工作经费纳入了财政预算，从而较好地保障了团的经费来源。而大多数基层团组织，除了纪念五四这样的大型活动可以申请到有限的经费之外，更无其他获得经费的途径。经费的短缺，必然造成无法建设活动阵地，无法可持续地开展团的工作和活动。而团的工作和活动的缺乏，就无法彰显团组织的活力，无法激发团员对组织的归属感和自豪感，团员模范带头作用亦无从发挥。这又进一步损害了团组织的威望和声誉，使团组织无法形成对广大青年的吸引力和凝聚力。

总之，全面推进乡镇团组织建设，进一步推动乡镇团组织格局创新后工作开展，焕发组织活力，就需要重点解决以上所列诸多问题。

三、深化乡镇团组织创新格局创新工作的对策

乡镇团组织要真正活跃，就要深刻认识当代社会和农村的发展现状。青年在哪里，组织就应该能跟到哪里，这是乡镇团委工作的理想方向。建立适应青年流动性的组织形态是当前乡镇团组织格局创新的更高目标。在此基础上，要融入农村青年的日常生活，融入农村青年致富的有效途径，融入农村新的生产方式，创造组织载体和工作载体，才能真正将青年组织起来，让县及县以下团组织真正活跃起来。

1. 乡镇团的组织结构

方向：基于青年流动性的规律，在组织建设上还需要进一步大胆解放思想，构建开放性、有机适应性、多样性、枢纽性、网络性的组织是乡镇团组织格局创新下一步的方向。在组织结构建设上一个重要的方面是要适应社会化、流动性的趋势，这种趋势现在看来是不可逆的，我们需要寻找新的组织结构单元。要建设跟着流动的青年的组织，这是现在组织建设的最大命题。

具体做法：

(1)赋予村团支部新内涵，将实体团支部和网络团支部结合。只要

是原籍在本村的青年（包括留在村里的，毕业外出打工的和考上大学的）从14岁后，都编入村团支部参加活动。活动包括线下活动和线上活动，包括平时、过年、寒暑假的活动。这样的团支部可以一直跟着青年走。村团支部实行1+3+2的配备（1指留在本村的团支部书记，3是指副书记：留村务农＋外出打工＋外出读书大学生，2是指2委员，可根据实际情况挑选）。强化村支部的亲情和乡情的陪伴功能，外出务工的青年，处在流动状态的青年，不管是上学的、打工的，他是要回乡探亲的，所以在时间上，空间上，只有村这一级的组织能够实现对这些青年的联系，其他没有任何一个组织形态能够完全替代村这一级支部的作用。

（2）赋予乡镇团委新内涵。乡镇团委按照原来团格局创新的方法，同时在其外围建立振兴家乡青年联谊会（简称振青会），将乡情和振兴家乡紧紧相连。各村团支部同时是振兴家乡青年联谊会的分支机构。团组织成员可以保持在28岁以内，但振青会却可以终身。以团组织为中心内核的振兴家乡青年联谊会承担着几个功能：一是帮助在家乡的青年农民致富（你不甘心当个普通农民，团组织来帮你）；二是帮助外出务工青年（在外打工不孤单，团组织来帮你）；三是帮助外出读书大学生进行社会实践（爱国家从爱家乡开始）。由此形成系统的有序的农村青年致富组织、外出打工青年支持组织、大学生成才实践组织。并促成这三方面的互动。如做好以农村外出就业和有组织的劳务输出，号召并鼓励外出务工的优秀成功青年返回家乡支持家乡建设等。要调动青年及各种资源，吸纳优秀青年和农村青年能人，重视农民工和大学生两个群体。

（3）努力将乡镇团委建成枢纽型组织。创造平台将合作社、读书联盟、婚姻恋爱组织、大学生村官发展组织、文体协会等社会组织纳入。这种社会组织团组织可以积极建设，满足农村青年多元化的需要。农村共青团工作乡镇为主要平台，村级可以充分发挥信息提供、联系青年等功能。

（4）在一个乡镇，强化乡镇团委的团的工作主要阵地，同时在每个乡镇建立东西南北工作区。即按照方向划分东西南北四大片区，每个片区中包含几个村团支部，片区构成可以根据农村青年人口状况进行调整，而片区长由各村协调竞争产生。这个层级的产生实质上是为了面对青年流动人口的需要。

(5) 农村青年可按照属地团组织＋产业职业团组织＋兴趣团组织三重类型覆盖，全面服务农村青年各项发展。

(6) 形成乡镇及村团组织的支持组织，包括共建激发组织（村校、村企共建等），网络组织（网上团支部），统筹组织（在城乡统筹中利用城市的资源的组织形态）。

2. 乡镇团干部队伍建设

方向：高度重视乡镇团干部的工作和未来发展的关系，发挥共青团政治录用的功能，树立团的干部发展和团的工作建设同等重要的观念。吸纳在青年中有影响力的方方面面代表人士进入团委的工作队伍。研究乡镇团委岗位设置的席位制和代表功能。进一步打通团干部工作激励环节，加强团干部培训。

具体做法：

(1) 强化对农村青年精英的吸纳。如把有致富帮富带富能力的人吸纳进团的组织，把优秀团员转化为团的干部，把优秀的团干直接纳入村两委和乡镇重要岗位，努力吸纳在农村有威信、有影响力的青年担任团的书记。

(2) 在乡镇团委格局创新中，注意完善团干部设置的席位制和代表制。乡镇团委书记原则上从乡镇公职人员中选拔，力争推行由党政班子年轻成员兼任。副书记和委员可考虑从学校教师、大学生村官、致富带头人、青年志愿者、农村专业合作组织负责人、民营企业负责人、信用社干部、机关事业单位和青年事务相关的人员（如民警等）、农技推广人员以及青年社会骨干中选拔，体现代表性，并能调动一定的社会资源帮助开展团的工作。其中副书记需包含外出务工青年代表、外出就读大学生代表等。

(3) 在队伍建设中，要关注解决团干部流动快的不稳定性问题。如何促进稳定？一是寻找稳定的青年领头人群体如致富带头人，二是寻找乡镇青年事务的具体功能（比如将乡镇青年事务相关部门成员纳入团委副书记或者委员，使得青年事务在农村基层得以固化）的承担部门代表，三是寻找学校中的热心人，四是将振兴家乡的情节加以组织化。

(4) 重视大学生队伍的建设。开办相关大学生村官课程、推动大学生担任村团支部书记，支持学生返乡支农，成立大学生村官联谊会等。乡镇团委格局创新中要注意吸收原籍本地的大学生骨干、外出打工的青年骨干和留村青年骨干担任乡镇团委副书记。

（5）要千方百计地解决乡镇干部的工作动机问题。体制外兼职团干部参与乡镇团委工作的动力主要分为以下几个方面：一是锻炼综合素质，青年能人不缺乏参与公益活动和公共事务的热情，他们需要团组织提供展示才能的平台；二是追求荣誉感，担任乡镇团委副书记或委员的荣誉感；三是寻求政治待遇，如成为村两委后备干部或推优入党的预期；四是获取政策渠道，如致富带头人期望更加便利地从有关部门获取惠农政策信息；五是促进本职工作，如信贷员、派出所干警和中学德育副校长；六是专职团干部情感凝聚体制外兼职团干部。建立健全长期、有效的团干部奖励机制，实现精神上表彰、物质上奖励、社会上赞誉等方式相结合，尽可能为其提供创业优惠、政策倾斜和畅通的晋升渠道，帮助编制外团干部发展个人事业，加强编制外团干部队伍的稳定性。关于这批干部的培养问题，应该纳入更好的制度。

（6）加大乡镇团的干部培训。充分利用远程教育网开展培训。以领导力和魅力为核心打造乡镇团干部培训的核心理论体系。多组织基层团委成员外出学习，团中央可重点研究该队伍的培训和学习方式，举办交流活动等。充分利用网络平台，交流相关乡镇共青团工作创新案例，建立乡镇团组织格局创新工作案例排行榜。

3. 乡镇团组织工作功能定位及具体内容

方向：进一步明确乡镇团组织功能和主要工作品牌，实现乡镇团组织功能既保持全国上下一盘棋，同时也能够体现不同地区的不同特点，切实完成全团规定动作，同时也做好自选动作。建设好乡镇桥头堡，主要发挥乡镇团组织的先进性和群众性特点，推动乡镇青年政治社会化过程，巩固和扩大党在基层农村的青年群众基础和阶级基础。按照乡镇党政所急、青年所需、共青团能及的标准实现诸项功能，开展相关活动，发挥乡镇青年在经济建设、政治建设、文化建设、社会建设和生态建设过程中的积极作用。

具体做法：

（1）实现组织青年的功能

组织青年主要包括：

建设组织、搭建平台。积极推进在非公有制企业、社会组织等领域和青年农民工中建立团的组织，负责推进乡镇内各村、基层企事业单位和各类团体、组织的建团工作，扩大对青年的组织覆盖。完善枢纽型组织的核心平台建设。

吸纳青年精英。配合基层党组织选配好基层团组织书记，进一步推动吸纳青年能人进入团的队伍，扩大乡镇团委的代表性和影响力。

掌握青年基本信息。摸清本乡镇团员和青年能人基本情况，通过村团支部的工作及时掌握本村青年流动情况和具体需求，反映给上级团组织。

发展党团员。大力开展农村精英人才入党工程，吸收优秀青年人才入党，为农村党员队伍充实高素质人才，培养乡镇和村级后备干部。注重发展团员。

培训团青骨干。提升团干部和青年干部素质，激发团青干部工作动力。

（2）实现引导青年功能

引导青年主要包括：

了解青年思想动态。及时掌握本地区青年思想的基本状况，准确把握青年思想认识中的重大问题，找准本地区青年思想认识形成的关键点，及时向同级党组织和上级团组织汇报本地区青年的思想动态，努力做好青年思想引导工作。

开展政策宣讲活动。开展党的政策宣讲活动，评选优秀青年政策宣讲员，组织团干部和青年骨干利用多种方式开展政策宣讲活动，引导乡镇青年积极向上，坚定跟党走中国特色社会主义道路的理想信念。

开展思想大解放活动。以乡镇为组织核心，每年在过年和青年集中聚集时开展"思想大过年""思想大解放"活动。充分发挥外出就读大学生的知识优势外出务工青年的市场感受，和留村青年进行思想交流碰撞，相互启发，相互激荡。

选树乡镇优秀青年典型。采取丰富多彩的方式选树乡镇优秀青年典型。选树、举荐农村青年致富带头人及各行各业优秀青年人才，为他们展示风采搭建平台。

普及法律。加大法律普及力度，发挥乡镇中心学校、外出就读大学生的重要作用，促进法律思想在基层农村青年中的传播。

（3）实现服务青年功能

服务青年功能包括：

服务青年增收成才。服务青年就业，组织就业技能培训；提供就业岗位信息。服务青年创业，组织创业技能培训；提供创业项目和信息服务；帮助青年落实创业小额贷款；开展创业指导服务，研究全国农村创业扶持项目的统一化和规范化。服务青年发展现代农业，组织农村青年农业科技培训；引导农村青年示范推广农业新技术新品种；创建农村青年新品种新技术示范基地。

服务青年文化体育生活。开展乡村青年文化活动和保护母亲河、青年志愿者、扶贫济困等公益志愿服务。支持特色文化表演队的建设，举办登山活动、篮球比赛、广场舞比赛等，丰富青年业余生活。

服务青年交友婚恋。探索建立"青年交流会"，不断吸引青年广泛参与，真正做到促进青年交友、交流，倾听青年呼声，服务青年需求。

服务青年代际关系和谐。动员留村青年开展帮助留守儿童和留守老人的活动，为外出就读大学生、外出务工青年提供暖心服务，解决他们的后顾之忧。

服务青年生态环境。开展生态建设，推动青年参加保护母亲河等绿化美化活动。

（4）实现维护青少年权益功能

维护青少年合法权益功能包括：

反映青年普遍诉求。通过深入的调查研究和日常了解，准确把握本地青年的普遍诉求并及时向上级团组织反映，为上级团组织开展青年维权等工作提供依据。贯彻《未成年人保护法》和《预防未成年人犯罪法》的要求，配合有关部门做好未成年人保护和预防青少年违法犯罪工作。建立乡镇青年聚议会，吸纳各界青年代表人士商议乡镇维护青少年合法权益的重点领域。

协助乡级政府管理青年事务，维护青少年合法权益。开展关爱特殊青少年群体工作。开展青少年事务建言献策工作。

维护乡村安全稳定。积极投身社会建设，在维护乡镇稳定中发挥重要作用。参与危机处理、救灾防害等多种活动。

4. 乡镇团组织资源和环境对策

方向：

进一步巩固党建带团建的成果，为乡镇团组织格局创新营造良好氛围和可持续发展基础。

具体做法：

进一步加强顶层设计。针对乡镇团组织的基础性地位，进一步研究在此层面上党建带团建的具体政策方针，形成长效机制。

完善党政对乡镇团委的领导支持机制。包括（1）领导机制。乡镇党政交付乡镇团委工作任务制度；定期听取团的工作汇报、研究团的工作的制度；将团建纳入党建规划的制度；对乡镇团委工作进行考核的制度等。（2）支持机制。乡镇党政对乡镇团委开展工作所需经费、资源的支持制度等。（3）促进乡镇团委干部成长发展的制度。为编制外团干部提供发展平台，如定期选送学习、交流，优先推荐入党，担任人大代表、政协委员，推荐作为编制外团干部所在单位的后备干部等。以上制度的完善，关键在要执行，抓落实。

进一步扩大支持乡镇团委工作的资源体系。将社会各种力量进一步吸纳进入乡镇团建。继续坚持做好上级团组织领导蹲点、高校团干部挂职、大学生村官和志愿者等工作。真正营造中央支持地方、上级帮助下级、城市帮助农村、发达地区支持不发达地区的资源转移局面，全面激活乡镇团工作。

第二篇：青年的流动性与共青团的再组织化

吴 庆

当前，青年的流动性增强已是大家公认的事实。这种流动性既包含青年在不同地域之间的流动，也包含单位之间青年人的职业转换，还包括青年在工作单位中的工作空间的丰富化等多种层面。青年的流动性直接冲击着传统的以单位人为基础的管理体系和党团工作的基石，且不可逆转。

对于当前共青团工作，党中央有一系列明确的要求。习近平指出，扩大团的工作有效覆盖面，关键是要把工作延伸到广大青年最需要的地方去。青年在哪里，团组织就建在哪里；青年有什么需求，团组织就要开展有针对性的工作，努力使团组织成为联系和服务青年的坚强堡垒，要使团组织成为广大青年遇到困难时想得起、找得到、靠得住的力量。而要完成这个艰巨的任务，组织的再造和新的组织化已成为大势所趋，而区域化团建正是对这种诉求的积极回应。

遵循当前世界组织发展的基本规律，同时兼顾中国青年组织的自身特色是共青团再组织化的核心所在。当前世界组织的转型呈现出三大趋势：一是科层制组织逐步向扁平化、功能化转型。二是大量的管理型组织向服务型组织转变。三是组织由单一的组织架构向网络化的方向发展。这些都是我们在区域化团建中应该重点关注的课题。

一、再组织化的关键结点

当前，共青团同许多社会组织一样，面临着重大的组织结构再造的任务。适应市场经济中普遍出现的"单位人"向"社会人"的转化，团组织是要完成从适应计划经济的传统的单位组织结构朝适应市场经济的现代的社会组织结构转化。在这种情况下，各地团组织纷纷因时而动，致力于组织的创新。但需要注意的是，我们要科学分析这种创新的路向，如果这样的一种创新依然在强化"单位"的观念而不是朝"社会化"的根本方向发展，往往会产生"吃力而不讨好"的局面。更值得警惕的是，如果这样的一种改革只注重点上的资源积累和工作侧重，而忽视了普遍性提升，则会误导了团组织的发展。同时"不怕多重覆盖，就怕覆盖不到"的提法也应该是有条件的，这样的一个提法应建立在新的覆盖形式应该符合社会的发展趋势的前提下；最重要的一点是我们要把握本质，前瞻思考，不要折腾。

结点思维是我们解决以上问题的关键。所谓结点是指基层组织结构中最稳定的单元细胞，也就是说在这个结点上团员青年最容易形成最集中的共鸣而聚集，是基层组织发展的根本核心引力。当前，单位的结点依然可以发挥功能，但要将更重要的结点往社区转移，而兴趣和利益结点将是更有未来发展前景的基层组织核心聚集点。

1. 单位结点

从现实角度来，单位结点虽然传统，但依然是全团最重要的基层组织结点。单位结点是传统的结点，是与行政及党组织关系对等的结点，目前主要包括农村乡镇团委、村团支部、城市街道团工委、社区团支部、及学校、企业、机关事业单位、部队等行政单位的基层团支部，也是共青团发挥效力最大的团的基层组织形态。虽然这些单位团组织正在面临如何增强基层活动服务的含量，如何创新服务青年的方式，如何创新基层组织结构，如何扩大基层服务资源的多种问题，特别是一些基层团组织不能很好地处理围绕服务单位中心工作和服务青年上的关系。但毫无疑问，依靠单位本身的资源和完整的传统体系依然可以发挥凝聚青年的功能。

2. 社区结点

从市场经济的深化看，单位已不再成为能对社会人全部覆盖的结点。而居住社区会成为较单位更为稳定的结点。无论是哪个青年人，他都会在农村或者城市社区居住，可以存在没有单位的青年人，但不存在没有居住地的青年人。加强单位团建存在局限性，加强社区团建无疑会成为一个重要的抓手。然而当前全团的现状是单位团的工作力量较强，社区的团的工作力量较弱。呈现出覆盖发展重要性和工作力量的反差。

这里讲的团员青年包括居住在社区的各单位的团员和青年，他们可能是在各单位参加团组织的活动，而与社区无关，因此社区团组织的覆盖对象更多的包括务工青年、闲散青年、失足青年等。社区的统一性因为这样的划分而造成了人为的分割，这是我们应该高度关注的问题。如何使社区团的工作实现对所有社区居住青年的覆盖成为我们亟需突破的课题。

从全团发展的历史来看，2003 年团十五大上提出的全团建青年中心已关注到了构建以社区为团组织基层组织结点的问题。建设青年中心，是 2002 年周强同志在团中央的扶贫点山西省灵丘县调查研究时提出来的。随后团中央专门召开务虚会，进行了深入的探讨，大家一致认为建设青年中心是团组织在新的历史起点上推进团的事业发展的重大战略举措，是共青团适应建立公民社会、适应青年社会结构变化、适应市场经济条件下解决青年问题、不断增强团组织内在活力的重大创新。城乡社区青年中心是服务青年、服务社区的新型基层青年组织，是基层共青团工作和青年工作的新的显示终端。对于青年中心的核心概念一直在探索中，一种提得较多的说法是：青年中心是在共青团领导下，以 29 至 40 周岁青年为会员骨干，以联系、服务、引导青年为目的，以会员制、理事会制为主要运作方式的新型城乡社区青年组织。青年中心应具有三个组织特性，第一是社团组织特性，解决青年中心法律地位问题；是非盈利机构（社团），依法管理。在组织形式上，青年中心可以探索会员制、理事会、网络化等组织形式，在当地民政部门注册社团法人，明确法律地位，真正建设成为有效联系青年、服务青年、凝聚青年的新型青年组织。第二是社区组织特性，明确组织的工作内容即服务；第三是社会组织特性，定位青年中心的组建形式为开放性。青年中心有自身的阵地，它不同于团属实体，它是在共青团引导和指导下的一个群众自愿参加的组织。青年中心可实现团的组织、工作、阵地有机结合，鲜明地突出了"组织"概念，当时建设的目标是一个组织、一个骨干、一个依托、一个网络、一套项目、一个章程、一个形象。

青年中心建设十多年来，各地发展很不均衡，但困难居多。从现在来看，2003 年提出的青年中心的组织是一个很好的设想，代表了打造社区基层组织建设结点的方向，但如果过高地估计了基层组织筹集社会资源的能力，高估了基层青年中心之间的自生推力，难免有一厢情愿之感。从根本上说社区结点的建设还应走行政主推、社会配合的方式这更切合实际当前的实际。

从更深远的意义上看，社区发展是中国公民社会发展的重要基础。强化社区自治、发挥青年人作用是推动社区发展可以长期关注的着力点。实质上服务青年的很多项目都可以在以社区为基础的团的工作项目中做大。青年的几大需求（包括身心健康、教育、就业、恋爱婚姻家庭、社会参与等）都可以以社区为基础开展，甚至在许多方面会比单位更有优势。单位的团组织始终要处理服务青年和服务中心工作的关系。而强化社区团的工作，可以使今后共青团的活动出现单位和社区的不同重点，单位重在围绕中心工作开展，而社区重在围绕服务青年具体需求展开，一定程度上也可以化解基层团组织所面临的矛盾。比如类似于婚姻介绍等活动完全可以通过社区联合的青年联谊会的方式去做。而在社区基层的服务中，团组织在离青年最近和朝夕相处的地方凝聚了青年，巩固了和青年的感情。

当前社区结点发展工作的最大的问题是对社区作为全团的基础工作单位还缺乏必要的认识，无论从工作力量、工作资源、工作项目上都有着较大的不足。

3. 兴趣结点

社区是团基层组织建设较单位更为稳定的结点，但它是否是团基层组织建设最后的结点？答案是否定的。从服务青年角度看，青年的利益和兴趣、爱好是基层组织建设最重要的结点。当前青年自组织的在网络上的大量出现，原因在于每个自组织都有一个指向非常明确的兴趣、爱好和共同点，这些组织通过现代网络手段而连接。这个结点恰恰是共青团组织需要把握和努力营造甚至是要抢占的结点。

基于这个结点的启发，我们可以在完善调整过去的协会的基础上尽早建立一些服务青年的专业社团，由团组织领导并成为青联的团体会员。如可以围绕青年的需要建立重点社团，包括青年成才协会、青年读书协会、青年实践社、青年职业发展协会、青年创业社、青年婚恋协会、青年健康协会、青年孕妇协会、青年环境保护协会、青年领导力发展协会等。团的机关只"掌舵"，这些协会组织进行"划桨"，各级团组织除了团的机关的纵向指导外，也接受各级协会的纵向指导。同时根据需要由这些协会吸纳青年自组织。在基层，要将协会的活动覆盖到单位团支部和社区团支部（在支部中围绕这几大需要开展活动，统一分配资源，同时鼓励围绕中心需要根据各地的具体情况创新，并依靠协会实现团组织的横向互联，实现单位团组织和社区团组织的联合），协会组织的社会化运作和专业化发展将大大提升共青团组织的服务能力和服务成效。

总之，分析和研究这三个结点，明确重点发展的方向，构筑结点附加的组织结构覆盖方式是我们可以探索的重点方向。如我们可以进行团员的"双重管理"甚至是"三重管理"，同时这样的一种建设要符合组织转型的发展方向。

当前，区域化团建最大的价值是主打社区的结点，同时也引入兴趣结点、单位结点对社区结点的支持。要把握这种方向，特别要防止用单位思维建设社区结点、忽略兴趣结点作为未来的发展方向这两种思想，真正使社区结点建设体现应有的价值。

二、再组织化的系统支持

任何组织的形成、完善、壮大都需要基于组织考察的必要和系统条件，共青团区域化团建工作也概莫能外。结点已经明确，根据各地的条件不断积累系统支持是区域化团建最终成功的关键。其最关键的系统因素是：工作推动力量、工作支持力量、工作资源、工作项目、工作阵地等。

1．工作推动力量。区域化团建核心工作推动力量和区域化团建的"发动机"是什么？毫无疑问，共青团内部的力量自然是区域化团建的推动力量和核心"发动机"。主要包括：（1）各级专兼职团干部。街道团工委和社区团组织的干部、街道格局创新所吸纳的团干部、区域内团组织的干部应该成为主要力量。（2）共青团系统的品牌活动所产生的品牌组织。如青年文明号、青年突击队等，可以根据具体情况引入区域化团建工作中，寻求双赢的局面。（3）团组织所属的各类社团的力量。比如可考虑大学学生社团的力量如何引进区域化团建。（4）各级团代会的代表。（5）青年联合会的会员和理事。（6）团的事业单位可以延伸触角。如各级团校、团的新闻宣传媒体、团的校外教育阵地（如青少年宫等）等。多方力量联合推动实现团的重点工作领域的战略转移，打造单位团和社会团齐头并进的生动局面。

2．工作支持力量。区域化团建最广大的同盟军和最可依靠的力量是谁？答案是要更广泛地调动青年自身的积极性。当前最重要的力量是：（1）社区中各类单位青年的力量。要设计和青年紧密联系的项目共同开展，获得双赢。（2）调动各类青年社会组织的积极性，成为区域化团建的鲜活力量，形成社会组织带动青年进入社区服务的生动局面。（3）培养更多的青少年社会工作专业人才，壮大社区专职社工队伍。（4）充分调动各类学生特别是大学生的积极性，成为区域社区工作的重要力量。既可以采用大学生走进学校所在地城市社区开展活动的方式，也可以是大学生返回原籍地由当地团组织召集建立组织，开展相关活动。（5）注重调动区域内的青年自身力量，通过建立团员团干部双报到制度（在单位和社区都需要报到），构建团员覆盖的社区模式。目前在区域化团建中重点打在前面几点的较多，但实质上后面的点特别是第五点才是最能够调动更多青年积极性的思路。重视社区内生动力，调动社区中居住的团员和青年自发的组织需求是下一步区域化团建需要重点突破的关键工作。

3．工作资源。工作的资源从哪里来？资源的来源无非是通过行政化、社会化和市场化路径。行政化路径：发挥组织优势，争取党政的行政支持，特别是要在政府公共服务购买中凸显团组织的优势，稳定区域服务中的品牌。社会化路径：发挥团组织社会化动员的优势，巧妙设计品牌，更大力度地调动社会力量，争取社会更多的支持。市场化路径：巧妙利用市场力量，可以吸收一些和青少年相关的市场机构进入社区，开展相关服务，要求低于市场价格，鼓励企业承担社会责任，同时也为社区带来更好的青少年高质服务。

4．工作项目。要走出区域化团建项目过分分散化和多元化的特点。紧紧关注青年身心健康、教育成才、就业创业、恋爱婚姻家庭、社会参与等核心需要，统一设计常态稳定的品牌，加强上层支持和标准化管理，形成全国性合力，真正打造组织的影响力。

5．工作阵地。青年通过哪里找到团组织？最核心的一点是他们的身边有组织。强化区域化团建的阵地建设，大力推进青少年综合服务型平台建设，丰富网络阵地，使得青年容易识别区域化团建的终端显示，方便进入团组织开展活动，真正实现团组织随时可找到、可进入的目标。

三、再组织化的创新思维

在全国范围内推进区域化团建是一个极其艰巨的任务，不能不正视全国不同地区的差异和发展不平衡的问题，不能不面对全团不同层级间的工作能力和力量差异问题，不能不面对各地党政支持力度有差异的问题，不能不面对因百花齐放而带来的工作合力问题。解决这些问题的良方还是需要依赖进一步解放思想，形成全国上下一盘棋，共同推动，务实推动的局面。

1．构建全国共青团组织相互支持的生动局面。广泛形成单位团支持社会团，城市团支持农村团，学校团助力职业团，东部团支持西部团，外部团支持内生团的格局。真正形成全国团组织一盘棋，互相支持，共同前行。

2．构建团干部打破层级直接面对群众的工作常态。传统的共青团工作推进依靠行政化管理的方式亟需改革。过去是一级管一级，团的工作的具体实施者都在薄弱的基层。这种局面需要改变。未来的发展方向是：所有的团干部都可以打破层级关系，在自己的单位、社区、社会上直接面对青年开展工作，在流动之地、居住之地快速地集合成团组织，集合成项目组，快速行动，这样做既能够有效克服团存在的"官僚气"，更好地展现干部的青年群众工作的能力，同时也能够为基层带来活力。

3．寻求更好的制度支持。将全团现有的资源给与体系、表彰体系更多与区域化团建结合，构建激励各单位及社会力量推动区域化团建积极性的制度。寻求党组织的制度支持，形成群团工作的新局面。将区域化团建融入到党的基层组织建设中，融入到群团组织建设中，突出服务青年的个性化特征，发挥团组织的组织优势，真正在大局中体现作用，在系统中凸显特色。

4．强化文化建设，更加明确地形成团组织的价值理念、行为文化和认知系统。从长远来看，青年的流动性加强，单位、社区都会存在弱化的趋势。只有构建灵活流动但保存团干部和团员的鲜明价值观、具体行为、加之统一标识的组织形态，才可以在流动中清晰地界定出组织成员并能够灵活聚合，形成有机组织，共同开展活动，从而在全社会构建起无处不在、功能强大的组织，真正增强团组织的影响力。这种思维打破了单位的思维，打破了社区的思维，而强化了流动中有机组织的生成思维，需要我们大力创新才是。

第三篇：共青团工作一体化推进研究

吴　庆

2012 年 10 月，团中央学校部在北京、天津、黑龙江、上海、江苏、山东、湖北、广东、陕西和四川等 10 个省（市）开展了高校对口中学团建促进行动试点工作，取得了丰富的成果。及时总结这些成果，将有效的模式推广到更多的大学和中学，对推动当前共青团工作科学化水平、促进工作一体化建设具有重要意义。

共青团组织是党的助手和后备军，是党联系青年的桥梁和纽带，是中国特色社会主义建设事业的生力军。共青团组织的巨大优势在于它的组织网络的完善性，特别是时间和空间的跨度。作为一个组织化形态，从小学少先队工作，到中学大学共青团工作，它一般可以连续稳定地影响一个中国青少年 16 年。这个宝贵的 16 年恰恰是共青团更好地推动青少年政治社会化，使青少年对政党产生正确的政治认知、政治情感、政治评价的大有作为的重要时期。然而在过去的工作过程中，这种科学化的视角和一体化的思路并没有得到很好的体现。通常存在的问题是：一是对青年初期中学阶段共青团工作的基础和源头认识不够。二是从青年期开始特别是中学共青团工作和大学共青团工作各自为政，缺乏连续性和系统性，影响了共青团组织可以发挥的系统效能。而高校对口中学团建促进行动恰恰是在此方面做出的弥补，是共青团工作一体化设计的重要举措。促进行动不仅促进了中学共青团工作的发展，同时也促进了大学共青团工作的活跃。

从现有的建设经验看，这样的一体化过程主要在组织建设一体化、干部培养一体化、思想引导一体化、项目品牌一体化、资源建设一体化和阵地建设一体化上得以体现。

组织建设一体化。促进行动推动了中学团的组织建设。针对中学团的工作基础相对薄弱的现状，通过高校、中学团组织共建等方式，大学团学干部帮助中学团组织建立健全各级组织架构，明确团员发展程序，规范中学生团校培训等工作，切实加强团的规范化建设。从客观效果来看，这些团学干部从过去的大学团学建设的执行者转化为中学团学建设的领导者，角色的转换毫无疑问提升了他们的责任意识和对组织建设的熟悉和了解，其效果同样会反馈到大学的组织建设工作中来。

干部培养一体化。当前推动团工作的核心重点是提高学生团学干部的领导力水平，使他们成为激发组织活力的重要力量。一批大学中领导力较强的学生干部进入中学，无疑会对中学团干部的水平提升起到重要的推动作用。同时高校团学干部担任中学团建辅导员，高校优秀学生骨干担任对口中学学生会、社团指导老师等方式，也帮助高校团学干部更直接地面对青年，增强了高校团学干部领导力提升的厚度，提高了他们的团学工作水平。

思想引导一体化。一体化推进学校团队建设是当前团队工作的重要思路，深入探索一体化分层教育体系的核心重点是思想引导。大学团学骨干走进中学要开展大量的思想引导工作，特别是在引导中学生自觉弘扬爱国主义、集体主义、社会主义思想，心中有国家、有社会、有人民，做一个肯付出、勇担当的有责青年上；在引导中学生自觉遵守社会基本道德规范，弘扬中华民族传统美德，积极倡导社会公德、职业道德、家庭美德，做一个守底线、讲诚信的有德青年上；在引导中学生带头学雷锋，积极参加志愿服务，多做扶贫济困、扶弱助残的实事好事，倡导良好社会风尚，做一个热心肠、愿助人的有爱青年上。这样的一种培养中学生有责、有德、有爱的过程毫无疑问也同样对大学生团学干部的思想引导起着积极的强化作用。

项目品牌一体化。当前高校进入中学后将大学生社会实践、科学技术服务、关爱农民工子女及留守儿童、志愿服务、心理辅导、扶贫支教、生态保护等活动引入中学，推动中学共青团工作的品牌化建设。同时大学共青团工作品牌也得到了很好的延伸，形成了更为强大的社会功能。增强了共青团品牌在基层中学和大学中的美誉度和影响力。

资源建设一体化。资源缺乏是困扰中学共青团工作的重要问题。促进行动将大学和中学的资源连结在一起，发挥了1+1>2的功效，同时扩大了大学和中学共青团活动的资源。

阵地建设一体化。业余团校、业余党校、社团、学校媒体是共青团工作的重要阵地。促进行动推动大学生团学骨干在所在中学加强中学生团校建设，配合学校党组织办好高中生业余党校，科学设计课程内容，积极创新教学方法；担任社团指导老师，推动社团阵地的建设；参与学校媒体（包括报纸、电台、电视台等）建设。这样的阵地建设实践同时也会对大学的团组织阵地建设产生更好的作用。

总之，高校对口中学团建促进行动是深入贯彻落实全国中学共青团工作会议精神和教育规划纲要，遵循教育规律和共青团工作规律，通过工作项目结构调整和工作资源优化配置，引导高等院校结对帮扶中学团建的一项工作。这是一种难得的"大手"拉"小手"，其重要意义不仅体现在促进中学团组织活力和团干部能力的显著提升，促进共青团实践育人工作的深入开展，提升中学共青团工作的科学化水平上，同时也为大学共青团工作的开展提供了巨大的发展空间，为推动共青团工作提供了难得的制度空间，值得深入研究、务实推动。

第四篇：把团组织建设得更加开放

吴 庆

2014 年四月末，在五四青年节即将来临之际，共青团中央举办了首次"开放日"活动，包括企业青年、进城务工青年、农村青年、高校青年学生和青年网友在内的 53 名青年代表，走进团中央大楼，亲身感受团的发展历程和主要工作。团中央书记处第一书记秦宜智在座谈会上与青年朋友面对面深入交流，问需求、询建议，提希望。青年朋友们还参观了共青团组织宣传展板和实物展览，听取介绍和观看视频，在团中央就餐。团中央机关"开放日"活动是共青团组织在开展党的群众路线教育实践活动中形成的一项密切联系青年的举措，它的核心内涵是"开放"。

一、更加生动的开放

总体来看，团中央机关的"开放日"活动是团组织在过去加强和青年联系工作基础上创造的一次更生动的形式，这种生动还需要在全团传递，固化为更为稳定的形式和品牌。

"开放日"活动达到了如下目标：首先，向青年朋友传递了党的声音。秦宜智与青年朋友一起重温了习近平总书记去年"五四"与各界优秀青年代表座谈时的重要讲话、特别是对广大青年提出了"坚定理想信念、练就过硬本领、勇于创新创造、矢志艰苦奋斗、锤炼高尚品格"的殷切期望。其次，告诉了青年朋友共青团组织在干什么。团中央书记和部长们通过座谈会和网络向青年朋友介绍了团的职能定位和团十七大以来共青团工作的主要部署，具体介绍了"我的中国梦"主题教育实践活动、"奋斗的青春最美丽"分享活动、"青年好声音"网络文化行动、"挑战杯"、创新创业创青春活动特别是"创青春"大学生创业大赛、青少年"增绿减霾共同行动"、"振兴杯"青年职业技能竞赛、青年文明号和青年志愿服务等团的各项重点活动，鼓励青年们积极参加。再次，了解了青年需要什么？鼓励青年为共青团"挑挑刺"、提建议。如"团的活动有意义，但还要更有意思些。""共青团要为青年就业创业和职业发展提供更多具体帮助。""共青团要加强对青年社会组织的联系和指导，进而更广泛地服务各类青年群体。""网络对青年的影响是根本性的，共青团要引导青年加强网络自律，在网上多传递正能量。"等等。可以看到，从共青团本质属性上的党—团—青这样的连接在这次活动中都得到体现，这恰恰是开放的核心本质。

此次活动是团中央的首个"公众开放日"，共青团中央今后每逢 5 月 1 日和 10 月 1 日都将举办"公众开放日"，供群众参观学习，团中央也将定期通过网络直播间活动与青少年进行交流。在这个基础上，全国团组织理应出现更多生动的开放形式。

二、更具本质的开放

团组织要变得更加"开放"，核心是组织由上至下构建一套更为完善的密切联系青年的制度，及时把握青年"温度"，及时有效传递党的声音，更为实在地组织青年、引导青年和服务青年。

从这次活动的影响看，53 名青年走进了团中央大楼，和团中央领导面对面，网上的开放日活动直播页面访问量超过 40 余万次，青年网友通过微博、微信提出 130 余个问题，共青团中央微博发布的直播信息阅读量超 160 万人次，富有成效。然而相对于团中央的工作对象而言，又是微乎其微，影响有限。共青团是党领导的先进青年的群众组织，是党和政府联系青年的桥梁和纽带。"开放"的本质要求各级团组织和广大团干部要密切联系青年、真正深入青年，把握青年需求、倾听青年建言，切实增强引导服务青年的工作本领，不断提高团的吸引力和凝聚力、扩大团的工作有效覆盖面，努力把共青团建设成为广大青年遇到困难时想得起、找得到、靠得住的力量。

因此，基于这个本质，团组织"开放"要谋求更大的空间。就要立足发挥团的桥梁纽带作用，在党—团—青的关系链条上谋求更大的突破，全团上下各级各领域立足实际情况进行更大的制度创新。如：立足了解青年诉求，致力于青年需求调查体系构建，青年代表联系制度、团干部融入青年群众制度的完善等。如：立足反映青年诉求，"及时把青年的温度告诉党"，强化与党组织汇报沟通制度，做大做强共青团与人大（政协）代表面对面制度，及时和政府进行相关协商制度等。又如：立足在全社会有更为广泛的影响，和相关社会团体和青年社团建立合作机制，扩大连接，在传媒上构建强大影响力等等。通过这些联系，推动共青团组织的"开放"系统优化和不断发展，形成声势，取得实效。

三、更有前瞻的开放

要将组织真正"开放"，还需要发扬团干部的理想气质和青年的创新精神，洞观当前组织发展之大势和规律，更具前瞻性地寻求组织转轨和创新。

当前，团组织的两大战略性任务：提高团的吸引力和凝聚力，扩大团的工作的有效覆盖任务艰巨，而其本质是密切团组织和青年的联系，增强团组织在青年中的影响力。团组织构建组织"开放性"首先要求团干部"开放"，主动走进青年；同时也要让组织形态变得开放，去掉束缚团干部和青年联系的诸多行政壁垒。

纵观当前世界组织的发展形势，许多组织为了使自己更具竞争力，开始致力于新型组织结构的构建，纷纷减少组织层级，强调取消组织边界。虚拟组织和无边界组织就是其中的典型代表。如：无边界组织主张取消组织内部的纵向界限和横向界限，并且取消组织和被组织者之间的外部界限。通过取消组织的纵向边界，管理者可以使组织更为扁平化；通过取消组织的横向界限，促进了组织不同职能、服务线条和工作单元之间的互动和流通。结合团组织来看，团的十七届二中全会通过的"五年工作纲要"中更加强调团干部要克服官僚气，要做青年友，不做青年官，在强调团干部的"党性原则"前提下要懂青年、懂基层、懂社会。因此，面对新的形势，如何实现团组织层级化往扁平化发展；如何实现团的干部无论上下打破层级、打破领域一起面对群众，了解群众，一起开展工作，激发组织的服务精神；如何真正使团的各级委员会更加准确地反映青年的"温度"需要等等，这都是增强团的"开放性"的重点课题，需要在实践中更加大胆的探索。

第五节　凝聚社会新组织

第一篇：青年自组织研究报告

郑伦　吴庆

一、青年自组织概论

当代青年的思想观念、行为方式和群体结构发生了深刻的变化，青年个体选择日益多样，思想日益多元；青年利益诉求日趋多元，社会青年的分化重组加剧。随着市场经济体制的建立和网络社会的飞速发展，在青年群体中出现了新型的组织方式——青年自组织，这些组织内容涉及娱乐、交友、体育、旅游、车迷、公益等诸多领域，几乎覆盖了青年社会生活的方方面面，它们大多以互联网为平台，成为集聚社会青年的一大新型载体。在这样一个"全球结社革命"席卷之下，需要我们更加精准地了解青年职工的需求以及如何管理、引导、服务青年自组织。

组织理论在近百年的发展过程中，形成四种基本的理论形态，即理性系统组织理论、自然系统组织理论、开放系统组织理论和行动者组织理论，这四种组织理论构成许多学者关于组织研究的理论出发点。如果从是否由外力干预而建立组织的角度来划分的话，组织生成的模式可以分为两种类型：一是他组织模式，二是自组织模式。根据这一理论，我们可以发现，中国公民社会的组织性主体即各类社会组织的生成也存在他组织与自组织两种路径。所谓他组织，是指政党、政府或其他既有政治组织、社会组织，根据现代社会运作的内在规律，有意识推动和创建的各类社会组织。所谓自组织，是指在现代社会内在组织化驱动下，社会自发生成的各类组织。

青年自组织当然是包含在青年组织的范畴中。而青年组织，是由一定年龄段（一般指 15 ～ 35 岁）的年青人所组成的形式化群体。在其内涵上，它又不同于青年群体和青年集体。尽管它们都是以青年为描述对象，也都体现了作为个体的青年之间的结合状态。而论及青年团体，则与青年组织有着相似的含义，均有着青年形式化群体的含义。只不过青年组织指的是规模更大、结构更为复杂的社团。

综合学者给出的定义，我们可以发现，"青年""自发成立""自主发展""自我运行"是自组织概念中频繁出现的主题词。但是，定义中对于自组织的人数、组织规模、活跃程度等因素并没有特别明确。在本研究中，研究者参考上述定义，给青年自组织的定义为"青年自组织是指：既没有到当地民政部门正式注册、登记拥有法人资格，也没有在系统内部登记备案的，青年自发成立、自主发展、自我运作，在社会生活中较为活跃的青年组织"。

二、青年自组织发展概况

总体来看，结合本研究所和其他研究机构对于城市青年自组织的调研，我国城市青年社会组织发展迅速，成员文化水平较高，组织规模不大；多数通过熟人介绍，加入流程简单；多数青年社会组织热心公益，主要参加原因为组织氛围轻松和符合个人兴趣；自组织活动以线上活动为主，以休闲娱乐类活动为主。同时，存在地域上的不平衡性。另外，在青年社会组织中，具有初步成熟的管理规章制度；尚未形成组织严密、规模庞大、历史悠久、影响巨大的青年自组织。组织在发展过程中遇到诸多困难，需要共青团的帮助和支持。

1. 大部分城市青年自组织存在时间在 5 年以下

近几年，我国的青年自组织蓬勃发展，大量各种类型的青年自社会组织不断涌现。但实际上青年自组织在我国快速发展起来不过 10 来年的时间。其间，不断有青年自组织产生，也不断有青年自组织解散消失。因此，普遍存在时间较短。有学者调研发现，大部分青年自组织成立的时间在 5 年以下，其中，1 年及以下的占 20%，1 ～ 3 年占 38.2%，3 ～ 5年占 19.2%，三者合计占 77.4%。这一数据表明，虽然我国城市青年自组织处于蓬勃发展中，但尚处于发展初期，总体上还不稳定。

　　本研究所进行的调研也发现，某大型国企内有 56.2% 的青年人参加了一个自组织，25.8% 的青年参加两个自组织；37.2% 的青年参加自组织时间在半年以内，37.1% 的青年参加时间在半年到一年之间；只有 7.6% 的青年参加自组织达到三年以上。就参加自组织数量和时间这两个变量来初步分析，青年人参加了一两个自组织，且参加时间大部分在一年之内。我们的访谈研究结果也提示，整体上参加自组织的青年人并不是很多，已建立青年自组织的也不是很多。所以我们可以保守粗略推测，青年自组织尚处于"初步建立"的"生存起步"阶段。

　　2. 青年参加自组织的主要原因为组织氛围轻松和符合个人兴趣

　　本研究所调研发现，"自组织氛围轻松自由"（26.6%）、"成员之间关系融洽"（22.3%）、"活动与个人兴趣相符"（14.2%）为青年参加自组织的主要原因。通过分析排在前面三项的参加自组织原因可以发现，青年人更重视自组织内部的氛围以及成员之间的关系，同时"个人兴趣"以及"自我得到尊重和承认"的"个体性"诉求也是青年职工参加自组织的重要原因。青年自组织是自组织中的一种类型，是青年出自年龄特点与多样需求的自主产物。它是在没有受到外在控制的基础上，而由青年人群中的一些同质性个体自发形成的社团。因此，青年人更重视在自组织中的自身感受和自组织活动与个体兴趣相符的程度。尽管调研组并没有直接询问青年参加的上述原因是否在各级团组织中得到满足，但调研结果也提示我们：团组织在日常工作中理应重视轻松自由组织氛围的营造、组织更多真正符合青年兴趣的活动、强化对青年个体的尊重和承认，以及提高活动中青年的能动性。

　　3. 青年自组织的类型以休闲娱乐、兴趣类和公益服务类为主

　　青年之所以自我组织起来，形成自组织，主要基于共同的休闲娱乐需求、兴趣爱好、价值吸引、服务需求，这是青年自组织形成的几大主因。因此，在青年自组织的类型分布上，以休闲娱乐类、兴趣类和公益服务类为主成为一个突出特征。

　　4. 大部分青年自组织的规模在 200 人以下

　　从成员规模来看，青年自组织以中小规模为主，有研究提示约八成

的青年社会组织成员规模在 200 人以下，其中，约一半的青年自组织成员规模在 100 人以下，其中 21 ～ 50 人的比例最高。本研究所调查发现，某大型国有企业目前自组织的人数集中在 50 人以下，200、300 人以上的组织很少，说明还是小范围的青年集群现象，但有 1.9% 的选择了 300 人以上。提示我们目前自组织还以小数量、低活跃特征为主。

5. 自组织的活动形式为线上、线下皆有，具体活动形式比较分散

本研究所调研发现，青年自组织的活动形式"线上活动"约为 59%，"线下活动"的比例为 41%。具体活动形式比较分散，排在前几位的分别为"聚餐""聊天""运动""公益活动"等，体现了青年自组织的"兴趣导向"和"娱乐交友导向"，以及高度多元化的趣源性特点。聚餐、聊天、购物、观看影视作品、运动等，都是青年人比较喜闻乐见的方式，也反映了青年对于群体以及群体活动的心理诉求。

三、青年自组织的运行状况及面临困难

本研究所调查表明，青年自组织依托网络运行的特征十分突出，活动具有吸引力，经费缺乏、制度建设落后和民主化管理是其运行过程中的普遍特征。

1. 青年自组织主要依托网络运行

新媒体给青年自组织的发展带来了巨大动力和支撑。通过网络组织发起活动，组织成本几乎为零，建立组织、开展活动几乎成为人人可为的事。于是，各式各样的自组织浮出水面，它们依托网络，实现了较好的组织内部沟通和低成本的组织运作。调查表明，成员之间的沟通方式大部分是青年人常用的手机、微信（群）、QQ（群）等现代化沟通手段。由此可见，当前青年社会组织主要依托以网络、手机为代表的新媒体技术而运行，而较少采用见面这种传统方式。QQ 群简单有效、几乎没有成本，而微博具有传播力强的特点，因此它们的运用非常广泛。虽然 QQ 群和微博具有自己的优点，但是也存在信息与资源的整合性差、不容易保存的缺点。

2. 相当比例的青年社会组织的组织程度较为松散

从调研来看，有一部分青年自组织较为严密，但也有相当比例的青

年自组织的组织程度较为松散。组织的严密程度，与组织的性质、业务内容、是否登记、成员规模等密切相关。成员规模大的组织，大多无法实现全员动员。但是，部分组织由于成员基数大，单次活动参加的成员比例虽然较小，但可以实现较大规模的动员和组织较大规模的成员活动。比如，成员基数达数千人的网络组织，每次组织活动时，成员参加比例只要在 5%～10% 之间，甚至比例更小，即可动员数百人。

规章制度对于组织的运行、发展、管理来说非常重要，超过半数的青年所在的自组织已经具有了成员管理章程，其中32.2%的青年选择"严格执行"，29.2%的青年选择没有严格执行。自组织负责人的产生方式，46.6%的青年选择了"发起人就是负责人"，这与上文分析的自组织活动发起方式相符。此外，有 24.1% 的青年选择了"定期更换并由上届负责人指定"，9.8% 的青年选择了"定期更换并由成员选举产生"。这说明在负责人的产生方式上，一些自组织已经走出了最初的"负责人发起、发起人负责"的初步阶段，具有一定的规范性，但由于数量较少，说明整体上青年自组织的负责人交接程序尚未成熟。

3. 青年自组织的经费来源不稳定

当我们把青年自组织的具体活动形式与活动经费来源一同分析叫不难发现，正是由于青年自组织的活动多以"聚餐""聊天""运动"等休闲娱乐为主，活动经费大体就是每次活动之后成员以 AA 制均摊；或者自组织负责人事先收取一定会费，在参与活动人员相对固定的情况下也基本上是 AA 制。与此同时，参加自组织的青年人对于自组织的活动经费是否充裕并不了解，有 46% 的青年选择"不清楚"，36% 的青年选择不充裕。

4. 青年自组织发展面临缺乏认同、经费短缺等问题

青年自组织在发展过程中也会遇到各种困难，哪怕自组织是由众多"志同道合"的青年人组成，进行的活动目前也大多为休闲娱乐类，但是"缺乏社会的认同和支持""缺乏组织活动的经验""组织成员参加活动不积极"以及"经费筹措困难""社会资源有限"等已经成为阻碍自组织继续发展的重要原因。

四、青年自组织的发展现状及特点

1. 青年自组织的发展现状

组织规模。青年自组织的规模不大，人数集中在 50 人以下。青年参加自组织的数量不多，活动不够频繁。大多数青年自组织都是近年来成立的。

组织发起方式。组织发起形式比较多样：如趣缘型，青年自组织的发起成立基于青年日益广泛的兴趣爱好，以及部分活跃的青年领袖的推动作用；校友型，校友联系会就是一个重要的青年自组织；公益型，一些公益类青年自组织是基于青年人的公益精神而自发创立的。

组织类型。青年自组织的类型包括娱乐性、交友性、公益性、学习性自组织等。

组织成长途径。一是通过网络，网络是自组织兴起、发展的基础性载体，以网络为平台是青年自组织的最基本特征。二是现实活动，自组织经常开展网下活动，通过活动直接有效地建立起了成员间的身份认同，一次策划成功的集体活动对于促进团队意识、增进会员关系的效果是立竿见影的。三是组织化，随着自组织自身快速发展，骨干日益成熟，活动水平日益提高，组织化程度也越来越高。

组织运作模式。自组织的运作模式主要有社团化运作、活动型运作以及实体型运作三种。社团化运，作是指一些有明确组织目标的青年自组织，尤其是公益组织，有主席、副主席，再加上一些骨干，构成了稳定、完善的组织结构。实体性运作，是具有经营性质的自组织有可能运用实体运作的方式，前面平台，后面实体，平台汇聚人气，发展会员；后台就是公司，实体化方式运作活动。需要说明的是，实体性运作并不意味着青年自组织一定以营利为目标。青年自组织的运作方式以活动型运作为主，即主要以自娱自乐为目的，组织化程度较低，没有固定的管理团队，只有一两个领袖人物，在现实中也没有固定的管理架构，主要靠活动来维系组织发展。

资金运作方式。青年自组织的资金来源渠道不多，主要来自于组织内部。青年自组织大部分由组织成员共同承担活动费用，有些由自组织领袖承担主要运作费用，少有社会化方式筹集资金。

组织发展方向。自组织的发展方向无外有三，一是努力朝正式的方向发展，希望能够正式注册，以推进组织发展。二是维持现状，只满足于开展一些活动，大多数活动型的青年自组织都属这一类型。三是自生自灭，有些对组织领袖非常信赖的民间组织由于领袖的变故，以及那些目标不明确、活动不丰富的，往往在发展期之后就面临很多问题，使组织影响力下降，组织成员纷纷离去，从而自生自灭了。

2. 青年自组织的发展特点

学者认为当前我国已经进 3G 网络时代，在这一背景下，青年自组织在活动中呈现出新的特点以吸引广大青年的参与，这些新特点包括组织动员迅速、活动空间大、覆盖面广等。新时期青年自组织的网络化社会动员方式以其双向互动的传播优势，改变了传统的动员格局，为青年群体提供了一个前所未有的自由讨论公共事务、参与社会活动的空间，增加了社会成效，扩大了社会动员的覆盖面，使网络化动员由隐性向显性转变，丰富了方式方法，提高了动员的时效性，通过调研发现，青年自组织的发展特点如下：

自发性。青年自组织大多是由青年人根据业缘、趣缘、地缘成立。青年自组织形成在一定程度上是由于在一定时期内一些人有某种共同利益、共同的信念和观点，或者有相同的社会背景、类似的生活经历，或相同的志趣爱好而自发地结合在一起。因此，成员之间的共同点，是他们共同开展活动、维系群体的桥梁纽带。

非正式。非正式性体现在两个方面：一是未注册，也没有上级归口管理单位，二是既不受政府机构控制，也不受其他组织控制，除了法律的约束和道德的限制外，自组织享受充分的自由。这切合了当代青年自由、个性、不受羁束的心理特点，也给管理和规范带来了困难。

网聚性。青年自组织在联系方式和动员机制上具有网聚性，网络使不同职业、不同地域甚至不同国度的青年打破了壁垒，也因信息量大、形式新颖、图文并茂深受青年喜爱。但是这里需要注意的是，对于一些青年自组织来说，自组织的最初成立就是要借助网络完成的，例如许多网友在网上交友，久而久之就形成了一个交友类自组织。但是对于大型国有企业等单位的青年来说，了解自组织的一个重要渠道是"同事介绍"，也就是说一个青年并不是从网络上知道并加入一个自组织，而是通过身边同事的介绍才加入的。

娱乐性、公益性。青年自组织大多以娱乐休闲以及公益为主。

五、青年自组织发展现状深度分析与工作建议

行为科学、心理学等研究表明：人的行为是对社会和环境做出的反应，人的行为受人的需要、欲望、动机、目的等心理因素的影响。从某种意义上说，是需要驱动着人的行为，需要是人的原始动力，"是人类一切活动的出发点和归宿"。需要是人的心理、生理、精神和社会等各方面的要求在人脑中及身体上的反映，也是有机体内部与外部环境不平衡状态的反映，是人之为人的条件。需要是人所有行为的原始动力，是人感到欠缺而力求获得满足的心理倾向，是人的"心理—行为"关系的起点。那么，我们就可以说，青年的需要就是青年行为的原始动力。了解青年的需要，就是了解青年以及青年行为范式的重要切入点。马斯洛人本主义心理学中的"需要层次理论"是阐释需要的重要理论。个体的需要从较低层次到较高层次依次排列：生理、安全、归属与爱、尊重和自我实现（或者自我超越）等五大类需求。从一定意义上说，五种需要按层次递升，但是更多的时候各种需要之间是相互影响、相互渗透而又相互转化的。

英国著名社会心理学家麦独孤认为：群集性是人类的本性之一，人类行为的一个重要特点就是"合群"。青年具有社交与归属的需要、自尊与求职的需要、自我实现的需要、与异性交往的需要、健康休闲的需要等，当我们继续沿着"青年需要"的思考角度和切入点进行分析时就不难发现，青年自组织是青年接触社会、适应生活和确认自我的重要途径，因而在满足青年需要方面具有独特的地位与作用。

在一种社会行动理论的框架中，青年自组织表现出强烈的主动性与行动感。

作为青年自组织的成员，他并不仅仅是为了满足个人利益与自己的偏好。这种自组织之所以出现，也正是一种有目的的行动的结果。这实

际上也正是需要和利益相结合的产物。青年自组织的形成是青年人客观存在的需要，也是这一代际人群的利益使然。它是青年人对某些事物的主观期盼和欲求。也是人们为满足这种需要的持续性与集中性的目的。

1. 青年自组织的产生原因

青年不仅是社会的主要构成，也是社会建设中最活跃的力量。青年自组织作为一种新的社会组织形式，它的存在是经济社会发展的一种必然结果。有学者认为青年自组织产生和兴起有其自身特殊的背景，是社会发展过程中必然出现的一种社会现象，NGO组织（非政府组织）的迅速发展带动了青年自组织的兴起，互联网的产生和普及是青年自组织发展的关键性条件。还有学者从全球结社革命、城市经济社会的发展、互联网的突飞猛进等方面阐释青年组织的发生源起。课题组研究发现，青年自组织的产生原因有如下几点：

（1）青年需求的多元性与共青团单一组织的矛盾

我们可以假设，如果现有的组织体系可以完全满足青年人的所有需求，那么青年自组织很有可能就失去了产生的土壤。从调研中我们发现，青年的需求是多方面多层次的，青年的兴趣爱好更是五花八门，正所谓"众口难调"，传统的共青团等官方组织已无法满足青年多元化的需求，所以青年职工就"另辟蹊径"，通过自发组织各类活动满足需求。

（2）青年活动的娱乐性与共青团组织政治性的矛盾

调研中发现，青年自组织活动多以"聊天""聚餐""运动"等休闲娱乐性活动为主。尽管团组织的很多活动也具有一定的娱乐性，但是由于其组织的政治属性，使得娱乐性的活动有时也不那么娱乐；政策学习、领导讲话讨论等政治色彩比较浓的活动对青年的吸引力可能会更差。

（3）青年自组织氛围的轻松自由与共青团组织科层、行政化突出的矛盾

青年自组织绝大多数都是青年自发组建，自组织领袖也大多起着发起活动的作用，青年人在一起休闲娱乐，本就轻松愉快，并没有太多的层级概念。在这一点上，团组织可能会比自组织僵化、沉闷一些。这当然是由组织属性和一些政治学习活动的特殊要求决定的。但对于青年人来说，很有可能是在自组织中更加放松自在，成员之间更加融洽。

（4）青年在自组织中的积极主动与参加团组织活动消极被动之间的矛盾

调研中我们发现，青年反映"自己在自组织中更能发挥作用，更能获得尊重和承认"。青年因为共同的兴趣爱好聚集在一起，开展的活动又都是大家喜闻乐见的，且自组织中大家比较平等、关系融洽，青年自然乐意献计献策。反观团组织活动，尽管青年对团组织活动的满意度评价较好，但是不排除青年可能在团组织活动中扮演"参加者"甚至"旁观者"的角色，而不像在自组织活动中充当"组织者"和"生力军"。

2. 共青团工作与青年自组织的关系建构

共青团是中国共产党领导下的先进青年组织，是国家政权的重要社会支柱。在历史发展和社会转型的新阶段，把握新时期共青团工作的规律，研究当前青年群体变化的趋势，与时俱进，改革探索共青团组织的体制创新，是各级青年工作者和共青团干部刻不容缓的职责。青年自组织的崛起与共青团组织本身的转型要求是有着内在契合点的，两者之间存在互相促进、互相转化的联系，这也就是共青团介入青年自组织的合理性。

（1）青年多元化的思想与共青团组织引领能力的转型

当前的社会转型发生在信息传播、市场活动、全球性问题、体制和制度、文化和文明等各个领域，是一个多维度过程，具有多维特征。青年人对多元文化有着特别宽容的心态和较强的适应和接纳能力，青年的地位、价值和作用得到了越来越充分的发掘和重视，成为推动社会发展的生力军。但同时青年人也容易受各种不良现象的冲击与影响，社会问题青年化、青年问题社会化现象日趋明显。从当前共青团的发展来看，尽管团组织不断根据形势变化对现有的工作理念、手段进行了调整和完善，但是仍然可以看到，共青团传统的思想政治教育工作的手段和方法仍然占据主流，长期以来形成的固有的观念仍然影响着青年工作的思路。传统的目标单一、对象笼统、灌输为主的教育方式脱离青年实际，不受欢迎，甚至导致逆反情绪的产生，而适应青年特点的新方式又存在载体开发不够、内涵挖掘不深等问题，弱化了教育效果。面对由此而引起的青年心理问题、文化建设问题、社会管理问题，团组织办法不多，在青年中影响不大。因此团组织需要在青年思想多元化的局面下进一步弘扬主流价值观，采取有效的方式吸引青年的参与、赢得青年的认同，这些都成为新的课题。在这一前提下，可以从推进青年自组织建设入手来解决共青团组织思想引领所面临的挑战。

（2）青年多样化的需求与共青团组织从管理到服务的转型

随着经济建设和社会事业的快速发展，以及城市的逐步现代化和国际化，广大青年对于生存和发展的需求也日趋丰富，青年需要社会来提供大量可以选择的公共服务产品。但从包括团组织在内的传统组织来看，一方面由于自身服务产品种类少、领域窄，另一方面无法有效整合其他社会组织为青年提供针对性的服务，因此导致了需求方与提供方的现实落差。尤其对于传统体制外青年而言，单靠共青团体制内资源更是无法满足青年的现实需求。通过着力介入青年自组织来应对青年多样化需求，借此实现共青团服务能力的转型，就是要从服务理念、服务手段、服务网络构建等方面进行根本上的突破，既要充分发挥团组织的传统优势，又要着力创新工作思路和方式方法。通过介入自组织工作，共青团组织可以学习如何及时、准确地满足或回应青年的需求；学习如何提供给青年丰富的服务内容，贴近青年的需求；学习如何转变传统的自上而下的组织动员手段等。

（3）青年多样化的组织形态与共青团组织凝聚能力的转型

青年自组织一方面是数量大、种类多，在青年中有很强的号召力，另一方面是充满了生机和活力，很新颖，富有创意。这些青年当中自发成立的民间组织虽然没有经过注册，但是已经具备一定的组织性特征；虽然单一组织覆盖的青年数量有限，但是由于其专业性和充分贴近青年需求而很受欢迎。包括以青年和青年组织为主要工作对象的各类机构的不断出现，某种程度上对共青团的覆盖面和凝聚力提出了挑战。共青团组织长期以来是按照体制内架构进行严密的组织设置，也是通过这一组织架构实现对于青年的覆盖和凝聚，但是对于大量传统体制外青年而言，这一架构基本无法发挥自身的作用，出现了青年找不到组织，组织找不到青年的现象。因此，介入青年自组织将会进一步巩固和完善原有组织体系，充分发挥其优势作用，也必将从根本上推动对于体制外青年的有效覆盖和凝聚。

3. 共青团青年自组织工作的操作建议

面对青年自组织，共青团如何联系与吸引，如何参与活动与提供服务，如何引领自组织走上正确道路，这几个着力点很关键，这也是介入青年自组织的关键所在。团组织必须牢牢把握这几个途径，从青年志趣出发，着力引导青年社会组织围绕中心工作，发挥积极作用。

（1）联系青年自组织

联系是一切工作的前提。可以通过沙龙、论坛等松散性组织或者成立正式组织来进行联络，当然也可以通过网上论坛、网上群组、微博、短信、邮件等方式联系。

注重联系自组织领袖，成立"青年社团组织领袖沙龙"。在前期多次调研以及和社团组织领袖沟通的基础上发现，只要工作定位准确、载体合适、方式恰当，自组织领袖是欢迎团组织介入的，团组织是可以和自组织建立起良好的关系的。沙龙是自组织间相互沟通、经验交流、资源共享的开放式平台，沙龙活动可每年搞4-6次。沙龙由团干部、社团领袖、专家学者、媒体等各方面代表组成。团组织是沙龙发起人，由专人负责沙龙具体事宜，挑选各类之中规模最大的社团组织领袖加入这个沙龙组织。团组织和社团关系上，充分体现不干涉社团内部事务的原则。

在具体工作中一般存在四种联系途径：一是主动联系，主要在开展联系自组织工作的初期，基本上都需要团组织主动上门沟通联系的。二是项目牵动。通过开展的活动吸引自组织的参与，从而把自组织吸引在共青团周围。三是相互介绍。自组织领袖之间一般都会有联系，有组织领袖参加了沙龙等活动，对于团组织有了一定的了解和认可，就会介绍其他自组织加入，当这项工作在社会上的影响力越来越大时，团干部、媒体、朋友等也会介绍自组织给共青团。四是主动上门。自组织通过媒体、网站、活动等了解了共青团，也会主动上门，或报名参加活动。

把握联系数量，注重联系质量。在自组织联系工作中片面追求数量，团组织服务的组织数量是有上限的，联系的原则应该是"注重质量、兼顾数量"。团组织要自然而然、润物无声地去交往，而不是强行地推进；兼顾数量。是指抓住一些大事件开展活动。团组织的活动信息、资源要及时通过自组织领袖沙龙发布。有规模、有影响、有特色的自组织，可以重点联系；有过项目合作的自组织，需要加强联系；一般的自组织，做到一般联系；对于知道名字但没直接接触过的，列入准备联系名单中。

做到设身处地。青年自组织负责人面对共青团组织可能的心态有以下几种：一是拒绝，他们不想被关注，更不想受到太多的约束，因此对于共青团的联系，他们几乎没有反应。二是冷淡。很多自组织领袖比较忙，对于体制内力量无所求，对于来自政府的联系服务也觉得无可无不可，多一事不如少一事。三是就事论事。如果你的联系事项和他的兴趣相一致，你提出的项目他们感兴趣，那么一些自组织会积极配合。四是积极，有的自组织追求组织发展，会主动上门，积极向团组织靠拢。在和自组织建立关系的过程中，团组织要设身处地为自组织考虑，做到自然平和，不能急，不能太功利，不能太刻板。要多参加自组织的活动，接纳理解别人的文化，多和自组织领袖交朋友，深入了解自组织运作。

（2）服务青年自组织

服务是共青团介入青年自组织工作的根本和核心性工作。服务的内容比较丰富，可做的事也很多，推动自组织工作可以根据自身特色，选择合适的服务内容和服务手段。

项目服务。在服务自组织的项目上，一是可以举办大型活动为自组织提供展示机会，成为自组织展示组织、倡导文化的平台和舞台；二是可以与自组织合作推进项目实施，助推青年社会组织与基层团组织的项目合作。合作过程中，团组织可发挥资源、场地、社会评价等方面的优势，青年社会组织则发挥专业、创意、队伍等方面的优势，促进项目的顺利实施和双方的共同发展。如团组织可以"牵手""服务"为主题，与志愿者性质的自组织合作开展志愿者精神宣传和志愿者骨干培训项目，组织志愿者开展公益项目，培育志愿者团队和骨干，弘扬志愿者精神；与体育、娱乐为主的自组织合作开展青年交友平台项目，定期开展各具创意的青年交友活动，为单身青年解决婚恋交友的切实需要。

组织服务。共青团可以发挥组织优势，对青年自组织采取枢纽式管理服务，建立网上平台，成为共青团服务青年自组织的桥梁和纽带。一是帮其解决一些具体问题，如落实场地、邀请媒体等；二是帮其创造良好的工作环境，如实施社团落地计划，有重点、有目的地把自组织和团组织紧密联系在一起。社团的项目可以在团组织大的格局下考虑和执行，团组织也可以协调给予自组织支持。

政策服务。团组织可以向自组织提供政策方面的咨询，指导其如何正式注册、如何开展活动等，对于能够帮助自组织解决的问题，给予指导，帮其解决。如不能解决，则去帮忙咨询民政部、社团局等相关部门；在注册中提供支持，帮助联系或者自身成为业务主管部门，实现其正式注册。

（3）引领青年自组织

自组织工作的最终评价标准在于通过自组织工作实现对自组织的引领，在自组织中充分体现党的意志、团的影响力，把自组织凝聚到团组织的身边，这是最高层面的目标。由此，团组织提出构建适应社会发展和青年需求的青年社会组织体系，进一步在实践中健全完善共青团与各类青年社会组织的组织体系。具体类型可以根据自组织的不同而有所区分。对于人数众多、活动频繁、具有一定政治参与意识的自组织，要采取"纳入型"，即直接在自组织中建立团组织，纳入团的组织体系；对于人数较多、活动较为频繁的自组织可以采取"挂靠型"，即各级团组织作为业务主管单位，承担服务管理职能；对于组织较为成熟，以志愿者、服务队为主要类型的自组织，可以采取"身份型"引领，即团组织、团属社会组织、青年社会组织的骨干互相担任理事、会员等，以此产生联系，共同组织活动；对于以娱乐性、体育竞技性为主要活动类型的自组织可以采取"项目型"引领，即团组织通过项目合作实现对青年自组织的引导、激励和评价；对于人数很少、活动频率很低的自组织，团组织可以直接采取"松散型"引领，即团组织与青年社会组织仅存在松散联系的关系。要探索分类指导、分层联系服务的模式和机制，

引领自组织领袖。现阶段多数青年自组织的组织成熟度并不高，表现出较强的领袖依赖。因此抓住领袖，就能对组织引领产生积极作用。很多青年自组织领袖想通过积极的社会参与，在体制内谋求认可。共青团的一些荣誉和社会职务可以向他们倾斜，如评选精神文明建设好人好事、自组织风云人物等荣誉，都可以推荐自组织领袖参评，给予他们激

励，拓展自组织领袖社会参与的空间和舞台。同时，共青团也不断积极开展领袖培训，以政策剖析、社团发展实务、活动组织策划等内容，提升领袖的专业素质。这方面也可以新加坡为借鉴：新加坡人民协会青年运动组在基层社区发展了 96 个社区青年执行委员会，他们的主席、副主席等骨干都是热衷于社会公益的青年，在长期的社区志愿服务中脱颖而出。人民协会青年运动组每年都要表彰一批优秀社区青年领袖，并经常为他们提供培训、赴外考察的机会，鼓励他们继续投身社区公益活动。在更高层面，人民协会青年运动组给予优秀青年领袖更大的成长空间。青年社团—社区青年执行委会员—国家青年理事会，是青年领袖的三个成长空间，随着年龄不断增大，能力不断增强，都可以在更高层面找到适合发展的舞台。优秀的青年社团领袖可以参选社区青年执行委员会的主席，甚至国家青年理事会的主席、副主席、委员等。

引领项目风尚。青年自组织工作不仅要紧跟时尚，而且要引领时尚。积极开展青年喜闻乐见的时尚文化类项目，通过多样化项目实现对于自组织文化的引领。如果青年自组织群体倡导的文化有很多人喜欢，参与者众，影响面广，那么团组织也要开展这样的活动，这样才能实现与自组织的沟通融合。团组织积极介入，提供支持，和自组织一道，引领文化的发展，共同打造时尚潮流，那么共青团与时俱进的良好形象就树立起来了，这也是团的政治营销的一部分。

引领资金流向。团组织可以直接购买服务的方式给予自组织直接的经费支持，或者建立专项基金用于支持自组织开展公益活动和项目，引领自组织发展。在购买服务计划中，鼓励各级团组织通过购买服务的方式，支持青年民间组织开展服务青年、服务社会的特色项目。资金也可以用于评奖，评奖是共青团的看家本领，评奖的社会影响面广，导向作用明显，自组织工作可以大加利用。

青年自组织是社会内部的阶层差异与小众组合，又是一个具有整体性与创造性倾向的社会活力的源泉。青年自组织现象已成为当前重要的社会现象和青年现象，青年自组织的社会参与已经是无法阻挡的浪潮。在这股浪潮的冲击下，原本模式单一的共青团工作亟需转型，需要实现组织的重新架构、理念的彻底转变和行动模式的全新升级。如果不能破除行政化桎梏，不能对青年自组织进行重新定位和融合，团组织就面临着失去青年自组织乃至失去青年阵地的危险。青年自组织具有自身的特点，我们应该从满足青年多元化需求的理念出发，在学习中服务，在服务中引导，在凝聚中创新，在青年自组织兴起的浪潮中开创共青团工作的新格局。

第二篇：共青团凝聚力评价指标体系的构建

吴 庆

中国共产党十八大后，面对世情、国情、党情、青情新的形势，共青团为党做好青年群众工作的责任更为重大、任务更为艰巨、要求更为迫切。努力建设一个有强大凝聚力的共青团组织，为党巩固执政的青年群众基础是共青团组织的核心任务。共青团研究要紧紧围绕这个核心任务，找准真问题，需求新突破。

一、共青团凝聚力指标体系研究的重要意义

要做好组织青年、引导青年、服务青年和维护青少年合法权益工作，落实党中央眼睛向下、重心下移，加强团的基层组织建设和基层工作，实现组织网络覆盖全体青年、组织工作影响全体青年的战略要求，共青团组织就要在创造力、凝聚力和战斗力上大下功夫。从这一点上看，加强团组织凝聚力研究非常重要。然而，目前我们对凝聚力的内涵把握和共青团组织凝聚力的分析还更多地停留在表象和口号上，缺乏科学的分析和理论的支持。

同时，当前共青团组织面临不断提高科学化水平的重要任务。提高团的建设的科学化水平，归根到底是要准确把握和自觉运用马克思主义执政党青年群众工作规律，研究新情况、解决新问题、创造新经验，在以科学理论指导团的建设、以科学制度保障团的建设、以科学方法推进

团的建设上不断取得实实在在的成效。以科学方法推进团的建设、一个重要的思路是要探索运用现代管理学原理加大对共青团组织工作的考评体系研究。需要注意的是，现有的一些共青团工作指标体系从管理者需要完成的工作考评设计较多，而不是以团干团员和青年的实际感受和工作最后反映在主体上的客观成效为出发点，凝聚力指标研究恰恰是要解决这种考评指标倒置的问题。以凝聚力为基本目标建立考评指标体系，推动共青团组织创新，是我们可以推动此项工作的重要着力点。

二、共青团凝聚力指标体系的研究方法

为了更好地做好凝聚力指标体系研究，我们搭建了研究团队，采用文献研究和实证研究相结合的方法，主要开展了以下研究：

一是进行了文献资料收集和分析工作。收集并分类阅读了国内共青团相关文献，国内凝聚力相关文献以及评价指标相关文献，全面了解关于凝聚力研究的现状和成果，初步明确凝聚力的内涵和指标体系的重点方向。

二是在广东省佛山市进行了实地调研，获得了丰富的研究实证资料。研究人员在广东佛山进行了为期 20 天的实地调研。主要结合佛山市共青团落实"两个全体"和履行"四项基本职能"的情况，从组织网络覆盖全体青年，组织活动影响全体青年，以及组织青年、引导青年、服务青年和维护青少年合法权益等方面，搜集了丰富的案例，对凝聚力因素进行了深入的分析。具体开展的工作包括：首先在团市委层面进行了研究（与团市委领导进行了课题调研，召开全市团干部座谈会两场）；其次，调查员根据团市委和课题组的统一安排，分组到佛山市下辖的禅城、南海、顺德、高明、三水五个区通过座谈会、个人访谈、街头顺访、问卷调查等方式开展了各个层面的调查。调查类型和对象包括：团区委调查（团区委主要领导、区青联代表等），街道调查（街道团组织主要领导、社区青年代表、刚退团青年等），乡镇调查（乡镇团组织主要领导、农村青年代表、刚退团青年），街道（社区）团支部调查（社区团支部书记、社区青年代表、刚退团青年等），乡镇—支部调查（村团支部书记、青年代表、刚退团青年等），企业调查（国有企业和非公企业团组织主

要领导、企业青年代表、刚退团青年等），学校调查（学校团组织主要领导、学生代表、刚退团青年等），机关调查（机关团组织主要领导、机关青年代表、刚退团青年等），自组织与其它青年组织调查（自组织主要领导、自组织普通青年成员等），街头调查（城市街头顺访青年人）等，调查内容主要是了解各级团组织实现两个"全体"、完成四项职能的具体情况及对共青团组织凝聚力的认识，形成了丰富的调查资料。

三是举行了团干座谈会和专家论证会。在以上的调查基础上，研究组形成了禅城、南海、顺德、高明、三水落实"两个全体"情况和提升组织凝聚力调查报告，共计20万字和4万字的佛山团市委落实"两个全体"情况和提升组织凝聚力总报告。同时开发了共青团凝聚力指标体系（草案）。此后又在北京就佛山团干部在中央团校培训之际开展了凝聚力指标体系的专题讨论会，进一步修改指标体系草案。并召开了专家论证会，对指标体系的宏观框架和下一步开展指标测量提出了有针对性的建议。

三、共青团凝聚力评价指标体系的具体内容

通过文献回顾和初步的研究，我们认为，凝聚力可以分成个体、群体、组织3个层次，分别指向利益满足和任务承诺（组织能够满足组织个人的利益需求，个人有归属感）、人际吸引（组织成员之间人际关系紧密与和谐）、团体荣誉（组织的价值观、制度、资源、文化等优势）。在研究中，为了让指标体系更加通俗易懂，我们将这三个因素也称做利益凝聚力、沟通凝聚力和文化凝聚力，成为凝聚力指标体系测量的三个重点一级指标。一个具有强大凝聚力的共青团，首先是一个以青年为本，满足青年利益，服务青年发展的具有强大个体凝聚力的共青团；同时是一个以团干、团员为主体，成员情感深厚，协调沟通顺畅的具有强大群体凝聚力的共青团；还是一个以团组织为载体，注重基层团组织建设的，有着健全制度、先进思想、鲜明文化和良好形象的具有强大组织凝聚力的共青团。

在利益凝聚力指标中，主要包括团员青年利益满足凝聚、团干部利益满足凝聚、青年组织利益满足凝聚3个二级指标。在沟通凝聚力指标

中，主要包括团干情感沟通、干群情感沟通和青年组织情感沟通 3 个二级指标。在文化凝聚力指标中，主要包括信仰凝聚、制度凝聚、领袖魅力凝聚、形象凝聚 4 个二级指标。一共 10 个二级指标。在各个指标中开发三级指标共 40 个。这个 3、10、40 的指标体系构成了共青团凝聚力的核心测量体系。（见附表）

附表：共青团凝聚力评价指标体系

一级指标	二级指标	三级指标	测量内涵	测量方式
A1.利益凝聚力	B1.团员青年利益满足凝聚	C1.生存健康推动率	主要测团员青年对团组织在解决青年基本生活、身心健康等实际问题上成效的认知。包括经济实惠、贫困青年资助、住房服务和心理健康支持等。	测团员青年个体感知，贫困青年救助率（贫困团员青年救助数／当地团员青年数）
		C2.教育成才推动率	主要测团员青年对团组织在解决青年基本教育和培训，促进成才等实际问题上成效的认知。包括教育培训、促进成才活动，提供学历教育等。	测团员青年个体感知，青年接受培训率（团员青年接受培训数／当地团员青年数）
		C3.就业职业推动率	主要测团员青年对团组织在解决青年基本就业和推动职业发展等实际问题上成效的认知。包括提供创业就业见习岗位、劳动就业服务、创业基金支持与创业平台提供、社会化技能提升、职业发展辅导等。	测团员青年个体感知，见习岗位提供率（见习岗位提供数目／当地团员青年数），小额贷款人均数（小额贷款总额／当地团员青年数）

			主要测团员青年对团组织在推动青年参与社会公共生活等实际问题上成效的认知。包括搭建与领导的沟通机制、反映团员青年愿望、特别是组织参与社会公共志愿活动等。	测团员青年个体感知，人均志愿服务次数（志愿服务总次数／团员青年总数）
A1.利益凝聚力	B1.团员青年利益满足凝聚	C4.公共参与推动率		
		C5.恋爱婚姻家庭推动率	主要测团员青年对团组织在推动青年恋爱与幸福婚姻家庭生活等实际问题上成效的认知。包括介绍对象、促进婚姻幸福、推动青年家庭建设等。	测团员青年个体感知，对象介绍率（介绍对象人数／团员青年总人数）
		C6.人际交往友谊推动率	主要测团员青年对团组织在满足青年交友需要，推动友谊发展等实际问题上成效的认知。包括搭建交友平台，促进青年交流等。	测团员青年个体感知，交友普及率（交友活动总次数／团员青年总人数）
		C7.文化娱乐推动率	主要测团员青年对团组织在满足青年闲暇、文化娱乐生活及兴趣等实际问题上成效的认知。包括开展文化娱乐活动，满足团员青年兴趣爱好等，以及活动趣味性。	测团员青年个体感知
		C8.自我价值实现推动率	主要测团员青年对团组织在满足青年自我价值实现上成效的认知。包括提供自我成就的机会，完善奖励表彰体系，提供尊重和荣誉等。对于团员来说，特别需要关注团员荣誉和奖励的情况。	测团员青年个体感知，团员奖励度（奖励团员数／团员总数）

		C9.权利保障与社会司法保护推动率	主要测团员青年对团组织在保障青年各项权益，提供法律支持等成效的认知。包括维护权益、预防青少年犯罪、提供法律援助、促进青年社会福利保障等。对于团员来说，特别需要关注团员权利的实现情况	测团员青年个体感知，法律援助提供度（提供法律援助人数／团员青年总人数）
A1.利益凝聚力	B1.团员青年利益满足凝聚			
	B2.团干利益满足凝聚	C10.工作待遇指数	主要测团干部对此岗位上待遇落实情况的认知。包括级别、待遇等的评价。	测团干部个体感知，人均津贴数
		C11.职业推动指数	主要测团干部对在此岗位上工作对职业发展推动效果的认知。包括转业评价、提升素质和获得机会等。	测团干部个体感知，平均工作年限
		C12.学习培训推动指数	主要测团干部在此岗位上接受的学习培训和对其效果满意度	测团干部个体感知，人均培训天数
	B3.青年组织利益满足凝聚	C13.政治支持率	主要测其它青年组织对团组织为其提供的合法性支持成效的评价。	测各级外围正式青年组织和青年自组织等领袖个体感知
		C14.资源支持率	主要测其它青年组织对团组织为其提供的各类资源支持成效的评价。包括物质支持、平台扩展、活动阵地等。	测各级外围正式青年组织和青年自组织等领袖个体感知
		C15.素质推动率	主要测其它青年组织对团组织推动其骨干素质提升而提供的支持成效的评价。包括对外交流、提供培训机会等。	测各级外围正式青年组织和青年自组织等领袖个体感知

		C16.沟通体系完善度	主要测对团干之间情感沟通体系整体设计是否完善的认知。	测团干部个体感知
A2.沟通凝聚力	B4.团干情感沟通	C17.沟通方式有效度	主要测对团干之间情感沟通平台是否有效的认知。包括平台丰富性、平台有效性、平台现代性等。	测团干部个体感知
		C18.沟通频度	主要测对团干之间情感沟通次数是否充足的认知。	测团干部个体感知，月均沟通次数（沟通总次数／总人数）
	B5.干群情感沟通	C19.沟通体系完善度	主要测对团干部和团员青年之间情感沟通体系整体设计是否完善的认知。	测团员青年个体感知
		C20.沟通方式有效度	主要测对团干部和团员青年之间情感沟通平台是否有效的认知。包括平台丰富性，平台有效性、平台现代性等。	测团员青年个体感知
		C21.沟通频度	主要测对团干部和团员青年之间情感沟通次数是否充足的认知。	测团员青年个体感知，月均沟通次数
	B6.青年组织情感沟通	C22.沟通体系完善度	主要测对团组织领导和其它青年组织领导者之间情感沟通体系整体设计是否完善的认知。	测其它青年组织领袖的感知
		C23.沟通方式有效度	主要测对团组织领导和其它青年组织领导者之间情感沟通平台是否有效的认知。包括平台丰富性、平台有效性、平台现代性等。	测其它青年组织领袖的感知。
		C24.沟通频度	主要测对团组织领导和其它青年组织领导者之间情感沟通次数是否充足的认知。	测其它青年组织领袖的感知，月均沟通次数

A3.文化凝聚力	B7.信仰凝聚	C25.信仰明晰度	团组织目标和价值观在团干、团员青年的心中是否明确、稳定、清楚	测团干和团员青年等的感知
		C26.信仰吸引度	团组织目标和价值观在团干、团员青年的心中是否具有吸引力	测团干和团员青年等的感知
		C27.信仰稳定度	团组织目标和价值观在团干、团员青年的心中是否保持稳定	测团干和团员青年等的感知
		C28.信仰满足度	团员青年、团干对团组织树立先进的政治价值观、道德价值观、人生价值观上效果的认知。特别需要关注信仰满足的实际情况及推优入党的情况。	测团员青年个体感知，推优入党率（推荐入党人数／团员总人数）
	B8.制度凝聚	C29.党团关系	党的资源支持，党建带团建，与党组织的沟通制度等	测主要团干部的个体感知
		C30.组织结构设计合理度	对团组织方便找到，团组织方便进入的制度设计合理性的认知	测团员和青年的感知
		C31.工作骨干保障度	对组织工作人员的制度设计是否完善的认知	测团干的感知，人均工作人员数
		C32.组织建设民主度	组织成员对组织民主制度是否完善、深刻和有效的认知度	测团干、团员、青年的感受
		C33.组织成员荣誉度	团干、团员对组织各种荣誉制度的认知。特别是组织对团干、团员在突出荣誉感上的制度设计。	测团干、团员的感知
		C34.组织纪律执行度	是否严格执行团组织的各项纪律。	测团干、团员的感知

A3. 文化凝聚力	B9. 领袖魅力凝聚	C35. 领袖个体魅力指数	团组织成员对组织领袖魅力的认知，特别是在形象吸引、语言感染、热情融化、尊重感化、责任感召、真诚取信、时尚引领、远见引导、沟通协调、能力推动、知识征服、兴趣融合上所产生的魅力的评价	测团员青年和团干的感知
		C36. 领袖团体魅力指数	团组织领导集体因团队配合而产生的魅力	测团员青年和团干的感知
	B10. 形象凝聚	C37. 媒体传播度	对团组织在各种主流媒体上传播的次数和效果的认知	测团干和团员青年的感知，主流媒体报道次数，网站访问量（组织网）
		C38. 品牌认可度	团干、团员和青年对共青团重大品牌知晓度	测团干和团员青年等的感知
		C39. 仪式深刻度	团干、团员和青年对共青团仪式认识的深刻程度	测团干和团员青年等的感知
		C40. 榜样有效度	团干、团员和青年对共青团选树的组织榜样的认可度	测团干和团员青年等的感知

四、共青团凝聚力评价指标测量的重要问题

共青团凝聚力评价指标体系还有待在实践中不断完善。需要深入研究的重点问题有：

1. 关于总指标和分类指标

此文所述共青团凝聚力评价指标体系为总体和核心指标体系，据此可进一步开发市级凝聚力指标体系，区级凝聚力指标体系，县级凝聚力

指标体系，乡镇凝聚力指标体系，街道凝聚力指标体系，各基层团组织（包括企业、学校、机关、事业单位等）凝聚力指标体系等。

2. 关于凝聚力指标体系的权重研究

三种凝聚力构成指标都可单独测量，可各为 100 分；也可以合并测量，根据权重计算，合为 100 分。关于各指标的权重，开展专家调查和调查对象需求调查加以确定。由于组织在不同范围（分层）、不同领域（分域）的凝聚力构成侧重点会有所不同，因此可在下一步开展不同层级和不同领域的权重调查和专家研讨及青年需求调查等，进一步确定指标体系分值的构成。在利益、沟通、文化三类凝聚力指标中，越到团的上级单位越看重文化凝聚力，越到下面越看重利益凝聚力，所以在设计权重时会有所不同。

3. 关于凝聚力指标体系的测量

凝聚力评估要坚持人本导向，由于共青团组织凝聚力对象主要是团干、团员和青年，因此凝聚力的特征可以通过组织成员群体个体的感知来进行测量。同时也可以通过外在客观量化的指标作为辅佐。

客观数据可折算成相应分值，和主观数据一起使用。

主观愿望及感受调查主要采取问卷测评，测量团的书记、团干、团员、青年、其它青年组织领袖、党政领导和社会人士等对各项指标的评价和认识。采取李克特（Likert）量表进行问卷设计。该量表是属于评分加总式量表中最常用的一种，即属同一类型的一些项目用加总方式来计分。它是由美国社会心理学家李克特于 1932 年在原有的总加量表基础上改进而成的。该量表由一组陈述组成，每一陈述有"非常同意""同意""不一定""不同意""非常不同意"五种类型或者类似的回答，分别记为 1、2、3、4、5 分，每个被调查者的态度总分就是他对各道题的回答所得分数的加总，这一总分可说明他的态度强弱或在这一量表上的不同状态。

调查可分为初级阶段和高级阶段。初级阶段是利用团组织自己的体系开展调查，开发团干部名册、团员名册、青年名册、青年组织领袖名册、党政领导名册、社会评价人士名册等，在可以把握的资料内进行严谨的抽样调查。

　　高级阶段主要是指不在团组织体系内，而在全社会采取更为严谨的抽样和社会评估，通过手机、网络、电话、街头顺访等开展严格的社会调查。建议探索网络调查、电话调查和手机调查体系的完善。

　　可先进行初级阶段的调研，然后过渡到高级阶段的调研。也可一直进行这两种调研并比较两种调查中的差异，不断完善调查。

4. 凝聚力指标体系的完善及运用

　　在实践中不断完善凝聚力指标体系，推动理论和实践的发展。以凝聚力指标的建设不断推动共青团组织创新，逐步建立以凝聚力指标体系为核心的共青团工作考评体系。根据指标体系测量结果不断改进共青团各项工作。深化凝聚力各类分指标测量体系的建设和测量，全面推进共青团工作的定量化。定期发布共青团组织凝聚力指标报告，不断提高共青团组织和共青团干部的社会影响力。

第六节　进军网络新媒体

第一篇：新媒体与共青团工作

汤杏林

　　随着科技的迅猛发展和电子媒介的日新月异，智能手机及移动互联网开始唱响时代主旋律，互联网及所有被称为"传统媒体"的报纸广播电视等都面临着全新的挑战。移动互联网时代出现的微博，作为碎片化的、海量的信息发源地和传受者双方互动交流的平台和集"社交媒体"功能、"新闻媒体"功能于一体的微信及其微信公众平台，以及不断发展精准锁定用户的新闻客户端等新媒体迅速崛起并渗入各行各业，深刻影响着人们尤其是青年人的思想模式、生活方式和行为习惯等。共青团是组织、联系、引导并服务于广大青年的重要组织，共青团的工作开展自然离不开以微博微信客户端以及数字载体为主的新媒体。需要指明的是，本章所提及的产生于移动互联网时代的新媒体，区别于传统互联网时期的网络媒体（电子邮件、报纸电子版等）及报纸、杂志、广播、电视、电影等传统媒体，是指21世纪初兴起的博客论坛、即时通讯工具、社交媒体以及移动客户端等。

一、新时期共青团工作离不开新媒体

（一）青少年是手机网民的主力军

　　据了解，截至2014年6月，中国网民规模达6.32亿，其中，手机网民规模5.27亿。网民上网设备中，手机使用率达83.4%，首次超越传统PC整体80.9%的使用率，手机作为第一大上网终端的地位更加巩

固。[1] 移动终端使用率尤其是手机使用率的稳步攀升，主要归因于两个
方面：一是手机本身具有的随时通讯、携带方便、功能多且智能化的特
点，以及基于手机等移动设备的应用软件（APP）越来越受科技公司或
开发小组的青睐，开发出如微博、微信客户端、手游等广受用户欢迎的
应用软件；二是服务于移动设备的网络技术不断发展，首先无线局域网
络（WLAN）逐渐普及，如今，越来越多的场所如家庭、办公室、咖啡
厅、酒店及 KTV 等都为移动设备如手机、iPad 等使用者提供 WIFI（普
遍使用的一种无线网络）。同时，国内三大运营商 4G 技术和业务的成
熟（4G 技术具有集 3G 与 WLAN 于一体的特点），使手机用户不再局
限于无线网络，而能够随时随地传输高质量的图文信息和视频影像。

　　而青少年群体是不容忽视的社会力量，截至 2013 年 12 月，中国青
少年网民规模达 2.56 亿，占青少年总体的 71.8%。截至 2013 年底，青
少年网民使用手机、台式电脑和笔记本电脑三种上网设备的比例分别为
86.3%、71.2% 和 51.2%，青少年手机网民规模已经达到 2.21 亿，手机
成为青少年最重要的上网终端。同时青少年网民对互联网的使用深度不
断加深，青少年各群体对互联网的使用时长均有所增加，截至 2013 年
12 月，中国青少年网民平均每周上网时长为 20.7 小时。[2]

（二）青年是新媒体的主要用户

　　移动互联网时代，人们的上网方式灵活方便，信息传播快捷全面。
微博微信及新闻客户端等新媒体是吸引青少年使用手机上网，使其纷纷
成为"低头族"和"拇指群体"大军中一员的主要因素。据中国互联网
络信息中心 (CNNIC)2014 年 7 月 21 日发布的数据，今年上半年，中国
微博用户数 2.75 亿，其中手机微博用户数 1.89 亿；以微信、易信等为
代表的手机即时通信工具的用户数高达 4.59 亿；搜狐新闻客户端目前
已经超过 2 亿，腾讯、网易新闻客户端的用户总量达 1 亿以上。2013 年，
全国许多城市综合性报纸读者平均年龄达 40 岁，电视人群年龄结构也
在老龄化。而互联网尤其是移动新媒体却是青年群体的主战场，微博的

[1]　CNNIC 发布第 34 次《中国互联网络发展状况统计报告》

[2]　2013 年中国青少年上网行为调查报告

狂欢式全民互动、微信圈子化传播模式和新闻客户端定向快速获取新闻资讯，这些时代的创新产品和创新方式，牢牢锁定更具创新精神、活力品质的年轻用户。2013 年，新浪微博、腾讯微博（现已暂停服务）日均发帖 2.3 亿条；微信日均发送 160 亿条；QQ 日均发送 60 亿条；手机客户端日均启动 20 亿次。[3]

（三）共青团与青年联系紧密

中国共产主义青年团是中国共产党领导的先进青年的群众组织，是广大青年在实践中学习中国特色社会主义和共产主义的学校，是党的助手和后备军。[4]共青团是青年群体直接的领导组织，也是其最为密切的"伙伴"，更是其最为可靠的支撑力量与坚强后盾。构建和谐的团青关系，不断提高引导、组织、团结、服务广大青年群体的能力是共青团一直努力的方向，"团青融合"是当下广受关注和热议的关系形式。从深层次来讲，"团"并非单指团员，更涵括共青团及各级团组织，甚至包括团属的社会组织；"融合"不仅仅是团员和青年的融合，更包含共青团作为"政治体"与青年的互动和团组织作为"组织"与青年的关系。在融合的过程中，不仅仅是简单的"一体化"，而是二者从行为到思想，在每一个环节和细节上相互认同的过程，即复合、交错的团青融合。[5]

在团十七届二中全会上，李源潮指出：一年来，团中央和各级团组织认真贯彻党中央精神，落实团十七大提出的各项任务，在组织青年、服务青年、维护青少年合法权益等方面都取得了新的成绩。[6]新媒体不仅成为引导青年的重要手段和阵地，而且也成为了组织青年、服务青年、维护青少年合法权益工作的重要平台和载体，同时也是实现共青团组织

---

[3] 根据 2014 年 12 月 24 日，人民网舆情监测室副秘书长单学刚在中国青年政治学院新闻传播学院的讲座资料——《网络舆论生态与综合治理》

[4] 根据《中国共产党章程》第十一章（中国共产党第十八次全国代表大会部分修改，2012 年 11 月 14 日通过）

[5] 段希,岳嘉,谢素军,梅妍 . 新媒体在团青融合中的功能与作用研究 . 青年研究[J]，2014 年第 2 期

[6] 李源潮 . 坚定中国特色社会主义理想信念，在全面改革深化中发挥主力军作用——在共青团十七届二中全会上的讲话（2014 年 1 月 10 日），中国共青团[J]，2014 年第 2 期

体系高效运转的重要机制。

二、新媒体环境下共青团工作的成效

（一）共青团网站微博微信客户端等新媒体的基本情况

截至 2013 年末，团组织建设团属网站近 4000 家，其中，中国青年网已成为中央重点新闻网站和国内最大的青年主流网站，未来网已成为全国最大的未成年人专属网站。开通共青团中央微博，共青团系统微博认证总数超过 12.8 万个，数量居全国政务系统微博第一，初步形成了团中央、省、市、县四级微博工作格局。[7]共青团系统微博粉丝数也在不断攀升，笔者 2014 年 12 月 24 日查看团组织的新浪微博粉丝情况，其中 @ 共青团中央、@ 共青团 12355、@ 山东共青团、@ 石家庄共青团等微博粉丝数突破 200 万；@ 广东共青团、@ 广州共青团、@ 成都共青团等微博粉丝数超过 100 万，均具有较庞大的粉丝群和较强的社会影响力，且粉丝数在不断的增长中。而据人民网舆情监测室分析统计，截至 2014 年 12 月 1 日，微博、微信均已开通的国家机关、部委机构达 98 个。"政务双微机构"排行分布中，公安系统开设"双微"的数量最多，达 1137 个，团委系统以 1049 家排行第二。[8]首期"双微排行"百强榜中，微博微信名为"共青团中央""四川共青团""广东共青团"等跻身其中。

在人民网舆情监测室发布的第 7 期"全国政务微信影响力排行周榜"[9]中（基于 2014 年 12 月 1 日至 12 月 7 日各微信公众号所发内容），团委系统所有微信公众号中，公众号为"青春房山"（微信认证：中国共产主义青年团北京市房山区委员会）、"重庆共青团－学载青春梦"（微信认证：中国共产主义青年团重庆市委员会）以及"江苏共青团"（微信认证：中国共产主义青年团江苏省委员会）分别以总阅读数 13 万 +、12.1 万 + 和 14 万 + 位列前三。其中，"青春房山"推送的文章《亚洲第二家"乐高乐园"将落户房山》获得超过 10 万的阅读量，"重庆共青团－

---

[7]　秦宜智同志在共青团十七届二中全会上的工作报告（2014 年 1 月 10 日），中国共青团[J]，2014 年第 2 期

[8]　人民日报首次发布政务指数"双微"综合排行

[9]　第 7 期"全国政务微信影响力排行周榜"

学载青春梦"推送的《妹子，找男朋友就该找学生干部！》和《汉子，找女朋友请不要找学生干部！》两篇文章共获得超 10 万的点击量。

2013 年共青团的工作开展中突出网络对青年具有很强亲和力的特点，大力开展"我的中国梦"新媒体系列活动。各级团组织结合本地实际和青年兴趣，组织开展内容丰富、特色突出的微博活动，共发布"我的中国梦"微博 325 万条，覆盖青年超过 6000 万人次。邀请 250 多名青年典型在网上和青少年互动交流，有关活动网页访问量达 8.3 亿次，中国青年网推出的青春励志故事网络专栏获得了中国新闻奖一等奖。[10]

（二）微传播助力传递正能量

微传播是以微博、微信、移动客户端等新媒体为媒介的信息传播方式，其具备针对性强、受众明确、传播内容碎片化等特性。[11]共青团充分利用新媒体，以微公益、微视频、微话题、微图文和微访谈等主要微传播形式与方法，广泛传递社会正能量。

1. 微公益

作为一种借由新型社交媒介而广泛开展的民众公益行为，"微公益"借助微博、论坛等新媒体平台，结合逐渐普及的线下扶助行动，在社会大小公益团体积极组织和网络草根群体的自发参与与热情响应下成为了一种广受欢迎、具有强大社会影响力的社会活动。共青团从团中央到各级团组织的"微公益"行动在近两年颇具成效。团四川省委、省少工委以新媒体微平台，借助传统媒体优势，线上线下发起微公益活动"玩具总动员"，为贫困地区的留守儿童募集玩具 5000 多个；广为报道的团诸城市委开展的"征集微心愿献爱微公益"活动也已连续进行了 3 年，2014 年团诸城市委书记代辉将微公益与微博微信等新媒体结合，并在其微信公众号"微诸城锐青年"上接连发表相关文章，进一步提高活动参与度与覆盖面，有超过 3000 名小朋友通过该微公益活动受益。

---

[10]　秦宜智同志在共青团十七届二中全会上的工作报告（2014 年 1 月 10 日），中国共青团[J]，2014 年第 2 期

[11]　唐绪军，黄楚新，刘瑞生 . 微传播：正在兴起的主流传播——微传播的现状、特征及意义 . 新闻与写作[J]，2014 年第 9 期

2．微视频

随着信息技术的发展和传播方式的创新，微视频作为一种集声音与图像、娱乐与文化为一体的新形式受到年轻人追捧。无论是以叙事手法为主、专业拍摄、以"分钟"计算（一般不超过30分钟）的"微电影"，还是基于"微视""美拍""小视频"等应用软件或工具以记录碎片化信息捕捉即时情景、泛娱乐化的，以"秒"计算的其他微视频形式，"微视频"在微博、微信以及 UGC（user generate content 用户生产内容）视频网站上呈爆发式增长状态，数量以"千万"计。各级团组织不失时机，纷纷鼓励青年人进行微视频创作。2013团绍兴市委便发起青年微视频征集大赛；2014年7月，在新疆自治区团委部署下，各级县委积极开展了"我们在一起"民族团结微视频活动；自2014年9月开始到11月，团花溪区委开展了"青春微视·灵秀花溪"花溪区首届青年微视频创作大赛；团北京市委指导北京青少年网络文化发展中心摄制了《北鲸故事》、《味道》等5部"人在北京"系列微电影；[12]团中央正积极开展"向上、向善"中国青少年微电影大赛。各级团组织的积极推动，激发了青年群体青春活力的原始表达冲动和对美好生活、社会阳光面貌的创作激情，涌现了一波波"微视频"创作热潮。

3．微话题

各级共青团组织先后创建主持"我为核心价值观代言""光盘挑战""职业技术哪家强""粤来粤好"等微话题。在"我为核心价值观代言"话题中，形成了"我是。（核心价值观24字），就是"的"价值观体"格式。话题不仅在微博上引发广大网友尤其是青年网友的积极"点赞"和讨论，还一度登上微博热门话题榜。截至2014年9月中旬，已有63万名网友直接发布该话题微博，总阅读量超过两亿次。此外，在天涯社区、青年论坛、微信等用户活跃度较高的相关平台中，"价值观体"引发了一轮又一轮"跟帖"和"晒图"热潮，不少网友尤其是青年学生纷纷发表自己对社会主义核心价值观的认识和理解，将其"价值观"语录写在白纸或印在衣服上并拍照，以图文结合的方式发在"朋友圈"。除此之外，

[12]　网络宣传引导工作——共青团再发力．中国共青团[J]，2014年第9期

"我与国旗合个影"是共青团微博和身在澳大利亚的中国留学生共同推出的话题和主题活动，10 天之内超 3000 万阅读量。"为自己点个赞""防艾一起来"等一系列贴近青年群体、充满正能量的话题在微博微信论坛和 QQ 空间里广泛传播，常常被"刷屏"。共青团适时主动运用新媒体创建新话题，与其主要受众——青年群体积极互动，活动影响持续扩散，"青年味"和"时代感"越来越强，在新媒体上形成了滚雪球式的良性循环。[13]

4. 微图文

微图文这里主要指的是以新闻客户端、微信公众平台为主要载体，以图文并茂的形式呈现并传播的信息文本。用户下载相应的新闻客户端，能及时并集中地获取所下载客户端推送的图文资讯。2013 年搜狐新闻客户端用户已经超过 2 亿，最高法、团中央、教育部陆续入驻搜狐客户端。更值得关注的是微信公众平台，和微信聊天、"朋友圈"不同的是，微信公众号（包括订阅号和服务号）主要是"信息接收"。微图文运用最广泛的表现形式，是吸引"粉丝"，提高关注度，增强影响力的主要方式。共青团创建的各微信公众平台，不少微图文相当出彩。团黑龙江省委特意设计了卡通形象"龙小青"，在"我为核心价值观代言"活动中，通过三期系列漫画，用生动的卡通形象、简洁精炼的语言文字，从国家、社会、公民的角度诠释核心价值观的精髓要点。漫画通过微博微信网站等方式推出去后，广受青少年好评，被团中央、各省团组织等百余个政务微博转发。[14] 微信公众号"青春房山"推送的文章多篇破万甚至 10 万，就在于内容贴近青年生活，以图文并茂的形式呈现，2014 年 12 月 25 日推送的《房山妹子忘带手机的一天》，以简短通俗的语句配上搞怪幽默的图片，受到关注用户的纷纷点赞和分享，进一步扩大了图文影响力和辐射范围。

5. 微访谈

"访谈"对于传统媒体，尤其是电视媒体来说并不陌生。《天天向上》

---

[13]　共青团"我为核心价值观代言"主题活动受热捧 . 中国共青团[J]，2014 年第 10 期
[14]　团黑龙江省委 . 龙小青 style，走起 . 中国共青团[J]，2014 年第 9 期

《鲁豫有约》《新闻当事人》等各类访谈节目一度火爆电视荧屏。而在新媒体时代，一种新的访谈形式——"微访谈"逐渐被广大受众所接受。共青团开展"微访谈"，以青年朋友乐于接受的方式，促其了解时事政务，接触名人嘉宾，形成良性互动，激发青年朋友参与热情。浙江共青团利用网络、微博、微信等新媒体在各大高校广泛开展以村官学院和大学生村官为内容的微访谈活动，将教室搬到网络上，实现主讲人、嘉宾、大学生村官、创业青年与学校师生、政府官员、媒体记者、政务微博、草根达人等零距离接触和交流。团浙江省委联合浙江农林大学利用微博开展"微访谈话村官"主题活动，在短短一个半小时里，获得8860余次转发、评论，点击数超100万次。[15]

（三）微力量构建"团青圈"，促进青年文化全民认同

共青团全面利用微博微信客户端等新媒体，广泛进行微传播，积极促进"团青融合"，建立"亲青伙伴"关系，微力量构建"团青圈"。"团青圈"类比于微信"朋友圈"，团组织与青年不仅仅是领导与被领导、组织与被组织的关系，更是一种团结与互助的伙伴关系、同辈好友般的朋友关系。共青团在新媒体上以青年"喜闻乐见"的方式传播"贴近现实、贴近生活、贴近青年"的内容，拉近了"团"（团组织）与"青"（青年）的距离，并且在此基础上，构建了相互沟通、交流、讨论的平台。在团组织法人微博中，网友纷纷参与相关话题的讨论，形成了话题主持人"发帖"、网友"评论"、主持人"回复"、主持人与网友持续"跟帖"的舆论氛围；在微信公众平台中，基于互联网时代的AISAS[16]（即包括五个心理阶段：Attention注意、Interest兴趣、Search搜索、Action行动和Share分享）经典传播（营销）模型，共青团相关行动或宣传引起受众"注意"，部分受众对其产生"兴趣"，通过"搜索"公众号或"扫描"二维码，并关注（"行动"），在后续"接受信息"环节中，关注者（受众）认为接受到的信息（以微图文为主）很有价值并"分享"到朋友圈。共

[15]　网络宣传引导工作——共青团再发力 . 中国共青团[J]，2014年第9期

[16]　日本电通广告集团在2005年提出AISAS传播(营销)模型，即包括Attention(注意)、Interest（兴趣）、Search（搜集）、Action（行动）和Share（分享）五个心理阶段

青团通过吸引部分青年、部分青年影响身边朋友、多层级的相互影响后，最终形成"团青圈"。新媒体时代，共青团与青年的联系从线下走到线上（Offline to Online），从现实社交网络走到虚拟与半虚拟社交网络，"团青"联系更为紧密，"团青圈"得到牢固与扩大。

随着社会的发展，步入新世纪以来，逐渐进入"后喻文化时代"，[17]"后"指"后辈，晚辈"，"喻"即"使知晓"，即年轻一代将科技文化传递给他们的长辈，形成了独特的"青年文化"，并逐步实现青年在全社会人群中的价值认同。共青团作为与青年群体联系最为密切的组织，在这种"后喻文化"形成与演进的过程中具有举足轻重的作用。移动互联网时代，共青团利用微博微信客户端等青年用户粘度最高的新媒体开展文化构建和传播活动，引导青年发挥主观能动性，挖掘青年群体的创新活力。一系列青年文化现象诸如"青年观""网络话语"在网上风生水起，诸如元芳体、甄嬛体、淘宝体等语句；逆袭、土豪、高富帅等旧词新意；十动然拒、人艰不拆、喜大普奔等组合新成语；以及其他"火星文"等等均从网络走向传统媒体，走进大众生活社交圈。像"点赞""正能量""超女""习大大"等网络词汇更是被《人民日报》等严肃媒体所接受，共青团积极建构的青年价值文化为包括精英群体在内的社会成员所认同。

三、新媒体环境下共青团工作的问题与不足

尽管新媒体环境下共青团工作卓有成效，但是由于新媒体作为信息技术的产物，本身具有"双面性"；青年群体受新媒体的影响、受个人社会地位、知识水平和视野的局限；以及共青团作为有一定公权力的党政机关部门，传统管理和传播思想来不及很好突破与改善等因素，共青团当前工作仍然存在一些问题和不足之处。

---

[17] 美国人类学家玛格丽特·米德（Margaret Mead，1901-1978）将整个人类的文化划分为3种基本类型：前喻文化、并喻文化和后喻文化

（一）新媒体带来的难题

1. 信息"过剩"，"焦点分散"

开放的信息时代，最大的特点就是"信息过剩"。在新媒体平台中，各类新闻客户端、各个微博账号和微信公众号、大小网站，每天发送传播的信息铺天盖地。人人都有麦克风，对身边的各类事件、情形甚至自己的心情均可随时随地在开放自由的网络空间予以表达。在传统媒体占主流地位的时代，新闻热点和热门话题很大程度上依靠媒体的"议程设置"，焦点集中。而在"大数据时代"，信息爆炸式增长，新媒体传受者一体、面向多元，热点持续时间变短，焦点也开始分散。共青团渐而失去在传统媒体传播中的威权优势和资源优势，相较于传统媒体为主导的时代，新媒体环境下共青团对青年人的影响力"绝对值"增大，而"相对值"显著减小。

2. 利益至上，娱乐化倾向严重

我国的新闻事业以及新闻媒介，所生产的是文化产品和精神产品，要讲究社会效益；同时新闻事业也是以信息的生产和流通为核心的经济活动，具有一定的商品属性，在社会主义市场经济体制下，经济效益也不容忽视。传统媒体一方面受党委相关部门直接领导和管理，媒介政治觉悟和社会责任意识较强；一方面传统新闻工作从业人员有一定的新闻素养和新闻伦理观念，新闻宗旨明确、工作谨慎，对社会效益和经济效益两者之间的比较把握到位。而移动互联网时代，许多新媒体、自媒体脱离了党政机关的直接领导和约束，利益追逐更为明显，商业倾向相当严重，为了迎合部分大众低俗口味，相关内容无聊下作突破伦理底线，娱乐取向远远超过了信息告知和文化追求。青少年群体尚处于心智成熟和价值塑造阶段，对利益至上、娱乐至死的有意追逐和无意识熏染，使得共青团的青年指导工作受到一定挑战和冲击，难度增大。

（二）青年群体阻力不小

1. 青年新媒体素养不高

这里的青年新媒体素养主要指在新媒体环境下，青年的信息甄别、辨伪能力和自控自律能力。一方面，面对错综复杂的网络环境和铺天盖地的信息来源，青年在辨别和甄选上显得力不从心。假消息识别能力较

弱、难抵御新事物的诱惑、轻易发布不实消息、随意宣泄负面情绪等等"青少年综合症"尤其严重。另一方面，新媒体时代，网友的表达空间无限扩大，在不触及法律法规的大框架下，青年参与社交和政治的意识和欲望显著增强。网络空间的虚拟性以及"集体无序性"，使得越来越多的青年"个体"寻求"集体归属"，进而在网络上形成群体性的激进表达。"法不责众"和"集体归属"的片面思想促使广大青年网友无视日常规范和法律界限，网络行为频频失范。共青团面对更加独特、复杂和多元的青年群体，工作阻力倍增。

2. 对共青团及其官属新媒体的"刻板成见"

"刻板成见"（stereotype），指的是人们对特定的事物所持有的固定化、简单化的观念和印象，它通常伴随着对该事物的价值评价和好恶的感情。[18] 尽管共青团组织纷纷开通了新媒体平台，包括微博微信新闻客户端和相关网站，但青年对共青团的"刻板成见"，使得青年对团属新媒体存在误解，"刻板成见"在为人们认识事物提供简便的参考标准的同时，也阻碍着对新事物的接受。共青团作为党政机关，在不少青年眼中或多或少具有严肃刻板和"官腔官调"意味，对其所属微博微信等新媒体也多少会有"内容呆板、实用性不强"的第一认识。共青团在运营其官属新媒体平台时要多下功夫，在内容设计和版设安排上要讲求新鲜感与时尚感。

（三）共青团自身固有不足

1. 共青团干部对新媒体认知存在偏差

新媒体时代的到来，对共青团工作的开展既是机遇又是挑战。依据共青团目前对新媒体的认识和使用来看，团组织的新媒体敏感度比较可观，一定程度上高于其他党政机关和服务部门。然而，青年作为新媒体的主要用户和作为团组织的主要工作对象，团组织在青年工作中运用新媒体的广度和深度还是不够，团组织对于新媒体的认知偏差还是存在。

一是"有限效果观"，传统媒体的新闻传播工作，在引导、教育和

---

[18]　"刻板成见"（stereotype）由沃尔特·李普曼提出，沃尔特·李普曼（WalterLippmann，1889～1974）是美国新闻评论家和作家，传播学史上具有重要影响的学者之一

启迪等方面具有明显的效果，共青团仍然在传统领域以传统方式加大工作力度，认为新媒体就是更新了的一种传播技术手段，只是传播平台的变化，并不能给团工作带来重大改变，也不会对青年造成根本性影响，[19]在新媒体工作上往往应付了之，微博数量虽多，但不少是"僵尸微博"——"无原创，只转发"，甚至"无更新"。二是"强效果观"，新媒体在对传统媒体、传统社会秩序带来冲击的同时，改变着青年的思维模式和行为方式。共青团不是新媒体的创造人，也不是新媒体的主要推动者，作为新媒体的"参与者"，共青团在感受到新媒体带来的巨大影响的同时容易心态失衡和迷失工作重心。共青团的工作开展要有侧重有方法，在与青年的联系中，新媒体仅仅是手段、是方式、是思维但不是"决定因素"，不是"万能钥匙"，如同新媒体时代传统媒体仍然要讲求"内容为王"一样，共青团的工作仍然要以"内容"为主导，以新媒体技术为渠道！

2.共青团新媒体素养有待加强，综合服务力不够

如今媒体微博微信、政务微博微信、"意见领袖"在微博微信体系中占据主要地位和话语权。政务微博微信作为新媒体的主要力量，和媒体微信微博、"意见领袖"一样，需不断提高其新媒体素养。与"青年新媒体素养"指代不同的是，共青团的"新媒体素养"更侧重其运用新媒体的能力。

共青团在新媒体平台上，作为传播主体，其"新闻敏感"与"议程设置"能力尤为重要。"新闻敏感"是指能否敏锐捕捉新闻点，"议程设置"通俗点讲是确定传播的议题，在共青团的工作中，体现在对于青年群体感兴趣的话题能否适时有力地予以捕捉并传播。从最近两年的实践来看，共青团确实捕捉到了激发青年参与热情的相关话题和议题，但是，就广度和强度而言，与强势媒体、相关司法系统、公安部门等相比，共青团的"新闻敏感"还是偏弱，"议程设置"能力有待加强。

其次品牌效应不强，口碑有待提升。类比于媒介的品牌个性，从受

---

[19]　袁民．共青团新媒体工作的问题和成因．中国青年政治学院学报[J]，2013年第6期

众的角度来看，主要体现在三个方面：品牌印象、产品特色以及服务的便捷和多样化。[20] 共青团创建的微信微博网站等新媒体平台，要有品牌意识，传播的内容要讲究差异化，要有特色，同时加大后续服务力度。在人民网舆情监测室发布的"政务指数双微（微博微信）综合排行"中，有三个关键指标：传播力、服务力和互动力。共青团系统下的双微综合排名靠前，但"服务力"指数差异较大，整体偏低。北京大学刘德寰教授根据移动互联时代人们生活形态的改变，尤其是用户主动性不断增强，在 AISAS 传播模型基础上提出 ISMAS 传播模型[21]（Interest 兴趣、Search 搜集、Mouth 口碑、Action 行动和 Share 分享）。"口碑"在移动新媒体时代成为关键要素，共青团只有不断提高自身的新媒体素养，积极主动学习新媒体、融入新媒体、利用新媒体，发挥优势的政务工作能力，才能形成品牌效应，形成良好口碑，吸引更多青年关注并主动参与到团组织的各项公共事务中，才能更好引导、组织、团结并服务于广大青年。

[20]　新闻事业经营管理／吴文虎主编 .—2 版（修订本）—北京：高等教育出版社，2010.3（2011.6 重印）215–217

[21]　刘德寰，陈斯洛 . 广告传播新法则：从 AIDMA、AISAS 到 ISMAS. 广告大观综合版 [J]，2013 年第 4 期

第七节　锤炼团干新风貌

第一篇：团干部工作激励问题研究

吴　庆

　　共青团十七届二中全会在团干部队伍建设问题上提出了要重视团干部的激励问题特别是兼职团干部的激励问题，这是团组织下一步发展特别是团干部队伍建设中的关键课题。一个组织，如果没有一群有责任心、积极为其宗旨努力奋斗的人，组织再美好的蓝图也无法实现。团十七届二中全会提出这个问题，是团组织面对现实、本着实事求是态度、积极寻求改变，着力再造组织发展动力的清醒之举。

　　当前全团专职干部有 25 万多人，兼职干部接近 500 万人。他们是共青团工作的骨干力量，是党的年轻干部的重要组成。这些干部需要带动的团员体量是多少呢？平均一个专职团干要带动一个多团委，要带动 20 个兼职团干部，要带动 360 个团员；而一个兼职团干部平均要带动 0.6 个团支部，18 个团员，很明显，全团基层活力的主要现实推动力量应该是兼职团干部。然而在实际工作中，兼职团干部的工作动力还需要大大提高。兼职团干本身有主要的工作，这些工作大部分有比较刚性的考核，而兼职团的工作很多并没有刚性的考核，工作很多需要依赖团干部的主动自觉，同时更存在工作时间难开展、业余时间开展难的现实困境。如果没有十足的工作动机和个人责任心及积极性，工作势必无法推动。当前从全团完成两大战略目标，从实现组织基层影响来看，兼职团干的动机确实值得研究，这个问题无法解决，所有的规划也都无法实现。

　　团干部工作的动机应该是什么？近十年来历届团中央的领导都对共青团工作岗位和团干部的工作态度有过重要阐述。周强说过："对共青团岗位我总结了三条，一是能干事，二是做好事，三是没烂事。"胡春华则说："在团的岗位上工作，我个人体会更多的是一个锻炼的过程，直接作贡献肯定比不了党政部门。因此组织对我们评价的标准，主要也是看你是否健康成长。"陆昊说过："共青团工作跨度很大，涉及社会生活各个领域，政治性强，思想性强，全局性强，很多岗位不具备，是富有挑战、大有可为的岗位。团干部要在全身心地工作投入中，在遇到问题矛盾和挑战不回避不退让过程中锻炼本领，增长才干。"秦宜智则说："做好团工作，最终动力哪里来？如果完全用经济手段、用物质待遇来刺激不会持久。关键要有一种更崇高的理想和精神，就是帮助那些遇到困难的人，帮助他人实现梦想，从而成就自己更美好的人生，共同实现中国梦。"他同时指出："在共青团这所大学校里，群众工作本领是重要一课。如果没有很好地深入基层，没有很好地和青年在一起，没有很好地做群众工作，将会是大家从事共青团工作的损失和遗憾。"应该说这些论断都很鲜明地提出了共青团岗位的特殊性，特别是在理想信念、素质锻炼、有为做事上给与了高度的认可，这理应是所有团干部从事共青团工作动机的最核心的部分。

如果从基层团干部的角度考察，从事共青团工作的动机的确呈现出多样化的趋势。我们在研究中发现，基层兼职团干部的工作动机主要有以下几种类型：一是责任信仰论，为政党工作的觉悟，奉献助人的境界，事业发展的期待；二是素质平台论，丰富自己的人生，获得新的平台和经历，知识、信息、能力的补充；三是交友尊重论，在组织内结交大批的朋友，获得难得的青春感情和人际尊重；四是领导信任论，主要是因为受到领导的重视，需要好好地展现；五是领袖"陶醉"论，成为组织和团队小"领袖"，积极而有所作为，在组织凝聚力的提升中体会个人成就；六是永葆青春论，喜欢做和青少年打交道的事情，心态年轻、热情有活力，富有朝气和激情。以上几种类型在一个团干部身上也许会同时存在，但基本反映了基层兼职团干部从事工作的动因的主要方面。可以看到，基于理想信念的、基于利益素质的、基于感情人际的都客观存在，这就是基层兼职团干部的思想现实，团组织必须面对。

面对这多元的动机，如何实现一统？有的地方团组织在对团干部的激励中提出一个口号："要给团干部一个干工作的理由。"这样的提法并不合适但可以理解，不合适是指：团组织本身应该是一个信仰共同体，更多的来源于内心的一种精神追求，绝不是"给个理由"就可以说明。可以理解的是：团组织在工作推动过程中必须面对一批还在人生价值观形成过程中的团干部，他们的思想还不够成熟，需要经历在现实中不断提升的过程。而这个过程的完成和思想的飞跃的确要有需要依托，这些需要有的是来自于利益，有的则来自于情感。尊重基层团干部的需要、按照需要的规律实现团干部精神提升是团组织在教育引导团员中同样要高度重视的重要工作，只有这样，团组织才能真正构牢团干部工作动力的基础。

其实，有一个角度是可以将这些问题化解的，那就是要更加强化团组织"学校"的性质，强化团干部的"学生"性质，强化团干部之间的"同学"性质，强化团工作的"培训"性质。团章明确指出：中国共产主义青年团是中国共产党领导的先进青年的群众组织，是广大青年在实践中学习中国特色社会主义和共产主义的学校，是中国共产党的助手和后备军。从这个角度出发，兼职团干部并不存在专职工作和兼职工作的矛盾，而只存在"专职工作"和"业余学校"的矛盾。用这样的一种视角我们可以对团干部工作动机有了更新的解释。对于这所学校来讲，工作重要，学生的素质和发展也很重要；工作结果很重要，工作过程更不能忽视。团的工作要发展，团的干部要成长，两者都需要在这所学校的培养链条中加以实现。

在这所学校里，团干部能不断提升自己的素质能力。主要体现在：共青团干部和各级党政组织有着密切的联系，在这个岗位上，他们的政策水平和全局观念有了更快的提高；共青团干部和青年有着广泛的联系，这使得他们的思想活跃，有很强的创新精神；共青团主要的工作载体是各项活动，这使得团干部精力充沛，充满活力，具有很强的组织能力、演讲能力、写作能力；共青团系统本身没有多少资源，其开展活动需要多方争取，这要求团干部协调能力强，人际关系好；共青团组织职能为团的干部拓展空间提供了舞台，使其能够充分展现自己的能力；共青团组织为一批青年人才提供了深入交流、结交深厚情谊的机会，团干部朋友多等。只要将团工作当作舞台，用心对待，这些素质都会随之而来。

然而想要把以上这些素质融化成团干部的宝贵作风、影响团干今后的工作和生活还需要客观条件。最核心的是这种作风的形成来源于学生的勤奋态度和实际付出。团干部作风并非"空穴来风"，团干部作风建设的源头来自于党性，来自于对青年群众深厚的感情；团干部作风并非"弄月吟风"，共青团干部要在迎着困难、敢于碰硬的工作中锤炼作风；团干部作风需要"相习成风"，共青团干部要养成一些习惯，养成良好作风。团干部在青年群众工作的大课堂中锻炼本事，养成良好作风，共青团就能实现团工作和团干部的双重发展。

同时我们看到，在这所学校里，也会产生感情，团干部之间的感情来源于事业的共振、青春的共享和未来的共鸣。同时我们看到，在学校的学习生活中，一种"领头人"信仰也正在产生并带来更大的奋斗动力。对于基层团干部，这种正在成长的信仰是：我是组织选出的青年人的"头儿"，我是我的团组织委员们追随的"头儿"，我是感召我组织所有青年的"头儿"，我是能带着组织青年们一起做些有意义事情的"头儿"。为了这个目标，我需要不断奋斗，不断提升魅力，我是想干事、能干事、干成事的人！

结论是：对于团干部的激励问题，无论是从信仰的角度利益的角度还是感情的角度，当前最核心的问题是要在共青团这所大学校中关注团干部的成长和发展，在团工作中推动他们的素质提升，在学校中倾注学校对他们的培育，进一步激发他们的情感和信仰，真正使他们的正能量和组织相连，同时也使他们的提升和未来的发展、幸福的生活紧密相连。只有这样，团组织上下才能产生合力，组织的发展才会有更充分的保障。

第二篇：党的十八大后的团干部作风建设

吴 庆

作风是一种风格（Style），团干部作风就是团干 Style，是指团干部在思想、工作和生活等方面特别是工作上所表现出来的比较稳定的态度或行为风格。团章中明确要求团干部作风要扎实。朝气蓬勃，实事求是，发扬民主，敢想敢干，深入基层，调查研究，讲实话，办实事，求实效，不搞形式主义，不沾染官僚习气，热心为青年服务，做青年的知心朋友是团干部作风的内涵。

中国共产党十八大后，共青团作为党的助手和后备军，要围绕党团关系、团青关系，在先进性和群众性上大做文章，全面做好党的青年群众工作。在先进性上做文章，主要是指牢牢把握党团关系，把握政治方向，按照党的要求全面提升团干部和团员素质，进一步覆盖影响广大青年，源源不断地为党培养中国特色社会主义事业的接续力量。在群众性上做文章，主要是指要牢牢把握团青关系，密切联系青年群众，提升共青团组织凝聚力和感召力，在服务中实现引导，在工作中推动团员青年受教育、长才干、作贡献，真正赢得青年群众信任。新时期团干部作风建设要服务于这个目标。

一、作风并非"空穴来风"，共青团干部作风建设的源头来自于党性

对于团干部来说，作风改变的关键是加大党性教育，增强宗旨意识，加深群众情感，强化爱心教育。共青团工作要全面推进，首要任务是确保团干部在思想上保持纯洁性、在作风上保持先进性。而其核心是引导广大团干部把握青年群众工作的立场、观点和方法。

把握青年群众工作立场，就要牢牢把握党团特殊的政治关系。共青团作为党领导的先进青年的群众组织，不是一般的青年组织，他是执政党的青年组织，是党的群众工作的重要主体，其根本价值在于巩固和扩

大党执政的青年群众基础。共青团干部要强化宗旨意识，对青年群众有真挚感情，急青年所急，想青年所想，盼青年所盼，忧青年所忧，不做青年官，要做青年友，始终保持与广大普通青年的密切联系。尤其要注重工作的普遍性，始终把目光投向广大普通青年，把普遍性够不够、广大青年认不认可、能否形成面上工作态势作为评判工作的重要标准，坚持克服工作的高端化和高龄化。

树立正确青年群众工作的观点就是要求坚定地相信青年是推动历史进步的重要力量，在改革开放伟大进程中成长起来的当代中国青年值得信赖，能担当重任，要把竭诚服务青年作为共青团工作全部的出发点和落脚点，全心全意为青年服务，充分尊重青年的主体性，坚持思想上尊重青年，感情上贴近青年、工作上依靠青年、从青年群众中汲取智慧和力量，始终与青年群众同呼吸、共命运、心连心。当前要深入研究如何在团工作中发挥青年主体性问题。

把握正确的青年群众工作的方法从根本上要求各级共青团干部要从政治的高度深刻认识密切联系青年的重要性，放下架子，扑下身子，深入实际、深入基层，从青年群众中寻找解决问题的方案和办法。要充分引导和支持青年群众当家作主，发动青年群众的主动精神，要尊重青年群体的主体性，注重青年参与、使青年真正成为自我教育的主体，把党的方针政策转化为广大青年的自觉行动；要充分照顾青年群众的特点，坚持教育青年和服务青年的有机结合；要依靠法律代表青年利益，维护青少年合法权益，反映青年诉求，引导青年群众以理性合法的形式表达利益诉求，解决利益纠纷等。

二、作风并非"弄月吟风"，团干部要在迎着困难、敢于碰硬的工作中锤炼作风

党的十八大后，团组织要在突破青年群众工作的重要环节中艰苦奋斗、锤炼作风。

一是在把握青年群众需求中锤炼作风。团组织要对当代青年群众的需求有科学和准确的把握。当代青年的需求已日趋多样化，已远离大一统，走向小而散、散又多、多又特，呈现明显的分众和小众趋势，这亟需团组织改变传统的组织形态和工作方式。要对青年群众的需求加大研究力度，要在密切联系群众上下功夫，全面提高社会调查研究的能力，深入基层、深入群众了解群众疾苦，了解群众所思、所盼、所忧，做到人对人、面对面、手拉手、心连心，打好青年群众工作的基础。要以建设服务型组织为工作的突破口，把竭诚服务青年群众作为全部工作的出发点和落脚点。

二是在巩固青年群众工作阵地中锤炼作风。团组织要对当代青年聚集的场所有深刻的认识，在市场、社会和网络蓬勃发展的大背景下寻找有效的基层覆盖方式。要强化农村、城市社区团组织建设，加大非公有制经济组织、社会组织团建工作力度，全面推进各领域基层团建工作，扩大团组织和团青工作覆盖面。要高度关注青年普遍聚集的"结点"。网络化生存已成为许多青年的重要选择，不走近网络社会就意味着脱离青年群众，在此过程中，不仅要积极建设共青团组织网络的主阵地，更重要的是要走进青年自发形成的网络聚集场所。要将全团的工作资源、工作力量、工作载体等向基层青年群众工作地转移。要努力建设青年工作的枢纽型组织，实现团组织"一只手"变成"千手观音"。

三是要在掌握青年群众工作语言中锤炼作风。团组织要积极适应青年群众的话语体系。要学会用青年喜闻乐见的语言表达，去交流传递党的意见主张、回答青年关注的热点难点问题，克服抽象空洞式说教、不切实际指手画脚"指示"式和"传声筒"式宣讲。要深入生活，准确把握社会肌理，不仅要说正确的话，更要说青年喜欢听的正确的话。要把有意义的话说得有意思，把"大"话"说"实，把正确的思想变成"文化产品"，善于运用情感、艺术、时尚等元素，通过互联网、手机、动漫、短视频、移动媒体等手段，增强工作的时代感和时效性。特别需要指出的是，要实现思想政治工作的创新，内容上一定要密切联系群众，善于从青年最关心、与青年切身利益最密切的问题入手，把工作做到青年心坎上。将引导牢牢建立在对青年最现实的服务基础上。同时团的工作要"青年化"，要走出和党组织简单"对等"的局面，彰显群众工作特色。

四是要在完善青年群众工作制度中锤炼作风。要发挥党建带团建的制度作用，要将党组织对青年的关注、关心、关爱转化为各项党建带团

建的制度加以落实。要进一步完善共青团入党推优制度。发挥团组织的
积极性，重视从青年工人、农民、大学生中推荐先进分子作为入党重点
考察对象。认真做好入党推优工作，从源头把握入党动机的纯洁性。要
加大对青年入团入党动机和政治社会化规律的研究。要推动学习型、服
务型、创新型组织的制度建设，全面激发组织学习、服务、创新文化，
提升共青团工作的科学化水平。要完善共青团工作科学评估制度，逐步
完善以凝聚力、创造力和战斗力为核心的组织工作考评制度。当前还要
特别注重共青团组织维护青少年合法权益的制度建设。

五是要在推动青年群众工作品牌化过程中锤炼作风。推动共青团工
作科学化水平的提升，就要不断深化共青团工作的品牌建设工作。当前，
结合党的十八大的中心工作，特别要深化完善群众工作品牌。包括：志
愿者工作、青年人才工作、青年创新工作、法律宣传、读书活动、青年
成家立业服务、青年文化引领、青年生态文明意识养成、资源节约活动
等等。

六是要在丰富青年群众工作资源中锤炼作风。目前，影响基层共青
团活力的一个重要原因在于基层缺乏资源。要加大工作，通过获取党政
支持、企业赞助、社会化运作等多种方式获取资源。同时优化资源布局，
进一步将资源下放到关注社会发展大局、关注青年民生的重大领域，在
全团形成活力。要关注基层，形成机制，将资源真正"下放"落实到基
层，加强基层"细胞"的活力。

七是要在打造现代"青年领袖"的魅力中锤炼作风。在新形势下做
好青年群众工作，既要发挥"传统青年领袖"的政治优势，更要打造"现
代青年领袖"的魅力。对于基层团干部，要提升非权力性影响力，努力
通过形象吸引青年，通过语言感染青年，通过兴趣融合青年，通过知识
征服青年，通过能力推动青年，通过沟通协调青年，通过远见引导青年，
通过时尚引领青年，通过真诚取信青年，通过责任感召青年，通过尊重
感动青年，通过热情融化青年。真正增进青年信任，增强工作的亲合力
和感染力。

三、作风需要"相习成风"，团干部要形成一些习惯，养成良好的作风。

党有号召，团有行动，党中央政治局八项规定的颁布，目的是改变工作作风，密切联系群众。团组织更要强化其先进性，凸显其群众性，重在养成习惯。可以在以下方面养成习惯：

首先，要养成严谨调研的习惯。加大团干部调查研究的力度，形成事实求是的良好作风。一是全面提高团干部调查研究能力，提高调查研究的能力无论是对团干部现实工作还是未来工作都有好处。建立全团团干和全国青年需求调查体系，将团干部调研能力培训列为团干部培训的重中之重，全面提高团干部调查研究能力，使调研和工作密切结合。二是准确把握青年最热点和难点问题，把握最弱势群体。建议全团干部和普通团员、普通青年长期交朋友，了解团员和青年的工作、学习、生活等诸方面状态，团干部自然地通过个人微博、QQ群、博客和进入现场等方式和青年交朋友，增进和青年的沟通。拿出深度调研报告，并进行研究报告的评比、分析，真正使调查研究成为团干部的看家本领。三是要继续在青年群众最关心的就业创业、住房问题、恋爱婚姻家庭上做大文章，加强服务，打造凝聚力强大的共青团。四是坚决执行调查工作轻车简从、减少陪同、简化接待，不张贴悬挂标语横幅，不安排群众迎送，不铺设迎宾地毯，不摆放花草，不安排宴请的规定。

其次，要养成务实开会的习惯。改变会风。推进去格式化和去官僚化工作，恢复共青团工作的群众性本色。比如，取消与领导合影、考虑开会主席台设置的改革，除特殊需要外，开会禁止念稿子。完善会议流程，全国性的会议明确任务，考察效果，细化任务，能够通过文件解决通过文件解决，建议将会议和研究问题、培训团干部紧密结合。将庆祝会、纪念会、表彰会、博览会、研讨会及各类论坛等融合在工作的推动中。提高会议实效，强化会前准备和交流，开短会、严格控制会议流程和实践，会议倡导讲短话，力戒空话、套话。改革团代会和全会的举办方法，创造条件促使基层团干和青年通过此机会表达民意。

再次，要养成科学表达的习惯。要改变文风，简化工作简报，切实改进文风，没有实质内容、可发可不发的文件、简报一律不发。能用电子发送一律用电子发送。追求文字的实质，遵循实事求是的规律，没有数据、没有案例、没有评估、没有新观点、没有新认识，就不要发文件、做讲话。

最后，要养成节约环保的习惯。在团干部中厉行勤俭节约，做节约模范，特别是控制饮酒吃饭，珍惜粮食，控制"饭局"，加强学习。不断增强团干部的环保意识、生态意识，倡导合理消费的社会风尚，营造爱护生态环境的良好风气。

第三篇：学习——共青团组织的文化基色

吴　庆

共青团是什么组织？团章中第一句话明确指出："中国共产主义青年团是中国共产党领导的先进青年的群众组织，是广大青年在实践中学习中国特色社会主义和共产主义的学校，是中国共产党的助手和后备军。"从本质上说，共青团是一所特殊的社会大学，学习是这所学校的主要任务，学习理应成为这个组织文化的基本色调，构建学习型组织理应是这个组织的根本任务。当前共青团组织推动学习型组织的建设，最重要是要解决学习动机、学习起点、学习路径等关键问题。

一、学习的动机：团干成长之需，组织发展之需

强化共青团组织学习功能的建设不仅必须，而且迫切。青年人是学习的黄金时期，学习是青年的首要任务。当今时代，信息交流日益广泛，知识更新大大加快。形势逼人自强、催人奋进。青年要跟上时代和社会前进的步伐，始终把握未来发展的主动权，就必须学习学习再学习，打下坚实的知识功底。从共青团干部成长来说，团的岗位是学习的岗位、锻炼的岗位、奉献的岗位，说到底，学习始终是第一位的。团干部队伍

相对比较年轻，加强学习是一项重要而紧迫的任务。学习能力是年轻干部能力结构中非常重要的能力，也是判断干部潜力的重要标志。由于学习原因导致年轻干部素质上存在的差异，短期内并不明显，但长期来看就会非常明显。

从推动团组织发展来讲，共青团工作本来跨度就很大，涉及社会生活各个领域，如果没有合理的知识结构，很难开展好工作。当前，在经济社会深刻变革的时代背景下，作为党的助手和后备军，共青团工作和建设面临着许多新情况新问题，这些新情况新问题对团干部不断提出新要求。要在着力把牢政治方向，提高服务青年能力，创新活动方式，夯实基层基础上下功夫，就需要不断面对工作中出现的新问题，通过持续地学习不断提高解决问题的本领。

二、学习的起点：分析团涯、团域与团级

基层团干学习知识，提升自己的知识储备，要从分析自己的团涯、团域、团级开始，确定学习重点。

团涯区分即指团干学习要根据自身在团系统工作的经历和过去走上共青团岗位前的经历来确定自己的学习重点。有着不同经历的团干，其知识缺陷和需要重点补充的知识点会有所不同。比如对于新任职团干部，重点要学习专业知识，提高专业工作能力并了解共青团的优良传统和作风，更快地找准工作位置，更快地进入角色，开展工作。而对于在共青团岗位工作了一段时间的团干，包括即将转业的团干，针对工作的提升需要，包括面临转岗的需要，要有针对性地进行学习，促进自己成为合格的共青团干部和合格的党政后备干部。

团域区分是指团干部针对自己工作的农村、社区、企业、机关事业单位、大学、中学等不同工作领域，有侧重地了解该领域的党政中心工作和领域青年发展的特殊性及共青团工作的特殊性，有针对性地开展学习。例如，农村团干部学习要围绕新农村建设的根本任务，重点学习如何促进生产发展、帮助青年致富、培养凝聚青年带头人等知识。企业团干部学习要围绕市场经济发展和企业发展，重点学习如何服务企业生产经营、解决青年职工思想问题、服务青年职工具体需求、增强企业团组

织凝聚力等知识。高校团干部学习要围绕培养建设中国特色社会主义的中坚力量和高校育人的目标，重点学习如何促进青年学生全面发展、做好青年学生思想政治工作、引导学生社团和自组织发展、帮助学生学业规划和职业生涯设计等知识。社区团干部学习要围绕构建社会主义和谐社会的要求，重点学习和谐社区建设、政府青少年社会事务、青少年社会工作、志愿服务活动等知识。

团级区分主要指团省委、团地市委、团县（区）委、乡镇团委以及相应层级团组织的区分，无论从理论、知识、能力和作风层面，不同层级的团干部学习所需要的重点并不相同。如团的高层领导（决策层）代表一个组织，要把握本组织的发展方向，确定长远目标，沟通与其他组织的关系。团的中层领导（执行层）要贯彻、执行高层的意图，把任务落实到基层单位，并监督、检查、协调基层的工作，保证任务的完成。而基层团干部（操作层）是组织中最下层的管理者，要直接面向在第一线的团员青年，组织他们按要求去完成各项任务。从理论和知识层面来讲越到高层越要重视政治理论的深层探讨、政策法规的全面介绍，各类知识的研究性学习，领导科学和历史科学的把握，从更宽的政治视角、学术视角、世界视角和历史视角看待共青团工作，而越到基层则更多的是进行具体的理论和专业知识的学习。

三、学习的路径：读书、行路、交友、做事

学习有诀窍，路径最重要。共青团作为先进青年的群众组织，要清醒地认识到学习决定未来这一时代发展的趋势，采取多种措施，运用各种手段，盘活各类资源，树立"学习、学习、再学习"和终身学习的理念，大兴勤奋学习之风，形成人人致力于创建全员学习、全程学习、全面学习的学习型组织，做到与时俱进，始终走在时代发展的前列。当前重点需要解决在读书中学习、行路中学习、交友中学习、做事中学习的问题。

1. 在读书中学习

读书应该是全面而广泛的，既要认真阅读与做好本职工作紧密相关的专业书籍，又要努力学习包括理论知识、文化知识、科学知识、社会知识、历史知识等书籍，特别要善于阅读包含各种新知识的书籍，以求

知识的及时更新。

一是要围绕政治理论和政策法规开展阅读。认真学习政治科学理论，用科学理论指导团的实践，推动团的工作的新发展。认真学习党和国家重大部署和要求，特别是党和国家在新时期、新阶段根据形势和任务的要求作出的重大部署，使之体现在团的各项工作之中，增强大局意识、法制意识和依法办事的能力。二是阅读相关业务书籍。努力学习履行岗位职责必备的基础团务和工作实务。基础团务包括青年学、共青团工作概论、中国共青团简史等。工作实务包括各条战线的共青团工作规律。要把系统读书与专题读书相结合。三是要阅读相关主流科学的基本理论工具和方法的书籍，努力形成支持共青团工作的合理理论背景和知识结构。相关学科学习的重点是政治学、经济学、社会学、心理学、法学、公共管理、领导科学等学科的基础知识。通过这种学习，促进团干部能在工作中能够透过现象看本质，把握社会现象的本质属性，从本质上认识事物，并提出根源性的解决措施，避免头痛医头、脚痛医脚的表面文章。

2. 在行路中学习

在行路中学习主要是指要在注重调查研究，深入基层、在基层行走中学习。

要注重理论学习和调查研究相结合。团干部学习知识的过程，应该是一个理论学习和调查研究相结合的过程。中国共产党把马克思主义的认识路线转化为从群众中来、到群众中去的工作路线。共青团干部开展学习，也必须坚持这一路线，只有坚持走"青年"路线，尊重青年的创新精神，尊重青年的主体地位，深入基层，深入青年，到青年工作生活的第一线去，才能了解实际情况，把握客观规律，运用科学理论更好地指导实践。只有密切联系青年，才能使理论与实践结合好。如果不深入青年，就难以深入了解青年需要什么，青年群体存在什么问题，就不能熟悉青年赞成什么、反对什么、有什么难处，就难以实施正确的有的放矢的指导。同时，要深入了解国情，自觉到基层一线行走，到艰苦环境中去体验，在实践的熔炉中增长见识、砥砺品质、强化本领。要善于把所学的知识运用到改造客观世界和主观世界的活动中去，在实践中继续求得真知，增长才干。

3. 在交友中学习

在交友中学习主要是指在团组织成员的互动中提升学习效果，在团干部拜群众为师、向群众学习的过程中健康成长。

要将集体学习与个人自学相结合。集体学习时，同一部门、同一系统的团干部在一起，就工作中遇到的问题和困难进行讨论，交流，发表自己的观点，集思广益，将个人才智转化为集体优势，实行资源共享，提高学习实效性，从整体上提高学习的质量。

向群众学习、拜群众为师是推动青年群众工作的重要方面。判定一个青年团干是不是具有马克思主义的素养，不在资历的深浅、职位的高低，而主要是看对群众的态度、与群众的关系。要深刻认识人民群众是创造历史的真正英雄，扎根于人民群众这片丰厚沃土，善于从人民群众中汲取智慧和力量，善于把基层和人民群众创造的新鲜经验升华为理论成果。实践是最大的学校，群众是最好的老师。

4. 在做事中学习

在做事中学习主要是指要结合工作开展逐项学习，在推动工作中深化学习成果。

基层团干学习知识，提升自己的知识储备，要做到学习过程中加强学习与推动工作相结合。学习的目的全在于运用。只有同指导实践相结合，才能把理论学深学透。要结合工作加强学习，这是团干部最重要的基本学习方法，大量的知识需要靠团干部自身结合工作来学习思考，缺什么、补什么。当前，全团上下正积极开展学习型团组织建设，而强调工作学习化、学习工作化，推动学习成果向工作成果的转化，这是学习型组织的本质特征。基层团干部加强学习，要坚持理论联系工作实际，努力做到学以致用、用以促学、学用相长，把学习的体会和成果转化为促进共青团和青年工作的能力，以实际工作业绩作为检验学习成效的标准，积极促进本单位、本部门中心工作的开展。尤其要加强对共青团工作重大理论和现实课题的研究思考，努力推动共青团各项工作。

要既重视学习文化知识又要努力掌握实用技能，不断充实自己、提高自己、丰富自己。要通过学习全方位关注共青团干部的能力提升，通过能力提升对团干部能力进行全面训练，更好地推动共青团工作的创新发展，适应未来党、政府、企业及社会工作的核心能力要求。能力可分为两部分，第一部分是基础性能力。主要包括逻辑思维能力、表达能力（演讲和书面表达能力）、调研能力、计划能力、决策能力、沟通协调能力、创新能力、应变能力等。第二部分是专业工作能力。主要包括群众工作能力（组织青年、引导青年、服务青年和维护青少年合法权益能力）、活动策划能力、资源整合能力、活动实施能力、联系和动员青年能力以及组织建设能力等。

总之，虽然基层团干工作任务性质相似，但每个人的情况不同，心态、身体、学习状态、学习基础、学习能力也往往不同。因此，不同的人，要制定不同的学习计划，而以上这些路径就是个人制定学习计划的重要根据。当务之急是要抽出学习时间。学习时间哪里来？要从应酬中找时间，从零散中找时间，从周末休闲中找时间。只有接受终身学习的理念并努力克服生活工作中的矛盾，学习型组织的建设才有最重要的基础。

第四篇：新时期团干部培训工作需要科学思维

吴 庆

2012 年 8 月 31 日至 9 月 1 日，全国新任职地市级团委书记培训班在京举行，团中央书记处同志分别为培训班学员授课。2011 年 7 月份以后新任职的地市级团委书记、部分副书记共 205 名团干部参加了培训。应该说这是第十六届团中央委员会贯彻共青团工作五年纲要（2009—2013），努力开展分层级、分类别教育培训的具体举措之一，团干部培训工作在近些年有了长足的发展。之后，这种做法得到了坚持。

做好团干部培训工作是当前推动共青团组织发展迫切需要解决的问题及任务。新的历史发展时期，共青团吸引和凝聚青年，巩固党执政的青年群众基础的历史任务对团干部政治素质、知识素养、能力要求和品质作风提出了新的要求；目前团干部的现状和面临的主要问题特别是适应未来党政工作呈现出的问题，对团干部素质提升提出了新的要求；传统培训的效益和质量所呈现的问题对创新培训模式提出了新的要求，这些要求都需要我们对团干部培训事业注入新的思维。推进新时期团干部培训工作的科学化，重点需要解决培训核心理念、培训具体内容、培训针对性、培训教学方法、立体培训模式、培训过程管理、培训要素建设等关键问题。

一、明确培训核心理念

团干部培训的核心理念关系到培养什么样的人，是团干部培训的灵魂。团干部培训的目标是培养青年马克思主义者、杰出的青年领袖、合格的共青团干部。要加强需求调研，把组织需求、岗位需求和干部本人需求有机结合起来，努力做到党和团的事业需要什么就培训什么，干部成长缺少什么就培训什么。建立团干部培训需求调查体系，要将党的政治理论的最新发展、党和政府的中心工作、青年发展的最新动态、共青团工作的最新动向、各个学科最新知识、培训理论的最新发展、代表性学员的及时反馈等信息及时输入，及时反映组织需求、职务需求和团干部个人需求，调整培训工作的安排，促进培训的全面优化。考虑到共青团干部未来的发展，团干部培训还要考虑延展性的特点。可广泛采取"1+1"的学习模式，前面的一个"1"是指利于当前团工作业务的培训，后面的一个"1"是指利于团干部未来发展的培训，最好的培训是结合了这两点，统一在培训中。这就需要我们做深入的需求调查，而目前这一培训前提环节在大部分培训中还有待完善，使得培训缺乏科学化的起点。

二、把握培训具体内容

什么是好的团干部培训？是给予知识，还是增强能力，还是改变态度？随着时代的发展和现实中的问题，答案越来越趋向于后者。团干部的核心胜任力包括知识、技能和态度三个层面。知识包含基础知识和专业知识，指胜任工作必须掌握的基础知识和理论，以及胜任共青团岗位工作必须掌握的特定知识和理论；技能包含基础技能和专业技能，指胜任工作必须具备的关键能力和胜任共青团专业岗位工作应具备的业务能力；态度包含基础态度和专业态度，指胜任工作所应具备的基本态度及胜任共青团专业岗位所需具备的特殊态度。由此出发构建团干部培训的课程模块。通俗地说团干部培训主要要解决理论、知识、能力和作风四个层面的问题。从现实来讲团干部培训的"三方"、"三手"都要硬。"三方"是指知识、能力和情感态度三方面都要硬，"三手"是指工作的最重要的三个方面：一手了解不同领域政党中心工作、一手了解青年特点、一手了解将政党要求和青年特点融合的方法特点。从团干部长远发展来讲，要重视一些推动当前又利于长远的培训内容，如要特别强化团干部政党政治意识和重视青少年意识。又如：要加强对团干部的社会调查研究能力的培训，从现实工作来讲，有科学了解青年需要的问题、把握青年"温度"的调研能力的问题；从长远来讲，有团干部转业从事党政工作后的科学判断能力。同时培训内容还要重点突出专业性，如要促进团干部精通青年身心健康辅导、青年教育成才辅导、青年职业发展辅导、青年恋爱婚姻家庭辅导和青年公共参与指导水平，全面提升共青团服务青年的能力。

三、加强培训的针对性

要提高培训的针对性，必须对团干部进行适当的分级、分类、分涯，组织不同的班次分别进行培训。

团级是指团干部所处的级别位置。团的各级领导机关（团中央、团省委、团市委、团县区委），无论从知识、能力和态度层面所需要的培训重点并不相同。越到基层越要重视技能和态度，高层更注重知识理论和技能。从能力来讲，处于较低层次的团干部，主要需要的是技术技能和人际技能；处于较高层次的团干部，更多地需要人际技能和概念技能、信息技能；而处于最高层次的团干部，则尤其需要具备较强的概念技能。因此在能力上培训的重点也有所不同。例如对于基层团支书，则建议开展"工具箱"培训：包括PPT制作、公文写作、会务管理、计划总结、活动策划、时间管理、演讲口才、魅力吸引等更为实际的内容。

团域是指团干部所处的工作领域。农村共青团、社区共青团、企业共青团、机关事业单位共青团、大学共青团、中学共青团、少先队工作都有不同的特点，在不同的领域要侧重了解该领域的党政中心工作和领域青少年发展的特殊性及共青团工作的特殊性，有针对性地加以培训。

团涯是指团干部从事共青团工作的时间阶段。包括团涯早期（包括刚上岗）、团涯中期，团涯后期（转业前），培训的内容都有所不同。特别要研究和加强新上岗培训和转业前培训的有效性，真正推动共青团工作开展和团干部快速成长。

四、丰富培训教学方法

在培训中，每门课程的教学方法设计非常重要。我们要根据培训内容和培训对象确定教学方法。传统的培训方法包括：讲授，视听、研讨、角色扮演、游戏、案例教学、座谈会、实地参观、现场教学等。现代培训方法包括敏感性训练、技能性培训、思维培训、知识型培训、研讨会、模拟游戏、论坛式教学、情景模拟教学等。现代培训也在广泛采用新技术方法：包括计算机辅助培训（互动性录像等）、网络培训、多媒体培训和远程培训等方法。根据团干部培训的核心内容，要根据理论知识类、能力类和态度作风类的不同特点来设计方法。如：理论知识类课程的主要目的和突出的特点是传授理论和知识，即补充或更新学员的理论和知识。能力类课程内容的确定，以"能"和"会"为中心，即推动学员能用会做。作风态度情感类课程的主要目的是突出特点和改变态度、转化行为。在设计方法时要利于目标的完成。

五、推动立体培训模式

鉴于共青团组织经费不够充足，兼职团干部时间紧张，完善立体培训模式对团组织尤其重要。要丰富教育培训方式，推动脱产学习、网络学习、单位学习的立体培训模式，推动团干部自主选学制度。大力推动网络培训，进一步研究开会代训、交流培训、工作带训、娱乐带训、PPT培训、手机培训、挂职培训等多种方式。

团组织要重点解决"传承"问题。用什么机制保证传承？靠制度，基于推动团组织科学化的制度构建；靠品牌，基于外界对团方便认知的品牌设计和社会化功能的强化。靠职业化队伍，基于专职工作队伍的职业化和青年工作标准的证书化。靠后备队伍构建，打造后备团干的概念尽早培养。在团干部培训中，要强化"余温传递"意识。就是指要留住刚转业团干对团的熟悉和感情，大为利用（半年至一年间）。各地做法很多，可以更为制度化和系统化，比如聘任转业团干为团建辅导员，比如转业前留下自己开展团工作的宝贵经验（离任箴言），比如成立老青年工作者联谊会等等。

六、严格培训过程管理

共青团培训要强化过程管理，要科学设置班次。制定科学计划，根据不同层级设置新上岗班和提高班进行长期或短期培训。要精心设计过程。抓住读书、授课、研讨、交流各个重点环节促进培训效果的不断提高。在培训结束之后，要继续巩固培训成果，建立学习机制。可通过网络平台继续开展同学网络读书和交流活动，组织相关专家推荐书目和进行读书辅导，开发共青团干部富有特色的读书品牌。要严格培训管理。对学员加强管理及严格考核，探索建立团干部学习情况档案库。要加强培训评估，建立培训评估体系。对课程设置、教师授课进行科学评估。并及时对反馈信息做出反应，保持课程体系的完善、课程师资的优化，促进培训体系的动态创新。

七、强化培训要素建设

大力加强团干部培训要素建设，包括师资、阵地、经费、教材、课程和项目等。例如要加强师资队伍建设，提高专职教师水平，建立兼职教师师资库，提升培训管理者素质。又如：要保障经费到位。在培训上，要牢牢通过党建带团建，将党的资源好好利用，将团的干部纳入政党培训。要加强教材建设。培训教材现在实在很短缺，可以考虑写作两种教材，一种是共青团与青年工作规律性的教材，这类教材可以分层分类有多本，但是全国通用。另一种是地方版本，特别介绍地方团青工作的不同特色和要求。两种版本就像规定动作和自选动作一样。目前打造一批这样的 A+B 的教材方式是一种方向。

总之，新时期团干部培训工作需要科学思维。推动共青团工作科学化，培训需要更上新台阶，如此才能团干部的素质得到普遍提升，共青团组织就会蓬勃前行，发展壮大。

第五篇：多学科视角下的共青团工作
——一种研究共青团工作理论的方法与应用

吴 庆

　　毫无疑问，共青团工作是有规律的，于是我们就把它称做共青团工作理论。然而团的工作究竟包括哪些理论？它可否上升为"共青团学"？这个问题却始终存在争论。从实践的角度来讲，广大团干对团的理论建设呼唤强烈，基层团干到底需要什么样的理论？用多学科去开展共青团工作理论研究是我们可以探索的重要视角。

一、共青团工作理论研究的多学科源起

　　共青团工作发展需要理论指导。不注重理论，就会缺乏远见，缺乏对科学规律的认识，就会陷入工作盲目和忙乱。不进行理论深化与指导，改革的步伐就会受到阻碍，探索的成果就难以巩固，新鲜的经验就难以推广，实践中的问题就难以解释，全团的着力点就难以集中。

　　回顾起来，20 世纪 80、90 年代是共青团工作理论的蓬勃发展阶段，之后则陷入沉寂。1981 年中央团校主编《共青团工作理论学习纲要》，1983 年黄志坚著《青年特点和共青团工作》，1985 年中央团校青年工作教研室主编《共青团工作理论》，1989 年丁耀民，李建一主编《共青团学》，1990 年黄志坚主编《青年组织学》，1992 年张保顺主编《马克思主义团学概论》，张修学主编《共青团学》，1993 年黄志坚主编《共青团工作新走向》，1999 年陈升主编《共青团工作新论》。而其后，有分量的介绍团的工作系统理论的著作就少了许多。

　　今天团的理论建设相比于团的事业发展速度及团干部的要求有相当

的差距。分析来看，理论上的缺乏主要有两个原因：一是对过去已经总结出来的规律学习不够，对一些根本性的问题研究的成果传承不够。另一个方面是理论分析中存在的就团论团、就工作论工作的现象比较突出。我们不缺团组织的现状描述，但缺少有力的对策研究；我们不缺针对现存问题的研究，但缺少前瞻性的判断。

到底理论建设出现了什么问题呢？原因有很多。从学术范式上探讨是其中重要的一个角度。当我们对团的理论建设进行思考的时候，我们不得不对曾经热过而今又冷下来的"共青团学"加以评述，可以看到80年代有巨大的理论探索勇气但确实还没有能够构建出完善的学科体系，理论研究路径依然需要探讨。这些年来，在我们的印象中，一个学者如果能称为团学专家，我们就可以满怀信心地认为他能够解决团组织的所有问题并促进团组织的发展，而事实上我们没有看到这种景象，真正对团研究有深刻认识、提出独到见解的研究人少之又少。而更多在别的领域卓有成就的学者恰恰会在团的某项工作上很活跃，这是一种反差，这种反差也对共青团学的研究模式提出了挑战。在现实过程中，我们发现把团组织当作一个组织而让各方面专家对它的发展做综合"诊断"的方法可能更为有效，而不可能指望单学科发展或者单独几个人的研究贡献。

因此，一种可以探索的研究方法是以多学科的视野来开展团学理论研究。共青团建设需要理论支持，这种理论应该是基于团生动实践中问题导向的多学科综合研究。吸收各学科最新发展的理论成果，与实际中的问题有机结合，提出更符合规律和更具前瞻性的对策。我们可以继续探索"共青团学"学科体系，但更为现实的方向应该是将与共青团组织相关联的学科的最新成果加以研究并有选择和创造性地加以应用，真正做到用社会科学的主流理论综合性地开展研究。

二、共青团工作理论研究的多学科方向

共青团要科学发展，就要服从学科规律。要在社会科学主流理论中寻找共青团发展的逻辑和创新之路。以下学科领域是和共青团工作紧密相关的领域，其中的一些重要问题是共青团工作理论研究展开的多学科方向。

1. 马克思主义理论及思想政治教育视角与共青团工作

核心研究问题包括：当代中国马克思主义大众化（青年中传播）基本规律研究、新时期党的青年群众工作规律研究、团干部群众工作能力研究、青年马克思主义者工程效果研究、中国青年核心价值体系建设研究、青年分类引导研究、青年思想政治工作实效性研究、各类青年需求、发展与思想状况研究等。

2. 政治学行政学视角与共青团工作

核心研究问题包括政党与青年、青年组织关系研究，政党执政的青年基础研究，青年政党认同研究，共青团组织在青年政治文化形成、政治参与和政治社会化过程中的作用研究，当代青年政治意识表达方式的变化及其引导问题研究、政府公共事务转移和共青团协助政府管理青年事务趋势研究，群团组织目标性质和功能研究等。

3. 社会学视角与共青团工作

核心研究问题包括：共青团在社会管理创新中的作用研究、共青团在维护青年稳定所发挥的作用研究、青年在社会建设中发挥作用研究、青年社会学视角下的我国青年民生问题研究、青年社会流动与社会阶层固化问题研究、青年志愿活动研究，青少年社会工作人才培养研究等。

4. 法学视角与共青团工作

核心研究问题包括：青少年权益需求研究、青年权益代言人机制研究、团组织利益表达和利益诉求机制建设研究、预防青少年犯罪系统优化研究、重点群体青少年现状及法制教育路径研究、共青团参政议政研究、青年有序政治参与研究、青少年保护法律和政策完善研究等。

5. 经济学视角与共青团工作

核心研究问题包括：经济发展与青年流动规律研究、青年就业创业服务研究、青年基层就业发展研究、企业发展与政治组织研究、企业创新与青年文化研究等。

6. 教育学及心理学视角与共青团工作

核心研究问题包括：青年教育规律研究，民族精神在青年中的培养研究，通过历史、理论、国情进行理想信念教育研究，身边的榜样教育研究，民族团结教育研究，责任与担当意识研究，青年幸福观研究，青年文化与教育研究等。

7. 新闻传播学视角与共青团工作

核心研究问题包括：政治传播与青年发展、现代网络传播对青年的影响和青年工作格局创新研究、新媒体在团青融合中的功能和作用研究、新通讯工具发展对青少年的影响及应对研究、网络生存及共青团的应对研究、青年网络意见领袖研究、共青团使用新媒体工具研究等。

8. 管理学、领导学视角与共青团工作

核心研究问题包括：转轨期覆盖青年组织形态研究、建立以共青团组织为枢纽的青年组织体系研究、非公团建研究、新兴领域团建研究、网络团组织建设研究、青年自组织青年兴趣小组农村青年专业合作社研究、层级化和非层级化组织建设研究、共青团对青年自组织的凝聚问题研究、组织基层活力理论研究、团组织凝聚力创造力战斗力研究、共青团创新动力和创新系统建设研究、共青团不同层级重点功能研究、各类青年人才培养研究、青年创新创业人才队伍建设问题研究、青年成长成才成功规律研究、共青团工作的科学化研究等。

以上所列是多学科研究中的最重要的一些研究课题，需要稳定方向并加以长期研究关注，培养核心研究力量，共青团工作理论研究才能积累更坚实的基础。

三、共青团工作理论研究的多学科应用

如何将多学科的视野在团的工作中加以利用呢？可以努力的方向是建立多学科的团组织学习体系，建立多学科的团工作智囊体系，建立多学科的团干部培训体系。

1. 建立多学科的团组织学习体系

团组织如何开展学习活动？在开展学习活动时要有多学科的设计。要重视相关学科的学习特别是政治学、经济学、社会学、心理学、法学、公共管理、领导科学等学科的基础知识。

2009 年团中央下发的"团的领导干部学习大纲"所推荐的书目就体现了这种要求。推荐书目包括：中共中央宣传部编《中国特色社会主义理论体系学习读本》，中共中央宣传部编《科学发展观学习读本》，

共青团中央办公厅编《近年来共青团工作重要文件选编》，王浦劬主编《政治学基础》，梁小民译《经济学原理》，王思斌主编《社会学教程》，彭聃龄主编《普通心理学》，全国干部培训教材编审指导委员会组织编写《社会主义法制理论读本》，全国干部培训教材编审指导委员会组织编写《公共行政概论》，全国干部培训教材编审指导委员会组织编写《领导科学概论》等，体现了多学科的关照，今后还可以继续补充完善。

2. 建立多学科的团工作智囊体系

团组织的智库如何建立？多年以来我们一直存在一个矛盾：有的专家了解团的工作，但社会科学主流理论训练不够，虽然把握了现状，但无法提出有深度和符合规律性的工作对策，就事论事；有的专家有着很好的社会科学主流理论训练，但不了解现实工作，理论无的放矢，不知所云，同时其单学科的分析角度难免缺乏全面性考虑。因此要建设好共青团组织的智库需要核心考虑两个重要的问题：一是要培养吸纳一批既把握社会科学主流理论同时又了解团的工作实际的专家学者，二是要让不同学科的专家坐在一起讨论团的重大现实问题，从不同角度对该问题进行解剖分析，最后由决策部门判断选择。共青团智库建立是选择专家的过程，更是实践和理论结合的过程，同时也是现场的碰撞和交融过程。

3. 建立多学科的团干部培训体系

团干部应该如何培训？引入多学科的培训方法是我们可以采取的一个路径。

近些年，在实践培训过程中，团研所开发的多学科视角下的共青团工作课程深受学员欢迎，特别是在理解问题的深刻性、把握规律的准确性上有不可替代的作用。在今年全团新任团市委书记轮训上，我们邀请了马克思主义理论、政治学、新闻传播学三名专家与团市委书记交流。分上下半场，上半场三位专家分别从核心价值观的理论体系、政党认同、传播学的基本原理给大家做了介绍，体现了各自学科的本质认识，由理论出发，让学员们自己在实践中对照。下半场，团市委书记们提出了工作中关心的问题，由三个专家从不同的角度给以回答，由实践出发，但又让不同理论来应答。这种实践问题和不同学科之间的同场对照、讨论甚至是辩论，极大地扩宽了学员认识问题的视野和全面把握问题的深刻性。印象较深的是，有的学员提出：针对习近平总书记提出的团组织要提高吸引力和凝聚力两大战略课题，各位专家如何看待这个问题，研究马克思主义理论的专家回答：根本是"发挥青年的主体性不够"的问题；政治学专家回答：是"关照青年的利益问题不够"的问题；新闻学专家回答：是"寻找联系青年的载体不够准确"的问题。三个回答都说到了问题的根本，让现场的团市委书记醍醐灌顶。

　　总之：共青团工作理论建设要走出困境，就需要对团的理论的构建方式重新认识，就需要在相关学科上结合团的工作实际开展有深度的研究，就需要组建一个跨学科的研究团队，大力培养既懂社会科学主流理论又了解团情的学者，这样团组织的发展才能建立在科学设计的基础之上，基层团组织的建设也会有更强的理论指导。